费希特自由体系及其
对马克思实践哲学的影响

J. G. Fichte's Systematical Philosophy of Freedom and Its Influence on Karl Marx's Practical Philosophy

毛林林　著

中国社会科学出版社

图书在版编目（CIP）数据

费希特自由体系及其对马克思实践哲学的影响/毛林林著.—北京：中国社会科学出版社，2022.6
ISBN 978-7-5227-0040-3

Ⅰ.①费… Ⅱ.①毛… Ⅲ.①费希特(Fichte,Johann Gottlich 1762-1814)—哲学思想—研究②马克思主义哲学—研究　Ⅳ.①B516.33②B0-0

中国版本图书馆 CIP 数据核字（2022）第 057163 号

出 版 人	赵剑英
责任编辑	朱华彬
责任校对	谢　静
责任印制	张雪娇
出　　版	中国社会科学出版社
社　　址	北京鼓楼西大街甲 158 号
邮　　编	100720
网　　址	http://www.csspw.cn
发 行 部	010-84083685
门 市 部	010-84029450
经　　销	新华书店及其他书店
印　　刷	北京君升印刷有限公司
装　　订	廊坊市广阳区广增装订厂
版　　次	2022 年 6 月第 1 版
印　　次	2022 年 6 月第 1 次印刷
开　　本	710×1000　1/16
印　　张	29.5
插　　页	2
字　　数	408 千字
定　　价	178.00 元

凡购买中国社会科学出版社图书，如有质量问题请与本社营销中心联系调换
电话：010-84083683
版权所有　侵权必究

出 版 说 明

为进一步加大对哲学社会科学领域青年人才扶持力度，促进优秀青年学者更快更好成长，国家社科基金2019年起设立博士论文出版项目，重点资助学术基础扎实、具有创新意识和发展潜力的青年学者。每年评选一次。2020年经组织申报、专家评审、社会公示，评选出第二批博士论文项目。按照"统一标识、统一封面、统一版式、统一标准"的总体要求，现予出版，以飨读者。

全国哲学社会科学工作办公室
2021年

序

　　毛林林的博士学位论文《费希特自由体系及其对马克思实践哲学的影响》修改完成交由出版社出版，邀我作序，作为她的导师，自不能辞。

　　该书稿所讨论的主题是费希特对于马克思哲学思想的影响，属于近年来学界关注度颇高的马克思哲学与德国古典哲学关系问题的一个方面，因而，关于这个主题，不能不从这一马克思主义哲学研究中始终难以超脱的问题谈起。这一问题之所以难以超脱，在于这一关系问题绝不仅仅是哲学思想史上的一个无足轻重的事件，而是更为根本地深切关系到不同历史时期马克思主义哲学思想自身的发展倾向和特征。德国古典哲学在一般意义上是指德国哲学从康德到黑格尔的进展进程，这一时期有一大批哲学家登上了哲学舞台，涌现了一大批哲学明星，而其中最耀眼的则至少有康德、费希特、谢林和黑格尔。但有意思的是，在不同时期人们谈论德国古典哲学与马克思哲学的关系所涉及的却并非这一哲学家群体，而是往往将关注点集中在某一位哲学家身上，似乎是在让明星们轮流登场、各领风骚，以便能够更为突出地让观者感受其各自独特的耀眼星光，且这出场的顺序亦并非明星们成名的先后顺序，而是有点"颠三倒四"地让各个明星出现在学术场上的聚光灯之下。在这当中，率先登场的不是"首战成名"的康德，而是"大器晚成"的黑格尔，而后才轮到康德这位开创者，费希特则是登场为时不久，至于其后的谢林，则似乎还未排上"档期"。但迟到的登场，却也并不意味着其存在的不重要，或许是有着更为重要的深层关联，只是不及炫耀的表观易于看到罢了。

黑格尔之所以率先登场，自然是因为他与马克思的关联最为直接，马克思自己也在《资本论》第二版跋中说过，当德国知识界把黑格尔当作一条"死狗"之时，他要公开承认他是"这位大思想家的学生"，并在《资本论》价值理论一章中，有意地"卖弄起黑格尔特有的表达方式"，这就足以让研究者认定黑格尔与马克思的关联最为密切，对马克思哲学的影响最大最为深刻。但马克思也说过，"我的辩证方法，从根本上来说，不仅和黑格尔的辩证方法不同，而且和它截然相反"，还说过，在黑格尔那里，"辩证法是倒立着的。必须把它倒过来，以便发现神秘外壳中的合理内核"。[①] 既然马克思自认是黑格尔的学生，且要把其辩证法"倒过来"，那么，马克思在哲学辩证法上的变革，便是简单地将黑格尔的唯心主义辩证法颠倒过来，即将黑格尔辩证法的运动主体"绝对精神"置换为"物质"即可。这一被视为马克思哲学之革命性的"颠倒"的结果，便是由第二国际理论家开端，在苏联教科书中发展为体系性的，迄今尚在流行的唯物主义辩证法理论。这种简单得有如儿戏的"革命"的结果，便是辩证法变成了机械决定论，世界上的一切都是为这种决定论的规律所决定的，而以否定性著称的辩证法，竟在这里全然丧失了能动性。

这种丧失了否定性的"辩证法"，在面对"十月革命"这一按照既往所理解的"规律"无法解释的事件之时，便丧失了其位置，而为一种新的对黑格尔—马克思辩证法的理解所取代。这便是由卢卡奇在《历史与阶级意识》中所开创的对于马克思哲学的黑格尔主义阐释之思潮。这一阐释的根本之点是绕过费尔巴哈，反对那种"过高地估计了费尔巴哈作为黑格尔与马克思之间的中介作用"的观

---

① 参见《马克思恩格斯文集》第5卷，人民出版社2009年版，第22页。

点，而以"马克思直接衔接着黑格尔"作为该书"许多论述的基础"①。由于该书的主题为"物化与无产阶级意识",而这一"物化"概念又与不久后公开发表的马克思的《1844年经济学哲学手稿》中的主导性范畴"异化"概念"暗合",故而,卢卡奇的这一阐释进路,可以说是黑格尔在马克思主义哲学之中的最"高亮"时刻,一时间风靡了全世界,特别是开创了西方马克思主义这一被称为20世纪"四大哲学思潮"之一的流派,雄霸西方左翼思想界数十年之久。不仅如此,这种黑格尔主义阐释进路在中国马克思主义哲学发展史上亦产生了极其重大的作用,从20世纪80年代初开始的"实践唯物主义"讨论,在其能动论与决定论内在张力的推动下,逐步走向了将"实践唯物主义"规定为"历史唯物主义",以便以类似于《历史与阶级意识》的方式,通过历史进展达于主客体统一,从而解决理论的内在张力问题。至此可以说,黑格尔主义的阐释方式在中国马克思主义哲学理论研究之中已成为占据主导性的进路。

毫无疑问,从卢卡奇开端的黑格尔主义阐释方式,对于纠正自第二国际以来在对马克思哲学阐释中抹杀能动性的机械决定论阐释方式的理论偏向,自是贡献良多,但同样毫无疑问的是,这种阐释方式亦留下了诸多问题,特别是在反对机械决定论进路上,却又走向了另一种决定论——历史目的论。这是说,黑格尔主义阐释方式这种诉诸历史进展过程以克服矛盾的理论进路,实际上是以隐晦的方式预设了一种历史目的论,而正如人们早就指出的那样,决定论与目的论其实不过是一个铜板的两面而已,尽管两者看上去正相反对,即一者认为是过去决定了当下,一者则认为是未来即预设的目的决定了当下,但两极相通,都是全然取消了人的能动地创造历史的任何可能性。对此,如果人们说这是在"前门"赶走了机械决定论之"虎",却又在"后门"放进了历史目的论之"狼",当亦不为过。显而易见,这类决定论哲学是与马克思关于首要的问题不是

---

① [匈]卢卡奇:《历史与阶级意识》,商务印书馆1992版,第16页。

"解释世界",而是"改变世界"的哲学主张完全不相容的,因为改变世界必以世界的可改变性即某种意义上兼容人的能动性的非决定论为前提。因此,必须改变这种决定论阐释,而改变之途自然便在于找到黑格尔主义的要害之所在。这要害便是马克思赞同费尔巴哈所指出的:"黑格尔从异化出发(在逻辑上就是从无限的东西、抽象的普遍的东西出发),从实体出发,从绝对的和不变的抽象出发,就是说,说得更通俗些,他从宗教和神学出发。"[①] 与这种从无限的东西出发相对立,马克思赞成费尔巴哈从"现实的、感性的、实在的、有限的"存在出发,即从作为"对象性存在物"的人和自然出发。但费尔巴哈只将人理解为"对象性存在",全然忽略了人之能动性本质,因而,马克思也改造了费尔巴哈"人是对象性存在"的命题,将人理解为"对象性活动"。马克思由此既超越了黑格尔唯心主义对能动性的抽象发挥,同时亦超越了费尔巴哈和一切旧唯物主义之对能动性的忽略。这样一来,马克思也就在某种意义上接近了同样是既肯定人的能动性又肯定人的有限性的康德哲学。正缘于此,笔者近些年来才倡导一种对马克思哲学的"后黑格尔主义"的"近康德阐释"。这里所谓"近"者,有两重含义:一是作为"动词",缘于黑格尔主义阐释方式之支配地位,使得对马克思哲学的阐释偏离了正道,或者说在某种意义上"中毒",故而以康德哲学作为"解毒剂",而通过向康德哲学"拉近"而为之"解毒";另一重则是作为"形容词",指明马克思哲学在关于主体作为有限的能动性存在物这一出发点上在康德与黑格尔之间更近于康德。

但说马克思哲学更近于康德哲学,这时长期以来在黑格尔主义历史目的论浸润之下将德国古典哲学,甚至整个世界哲学的进展视为一个指向黑格尔哲学这一最高目的的流行观念来说,自然难以接受的。在20世纪80年代初,李泽厚只是提出了一个假言命题:"一般说来,我们既要康德,又要黑格尔。不过,假如一定要我在两者

---

① 《马克思恩格斯全集》第3卷,人民出版社2002年版,第315页。

之间选择一个的话，那我的回答就是：要康德，不要黑格尔"①，便被归结为一个直言命题"只要康德，不要黑格尔"，并受到持续多年的批评。在近年来关于马克思哲学与德国古典哲学关系的讨论中，人们对"近康德阐释"的批评也是往往不顾提出者所强调的"近康德阐释的限度"，而将"近"字去掉，归化为更易驳斥的"康德式阐释"，从而便简单地借助黑格尔哲学在当今学界之权势而轻易地将之贬为谬说。这种简单化的批评诚然能够"一招致命"地将论敌打翻在地，但却也无助于理论的进展，甚至往往是阻塞了前行的通路。面对此等令人哭笑不得的被扭曲成了"黑粉"与"康粉"比拼的思想胶着状态，走出困境的方略只能是深化"近康德阐释"，即更为深入地研究马克思与德国古典哲学的关系。而所谓"更为深入"的一个关节点，便是在康德与黑格尔之间，德国古典哲学所发生变化的关节点。这里首先便是费希特哲学。费希特哲学绝不是如人们通常所认为的那样，只是目的论式地从康德走向黑格尔的一个"台阶"，而是自有其独立的理论进路：诚如亨利希所言，在康德之后的这一哲学进展过程，并非"一系列决定性的体系改进"，而是"我们有三种重要的可供选择的立场：康德的立场、后期费希特的立场和黑格尔的立场"。② 这个独特的理论立场，笔者以为正是深化马克思与德国古典哲学关系的一个关节点。康德虽然真切地把握住了近现代哲学对人是什么的追问这一核心问题，但却不得不将理性与意志，或理论理性与实践理性两分，而以二元论方式呈现，这使得其后继者不得不以某种绝对性的主体来克服之。费希特以自我设定自身、自我设定非我、自我设定自我与非我之统一来加以解决。在这里，自我是能动者，非我则是受动的被设定者。尽管费希特意欲消除康德哲学中的物自体，但作为康德哲学的继承者，他却不可能不对主

---

① 参见许景行、顾伟铭《纪念康德、黑格尔学术讨论会在北京召开》，《哲学研究》1981年第10期。

② ［德］亨利希：《在康德与黑格尔之间——德国观念论讲座》，商务印书馆2013年版，第461页。

体之外的存在有所言说。费希特甚至也说过这样的话:"他之所以为他所是的东西,首先不是因为他存在,而是因为在他之外有某种东西。经验的自我意识,也就是对我们赋有的某种使命的意识,正如我们在上面已经说过和将来在适当的地点也将证明的那样,除非以某种非我为前提,是不可能的成立的。这种非我必定影响经验自我意识的受动能力,我们把这种能力叫做感性。"① 然而,由于非我只是自我之设定物,因而便并无全然独立于自我之存在地位。这种做法,是既希望保留康德的物自体功能而又不承担这一功能所可能导致的二元论后果,但却也未必不能将之视为对于马克思的"人是对象性活动"命题的启发者,即直接从费希特的第三命题出发,将人"自我"视为与其"非我"对象的"共在"。就此而言,在关于马克思与德国古典哲学关系的讨论中,费希特的登场也就有其内在的理论必然性了。

关于费希特哲学的研究,实际上也是笔者多年前的一个念想。20世纪80年代初笔者读研之时,正处在"实践唯物主义"讨论方兴未艾之际,感受到这一大讨论的思想解放之激情和理论上的诸多困惑,便拟仿照费希特之以"本原行动"构造范畴体系之进路,而以"实践活动"的展开方式去推演"实践唯物主义"的理论体系。毫无悬念地,这一理论"狂想"因自身的理论素养不足而被导师所断然否定。虽然此后的岁月中也多次想对费希特做些研究,但遗憾的是,由于种种缘由,终究未能付诸实施。好在2013年毛林林在谢永康指导下完成硕士学位论文《费希特主体间性思想论析》后,经免试推荐随我攻读博士学位,并愿意以费希特对马克思哲学思想的影响为题继续她的费希特哲学研究,算是帮我了却一个学术心愿。毛林林进入博士学习阶段前,已对费希特有了一些研究,且亦掌握了德语,随后又赴德国哈勒大学作为联合培养博士生访学两年,这

---

① [德] 费希特:《论学者的使命人的使命》,梁志学等译,商务印书馆1984年版,第8页。

为她深入研究这一课题打下了很好的基础。当然，关于费希特与马克思哲学思想的关系问题，国内外学界已有了一些研究，但毛林林还是借助在德学习之便，比较充分地利用新发掘出来的费希特的手稿和讲课笔记，通过比较不同版本的《知识学》，探讨了费希特思想的发展变化，并通过考察后来的谢林、黑格尔对费希特的批判，特别是青年黑格尔派对费希特思想的复活，比较深入地探讨了费希特与马克思的思想关系，特别是费希特对马克思实践观念的影响。论文在答辩时得到专家们的一致好评，并获评南开大学优秀博士学位论文，随后又获准 2020 年度国家社科基金优秀博士论文出版项目立项。该书便是在博士论文基础上修改而成的结项成果。作为导师，我为她所取得的成绩感到欣慰。祝愿她在学术研究的路上稳步前进，获得更高的成就。

此为序。

王南湜

壬寅年春日于津南寓所

摘　　要

　　本书基于自由之可能这一哲学根本问题，对费希特知识学理论的建构进行了深度阐释，并在此基础上对比了费希特的自由理论与马克思以"对象性活动"概念为核心的自由理论，表明了两种理论之间具有的相关性。本书以自由的构建为逻辑脉络分析了费希特前后两个版本的知识学：《全部知识学的基础》和《知识学新方法》，梳理出两个版本中自由体系的基本要素、推演逻辑及其理论的最终结果，指出《知识学新方法》对《全部知识学的基础》这一版知识学中的基本构件，即自我、非我及二者之间的关系进行了修正。这种修正指向一个理论目的，即为一种自由理论之可能做辩护。本书认为，费希特以自我为基础的自由理论是一种从主体出发向感性世界进行跨越的尝试，它既试图克服因康德对"物自体"的承认导致的二元论，也试图弥补唯心主义一直以来无法走出意识内部的理论缺陷。在费希特联结理性世界与感性世界的尝试中，想象力凭借其"摆荡"的特性被认作是桥梁和关键，并且其重要性在《知识学新方法》中得到了极大的提升。想象力概念之所以在费希特的理论中具有如此重要的地位，是因为费希特认为想象力作为一种无定形的力量以自由为本质，这使得它能够在理智世界与感性世界之间穿梭，将二者统一起来。费希特的这个推理逻辑建立在他如下信念之上，即自由作为一种跨越性能力，能够使自我超出主体领域达至感性世界。

　　然而，费希特这一理论结构以及其中包含的实践要素被自我的绝对设定能力所掩盖，其后继者无论是谢林还是黑格尔，都只将注意力集中于费希特的绝对自我概念。经过青年黑格尔派的过渡，特别是在吸收费尔巴哈的感性理论之后，马克思在他的实践理论中发展出了类似的自由体系模型。在《1844年经济学哲学手稿》中，马克思以对象性活动为核心在感性的人与自然之间建立起的多重关系，在结构上与费希特在知识学中建立起来的自我与非我之间的关系相类似。借助这个结构，马克思建立起了以能动的感性主体为承担者的对自然界的改造模式，在其中，感性的人实现其本质和自由。这种由结构的类似生发出来的理论上的共性证明，费希特的理论影响了马克思，特别是青年马克思的实践哲学。

关键词：自由；想象力；对象性活动；实践

Abstract

Based on the fundamental philosophical question of the possibility of freedom, this book provides an in-depth explanation of the construction of J. G. Fichte's Wissenschaftslehre. Taking this as the basis, it compares J. G. Fichte's theory of freedom and Karl Marx's theory of freedom, the latter takes the concept of "Gegenstandliche Tätigkeit" as the core, and shows the correlation between the two theories.

This book takes the construction of freedom as the logical context to analyze Fichte's two versions of Wissenschaftslehre: *Grundlage der gesammten Wissenschaftslehre* (*Foundations of the Entire Science of Knowledge*) and *Wissenschaftslehre nova methodo* (*Foundations of Transcendental Philosophy*), and sorts out the basic elements, the logic of deductions and the final result of the system freedom of in this two versions. It points out that *Wissenschaftslehre nova methodo* has revised the basic components in the *Grundlage der gesammten Wissenschaftslehre*, namely das Ich, das Nicht – Ich and the relationship between them. This revision points to a theoretical purpose of defending the possibility of a theory of freedom. This book argues that Fichte's Ich-based theory of freedom is an attempt to leapfrog from the subject to the sensible world. It not only tries to overcome the dualism caused by Immanuel Kant's reservation of "thing – in – itself", but also tries to make up for the theoretical defect that idealism has always been unable to go out of consciousness and reach the sensible world. In

二　知识学的三大原则……………………………………（64）
第二节　理论知识学中的自我设定……………………………（70）
　　一　对理论知识学所包含的矛盾的提出……………………（71）
　　二　对理论知识学中矛盾的克服……………………………（74）
　　三　对活动和交替之间相互规定的考察……………………（84）
　　四　关于想象力所留下的疑问………………………………（96）
第三节　实践知识学中的自我与自由…………………………（99）
　　一　绝对自我与认知自我…………………………………（100）
　　二　对限制的不断克服……………………………………（105）
　　三　客体被区分为理想客体与现实客体…………………（110）
　　四　"努力"是对自我的离向心活动的综合………………（113）
　　五　从努力出发达到感性世界……………………………（120）
　　六　想象力的"翱翔"………………………………………（134）

第四章　以想象力为最高点的自由体系……………………（140）
第一节　对想象力概念的回顾…………………………………（143）
　　一　柏拉图理论中的想象力思想…………………………（144）
　　二　笛卡尔的想象力理论…………………………………（149）
　　三　康德的想象力理论……………………………………（155）
第二节　《知识学新方法》及其纲要……………………………（160）
　　一　关于《知识学新方法》…………………………………（162）
　　二　对《知识学新方法》的纲要的分析……………………（166）
第三节　从基础到被澄清的意识………………………………（183）
　　一　从实践与理智统一的自我出发的推演………………（185）
　　二　从意志个体出发的推演………………………………（214）
第四节　知识学的综合与想象力………………………………（241）
　　一　自我之内的多重综合…………………………………（242）
　　二　自我的综合的可能性条件——想象力………………（261）

第五章　从费希特到马克思 ……………………………………（291）

第一节　谢林的自由理论 ……………………………………（292）
一　自由与必然 ……………………………………………（293）
二　上帝与自由 ……………………………………………（295）
三　小结 ……………………………………………………（299）

第二节　黑格尔的自由理论 …………………………………（301）
一　对费希特理论的批判 …………………………………（302）
二　黑格尔的自由理论 ……………………………………（306）
三　自由与国家 ……………………………………………（311）
四　小结 ……………………………………………………（317）

第三节　青年黑格尔派的自我意识理论 ……………………（318）
一　黑格尔之后的人格问题 ………………………………（319）
二　鲍威尔的自我意识理论 ………………………………（324）
三　费尔巴哈的感性理论 …………………………………（338）
四　赫斯的行动哲学 ………………………………………（347）
五　小结 ……………………………………………………（363）

第六章　马克思思想发展中的费希特元素 ……………………（365）

第一节　青年黑格尔派时期的马克思 ………………………（365）
一　伊壁鸠鲁和德谟克利特哲学的一般差别 ……………（366）
二　伊壁鸠鲁与德谟克利特哲学的具体差别 ……………（371）
三　小结 ……………………………………………………（378）

第二节　对黑格尔哲学及其劳动概念的批判 ………………（379）
一　对黑格尔辩证法的批判 ………………………………（381）
二　对黑格尔劳动概念的批判 ……………………………（383）

第三节　通过对象性活动建立起的关系结构 ………………（389）
一　对象性存在物与自然 …………………………………（390）
二　对象性活动与劳动 ……………………………………（394）
三　对象性活动与自由 ……………………………………（399）

四　小结 ………………………………………………（401）
第四节　费希特与马克思的共性 ………………………………（402）
　　一　青年费希特与青年马克思的共性 …………………（403）
　　二　后期马克思思想与费希特理论的结构性相似 ………（409）

结束语　理论之限度与超越 ……………………………………（414）

参考文献 ……………………………………………………………（417）
　　一　中文参考文献 …………………………………………（417）
　　二　外文参考文献 …………………………………………（426）

索　引 ……………………………………………………………（436）

致　谢 ……………………………………………………………（443）

Contents

Introduction ·· (1)
  Section 1 The Aim and Significance of the Research ············ (1)
  Section 2 Research Status ································· (11)
  Section 3 Thread of the Research ··························· (19)

**Chapter One The Centralization of "Freedom" in
              Conflict of Thoughts** ······················ (21)
  Section 1 Harman and the Problem of Freedom ················ (22)
  Section 2 Kant's Theory of Freedom ························· (26)
    1. The Antinomy of Causality and Free Will ················· (28)
    2. Freedom of Practice ·································· (31)
    3. Sense of Freedom ···································· (34)
    4. Imagination and Freedom in Reflective Judgment ··········· (36)

Chapter Two Fichte in Contemporary ······················ (41)
  Section 1 Fichte's Advance of Kant's Idealism ················ (42)
  Section 2 Fichte Perfection of Reinhold's Elementarphilosophie
                                                      ········ (47)
  Section 3 The Debate between Fichte and Schulz ············· (54)

Chapter Three　The First Attempt at a System of Freedom ………………………………………………………………（60）

Section 1　The "Grundsätze" of the Free Self ………（61）
  1. The Proposition of "Capitalize Self" ……………（61）
  2. The Principles of Wissenschaftslehre ……………（64）
Section 2　The "Selbstbestimmung" in the "Theoretische Wissenschaftslehre" ……………………（70）
  1. The Contradiction Contained in the "Theoretische Wissenschaftslehre" ………………………（71）
  2. Overcoming the Contradiction in the "Theoretische Wissenschaftslehre" ……………………（74）
  3. An Examination of the Mutual Regulation between "Tätigkeit" and "Wechsel – Thun" ……………（84）
  4. Questions about Imagination ……………………（96）
Section 3　The Self and Freedom in the "Praktische Wissenschaftslehre" ………………………（99）
  1. Absolute Self and Cognitive Self ………………（100）
  2. Continual Passing beyond the Limitations ……（105）
  3. Objects Are Divided into Ideal Objects and Actual Objects ……………………………………………（110）
  4. "Streben" Is a Synthesis of the Centripetal and Centrifugal Activity of the Self ………………………………（113）
  5. From "Streben" to a Sensible World ……………（120）
  6. "Hovering" of Imagination ………………………（134）

Chapter Four　A System of Freedom with Imagination as the Highest Synthesis …………………（140）

Section 1　A Brief History of the Concept "Imagination" ……（143）
  1. Imagination in Plato's Theory ……………………（144）

2. Descartes' Theory of Imagination ……………… (149)
    3. Kant's Theory of Imagination ………………… (155)
  Section 2 About *Wissenschaftslehre nova Methodo* and
             its Outline ……………………………………… (160)
    1. About *Wissenschaftslehre nova Methodo* ……………… (162)
    2. An Analysis of the Outline of *Wissenschaftslehre nova
       Methodo* ……………………………………………… (166)
  Section 3 From "Grundlage" to the Clarified
             Consciousness ………………………………… (183)
    1. Deduction from the Self Who Unites Practice and
       Intellect …………………………………………… (185)
    2. Deduction from the Willing Individual ………………… (214)
  Section 4 The Synthesis of the Wissenschaftslehre and
             Imagination …………………………………… (241)
    1. Multiple Synthesis within the Self ……………………… (242)
    2. The Conditional Probability of the Self's Synthesis ……… (261)

Chapter Five From Fichte to Marx ……………………… (291)
  Section 1 The Theory of Freedom of Schelling ……………… (292)
    1. Freedom and Determinism ……………………………… (293)
    2. God and Freedom ……………………………………… (295)
    3. Brief Summary ………………………………………… (299)
  Section 2 The Theory of Freedom of Hegel ………………… (301)
    1. Criticism of Fichte's Theory ………………………… (302)
    2. Hegel's Theory of Freedom ………………………… (306)
    3. Freedom and Nation …………………………………… (311)
    4. Brief Summary ………………………………………… (317)
  Section 3 Young Hegelians' Theories of "Self-Consciousness"
             ……………………………………………………… (318)

引　言

一　研究目的和意义

作为德国唯心论的一个组成部分，费希特的理论在他还在世之时就处于被忽略的状态。许多研究者将这个状况看作费希特本人命运不济的缘故，因为他所处的时代，正是唯心论发展、一定意义上也是人类理智发展最为红火的时期，伟大的哲学家在哲学的舞台上接踵而至。在他之前有康德，在他之后有天才的谢林和黑格尔，即使再有才华的哲学家在他们的光芒之下都会显得平凡和暗淡。而费希特似乎并没有特别的天分，他的理论以康德的批判理论为基础，吸收了莱茵霍尔德的基本原则，在推理上使用的辩证法也并不是他本人的原创，更别提他的著作语言晦涩难懂、术语界定不清和使用混乱。于是，在哲学史上，费希特的理论就被"之间"了，被作为康德和谢林、黑格尔之间的一种并不值得特别研究的理论，不值得在标题中点出的理论，潜藏在哲学史这艘大船中。

这种状况到20世纪50年代得到一定的改善。在50年代末，R.劳特建立了一个解释学的研究小组，在他们的研究中，费希特被描述为"一个完全独创性的并且其体系的全部著作的每一个细节都与黑格尔的思想绝然无涉的思想家"[①]。这个评价对费希特研究来说

---

① ［联邦德国］H.霍尔茨：《费希特研究报告》，傅海健译，《哲学研究》1989年第10期。

无疑是重要的，对费希特的独立性与独创性的承认有助于将费希特从康德与谢林、黑格尔的关系中剥离出来，还原费希特理论的本来面目。对费希特哲学真实形态的全面揭示当然首先依赖于对费希特本人著作的研究。在20世纪中叶由R.劳特开始主持编撰费希特全集，这对落后的费希特研究而言是一个十分重大的推进。在此基础之上，劳特带领的团队在德国形成了一股复兴费希特哲学的浪潮，并进而形成了以慕尼黑大学为中心的慕尼黑学派。相对于"一战"前后德国学界将费希特思想看作一种与民族主义甚至偏近纳粹主义的误解，慕尼黑学派所做的是对费希特这种被歪曲的形象的矫正，他们着力于费希特的先验哲学，并认为费希特哲学是对自笛卡尔以来的先验哲学的完成。可以说，慕尼黑学派改变了整个费希特研究的现状，并将费希特以一个先验哲学家的面貌呈现出来。在另一方面，他们所做的对费希特主体间性问题的研究开拓了费希特理论的研究纵度。

除了慕尼黑学派以外，对费希特的复兴具有重要作用的还包括亨利希。亨利希对费希特的研究着落于费希特的自我认识理论，他认为费希特的自我认识理论贯穿了费希特的整个智力生涯，以这个概念为基础，费希特建立起了一个整体性的思想体系。从20世纪开始的对费希特严肃的、学术的研究不止在德国范围内。1977年劳特领导建立了国际费希特学会，成立大会就有包括十三个国家在内的四十五位费希特研究专家出席，会议成果于1981年以费希特国际学会记录的形式发表。另一个以纪念劳特诞生60周年的论文集于1979年由该学会出版，其中汇集了来自十二个国家二十七位费希特研究专家撰写的论文。值得一提的是，这两本论文集都以费希特的先验哲学为题，这意味着对费希特的复兴首要的是对费希特作为典型的唯心论哲学家地位的承认和他的理论作为一门先验的哲学理论所具有的意义和价值的探索。

对费希特理论的哲学回归并没有单纯地停留在他的先验哲学之上。在同一时期，费希特的自然哲学被发现。1984年劳特出版了

《费希特的先验的自然学说》，在书中他专门探讨了费希特的自然哲学，指出，在费希特的哲学中，存在着不同于谢林和黑格尔的自然哲学的先验的自然哲学。尽管劳特认为费希特的自然哲学也是先验的，因此费希特的自然哲学可以被划归到费希特的先验哲学部分，但他同时表明，费希特的理论并不是单一向度的，而是丰富的、具有更大的解读空间和潜力的。

尽管可以说在短时期内，国际上费希特研究取得了十足的进展，然而对费希特理论本身而言，这种进展却还远远不够。这种不足表现在，对费希特理论首先缺乏体系性的把握。从费希特的著作结构来看——包括知识学、伦理学、法权哲学，他的理论目的比我们所掌握的更为宏大。对费希特体系把握上的失败的深层原因在于没有真正理解费希特的理论基础。费希特的确自认为康德的学生，以完善康德的批判理论为己任，但他并不满意康德在认知世界和物自体世界之间做出的割裂，也并不认同从理性中划分出不同的作用来解释被划分开的领域。他坚持认为哲学理论应该建立在单一的原则之上，应该是一个统一的体系。这个观念贯彻了他的整个哲学生涯和努力。为此，他写出了前后共计十六版的知识学，只为将建立在一个单一原则之上的认识论阐述清楚。

文本上的复杂同样造成了费希特研究上的滞后和偏差。对多个版本的知识学之间的差异是不是原则上的问题的回答只有基于对文本本身的研究才能够做出，然而直到20世纪80年代，新的版本的知识学还在不断地发掘之中。与之相关的研究也才在随后陆陆续续地展开。这些外在原因表明一方面对费希特的研究的确落后于对他同时代的其他哲学家的研究，但另一方面，费希特理论的真实面貌还有待发掘。这对于费希特研究者而言是一个值得欣喜的消息。当然，这还只是就费希特的理论本身而言。

任何一个哲学家都是哲学史中的一个环节，他无时不处于与前人和后来者的关系之中。因此，对一个哲学家的理论的把握也需要将他放置在与其他哲学家的关系中。正如前面我们所指出的，对费希特的研究之前和当下主要采取的都是这种形式。然而，不以对哲学家本人思想的准确把握为基础，任何对比性的、历史性的研究都是有缺陷的。因此，一个回到费希特理论本身的研究不仅是有用的而且是必要的。

对于费希特理论本身而言，绝大多数的研究都将费希特的理论归为一门绝对唯心主义，似乎他的理论比一般唯心主义还要唯心。这个结论是从费希特知识学的原理中得出的。在他的知识学的第一个比较完整的版本《全部知识学的基础》中，费希特提出了知识学的三大原理，并在此基础上推演出了理论知识学和实践知识学两个部分。按照知识学的三大原理，知识学的所有内容都由自我通过自己的设定生产出来。"自我绝对无条件地设定自己"是知识学的绝对无条件的原理，也就是知识学的最终基础。如果从一般唯心主义视角来看，这个命题建立了作为主体的自我，并且将自我作为自己的产物。自我对自己以及它的意识对象所具有的绝对生产性，被认为是对一般唯心主义的绝对化。这种以主体解释意识之来源的观点的确与唯心主义十分类似，因此费希特本人也将自己的理论称为唯心主义，但是他并不认为他的唯心主义等同于我们传统上认识的唯心主义，即否定真实的感性世界的存在，认为世界不过是意识的产物。

费希特将自己的唯心主义称为辩证的，这在他的《知识学新方法》中陈述得更为直白。在他看来，他的辩证唯心主义的确承认意识和知识是主体的产物，但这与承认感性世界的存在并不矛盾。主体自我的设定针对的是意识如何在主体之中产生的问题，意识的对象既然是主体之中的，那么它首先不能脱离主体的作用。这个观念继承了康德的认识理论，即意识对象的产生首先在主体方面有其前提条件。在康德那里这个前提条件是主体所具有的空间与时间的感官能力，而在费希特这里，主体的构成意识的条件是主体的设定。也就是说，主体并不是单纯地以自己的范畴去规范物自体对主体的刺激所产生的表象，而是主体本身通过设定产生表象。能够认为费希特有意识地要剔除康德的"物自体"概念。

连不可知的物自体都被剔除了，那么外在世界当然对费希特的理论而言就是不存在的了。正是这种想当然的推理构成了对费希特理论误解的来源。与康德将外在世界浓缩为一个不可知的、同时也是意识之起始的物自体概念的做法不同，费希特明确地承认外在世界、感性世界的存在。这一点在他的《全部知识学的基础》中并没有被清楚地阐明，而这部著作是费希特最为著名的知识学版本。这是促使我们基于更多的知识学的版本发掘费希特的本来面貌的一大动因。对感性世界的态度在费希特不久之后的知识学版本中得到了较为清楚的表达。这个版本的知识学就是本书将要分析的费希特的第二个版本的知识学——《知识学新方法》。在这个版本的阐述中，费希特将他的知识学任务规定为建立一个"理智世界的先验体系"，这个体系解释世界是如何的、应该是如何的，解释世界是如何被给予我们的。这种认识论的观念更像是一种符合论，观念与世界的符合。这个认识论的形态首先就已经默认了感性世界的存在。直接性的表达也出现在理论中，比如"自然就是自然存在着的"，自然"就它通过自己存在而言，就是它所称的"①。这种与一般唯心主义不同的对待感性世界的态度构成了费希特从"之间"的关系中被解放出来的可能。

如果按照唯心主义的观点，对感性世界的观念无疑与费希特的行动主体概念相矛盾。因为行动主体的绝对性就是它对于意识世界的生产绝对性，如果感性世界是客观存在的，那么主体的设定和生产就是可被质疑的。这的确是费希特需要回答的问题，但这个问题对费希特的体系而言却并不是值得严阵以待正面防守的进攻。尤其是在《知识学新方法》中，当将认识论的问题限定在解释认识之产生而不越界地去"构造"一个感性世界时，设定的主体就同样地被

---

① J. G. Fichte, *Gesamtausgabe der Bayerischen Akademie der Wissenschaften IV*, 3, Hrsg. von Erich Fuchs, Reinhard Lauth, Ives Radrizzani, Peter K. Schneider und Günter Zöller, Stuttgart – Bad Cannstatt 2000, S. 515–516.

马克思主义的方法论的一个判断中曾指出，正统马克思主义继承了马克思的辩证方法①，但他们对这个方法不加批判的全盘接受并没有为他的"正统性"正名，相反，真正的马克思主义需要通过一种基本的方法论革新来发展和深化已经建立起的思想信念。这个以基本的方法论革新服务于成熟的认知形式的判断首先出现在康德《纯粹理性批判》第二版的序言之中。

卢卡奇理论中隐藏的这种以康德的模式来解读马克思的方式，在王南湜的长论文《马克思哲学的近康德阐释》中得到了相对彻底的说明和讨论。王南湜在论文中分别探讨了对马克思理论的近康德阐释的意谓、必要性、可能性和限度，他认为在与康德的关系中考察马克思主义对于应对马克思哲学的黑格尔主义阐释无法解决马克思主义中最为核心的决定论和能动论的关系问题具有重要意义，可以说这种向康德的转向是出于马克思理论发展的自身需要②。同时一种近康德式的阐释之可能的根据在于马克思本人的哲学之中。通过对比康德哲学和黑格尔哲学之间的本质差异和分析马克思哲学思想中包含的内在张力，论文得出以下结论：马克思的哲学观念存在两个层面，一个是直接实在的实践世界或实在世界，这个世界被马克思称为"实在主体"，由实践主体的实践活动所构成；另一个是马克思所说的"思维具体"，是由思维主体的理论活动所构成的理论世界。马克思对黑格尔的颠倒仅仅是将辩证法应用于理论世界之中，用以对"实在主体"进行观念性的把握。马克思对辩证法的这种使用更近于康德二元哲学的辩证法而不同于黑格尔将之作为现实事物的创造者的使用。③

---

① [美]洛克莫尔：《马克思主义之后的马克思主义：卢卡奇的重新发现》，孟丹译，《现代哲学》2011年第4期。
② 王南湜：《马克思哲学的近康德阐释（上）——其意谓与必要性》，《社会科学辑刊》2014年第4期。
③ 王南湜：《马克思哲学的近康德阐释（下）——其可能性与限度》，《社会科学辑刊》2014年第5期。

马克思理论的近康德阐释的必要性，特别是其可能性说明马克思与德国唯心论之间的关系比已经呈现的更为丰富，它不是一个历史单线性的马克思对黑格尔的批判继承，而应该是一个以马克思理论为核心的向多个点的散射。以马克思本人的哲学为依据真实地建立起这种多维度的关系对于丰富和发掘马克思理论的内涵是具有深刻意义的。既然对马克思作一种近康德意义上的阐释确有其可能，那么在康德与黑格尔之间的费希特作为唯心论的一员是否与马克思的理论有某种切近的关系？这个问题的提出不仅仅是基于哲学流派的划分，更是基于从马克思本人的著作中显露出的费希特因素。

对费希特与马克思的思想进行对比研究无论在国内还是国外都几乎不成议题。按照洛克莫尔的说法，造成这种状况的原因在于普遍认为马克思与费希特之间没有任何哲学观念上的联系[1]。这一点可以被认为是德国唯心论与马克思关系研究这个大题之下的小题。在大题还未清晰的状况之下，小题不被重视甚至不被提出是再自然不过的。但是问题没有被提出并不代表它不存在，马克思与费希特之间的理论联系没有被发掘也不代表二者之间不存在联系。在四十年前，在费希特的英文译著还未完善的情况下，洛克莫尔就开创性地对比了马克思与费希特的思想，并得出马克思的理论依赖于费希特理论的结论。

在屈指可数的对马克思和费希特理论关系的研究中，洛克莫尔的这个研究已经算是比较详细的。他对比了马克思和费希特的主体理论及其共同的理论背景，认为马克思和费希特关于社会语境中的人的概念具有共同的思想源头，这个源头就是亚里士多德关于人的基本看法。对马克思和费希特而言，人都是从事活动的存在，通过活动人实现自己的潜能。这种活动的观念使得人本身就是主体和客体的统一，在这个意义上，洛克莫尔认为马克思和费希特对主客关

---

[1] ［美］洛克莫尔：《费希特、马克思和德国哲学传统》，中文版序言，夏莹译，北京师范大学出版社2018年版。

系都坚持一种"形而上学的统一性"①，这构成了二者在元理论层面上的一致，即二者都拒斥基础主义，不能简单以唯物主义和唯心论对之划分，相反二者都试图以一种建立在行动主体之上的理论统一被断然分开的唯物主义和唯心论。总体而言，洛克莫尔认为马克思与费希特之间在三个方面上具有相似性：活动、人以及元理论。这三个方面事实上已经表明在马克思和费希特之间具有一种全面的相似性——在我们之后的分析中将会证明，这种相似将指向一点：在自由观念上的一致——它已然不能仅仅被当作一种理论的巧合。同时马克思著作中，特别是《1844年经济学哲学手稿》和《1857—1858年经济学哲学手稿》这两个文本中所透露的马克思对费希特著作的熟悉更是提供了直接的文本依据。然而，独木不成林，洛克莫尔的研究尽管已经抓住了马克思和费希特之间相似性的最为关键的要素，但并没有引起学界的强烈关注。这有论题生僻的原因，也有该研究本身不够详尽、细致和全面的原因，更重要的原因还在于该研究提出所处的时代背景。

20世纪80年代无论是费希特研究的薄弱还是马克思主义的政治哲学化都不足以使得这个研究呈现它应有的价值。然而在今天，费希特研究无论在国内还是国外取得的长足的进展、对马克思哲学本来面貌的立体性揭示，都为重提马克思与费希特之间关系的问题、为一种更为深入的研究奠定了基础。同时，无论是马克思与德国唯心论这个大题，还是马克思和费希特这个小题本身都已经揭示了对马克思和费希特之间关系进行一种比较性考察的可能性和必要性。我们相信这个研究对于重新界定费希特理论的影响力和重要性，重新判定马克思与德国唯心论之间的关系，甚至对一种新的理论形式的发现，一种打破唯物主义和唯心论的绝对对立的理论模式而言都将具有重要贡献。

---

① ［美］洛克莫尔：《费希特、马克思和德国哲学传统》，中文版序言，夏莹译，北京师范大学出版社2018年版。

二 研究现状

1. 关于费希特理论的研究现状

20世纪50年代，学院版《费希特全集》终于由R. 劳特主持开始编辑出版，在那之后，费希特研究在短时间内向前迈出了很大的一步，开始出现比较繁荣的景象，甚至可以说在小范围内出现了一种"复兴"。从自1992年创刊以来的《费希特研究》所谈论的主题也可以看出，国外费希特理论的研究几乎涵盖了费希特哲学的所有方面，研究角度也比较多样，其论题囊括了费希特多个版本的知识学、费希特的伦理学、费希特的实践哲学甚至于费希特哲学与艺术的关系，等等，这种全面开花的状态表明研究兴趣和程度的不断加深，但在另一方面不可避免地会导致失去重点。对于费希特理论而言，最为重要的还是他的知识学理论，因为知识学是他的理论大厦的基础，是理论推演的原则，无论是他的实践哲学还是伦理学、法权哲学都是建立在知识学的基础之上的，对这些被称为"具体"的哲学学科的研究需要以对知识学的基本把握为基础。经过半个多世纪的研究，知识学的一般逻辑已经被揭示出来。代表性的研究著作包括亨利希1966年发表的《费希特的原初洞见》。这一篇文章可以算是德国当代关于费希特研究的最为重要的文献，它在当代第一次标示出了费希特理论与它同时代人的不同之处与重要性。在这篇文章中，亨利希基于对自身意识思想的发展历史的考察指出，是费希特第一个发现了传统自身意识反思模型的困难。由此，亨利希重新开启了对费希特的全面研究。除此之外参与学院版《费希特全集》编纂的Daniel Breazeale于2013年出版《对知识学的彻底思考：费希特早期哲学中的主题》(*Thinking through the Wissenschaftslehre*: *themes from Fichte's early philosophy*)。在该部著作中，Breazeale将他四十年的费希特研究，特别是关于费希特早期知识学的研究论文重新编辑和修改，以一个整体性的方式展示了费希特在1794年至1799年间知识学中的主要的，也是难解的问题，对费希特早期的知识学做了比较系统的阐述和澄清。另外，亨利希在2018年出版的《言说颇多之自我》(*Dies Ich，das vielbesagt*) 收录了他2019年的新作《对洞见的再思考》。在《对洞见的再思考》中，亨利希基于对费希特哲学的原则——自我意识的再思考，从自我与主体的问题出发，在分析哲学的问题域中，再次探讨了费希特知识学的三个公式，以一种不同于以往的视角考察了费希特的知识学建构，进一步推进了对费希特知识学的研究。其他对知识学的研究著作包括 George J. Seidel 对1794年的知识学第一部分进行评论的《费希特1794年的知识学：对第一部分的评论》(Fichte's Wissenschaftslehre of 1794：A Commentary on Part I)；从自我意识的历史入手研究费希特耶拿早期思想的中的思辨问题的《自我意识的历史：费希特1794—1795年知识学中的思辨问题的起源》(Ulrich Claesges 的 *Geschichte des Selbstbewusstseins*：*Der Ursprung des Spekulativen Problems in Fichtes Wissenschaftslehre von 1794—1795*)。Thomas Sören Hoffmann 对最后一版知识学进行分析的《约翰·哥特利布·费希特1812年的知识学：先验唯心主义的遗产与挑战》(*Johann Gottlieb Fichtes Wissenschaftslehre von 1812*：*Vermächtnis und Herausforderung des transzendentalen Idealismus*) 等。对各个版本和不同时期的知识学的分析将费希特知识学的大致面貌描绘了出来，但对比和综合研究知识学整体结构及之间观念变化的文献还十分稀少。因此，对知识学的本质的把握还需要进一步深入知识学的核心结构，掌握关键概念。

就本书切入费希特理论所借助的"想象力"概念而言，国外学者已经开始意识到它的重要性，并做出相关研究，比如 Günter Zöller 在《费希特的先验哲学》(*Fichtes Transcendental Philosophy*) 一书中对费希特的想象力对感性世界的构成性作用作出了肯定性论断。他认为，思维和想象的活动，并不仅仅提供可确定之物作为确定之物的基础，同时对象通过想象力与感觉的直觉的共同作用成为客观的和表面上独立的思维确定性。亨利希《在康德与黑格尔之间》一书中就提出了"想象力"是费希特在《自己对基础哲学的沉思录》中的最重要的成就之一的观点,他认为想象力涵盖了从感受到冲动到渴望的所有结构,是我们对外在世界的信念的基础,因而对费希特的研究需要专注于想象力的结构。

专注于想象力的结构,并将之作为一门自由理论的实现的研究著作也已经出现,Reinhard Lock 在他的著作 *Schwebende Einbildungskraft*（《摆荡的想象力》）中细致分析了费希特如何通过想象力的辩证结构和生产本质实现理论上的自由的。除著作外,以想象力概念为对象的研究文章也比较丰富,包括 Rudolf Makkreel 的 "*Fichte's Dialectical Imaginatin*"（《费希特的辩证的想象力》）,Lore Huehn 的 "*Das Schweben der Einbildungskraft*"（《想象力的摆荡》）等等。

这些研究结果表明,想象力概念对费希特理论的重要性正在逐步被认识,它所具有的理论潜力正在被挖掘。它同时意味着国外费希特研究开始走向细致化和纵深化。

就本书的核心主题"自由"问题而言,研究相对深入一些。但这种深入依托的是对整个德国古典哲学的自由问题的研究进展,包括康德的、谢林的和黑格尔的自由理论,如 2017 年出版的 *Dialektik der sittlichen Freiheit：Hegels Auseinandersetzung mit seinen Vorgängern*（Haeng-Nam Lee,《道德自由的辩证法：黑格尔与他的先辈的对抗》）,以及更为当代的哲学家的自由理论,比如 Violetta L. Waibel 就于 2015 年出版了 *Fichte und Sartre über Freiheit Das Ich und der Andere*（《费希特与萨特的论自由：自我与他者》）一书,从自我与他者的问题出发,探讨萨特与费希特的自由理论。这意味着,费希特的自由问题在与同时期哲学思想的联系中,在自由问题的整体性研究中,在一种历史与问题的脉络中,得到了一定程度的澄清。他自由理论提出的背景、针对的问题、尝试的方式与前进的路径,都具有了一定的明晰性。同时,这也意味着,对费希特的自由问题的研究更多的是将它作为德国古典哲学的整体的一部分,而没有注意到费希特自己自由理论的独特性。由此,相关研究文献也十分稀少,涉及自由问题的代表性的有 Allen Wood 2016 年出版的 *Fichte's Ethical*

Thought（《费希特的伦理思想》），Günter Zöller 1998 年的著作 *Fichte's Transcendental Philosophy：The Original Duplicity of Intelligen and will*（《费希特的先验哲学：理智与意志的原初三重性》）。

就国内而言，按照梁志学《费希特在中国》的介绍，费希特研究的发展可以分为三个阶段①。经过三个时期的发展，国内费希特哲学的研究已经取得了长足的进展。特别是与根据巴伐利亚科学院版第 I 辑翻译和编撰的《费希特著作选集》出版同时进行和展开的对费希特理论的专项研究。研究的成果主要以著作的形式呈现出来，包括梁志学 1991 年的《费希特青年时期的哲学创作》、1995 年的《费希特耶拿时期的思想体系》，2003 年的《费希特柏林时期的体系演变》，谢地坤的《费希特的宗教哲学》（1993 年），郭大为的《费希特伦理学思想研究》（2003 年），张东辉的《费希特的法权哲学》（2010 年）等。从哲学专题研究可以看出，对费希特最为重要的知识学国内学界并没有给予足够的关注和投入。这是最为严重的问题。这种忽略意味着国内学界对费希特理论体系的整体架构还缺少理解和把握。其结果是，我们只能在一些表现性层次上理解费希特哲学，或者只能基于康德和黑格尔来理解费希特，而尚未足够把握费希特哲学所具有的原创性理论的魅力。

一个可喜的情况是，随着近几年谢林哲学研究在国内的盛兴，对费希特的哲学作为一个伴随性的研究，也得到了一定的推进。比如 2021 年倪逸偲就发表了《探求意识实在性的终极根据：费希特与谢林早期先验哲学的平行演进（1794—1797）》的文章。文章指出费希特与谢林早期先验哲学方案虽有差异，但仍然具有共同的理论主题，他们都是对意识实在性的终极根据的平行探索。两者都将自我意识作为先验哲学的中心问题，并都试图将思维—存在统一体建立为哲学的最高本原，从而在完成意识实在性奠基的同时，建构起

---

① 梁志学：《费希特柏林时期的体系演变》（附录），中国社会科学出版社 2003 年版。

先验哲学的完整体系。与此同时，作为哲学最高本原的思维—存在统一体也是先验哲学的终极根据与原初开端。先刚在2019年的论文《试析早期谢林与费希特的"绝对自我"观的差异》中就指出，费希特在《全部知识学的基础》中还没有真正建立起绝对自我这一被认为是费希特的哲学基点的概念。

但整体而言，国内费希特的研究还是很不足的。造成这种情况的一个很大的原因在于研究材料掌握的不足。费希特知识学不断被发现和出版的新材料在国内研究中还没有得到利用。我们知道费希特一生中写作了很多个版本的知识学，尽管并不是每一个版本的知识学都是完整的、被出版了，但其中最为重要的几个版本的知识学是很有进行比较研究的价值的，尤其是被称为《知识学新方法》的这个版本。它对于理解费希特思想观念的转变，理解费希特的整体理论都十分重要。此外，在二手材料占有上的不足也需要克服。只有这样才能逐步缩小国内费希特研究与国外研究在量和质上的差距。

总的说来，费希特理论的重要性无论在国内还是国外都在逐渐被承认，相关研究也开始逐步展开，尽管国外研究在深度和广度上都领先于国内，但二者在一些基本问题上还是"一致"的，这些问题集中在"知识学"之上，包括对知识学整体结构的把握不够深刻，对知识学版本《知识学新方法》及其它版本的研究不足，国内外研究的共同问题就是对知识学作为一个哲学体系的基础地位、性质和目的理解尚欠充分。

2. 关于费希特与马克思之间关系的研究现状

尽管国内外比较费希特与马克思的理论差异、探讨二者理论的相关性的研究确实存在，但就本选题而言，并没有完全契合的相关著作和文章。因而对于研究现状的说明只能就作者已经掌握到并阅读的文章，作出一个与选题相关的研究状况的描述。

就直接为费希特和马克思之间关系做肯定性辩护的研究而言，在学界最有地位的应该是洛克莫尔。他在1980年出版的《费希特、马克思和德国哲学传统》中从活动的概念、人的概念和元理论三个层面分析了费希特和马克思之间的相似性，并指出马克思批判了黑格尔的历史主体的不完满性，在之后试图在费希特的理论中找到一个替代性的概念。这个转向构成了马克思对费希特哲学的依赖。

在他的文章《费希特在马克思思想中的影响》中，他从费希特对青年黑格尔运动的影响入手，经由费希特与青年马克思的关系，随后通过指明马克思对感性世界和对人的定义与费希特理论的切近，论证了费希特对马克思思想中的关键概念存在影响的观点。他的另一篇代表文章是《马克思是一个费希特主义者吗？》。文章首先提出了马克思与费希特之间的关系问题，并认为对这一问题的回答有赖于如何理解费希特主义者。通过论证他指出，马克思的全部立场是试图以人类能动性理论为基础，在现代工业社会中规划人类自由的现实条件，这种通过人类的能动性理解人类的方法是费希特在批判康德的时候探索出的，马克思批判黑格尔的时候借用并改造了这一方法。在这一意义上，他得出马克思确实是一个费希特主义者的结论。在《费希特的唯心主义与马克思的唯物主义》中，洛克莫尔首先通过对哲学中的唯物主义和唯心主义区分的质疑，指出除了思维与存在的区别之外，没有其他的标准能够把唯物主义和唯心主义区别开来；其次，他从理论和元理论两个层次对马克思和费希特的哲学进行比较，并指出唯物主义和唯心主义的区别并不能把二者的思想区别开来，马克思的立场与德国古典哲学传统具有内在的一致性。

从洛克莫尔的著作和文章可以看出，他认为马克思与费希特之间的联系是全方位的，不仅二者最为核心的概念在内涵上和作用上是相似的，二者在这个概念之上建立起来的理论在元层面上亦是相近的。可以说，洛克莫尔已经指出了马克思和费希特之间最为重要的联系，并且建立起了这种比较展开的模式，但是遗憾的是，洛克莫尔对费希特的研究似乎还没有扩展到费希特于20世纪90年代发现和出版的《知识学新方法》。在这一版知识学中，费希特的某些重要的观念已经发生改变，比如对自我的定义、对自我和非我关系的定义，某些在之前的知识学中看似不重要的概念获得了关键性的地位，比如想象力的概念。这些对把握费希特体系而言具有重要意义的要素因为这样那样的原因还没有被恰当地对待，这种非主观性的忽视所造成的结果就是他对费希特和马克思之间关系的认识还停留在80年代所建立的框架中，并没有在细节和内容上更为深入。

就国内而言，对费希特与马克思关系之间的研究开始成为一个关注点。博士论文也开始出现以此为议题的研究，比如司强博士的论文《青年马克思和费希特思想关系研究》以近代德国的历史和思想发展为背景，分析了青年马克思和费希特思想之间的关系。他的研究从费希特的思想对当时德国思想界的影响入手，阐释了马克思如何在当时的理论环境中接近费希特又背离费希特。在这篇文章中，司强表达了这样的观点，即青年马克思在哲学观、哲学立场、批判方法、宗教批判等诸多方面都受到费希特哲学的影响。但在后期马克思抛弃了理论中的这些费希特的因素。该篇文章对国内马克思与费希特关系的研究而言具有重要意义，它从理论环境整体入手考察费希特对马克思思想的影响，对本选题而言具有借鉴意义。但该篇文章的考察更多的是历史性的和史料性的，并没有深入涉及费希特的知识学体系。

相关的文章则在更早的时候就已经出现。如发表于《中国社会科学》1995第6期的沈真和梁志学的《费希特与马克思》。该文章认为，关于马克思对费希特思想的批判继承是一个长期被忽视的课题。出于对这个问题的关注，文章从评述费希特哲学体系入手，通过以下三个方面的分析考察，即马克思在其哲学思想形成过程中对费希特的有关看法，费希特哲学方法经黑格尔中介而在马克思经济学理论系统的构建中留下的痕迹，费希特实践哲学中的一些基本观点与马克思的相关思想的对比，得出马克思主义创始人是费希特思想遗产的当然继承者的观点。

张荣的《费希特与马克思的实践唯物主义》（《中国人民大学学报》1998年第2期）认为费希特首次将实践概念提升到哲学世界观高度，将自我行动作为知识学体系的构造原则，系统论述了实践活动的具体内容，从而确立实践在认识理论中的基础地位。文章指出费希特的实践观不仅具有认识论意义而且具有世界观意义，是一种"实践唯心主义"。通过对费希特实践观的分析说明了以下逻辑事实，即费希特的实践的唯心主义是马克思实践唯物主义的直接理论来源之一，费希特的实践观与黑格尔的辩证法、费尔巴哈的唯物主义一起，直接构成了马克思实践唯物主义的逻辑前提。

崔文奎对费希特与马克思关系的研究主要从政治哲学入手。在《费希特政治哲学对马克思政治哲学的影响》（《政治哲学研究》2010年第2期）中，他表达了以下观点，费希特的政治哲学与康德和黑格尔的政治哲学一起构成了马克思政治哲学的思想来源。马克思不仅批判地继承和发展了费希特法权思想中所包含的空想社会主义思想成分，而且批判地继承和发展了费希特的国家与市民社会相界分的思想和劳动的概念。正是在此基础上，马克思实现了政治哲学方法论的突破。

在另一篇题为《费希特的实践概念对马克思构建唯物史观的影响》（《哲学研究》2010年第5期）的文章中，崔文奎指出费希特确立了"哲学是根据原则对整个现实进行塑造"的学问，以引导时代精神和影响社会为目标，费希特能动性的实践的哲学，不仅为马克思创立唯物史观提供了丰富的素材，而且与黑格尔的辩证法、费尔巴哈的唯物主义一起，直接构成了马克思实践唯物主义的逻辑前提。

2019年张东辉在《北京社会科学》发表文章《费希特的劳动思想及其在国民经济学中的运用——兼论对马克思的影响》。文章指出费希特真正地从哲学的角度论证了劳动是人的基本权利，他的劳动理论在劳动的本质、组织方式和目的三个方面对马克思产生了影响。

从这些研究可以看出，国内对马克思和费希特关系的研究在逐步推进，但整体来说还停留在一般性的层面上，没有进入专门性的研究，大多数只是借助于马克思理论中的"实践"概念，以之比照于费希特的"行动"概念。这种做法有其正当性，但还需要深化。

综合而言，国内外对马克思和费希特之间关系的研究正在不断深化，但是研究中还存在许多问题。这些研究作为资源和背景材料能够作为一个坐标，为我们的研究提供借鉴和指导，帮助我们定位困难并解决困难。

三 本书的研究思路

为了更好地把握费希特的理论体系，本书将集中分析费希特的两个版本的知识学，第一个版本的知识学是费希特最为大众熟知的一个版本，也是第一个以成熟形态出现的知识学版本《全部知识学的基础》。在这一版知识学中费希特第一次完整地提出知识学的三大原则，建立起了一个"基础哲学"的体系，这个体系是费希特第一次以自由自我为基础建立体系的尝试。第二个版本的知识学是于20世纪90年代发现和出版的《知识学新方法》。这一版的知识学在写作时间上最靠近《全部知识学的基础》，但在一些最为重要的概念上费希特的观念已经发生改变，比如自我不再是单纯的对自己的设定（尽管它的本质依然是自由），而是被定义为一个设定的过程。相对于这个根本性的改变，这一版的知识学中最为关键的概念已经从自我转变为想象力，自我的自由被认为是从属于想象力的自由的。而想象力这个在前一版知识学中仅是捎带提到的概念，在这一版知识学中隆重登场，甚至主导整个体系的推演。这个转变对费希特知识学的建构而言是具有决定性意义的，它标志着费希特的知识学转向对一个高于自我的最高综合的追求。这可以被认为是费希特从绝对唯心主义向批判的唯心主义的转变。正是这个转变使得费希特的自由理论完整地呈现出了一种跨越的形态，而后者是马克思与之最为切近的要素。

因此，本书主体将分为三个部分。第一个部分分析和论述费希特如何在《全部知识学的基础》中通过行动的自我构建他的自由的体系的。对应费希特的行文，这一部分将按照知识学的三大原理、理论知识学和实践知识学的分析顺序展开。本书的第二个部分是对《知识学新方法》的分析。在这个部分，我们将按照费希特划定的十九个推演部分重新整理他的建构，并以想象力为核心概念考察自我、自由、想象力在体系中的关系。最后一个部分将考察马克思以劳动为关键的自由理论，表明马克思的劳动解放理论与费希特的自由理论具有相同的内核和结构，二者共享一种自由理论的模式。在正式进入主体考察之前，文章分析了费希特理论产生时所处的理论背景并回忆了费希特与当时代哲学家的对话，以说明费希特的理论兴趣、目的与关切。

第 一 章

思想冲突中"自由"问题的中心化

> 只要提到自由二字，我的心马上敞开，开出花来；而一旦说到必然性这个词，我的心就开始痛苦地痉挛。
>
> ——费希特

18世纪六七十年代启蒙运动方兴未艾，启蒙主义相信，存在某些客观的、始终如一的和固定不变的实体，这些实体就是永恒的真理、永恒的制度和永恒的价值，它们在任何一个时代、任何一个地区都是适用的。这种理性主义的信念柏拉图最早通过他的理想国表达了出来，在启蒙时期则通过系统性的科学和数学而获得表达。比如哥白尼的天文学理论、莱布尼茨和牛顿的数学体系。

理性主义的这种追求在18世纪前半叶的确极大地促进了西方文化在各个方面的蓬勃发展，但随着运动的不断推进，反对启蒙运动和绝对理性主义的声音开始出现。科学技术和知识的进步似乎并没有给人类带来更大的福祉，相反，知识武装了人类，改变了人类对自然的关系，却使人类在自然面前有恃无恐，在道德上变得堕落。社会的不公平随着启蒙得到揭示和加强；非神秘性的认识论导致信仰缺失。这些问题归结起来就是，对理性的过度信任和推崇，导致了对社会生活中的非理性方面的忽视。因此，对理性的批判和反思的结果呈现出一种对道德和信仰的回归的趋势，在这个过程中，自由问题逐渐成为理性争论的核心。

第一节 哈曼与自由问题

尽管对理性限度进行反思的第一人是休谟——他对必然性的怀疑本质上就是对理性主义所追求的严格的宇宙性逻辑网络的否定，但第一波以运动形式表现出来的对理性主义的冲击，是发生在德国的新教虔敬运动。虔敬运动作为理性主义的反对，"特别强调精神生活，蔑视求知，蔑视庆典和一切形式的东西，蔑视排场和仪式，特别强调受苦的人类个体灵魂与造物主之间的个别关系。"① 依据这个描述，虔敬派无疑走的是另一个极端。但它的诉求是正当的：将个人从理性的束缚中解放出来，将人所具有的非理性的因素归还于人。这种非理性因素按照以赛亚·伯林的说法，来自当时德国人民内心中的逃避态度："当通往人类自我完善的自然之径被堵塞时，人们便会逃向自我、沉溺于自我，建立一个外在厄运无法侵入的内心世界。"② 向内的精神追求是向外个体实现道路之不可得的替代。正是在外在实现方面的受挫，促使思想家们以内倾的生活方式来表达对当时代的社会环境的不公的抗拒。既然外在环境不允许自由地生活与创造，那么他们只能在精神上、信仰上来寻找自由之可能。在这个背景下，德国思想界的重心转向论证个体自由之可能。在《启蒙的时代》一书中，伯林指出在18世纪中叶，德国人开始表现自己的情感，他们"反对法国人的世界主义的、平等主义的、科学的、唯物主义的自然神论或无神论，他们针锋相对地提出了一种关于个人、传统、和习俗——后来又扩大到种族、语言、教会、国家——的独特性及其无法衡量的、无法分析的、性质上的差异所具有的重要性

---

① [英]伯林：《浪漫主义的根源》，吕梁等译，译林出版社2008年版，第42页。
② [英]伯林：《浪漫主义的根源》，吕梁等译，译林出版社2008年版，第43页。

概念"①。这种思考与狄德罗和达朗贝尔等人基于英国的经验论发展出来、成功瓦解了既存秩序的神学、政治和道德的基础的唯物论不同。但它同样也不是理性主义的,毋宁说它是反理性主义的。

伯林认为,第一个在德国学界具有深厚影响的反抗理性主义的学者是约翰·格奥尔格·哈曼。哈曼是康德的同乡,也是康德的论辩对手。他在文章中表达了对休谟的观点的认同,并指出生活的很多方面并不能通过科学式的概念思维被把握。概念和范畴是一般性的,它只能表达事物的普遍状态而不能涵盖事物和人的特殊之处,因此,当科学被运用在人类社会时,就会导致官僚主义等一系列不公正的和可怕的结果。基于对理性主义的反对与对个体性和特殊性的强调,哈曼极力推崇创造在个体生活中起到的积极作用。他认为,"创造是一种难以形容,不可言传、无法分析的个人行为。通过这种行为,人们在自然界上印上自己的痕迹。创造是任凭自己的意志驰骋,说自己想说的话,诉说自己内心的想法以及那些无法逾越的障碍"②。哈曼希望借由创造个体能够实现自己的自由,这种自由包括意志自由、精神自由、表达自由和行动自由。在创造活动中,并不会出现无法逾越的障碍。结合他的理论的背景,我们能够将这个"障碍"理解为逻辑或者理性附加在人的身上的束缚。理性,在哈曼的观念中,是扼杀活力、浇灭热情、消灭丰富的感官生活的刽子手。因此,以自由对抗理性,人会重新获得真正的行动能力和真实的生活力量。

一种真实的生活,断然不是理性所主导的分离的生活。按照理性主义的原则,概念与生活相分离,灵魂与身体相分离,语言与思想相分离。因此,以创造为手段所实现的自由的生活,应该是一种统一的、联合的生活。正如歌德用以概括哈曼的思想所说的那样:

---

① [英]伯林:《启蒙的时代》,孙尚扬、杨深译,译林出版社2012年版,第237页。

② [英]伯林:《浪漫主义的根源》,吕梁等译,译林出版社2008年版,第48页。

"人所采取的一切行动源于他自身力量的联合，所有的分离都应该被否定。"① 从哈曼这些不成体系却简单有力的抗议中，隐约能够看出，对理性主义的反抗终会落在一个古老的哲学问题之上。这个问题在后来构成了马克思博士论文的主题：自由与必然性的统一问题。

众所周知，马克思的博士论文以德谟克利特和伊壁鸠鲁的原子论之间的差别为主题来为自由之可能性辩护。马克思认为，德谟克利特的原子论是一种因果必然性的决定论，在其中，原子的行动轨迹是既定的，不存在偏斜之可能。这种不可能性就是自由的不可能性。与德谟克利特不同，伊壁鸠鲁的原子论则引入了偶然与自由的因素。伊壁鸠鲁认为，原子在按直线运动的过程中会偶然地偏离既定轨道，将自己从直线中解放出来。并且这种偏离并不是单一原子的行为，而是所有原子都能够并且将会发生的，因为每一个原子都具有自由意志。② 伊壁鸠鲁将原子偏斜说用来解释社会政治生活，赋予社会生活中的个体以自由意志与精神，以期将个体从必然性的生活中解放出来。马克思接纳了伊壁鸠鲁的这个观点，并在他的社会理论中将之发扬光大。在这里值得我们注意的并不是马克思如何物尽其用地利用伊壁鸠鲁的原子理论，而是伊壁鸠鲁在当时提出自由问题的社会背景。

在当时，马其顿帝国入侵古希腊，在古希腊建立起了强权的政治秩序；被强权所统治的希腊人民陷入悲惨的生活境地。在政治上想摆脱被统治的必然性的要求，促使当时的思想家发展一种理论来为这种要求的合法性辩护。这个背景之下产生的伊壁鸠鲁的原子论恰好承担了这个任务。因此，可以认为，伊壁鸠鲁的原子偏斜说，服务于个体摆脱必然性，远离强权统治的理论目的。能与个体的必

---

① [英]伯林：《浪漫主义的根源》，吕梁等译，译林出版社2008年版，第50页。
② 李淑梅：《马克思博士论文的政治旨趣》，《马克思主义与现实》2009年第3期。

然命运相对抗的，就是个体本身所具有的自由。

对照这个背景，再回过头来看德国以虔敬运动为代表的对理性主义的反抗，就会发现，当时德国的思想环境与伊壁鸠鲁生活时期的古希腊十分相似。作为30年战争的主要战场，德国在经济上遭受了极其惨烈的破坏，民不聊生；在政治上诸侯割据，德意志王国陷入四分五裂。一直没有从战争的伤痛中缓和过来的德国在18世纪七八十年代又遭遇到来自已经先于自己进入近代的英法的压力，这种压力不仅来自经济和政治上的，还来自文化上的。相较于法国，德国的文化"没有中心，没有活力，没有骄傲，没有进步、变化和权威的意识"[①]。理性的专制渗入到社会生活的方方面面，科学、数学、艺术甚至宗教生活都按照必然性的原则建立和发展，审美苍白化，生活格式化，思想僵化。在这样的背景下发生的虔敬运动就是对建立在非神秘性的认识论和逻辑推理之上的井然秩序的信念的反击，是对理性主义的正面反抗，"它主张认真研习《圣经》，推崇人和上帝之间的个别关系，蔑视排场和仪式，特别强调受苦的人类个体灵魂与造物主之间的个别关系"[②]。对个体性、人类个体灵魂的特殊性的强调，本质上是以一种转向个人的内倾的思维方式来回避文化整体的落后，以增强民族的文化自信心。对个体能力的推崇最终的核心概念就是自由。

作为哈曼的崇拜者，提出表白主义的赫尔德，就是其中的一个有力量的人物。赫尔德的表白主义作为一种相对主义冲击了理性绝对主义的大厦。赫尔德认为康德和其他启蒙思想家低估了语言的地位，而语言是理解种种人类经验的关键。每一种语言都是一种特别的文化的载体，而文化的独一无二性只有通过作为它的载体的语言才能够得到理解。赫尔德从表白主义推导出每一种文化都有它的文

[①] [英]伯林：《浪漫主义的根源》，吕梁等译，译林出版社2008年版，第41页。
[②] [英]伯林：《浪漫主义的根源》，吕梁等译，译林出版社2008年版，第42—43页。

化重心。这意味着,理解任何一种文化都需要建立在理解了它的重心与追求的基础上。不同时代、不同地域的文化,规定了当时当地各自的核心价值。因此,不同地方不同时代的人,对于该如何生活,如何做人,对于什么是善恶、什么是好坏、什么是美丑的认定都不同。因此,不存在一个绝对的观念能够或者说应该统辖所有的人。人们应该尊重彼此的文化,尊重在不同文化中成长起来的人,尊重人追求自己生长于其中的文化所设定的价值。对文化的多样性的宽容,等同于对不同的人生最高价值的平等地位的承认。这便是对理性所追求的整齐划一的反抗。在另一方面,对不同族群的文化价值的肯定,蕴含了这样一个结论:"每个人类群体都应该为自己与生俱来的东西而奋斗,或者说,为了他们的传统而奋斗。每个人都属于他所在的群体。作为一个人,他应该说出他认为是真的真理。对每个人而言,他所相信的真理都是绝对正确的。"①

不同的价值和传统赋予个体自由追求其所认为的真理的合法性,亦即对个体意志自由以及行动自由的承认。人并不是构筑理性大厦的标准划一的砖块,相反,他具有独立的、特定的思想,具有去实践和实现这种思想的自由能力。赫尔德这种以个体对抗理性的恒久法则的观念,使得他被认为是开启德国浪漫主义的先锋之一,他赋予了浪漫主义或以思想或以行动抵制理性主义的整齐划一的个性。然而,对自由的追求,在当时并不是浪漫主义的专利。可以说,比浪漫主义的自由观念更具影响力的,是康德的自由观念。

第二节 康德的自由理论

康德对自由的崇尚与浪漫主义不同,他并不认为自由应该是对科学与理性的取代,相反,他认为遵循理性的自由才是真正的自由。

---

① [英]伯林:《浪漫主义的根源》,吕梁等译,译林出版社2008年版,第70页。

这个观念并不出于康德对理性的盲信，而是建立在他对启蒙与理性的反思之上。之所以能够这么说，是因为他严肃地思考了休谟对于因果性的否定，在此之上提出了自己对理性的辩护。在哲学史上，休谟能够被认为是第一个旗帜鲜明地反对用逻辑建立世界秩序的哲学家。休谟的否定，对康德而言无疑是重要且影响深远的，按照康德自己的话："就是休谟的提示在多年以前首先打破了我的教条主义的迷梦，并且在我对思辨哲学的研究上给我指出来一个完全不同的方向。"① 休谟的怀疑论促使康德重新思考认识之可能问题。既然因果联系不能是来自经验的总结，那么剩下的可能，就是它是来自认识主体，是由人的认识能力所保证的。因此，康德哲学的中心问题就是追问这种先天的能力如何是可能的，康德将之表达为"先天综合判断如何是可能的？"。为了回答这个问题，康德将这个总命题划分为了四个小问题：（1）纯粹数学如何可能？（2）纯粹自然科学如何可能？（3）形而上学作为自然倾向如何可能？（4）形而上学作为科学如何可能？

对数学与自然科学之可能性的考察是对理性能力的探究，这个探究被分为先验感性论和先验分析论。在前者中，康德肯定了人的先天直观能力作为数学的先天综合判断的必然法则；在后者中，康德引入了知性的十二个先天范畴，用来规范感性直观使之成为知识。作为对休谟问题的回应，康德认为因果关系位列于十二范畴，是知性的先天思维能力之一，它不以后天的经验事实和关系为转移。针对后两个问题的先验辩证论和先验方法论，则是对理性之运用的划界。康德认为，理论理性的使用有它的适用范围和限制条件。理论理性只适用于认识领域，也就是说它只能对现象界和经验世界起作用，超过这个领域而要求纯粹理性也发生作用，就是对它的超验的运用，会导致"幻象"。但这并不是说理性在现象界之外就束手无策了，在现象界之外的本体界，理性同样起作用，并且是不受限制的，

---

① ［德］康德：《未来形而上学导论》，庞景仁译，商务印书馆1982年版，第9页。

是自由的，只是在本体界中起作用的理性不再是理论理性，而是实践理性。康德认为，通过先验方法论能够对理性进行训练，使之按照之前的区分正确地被使用，这是形而上学得以可能的条件。

用划分现象界与本体界，并将理性区分为理论的和实践的作为两个领域中特定的规则的方式，康德认为他能够很好地回应休谟的问题并实现对理性的辩护。但事实却是，划分理性的不同运用，事实上只是将问题从理性之可能转变为了理性如何运作，如果后一个问题不能得到回答，那么整个辩护的工作就不能算是成功的。遵循康德的区分，理性真正的实现是在本体界，关涉的是形而上学之可能的问题，因此，对形而上学如何能够作为一门科学得以成立的阐述能否成立，直接决定康德的工作的成败。而形而上学的基础是实践理性的道德律，因此，康德的整个体系的问题就落到了道德之可能的问题，亦即自由的问题。

自由是康德哲学的中心原则，是"纯粹理性甚至思辨理性系统之总体建筑的拱顶石"。这表示，康德对理性的二元划分最后要通过自由被统一起来。因此，对康德自由理论的考察必然涉及康德对理性的区分，于是我们需要回到《纯粹理性批判》，具体地说，回到《纯粹理性批判》中的二律背反中的第三组二律背反，它直接表达了理性与自由之间的矛盾关系。

一　因果律与自由意志的二律背反

康德是在《纯粹理性批判》的先验辩证论中讨论二律背反的。他认为二律背反产生的原因在于，人类理性的辩证性依其本性总是试图超越经验的界限去认识物自体，误将宇宙理念当作认识对象。然而，后者隶属本体界而非现象界，因此这种误用就会导致命题之间的冲突，因为适用于现象界的范畴并不能用在本体界上。本体界与现象界之间的区别的本质即非认知性领域与认知性领域的区别。然而，二律背反的出现并不是对理性能力的否定，而是对理性的限制。在康德认为存在的四组二律背反中，第三组是关涉自由意志的。

其正题表达为：宇宙的各种现象，不只是由遵照自然法则运作的因果律主导的，还受到自由意志的因果律影响。与对自由意志的肯定相反，反题是对自由意志的否定：没有自由意志这种东西，在宇宙中任何东西纯粹遵照自然法则运作。

从这个二律背反的表述可以看出，与自由意志相对的是主导自然法则的因果律。"凡事皆有原因"这个观念，是启蒙理性的核心观念，正是在该观念的主导下，对自然的探究才不断向前，科学才不断发展并在18世纪取得伟大胜利。然而，科学理性将所有事物都归属进因果性的范畴，这事实上是将之都归入了必然性领域。没有什么能够逃脱因果性规律，所有事件和行为都为前一个事件所决定。决定论作为因果律的必然导向，自然就排除了自由意志存在的可能。没有自由意志，就没有道德。但是，对康德而言，道德并不是掩耳盗铃就可以忽视的问题，它确确实实地存在并且决定着人的行为。科学观念与社会事实之间的冲突，能够被认为是康德醉心于道德问题的原因之一。既然自由意志与因果性观念相违背，同时因果律又在科学上证明了它的有效性，那么对自由意志的辩护，就只能将之放置在一个非现代意义上的科学的领域，一个非逻辑的领域。自由意志的确存在，但它并不是在因果律起作用的领域发挥其效用。

这个理论的举措与康德一贯的方式是一致的。将自由从自然领域中抽出来，用以规避与因果律的矛盾，既为自由之可能找到了出路，也保全了因果律的一般性。但是，这种划分并不意味着自由起作用的领域与因果律起作用的领域是互不相干的。相反，第三组二律背反建立起的是相对于因果性的先验自由，也就是正题所指出的，使得因果性得以可能的自由。对先验自由的推理，康德以子之矛攻子之盾，借助了在经验中有效的因果律。他指出，按照机械因果律，事物的原因永远需要追溯更早的原因，这个因果链条只有当它是无限的，它才是有效的；但是，在另一方面，它的序列无限性同时意味着它总是处于未完成的状态，是不充分的，而这违背了充足理由律，因而它无法解释这个世界的现实存在。

因果律和充足理由律之间的冲突使得假设一个最初的、纯粹自发的原因成为必要。只有当这个原因本身就是自己的原因，从而不再有别的原因，它才能够阻止因果律的无穷后退，并作为世界的充分原因。唯一能够实现这一点的，就只有自由，或者自由意志。因此，自由意志是解释世界的发生、经验得以可能的最终原因。以这个关系为依据，自由意志能够被认为是因果律得以发生效用的充分条件。也就是说，自由意志对因果律首先有先验的作用。这种先验性表现在两个方面：第一，它具有对现象界的独立性，即它不受经验因果性的约束，不以后者为原则；第二，它具有对经验世界的原因性，即它能够自行开始一个因果系列，并且其结果是在经验世界之中的。邓晓芒将第一方面对因果律的作用称为消极自由，称第二方面为积极自由。[①] 但无论是消极自由还是积极自由，先验自由都只表明它对经验世界的单方面作用，它作用于经验世界，但经验世界并不能对其产生相同的结果。

从这个二律背反的正题还可以看出，先验自由的存在并不是一种逻辑推理的必然结果，而只能是通过对经验的分析和总结所获得的推断和假设。也因此，它并不构成关于现象界的知识的一部分。所以，先验自由先于经验并且使得经验得以可能，但本身是属于经验领域之外的另一个领域的实在，是"理性为了'实践的利益'（道德和宗教）而在经验世界中为自己预留的一个'调节性的'理念"[②]。这意味着，先验自由的真实导向是实践而非认识。先验自由的概念是实践自由的根据。而自由的实践，即对先验自由概念的实

[①] 邓晓芒：《康德自由概念的三个层次》，《复旦学报》（社会科学版）2004 年第 2 期。

[②] 邓晓芒：《康德自由概念的三个层次》，《复旦学报》（社会科学版）2004 年第 2 期。

在化，才是康德认为的思辨理性体系大厦的真正的拱顶石。①

二　实践自由

按照康德的说法，实践自由是以先验自由为根据的，先验自由"使我们能够不矛盾地'思想'自由，实现从理论理性向实践理性的过渡"②，因此，先验自由更多的是一种认识上的指导，实践自由才是自由真正达至本体界从而获得实现。然而实践自由的实现也并不是一蹴而就的。依据康德的区分，实践自由也包含两个层次：自由的任意和自由意志。

自由的任意是实践自由的第一个层次，通过这个层次，先验自由所给予的认识才能在经验中被实践，因此它能够被认为是从先验自由到自由意志的中介。既然自由的任意还不是自由意志，那么它必然不够纯粹而带有感性因素："在实践的理解中的自由就是任意性对于由感性冲动而来的强迫的独立性。因为一种任意就其（通过感性的动机而）被病理学地刺激起来而言，是感性的；如果它能够成为在病理学上被迫的，它就叫动物性的任意。人的任意虽然是一种感性的任意，但不是动物性的，而是自由的，因为感性并不使它的行动成为必然的，相反，人身上具有一种独立于感性冲动的强迫而自行规定自己的能力。"③ 自由的任意当然也是一种感性的任意，但它不是动物性的，这表示人出于自己的自由，并不使得感性的动机成为其行为的原因，相反，人能够依据理性摆脱这种感性的因素而使自己的行为符合更为长远的利益。"我们有一种能力，能通过把本身以更为间接的方式有利或有害的东西表象出来，而克服我们感性欲求能力上的那些印象。"④ 但是"间接的"是一个模糊的概念，在

---

① Sehe Immanuel Kant, *Kritik der praktischen Vernunft*, Hrsg, von Karl Vorländer, Felix Meiner Verlag, Hamburg, 1974, S. 3.
② 张志伟：《康德的道德自由观》，中国人民大学出版社1995年版，第95页。
③ ［德］康德：《纯粹理性批判》，邓晓芒译，人民出版社2004年版，第434页。
④ ［德］康德：《纯粹理性批判》，邓晓芒译，人民出版社2004年版，第610页。

何种意义上的"间接"算是脱离了动物性的感性？康德将这些实现更大的或者更为长远的利益的理性称作"技术上实践的规则"。也就是说，"间接的"方式是指一些"熟巧"性的技术规则，它还不能称为真正的或者说纯粹的实践理性。它们能够指导人的行为脱离单纯的感性的欲求，而将其目的设定在超出这种欲求的地方，但这个目的还不是真正的自由的实现。

从康德对"自由的任意"的论述可以看出，"自由的任意"在理性的领域中处在一种"灰色地带"，它既是实践理性，却又与感性相关；它既与感性相关，却具有对感性的独立性。它是自由的，却又是任意的。这种模棱两可的特性并不是作为中介或者过渡的"自由的任意"所特有的。可以说，任何试图在被断然分开的两个领域之间建起桥梁的理论目的，都只能通过设定一个带有两个领域的特性，但不完全属于任何一个领域的存在来实现。然而，这种实现的可能性本身就构成了对它自己的否定。康德在这里似乎并没有说明从先验自由到自由意志的过渡是如何实现的，但如果用他的"理性本来就只有一个，它们之间的区别只在于对理性的不同运用"的观点来回应的话，对他来说这种过渡也并不是一个问题。

自由的任意还没有达到的、实践的另一个层次是"自由意志"。"自由意志"区别于自由的任意的地方在于，后者只是片段地使用理性，而前者则"要求不受感性的干扰而逻辑上一贯地使用理性，使理性本身具有了超越一切感性欲求之上的尊严"[①]。正因为自由意志自始至终只使用理性，所以它能够使人的意志排除感性的干扰，只遵循理性给出的规律，这种规律在实践领域就是实践理性的自律——道德律。按照康德的说法，自由意志是理性在对意志作规定时的原因性，因此，意志的所有决定都应该以自由意志为准绳。由此所决定的自由意志与道德律的关系就是自由是道德律的存在理由，

---

① 邓晓芒：《康德自由概念的三个层次》，《复旦学报》（社会科学版）2004年第2期。

而道德律是自由意志的认识理由。自由意志所形成的道德律，反过来使得人们认识到自由意志的存在。对自由意志的意识被认为是对它的存在的证明，但这并不是说自由意志原初就是通过它的被认识而产生的。然而，自由意志与对它的认识之间的关系却也并不是如康德所表达的那么清晰，康德指出："因为如果不是道德律在我们的理性中早就被清楚地认识到了，我们是决不会认为自己有理由去假定有像自由这样一种东西的（尽管它也并不自相矛盾），但假如没有自由，则道德律也就根本不会在我们心中被找到了。"①

从这个论述可以看出，对道德律的先在的认识，使得我们能够假定自由的存在，也是它最终能够被证明的先在条件，尽管从实存上来说它们之间的确认关系是相反的。所以这种关系要得以实现，只能预先设定对道德律的先验认识。即只有在道德律并不是通过经验性总结所获得的认识的前提下，理性才能在道德律的指导下从事道德实践。对道德律的先验认识只能是促成实践自由的先验自由。由此，先验自由与实践自由的关系再一次得到说明。道德律所具有的先验性是康德能够称之为"事实"的原因。对康德而言，对道德法则的意识是理性的一个事实，这表示它不是经验性的，它是被给予的。并且，被给予的这个事实是纯粹理性的唯一事实，是它能够宣布它自己原始地立法的凭证。但是在这里再度引入纯粹理性用来说明对道德律的认识的先验性，又再一次带出了以下问题，即存在于本体界的自由意志是如何在经验界产生作用的。

尽管在之前我们在讨论自由的任意时已经简单地提到过它作为先验自由与实践自由的中介的地位，但康德对此并没有详细地分析论述。自由意志存在于本体界，我们的实践却是作用于经验界，而这要得以实现，这两个领域之间必然存在可以沟通的桥梁。这个桥梁是什么，到目前为止，只能存疑。或许在讨论完康德认为与自由的任意同样属于"技术上的实践规则"的自由感之后，答案能够稍

---

① ［德］康德：《实践理性批判》，邓晓芒译，人民出版社2003年版，第2页。

微明晰一些。

三 自由感

自由感是康德在《判断力批判》中提出的具有先天原则的自由。与先验自由和实践自由不同，它不以规定性的判断力为原则，而是以反思判断力为原则。规定性的判断力的特点是，它总是以概念为导向，无论是在认识层面上的知性概念，还是实践层面上的理性概念。反思性的判断力则与概念相脱离，它为已有经验的特殊繁杂多表象寻求其无概念的普遍性，这种无概念的普遍性就是"主观普遍性"。主观普遍性不基于客体概念，也不基于逻辑，相反，它以每个主体的主观认识为基础。当然，这并不意味着它的普遍性是杜撰的或者说是一个幻象。只是相对于从普遍到特殊的理性运用路线，主观普遍性是从特殊经验上升到普遍性。这种普遍性在本质上并不能通过逻辑的方法得到证明，这也正是它的特殊之处。正因为它既不是逻辑的又具有普遍性，反思判断力才能够被认为能够充当理论理性和实践理性、认识和道德之间的桥梁。就像黑格尔所说的："当他把这一原则归之于反思判断力时，他就把它造成是一个在理性的普遍和直观的个别之间进行连结的中项。"[①]

任何一个中介、过渡或者桥梁，都必须同时具备被连接的两端的要素，这一特点反思判断力必然同样具有。按照康德对反思判断力的设定，它不与客观对象相关，即它不试图去设定客观对象，而是从一个对象的合目的性的形式往主体方面追溯，以达到对主体的各种认识能力之间的协调性的认识。反思判断力的反思，并不是为了获得某种认识，也不是为了使自己的行动符合道德律的要求，它之所以反思，是为了使主体在它的各种认识能力之间获得一种协调的状态，用康德的话说，就是使得主体的各种认识能力"相互配合来做游戏"，其目的是达到一种"无目的的合目的性"。它能够引起

[①] [德]黑格尔：《逻辑学》（下），杨一之译，商务印书馆2017年版，第428页。

一种"共通感",而这种"共通感"是人所具有的一种普遍的并且是可传达的愉快的情感。所以,共通感的产生是反思判断力的普遍性的保证。但因为它只是一种情感,所以它并不是严格意义上的知识。另一方面,尽管共通感具有普遍的形式,具有超出个体之上的普遍性,但这种形式是主观的,所以它也并不带有行动上的强制性。于是,它也不具有严格意义的道德的含义。由此,"凡属于'反思判断力'的都不能看作严格意义上的'知识',而只是'好像'是知识,但却不具有客观规律性,顶多具有主观上的先天必然性。当然,它另一方面也不具有严格的道德含义,而只能是道德的'象征',是把人引向自由意识和道德意识的引线"[①]。

既然反思判断力因为其特殊性是充当认识与道德之间的引线,那么最为关键的问题就是这种引线的功能是如何实现的。康德已经指出,在反思判断中,主体的各种认识能力(包括想象力、知性能力和理性能力)处于一种游戏的状态,因为主体的反思判断并不涉及概念,所以在这个状态之中的主体是自由的,这种自由游戏的状态使得反思所获得的经验具有普遍的可传达性。康德自己是这样描述这个状态的:"由这表象所激发起来的诸认识能力在这里是处于自由的游戏中,因为没有任何确定的概念把它们限制于特殊的认识规则上面。所以内心状态在这一表象中必定是诸表象力在一个给予的表象上朝向一般认识而自由游戏的情感状态。……诸认识能力在对象借以被给出的某个表象上自由游戏这一状态必须是可以普遍传达的;因为知识作为那些给予的表象(不论在哪一个主体中都)应当与之相一致的那个客体的规定性,是惟一地对每个人都有效的表象方式。"[②]

从这段话可以看出,在反思判断中,想象力和认识能力是交织

[①] 邓晓芒:《康德自由概念的三个层次》,《复旦学报》(社会科学版)2004年第2期。

[②] [德]康德:《判断力批判》,邓晓芒译,人民出版社2002年版,第52页。

着发生作用的。它们并不按照理性所设定的既定规则产生作用，而是自由地游戏着的。"自由的游戏"是康德在《判断力批判》中对"自由感"的另一个称呼，与之类似的还有"自由美""想象力的自由合规律性"，等等。这表示，发生在审美领域的自由感之存在，在很大程度上依赖想象力。甚至可以说，正是想象力使得与知性的自由的游戏得以可能。与这个推理相关的是"自由的游戏是如何发生并且得以可能的？"这个问题。对这个问题的回答，需要建立在对康德的想象力理论的分析之上。

四 反思判断中的想象力与自由

在康德的理论中，想象力的功能和地位随着理论的推演发生着变化。按照目前学界的基本共识，康德的想象力概念能够被区分为经验性的和生产性的。前者依赖于知性和经验，由它产生的是对表象的再生的综合，即通过它不能产生新的表象；而生产性的想象力则是本原性的，是先天形成的，是纯粹的生产性[1]。正是依靠它所产生的先验图型，直观和概念这两种不同的知识要素才能够被结合起来。因此，无论是从提供知识的素材还是提供知识的形式方面，知识之可能都离不开想象力的作用。如果说，在规定性的判断力中，即在认识活动中，通过对表象的重组、对先验图型的生产想象力的自由本性已经稍有表现，那么在反思判断中它的自由属性就是得到了全面展示。

依据康德的理论，在反思判断力之下发生的两种活动分别是审美判断与崇高判断，自由的想象力在这两个活动中扮演不同的角色、具有不同的功能。在审美判断中，想象力与知性处于自由游戏的状态，想象力不受知性规律的制约，排除任何具体的概念和目标，因此想象力是自由地发挥其作用的。在另一方面，审美活动尽管不涉

---

[1] Martin Heidergger, *Kant und das Problem der Metaphysik*, Frankfurt am Main: Vittorio Klostermann, 1991, S. 80.

及一个具体的目标，但它本身的结果是合目的性的，所以想象力的自由同时又是自发的、合规律的。在主体这种认识能力的和谐状态之下，想象力自由地驱动自己以获得美的理想。这就是审美活动发生的过程。对此康德用以下文字进行了总结："正是由于想象力的自由在于想象力没有概念而图型化，所以鉴赏判断必须只是建立在想象力以其自由而知性凭其合规律性相互激活的感觉上，因而建立在一种情感上，这种情感让对象按照表象（一个对象通过它而被给予）对于在诸认识能力的自由活动中使这些能力得到促进这方面的合目的性来评判；而鉴赏力作为主观的判断力就包含着一种归摄原则，但不是把直观归摄到概念之下，而是把直观或表现的能力（即想象力）归摄到概念能力（即知性）之下，如果前者在它的自由中、后者在它的合规律性中协调一致的话。"①

从这段话可以看出，想象力的自由与知性的合规律是使得审美最终实现的不可分离的两个要素。对于知性的合规律性我们能够理解，因为只有基于知性的合规律性，才能够产生知识。自由感作为理论与实践的过渡部分，它的知识的方面就来源于此。对于想象力的自由，则需要进一步澄清。按照康德的说法，在审美中"对于对象的愉悦依赖于我们想要把想象力投入其中的那个关系；只是想象力是独立自主地把内心维持在自由的活动中的"②。因此，想象力本身所具有的自由的属性是达到审美的愉悦的关键。在这里，想象力的自由具有两重意义，第一重意义是指它是独立自主的。这并不是说，想象力单独能够完成审美活动，而是说，在审美发生的过程中，想象力与知性的结合并不是出于外在的原因，它是内在地自己决定自己的。第二重意义是指它出于自己的原因将自己维持在自由的活动之中，因此它是自由

---

① ［德］康德：《判断力批判》，邓晓芒译，人民出版社2002年版，第129页。
② ［德］康德：《判断力批判》，邓晓芒译，人民出版社2002年版，第111页。

地从事自由活动的。于是我们可以推断，审美活动作为一种自由的活动，依靠的是想象力的本性的自由。

在崇高判断中，想象力与知性的和谐状态被打破，崇高判断的对象，如数学上的无限大和自然中的力量的无限等，已经超出了主体的知性所能设想的形式。必然使得想象力不再寻求与知性的统一，而是转向更高级别的理性，因此，是想象力与理性的和谐带来关于崇高的体验。这种区别也导致了另一个不同：在崇高判断中，首先产生的是因为知性的失能所导致的痛苦不悦，只有在经历了不悦的阶段之后，想象力才向更高的理性寻求和谐，由此主体才获得崇高判断中愉悦情感。这种过程性的表述说明，在崇高判断中，想象力经历了一个运动，这个运动可以说是对自身把握对象在量上的扩展，也可以说是对感官局限的超越："想象力在大的表象所需要的那种统摄作用中自行向无限前进，没有什么东西会对它构成障碍。"① 所以想象力与理性的和谐的达成，是想象力主动寻求的结果，它自行地从知性层面向理性层面扩展。通过这个扩展，在知性层面不可把握的对象就借由理性被作为整体被表象了。而在这个过程中，并不存在能够构成想象力的障碍的东西，这意味着这个过程完全是想象力主动发起的内在的活动，即它向理性的扩展无须借助其他的动力与帮助，因而它是自由的，并且在本质上是完全自由的。

这在另一方面印证了康德关于崇高的另一个看法，即崇高不包含在任何自然物中，它只存在于我们的心中。"对于自然界崇高的判断［……］是在人的本性中，亦即在人们能够凭借健全知性同时向每个人建议且能够向他自己要求的东西中有其根基，也就是说，在趋向对于（实践的）理念的情感即道德的素质中

---

① ［德］康德：《判断力批判》，邓晓芒译，人民出版社 2002 年版，第 95 页。

有其根基。"① 因此，一个对象之所以是崇高的，在于它引起了我们内心的关于崇高的情感，这种情感的基础不是外在的目的所能够引发的，它根植于我们作为超越自然之上的存在物的使命，存在于我们的道德之中。

所以说，崇高首要的是一种道德情感，它使理性存在物意识到自身具有能够与自然的无限、数学的无限相抗衡的力量，这种力量就是存在于它内心之中的道德。在这里，崇高判断与道德连接起来。它们的连接并不是直接性的，就是说，并不是崇高判断本身同时是一种道德行为或者具有道德的目的，而是崇高判断以情感的方式唤起主体对道德的认同与敬重，并由此在实践中以道德律为行动准则。

到这里，关于反思判断力，或者直接说想象力如何能够充当知性与理性之间、认知与行动之间的桥梁的问题就基本得到澄清了。总体来说，是因为想象力本身是自由的，使得它能够在知性与理性之间进行扩展和游走。具体来说则可以分解为三个要点：第一，反思判断力本身就是想象力与主体的认识能力的合作的结果，因为想象力的原因，它并不以认识为目的，也不具有实践上的目的，这就使得整个反思活动超出了理性规则的束缚而是自由的；第二，在反思判断的审美判断中，想象力与知性的自由的游戏达到了认识上的无目的的合目的性，因此，审美活动的结果就是一种非知识性的知识；第三，在反思判断的崇高判断中，想象力依赖其自由之本性超越知性把握无限的不能，而扩展自身达成与理性的和谐，从而激发出主体之中的崇高之感，在情感上达成对道德律的认同与敬重。

到目前为止，我们的分析大概梳理了康德的自由理论。以其关涉的领域的不同，自由被区分为先验自由、实践自由和自由感。先

---

① [德]康德：《判断力批判》，邓晓芒译，人民出版社2002年版，第95页。

验自由是认识领域的预设，通过它，由因果律所主导的自然界才能够被认识。实践自由是道德领域中的事实，它的事实性由作为事实的道德律得以保证。自由感则在前两种自由之间起居间连接的作用。通过想象力的自由，它一方面与知性相互游戏，另一方面与理性达成和谐；一方面以审美情感的普遍性联系认识领域，另一方面以崇高感激起主体之中的道德感，而通向实践领域。由是，知行相统一，对理性的信仰与自由意志相统一。

第 二 章
费希特与同时代哲学的对话

　　任何一种思想的产生都不能脱离开思想者所处的时代背景，对一种思想的考察也是这样。"哲学就是哲学史"的观念本质上是一种要求，即在历史的过程中看待哲学问题的产生和变化，查看人类思想的演化。因此，当我们将我们对自由的问题的追问落在费希特的理论上时，我们需要做的是将费希特的理论放在他所处的时代之中，来把握当时哲学理论的兴趣和志向，发掘费希特理论的真正的与众不同之处、闪光之处。

　　由于各方面的原因，费希特并没有从一开始就以哲学为事业。他正式进入哲学界的标志，是于1793年发表《试评一切天启》。这部著作从康德的理论出发对宗教进行了批判。匿名出版更加剧了人们的猜测，读者以为康德终于不再对宗教问题沉默。在很短的时间内，这部著作就声名大噪。康德为了将荣誉归还给作者，对流行的说法作出了更正。他指出该著作的真正作者是年轻的费希特。由此，费希特首先作为康德哲学的拥护者，甚至是继承者为学界所熟知。很大程度上可以说，费希特的哲学生涯是由康德哲学所决定的，他的哲学的产生，中间经历的改变，都跟康德哲学本身以及学界对待康德哲学的态度的变化分不开。康德哲学在很短的时间内从被追捧到被批判，也使得费希特能在不长的时间内，从更多的方面来研究康德哲学。这对费希特自己的哲学理论而言，无疑大有裨益。

正是在这样一个具有活力、充满哲学争辩的氛围中，费希特完善了他的哲学观念，并尝试建立起他自己的完整的自由哲学的体系。

第一节　费希特对康德哲学的继承与发扬

费希特对康德理论的继承，首先是他对康德关于理性信念的继承。随着十七八世纪科学与数学的迅猛发展，哲学理论似乎走入了死胡同，作为代表的形而上学停滞不前，甚至被认为在确定性上不具有数学和科学所具有的理性及系统能力。它无法回答曾经作为它的标志的基本问题，如"上帝"及"灵魂"的存在问题。取消形而上学的气氛一度蔓延。然而，康德认为，形而上学所面临的问题并不至于取消它的存在。因为它的本质依旧是理性的。正是基于这一对理性的信仰，康德开始从事他对形而上学的考察。但康德的考察并非要证明形而上学，相反，他的目标是科学。他想要做的是，通过对形而上学的考察，揭开形而上学之所以将最高科学作为其理想的根源，也就是揭露形而上学之所以在某些问题上无能的原因。康德洞穿了形而上学虚妄背后的理性，因而他所要做的工作，就是对理性缘何可能做出论证，并且就应该如何使用理性以使得哲学避免沦为一门形而上学做出说明。以这个目标为基础，康德对理性的信仰，明显与莱布尼茨—沃尔夫学派对理性的主张存在差别。从康德对待形而上学的态度可以说明，他并不认为不存在对理性的滥用。相对于莱布尼茨—沃尔夫学派认为理性能够与虔信基督教结合，并给予后者以理性的解释的观点，康德对理性的态度更为客观。或许是这种客观的考察理性之能力与应用的态度，使得康德认为理性自身可以作为理性的仲裁人。

从操作上来看，康德将对理性的考察转化为了对认识何以可能的考察，更为具体地说，是对先天综合判断何以可能的考察。康德区分知识的种类：先天的和后天的，前者是不依赖经验，并作为经验的条件，使得经验成为可能的要素与基础。它存在于主体之中，是主体的认识结构与功能。后天的则是依赖于主体而得以形成的经验性知识。康德认为，知识的基本形式是判断，它指向的是观念之间的关系。判断由主词和谓词构成，当谓词的意义包含在主词之中时，这个判断就是分析判断，分析判断都是先天的，无须经验的检验。从分析判断中不能得出新的知识；当谓词的意义不包含在主词之中时，即谓词不能从对主词的分析中得出时，这个判断就是综合判断。综合判断是新的知识形成的原因。既然只有通过综合判断才能获得新的知识，而知识要是真的就必须具有普遍性，那么只要证明先天综合判断是可能的，就能完成对知识之可能的辩护。

正是在这里，康德回应了休谟对因果关系有效性的质疑，指出因果关系是知性范畴之一，是一种先天的思维能力，这种先天性保证了因果关系的客观性与必然性。在先验辩证论中，康德考察的是纯粹理性适用的范围以及它的限制条件。在康德看来，形而上学之所以会走向虚妄，正是因为理性本身具有一种追求最高概念和无限目标的期望。这种期望促使形而上学不断追求作为最高学科的实现。然而，理性对先天直观能力与知性范畴的运用只能限制在经验范围之中，超出经验范围就是对理性的超验运用，其结果就是二律背反的反产生。尽管在现象界有其界限，在本体界中理性却是自由的，它通过设定灵魂不朽与上帝而使自己成为行动的普遍法则。与理性在现象界与本体界的应用的这种区分相对应的，是康德的认识理论与道德理论的区分。理性的界限决定了相应的理论划分。但留存的问题是，理论使用的界限如果必定是存在无法超越的，那么理论之间的断裂也就是无法弥补的。最后，在先验方法论里，康德提出要对理性进行训练。他认为，通过对理性的训练，能够使得理性逐渐成熟，从而规避自身的错误倾向，以保证形而上学作为科学的可能性。

康德认为，这样他就回答了关于知识如何可能的所有问题。通过将认识的可能性内化进主体之中，从而使得知识之可能的问题转化为主体之能力的问题。因而对知识之可能性的证明就成为了对主体之能力的说明。康德的做法迎合的是对体系与秩序的追求。外在世界的纷杂只有通过主体自身的秩序才能成为知识的有效内容。理性必然能认识，只是如果要规避认识的错误，就需要将理性的目光首先转向自身，对认识能力进行批判。这种从主体之内部能力出发，用以保证体系有效性与普遍性的策略是费希特从康德那里首要地继承过来的东西。

如果说康德哲学因为设定物自体的存在，还一只脚留在主体概念之外的话，那么费希特就是完全钻入了"自我"的世界之中。自我不仅是他的知识学的起点，也是他的知识学的完成。就这一点而言，黑格尔的精神理论模式无疑是借鉴了费希特。费希特对知识的信念来自康德的《纯粹理性批判》，但他对自我概念的使用，却是对康德理论的进一步"观念化"。在费希特的理论中，自我是知识的所有来源，是观念唯一的可能性基础。知识不再需要物自体的刺激而获得内容，由此物自体的概念被排除出了一门关于认识的理论。

费希特对认识来源的单一化举措，与雅可比对康德的物自体概念的批判相关。雅可比认为，康德的唯心论因为物自体概念的累赘，面临因其自身的内在张力而崩溃的危险，而且这种危险是一种必然的走向。就此，他对唯心论提出了一个挑战："先验唯心论者必须有勇气，从而坚持最强意义上的唯心论观点，并且不怕思辨的唯我论的反驳，因为如果先验唯心论者连在这种最后的反驳上也试图排斥自己的话，那么他再自称停留在他的体系内就是不可能的。"[①] 费希特的理论能够被认为是对这个挑战的回应。这种回应意味着对物自体概念的切除、对康德二元论的克服。尽管借助二元论康德能够对经验主义与理性主义进行批判，但这是以放弃理论的统一性为代价

[①] F. H. Jacobi, *WerkII*, F. Roth and F. Koeppen ed., Fleischer, 1812ff; reprint: Darmstadt: Wissenschaftliche Buchgesellschaft, 1968, S. 310. 转引自［美］马丁《从康德到费希特——在后康德哲学语境下重新审视费希特早期知识学》，晋运锋译，《世界哲学》2015年第4期。

的。为了保证统一性的实现，费希特放弃了物自体概念，将整个知识体系构建在自我之内，它不仅提供建构知识的所有规律，更在某种程度上完全产生经验世界。这种"世界—产生"的主体概念的出现，在批判哲学的历史上并不是不重要的。它标志着唯心论彻底化的努力，同时也标志着批判哲学向思辨形而上学的转向的开始。

对于费希特而言，将世界内在化，意味的不仅仅是对康德理论中知识来源问题的重新回答，也是对他理论中知识与道德、理论与实践之间的断裂的弥合，或者说对康德的自由理论的推进。康德试图表明，理论理性与实践理性同属理性，并且在一定意义上，实践理性决定理论理性，然而，正如针对他的道德理论的批判所指出的，道德命令并不能决定认识，相反，从人的本性来看，是认识决定道德观念与行动。同时康德的理论也并没有能够说明，现象界的理性与本体界的理性如何是统一并相互作用的。直接地说，在康德的理论中，实践与理论是不能勾连起来的，自由作为拱顶并没有实现其统一理论和实践的任务。而在费希特这里，他从一开始就回避了问题出现的可能性。他认为自我设定自我是知识学的第一原则，自我的本质是行动，是对自我的产生。因而，知识学的开端就内含了实践的要素，甚至可以说，知识之可能，在于实践之可能，实践之可能最终将归结为人的自由之可能。

费希特的这个主张从属于18世纪初发展出的实践理性优先的潮流。尽管康德本人也隶属于这一流派，但他在理论中并没有很好地将之贯彻。康德对这股潮流的接受，开始于对卢梭的《爱弥儿》和《社会契约论》的阅读。卢梭著作中有关科学有助于文明却无助于道德的观点，给康德造成了很大的冲击。卢梭对康德观念影响最大的应该是卢梭试图用自我的行动与理性之间的结合来呈现道德哲学的理论方式。康德对卢梭理论的继承表现在，他认为哲学不再是对形而上学之谜的解答，而是对自由的证成，以恢复人的权利。尽管康德认为自由是他的道德哲学基石，甚至整个体系的拱石，但在他的理论中，自由概念与他的理论结构之间还是存在冲突。康德认为，自由是自律，是法则的自我产生，因而自由概念决定了所有理性法则的产生。因而单从自由概念就能得出道德法则的观念。主体对自身自由的认识，正是通过道德法则。自由通过这种被认识就获得了实践上的实在性。然而，这种实在性在康德的理论中仅仅是一种可能性。主体能够选择实践自己的自由或者不实践自己的自由。也就是说，通过对道德法则的认识，并不一定导向道德的行动，这一点在之前对康德的自由理论中已经分析过。由此得出的结果是，认识与行动之间并不存在必然的等同。在康德的理论中，自由概念首先是作为因果链条和道德行为的起点，自由由此所具有的自发性和自足性仅仅针对实践领域，而从理论领域来看，自由只是一种悬设。其结果是，康德的自由观念排斥经验与内容，而只能作为某种形式存在。康德试图将自由作为联系知性世界与感性世界的中介，但自由无法直接被整合进康德的体系之中，因为在康德那里，自由与理性本质上存在异质性，理性必须被限制，而自由却希望突破限制，架起理论理性与实践理性之间的桥梁。这种不对等导致的便是理论目的与理论现实的分裂。

费希特无疑意识到了这一点，因而他主张自由是理性的固有本质，将理性与自由等同起来。费希特之所以能够做到这一点，是因为他的自我概念具有独特性。在康德的理论中，自我是奠基性的实体，在实体与对自身自由信念的知识之间存在一个序列性差别，"在康德的理论体系中，只有作为自律的自由才构成了纯粹实践理性的本性。他进一步认为，这个纯粹实践理性的本性只能是属于本体世界的。这个极强的形而上学约束条件令理性关于自身自律的自我意识既不同于判断活动主体对于自身自发性自由的意识，也不同于经验性自我意识。换言之，康德保证我们对于自律自由的自我信念的论证，假设了纯粹理性本身具有本体实在性或作为基底"[1]。与康德

---

[1] 刘哲：《康德还是费希特？——两种作为自律的自由概念》，《哲学门》2010年第1期。

不同，费希特的自我概念是非基底性的，这表示在费希特的自我结构中并不存在主客二元的意识形式关系，他拒斥那种以自我为基础的、观念形式在先的基础主义。由此，理性对于自身自由的信念并不处在对自我本身反思和把握的另一个次序之中。也就是说，自我与对自由的信念具有直接的获得性。这种直接性保证自由与自我之间不存在其他思维和行动上的中介。自我的展开同时就是对法则以及道德律令的演绎。由此，自我的行动自由必定依据道德律令或者说法则，然而此处的自律，不再是康德意义上的概念通过某种中介在主体之中的构建，而是自我本身的法则。在这个意义上，费希特真正坚持了实践理性的优先。

尽管康德并不认为费希特的哲学值得他仔细研读，而仅仅根据一个书评就否定了其作为批判理论继承者的身份，但无论如何，费希特还是理解了康德哲学的精髓。认识论上的哥白尼革命倒转了认识活动的方向，将主体的认识能力放置在了认识活动的中心位置。费希特接受了革命的成果，并用革命所采取的手段再次检验了革命的成果，试图为革命收个尾。对费希特而言，遗留下来的任务并不是不重要的，物自体的问题、自由的问题，都使康德耗费数十年建立起来的理论大厦面临轰然倒塌的危险。并不只有费希特看到了批判哲学处于需要被改进的境地。在阅读了《纯粹理性批判》之后改变对康德的批判态度，转而不遗余力推广康德学说的莱因霍尔德怀有与费希特同样的愿景。结合莱因霍尔德对批判哲学的改进，费希特才在超越康德的路上迈出了走向自己的哲学理论的第一步。

第二节　费希特对莱因霍尔德基础哲学的继承

莱因霍尔德在批判哲学的发展中，扮演了一种特殊的承上启下的角色。他承接了康德的批判理论，将体系结构的思想代入批判哲学，为费希特的体系哲学的出现做了准备。莱因霍尔德对康德的推崇使他认识到，要让康德哲学被真正地理解和接受，就需要对康德使用的、但未证成的术语进行澄清。为了实现这一点，他积极探寻这些术语在心灵基本结构中的根源，并最终追溯到表象概念："首先，它是各种不同表象，即理解的概念、理性的理念、感性的直觉等的属；其次，批判的目的是分析知识的条件和吸纳之；但知识的概念依赖于表象的概念。因此，所有关于知识的条件和限制的争论直有通过对表象概念的先验分析才是可解的。"① 莱茵霍尔德的这一举措事实上是为康德的理论做出系统性说明，以识别康德没有明确提供支撑性论证的概念和观点，这些观点涉及康德哲学中一些关键性前提。因此可以说莱因霍尔德对康德体系不再是单纯的说明性考察，甚至可以认为，他试图为康德的批判理论奠基。从这一点而言，莱因霍尔德的体系可以被认为是对康德哲学体系的一种抵抗：用体系性理论对抗非体系性的二元论。

莱因霍尔德认为哲学体系的建立需要从一个基本事实以及一个描述基本事实的命题出发。他将这一原理作为哲学体系建立的方法论原则并为这一原理确立了几个标准：它必须是大家都同意的原理；它必须揭露一个基本事实，并且以不涉及其他事实的方式来描述这个事实，就此而言，它是自明的；对这个事实及命题的把握必须是直接的，无须再借助其他的程序来确定这个事实之作为第一事实的合法性。综合这几点得出的结论就是，需要一个命题来表达这个基本事实，它必须是单纯的、直接的并且易于表达的。② 因为知识起源于心灵，这个事实必须是心灵的一个事实，命题必然是关于心灵的命题。表象概念既然处于康德概念体系的最顶端，莱因霍尔德就将之作为新的批判哲学体系的基本事实。描述它的基本命题，莱因霍

---

① Frederick C. Beiser, *The Fate of Reason: German Philosophy from Kant to Fichte*, Harvard University Press, p. 238.

② ［德］亨利希：《在康德与黑格尔之间：德国唯心论讲演录》，彭文本译，商周出版社2006年版，第175页。

尔德称之为意识命题：在意识中，表象通过主体区别于主体与客体，并且与它们二者相关联。

意识命题所阐明的事实，是表象与主客体之间复杂的结构。表象首先区别于主体与客体，但这种区分是通过主体发生的；其次，表象与主体及客体相关联。也就是说，表象的拥有者拥有表象，但拥有者能将表象以及表象的内容与自己区分开来。表象是我的表象，但它不同于我；表象是关于其对象的表象，但它并不等于其内容。莱因霍尔德认为关于表象的这个命题能够为一种新的、更为严谨的体系的先验哲学提供坚实的基础。但这个命题很快就被证明并不是没有问题的。针对它的疑惑包括对表象结构普遍性的质疑。舒尔茨就指出，并非每一种心理行为和每一个意识命题都具有莱因霍尔德所描述的四重结构。比如对疼痛的表象。如果对这个意识命题的结构进行分析，就会发现在其中包含"是主体抑或表象结构居于首要地位"的疑问。如果表象与主体及客体的区分，需要通过主体进行，那么表象的结构要通过主体才能得以澄清。但是主体只能作为表象的结构项出现在表象中。那么表象如何能够将表象本身与主体进行区分？如果表象与主体之间的区分要得以进行，那么主体必然得处在更为重要的位置。或者，表象与主客体的区分先于表象活动已然发生，但这与意识命题的第一性相悖。尽管意识命题的有效性需要进一步得到解释和说明，也没有妨碍莱因霍尔德在其之上建立起他的基础哲学体系。

莱因霍尔德假设，他的意识命题是普遍的和得到所有人的认同的，从这一点出发，他"合法"地获得了构成体系的基本术语。同时基于第一个表象，他引入了一个第二次序（second-order）的结构，以便能够建立起一个体系。这个第二次序的结构是指"表象的表象"。通过对表象的表象的追问，也就是通过追问意识的基本描述中已经隐含了哪些关于第二次序的知识，就可以获得从第一次序中所包含的知识。第一次序和第二次序之间的关系是一种康德意义上的分析的关系。第一次序中已然包含了第二次序的知识，只需通过对第一次序,也就是基本命题的分析就能够获得第二次序的知识。而这种分析本身就是一种建构,一种对关系的建构。在第二次序的结构建立起来之后,莱因霍尔德认为可以从中发展出关系的结构,因为所有出现在基本事实中的术语现在都能够被关联起来了。这就是从第一原理推演出知识体系的办法。简单且独断。他似乎认为如果第一原则是第一原则,必然地就可以从它出发推演出整个知识学体系。

但是莱因霍尔德忽视了一个问题,即如果第一原则包含了最为普遍的概念,那么从它之中就不能推演出任何低级次序的命题。因为后者包含了更多特殊的概念。而从一个普遍的、非确定的前提不能得出特殊的和确定的结论。从普遍性如何推演出特殊性的问题再次出现。莱因霍尔德必须对这个问题进行回答,否则他就不能声称他从最高原则出发推演出了一个严格的认识论体系。他的回应首先承认从"属"本身不能得到属的特性,同时他也坚持他的第一原则并不预设这一点。其次,通过对一个命题"形式"和"质料"的区分,他开始尝试解决这个问题。他认为,一个命题包含形式和质料两个部分,命题的质料是它的术语的含义,而命题的形式则是在一个判断中的术语的关系。就此而言,意识命题包含形式和质料两个部分,意识命题显然定义主体、客体以及意识本身的含义,但它同时是关于这三者关系的一个判断。由此意识命题能够产生次级命题的形式,而不是新的内容。这就既保证了体系的严谨和系统性统一,又能规避上述问题。

从莱茵霍尔德的主张可以看出,他所倡导的是一种单面向的体系,从一个有内涵的命题出发,从命题的演绎中推导出知识的体系,从而保证知识的自明性与自我解释的能力。这个举措直接针对康德认识论残留的物自体概念。然而,一方面,通过将知识完全内在化获得的有效性,是以知识内容的空洞和单一为代价的。所有的知识都只能蕴含在基本命题之中,而基本命题表达的是单一的事实,所以知识如何衍生与发展就成为需要解答的问题。从另一方面说,莱因霍尔德所提倡的基本命题先在地统一了形式与质料于自身。它不是简单地表达一种能力,相反,作为一个命题,它已经对某物做出了判断。这可以被看作对康德形式主义指责的回应。但这种做法,一定意义上削弱了对能力的强调,甚至在莱因霍尔德的意识命题中,如何从表象及其结构中产生下一层级的知识都是不明确的。表象的结构中没有包含对主体能力的说明要素,因而如果要承认莱因霍尔德的意识命题作为基础命题,就需要预先假设这个命题暗示了表象能力的存在,以使知识之生产获得解释。但这样一来,意识命题的基础性就可被怀疑的了。莱因霍尔德之所以将意识命题当作基本命题,是因为他坚持认为,只有从"意识事实"自身得出的第一命题,才是牢固地建立哲学体系的基础。而意识事实表达的是被各方所承认的共识,它能够有效避免实质性的分歧。进而,意识原理所表达的应该是一种自明的、类似现象学的事实。它与意识状态复杂的表象结构相关。正因为这种主张,使得莱因霍尔德的体系呈现出现象学的色彩。的确,现象学式的描述和论证能够提供普遍的接受性和保证体系的严格性,但其付出的代价却是对主体及其能力的放弃。

尽管费希特认为,莱因霍尔德将表象及其结构作为基本命题存在不当之处,但他的主张却为真正的体系哲学的本质做出了重大贡献。总结来说,首先,莱因霍尔德意识到了认识论传统的问题性。以往所有的认识论体系都没能实现成为第一哲学的目标,其背后的原因必定是认识论本身所带有的。在充分地反思了认识论的问题、认识论推演的方式以及认识论的预设之后,他提出了建立基本哲学的主张。这无疑是对认识论从根本上的推进。在此之后,费希特、谢林与黑格尔在基础哲学所提出的系统理论的道路上不断努力。其次,莱因霍尔德认为,认识论应该建立在一个元批判(meta-critical)的基础上。也就是说,认识论的基础必须是经过理性的检查的,如果没有对先验反思的原理与过程的意识,就不能保证建立在原理和过程之上的知识的真理性。最后,莱因霍尔德所采取的现象学式的理论推演方式被运用在费希特、谢林和黑格尔自己的体系之中，自莱因霍尔德之后，一门知识学的模式不再是试图证成预先假设的概念，而是试图对意识做出真实的描述。

按照这个总结，在费希特的知识学中是不难看到莱因霍尔德清晰的身影的。费希特继承了莱因霍尔德对体系性的追求，也继承了他对基本命题的追求。作为对莱因霍尔德的发展，费希特的基本命题明显避免了导致莱因霍尔德被批评的那些特点。费希特理论的基本命题是"自我绝对无条件的设定自我"，这个命题在形式上看似与莱因霍尔德的表象命题一致。它由自我构成基本要素，以自我的活动为要素之间的连接契机，活动的主体与活动的客体之间存在区分，也就是设定着的自我和被设定的自我的区分。同时，这个命题蕴含作为行动主体的自我与作为产物的自我联系与区分的结构。同样地，费希特正是基于自我中的这种第一次序和第二次序之间的差异性结构发展出他的知识学。然而与莱因霍尔德不同的是，费希特意识命题用"自我"概念取代了"表象"概念。费希特明确表达过对莱因霍尔德将表象概念作为基本概念的否定，在1793年的一封信中他写道："就我现在所持的观点来看，莱因霍尔德想要将表象解释成人类灵魂普遍共有的做法十分奇怪。采取这种做法的人，只能表示他不知道什么是自由，也不知道什么是实践律令。"[①] 在他看来，要获得哲学的基础命题，需要恢复被莱因霍尔德放弃的自我意识的主体结构。莱茵霍尔德的放弃导致的最为严重的问题，正如费希特所意识到的，是对自由和实践领域的遮蔽。因为莱因霍尔德主张意识命题是最为基础的，这就使得实践哲学不得不从属于表象理论而成为它的一部分，在这样的前提下，自由便丧失了在康德理论中作为统一体系的最高概念的地位。这是费希特不能够接受的。实践理性的优先性必须被保证，用费希特自己的话说就是，"必须证明理性是实践

---

① J. G. Fichte, "Fichte an Heinrich Stephani", Zürich, December 1793, ed. Reinhard Lauthand Hans Jacob, in *Gesamtausgabe der Bayerischen Akademie der Wissenschaften*, *III*, 2, Hrsg. von Hans Jacob and Reinhard Lauth, 1970, S. 27 – 29.

的。这种证明可能很容易成为所有哲学知识的基础（根据其材料），其大概会如此展开：人被给予意识，成为统一体（自我）；只有假设在他身上有某种东西是绝对无条件的，才能解释这个事实。因此，我们必须假设在人身上有某种东西是绝对无条件的。这种绝对无条件的东西就是实践理性"[①]。为了实现这一点，费希特直接赋予自我绝对无条件的实践理性，并将它的本质定义为"设定行动"，自我的本质是去做、去从事设定，而不是一个静态的心灵状态或事实。

费希特对莱因霍尔德的继承在另一方面体现在他对后者确立下来的基础命题特征的遵循。基础命题应该表达为被所有人接受的意识事实，它应该是自明的、清楚的和能够直接被把握的。费希特在理论推演的过程中不断强调自我命题的这些特征，并认为它们能够作为对自我命题之基础性的辩护。正如莱因霍尔德认为要保证知识体系的确是从意识命题发展出来的，就需要采取现象学的描述手法，费希特同样坚持他所做的工作只是对自我命题及其内容进行描述，所有的原理、原则，自我与非我之间的产生与被产生的过程，都是真实发生在意识命题之中的，是知识自身的演化。他坚持认为哲学家应作为一门理论的旁观者和领悟者，哲学家所做的只是凭借自己的才智将真实的理论过程把握和表达出来。在这个意义上，哲学家的位置是中立的。

当然，如果不对费希特的理论进行细致的考察，他对莱因霍尔德的继承就不会得到深刻的彰显。尽管莱因霍尔德的哲学在当时的学界也只能算昙花一现，随即就被费希特以及之后的哲学理论所取代，但他所造成的影响却是巨大的。最为重要的影响是，它激发了舒尔茨对它的批判。在批判莱因霍尔德之前，舒尔茨只能算是小有名气，正是他对莱因霍尔德的批判将他推上了当时哲学舞台的中心，

---

① J. G. Fichte, *Gesamtausgabe der Bayerischen Akademie der Wissenschaften*, Ⅱ, 2, Hrsg. von Hans Jacob and Reinhard Lauth, 1967, S. 28. 转引自［美］马丁《从康德到费希特——后康德哲学语境下重新审视费希特早期知识学》，晋运锋译，《世界哲学》2015 年第 4 期。

从而成为费希特知识学的直接导火索。

第三节 费希特与舒尔茨的论辩

莱因霍尔德的基础理论在短时间之内经历了从追捧到批判的过程,并非因为他所提出的理论设想,而是他所选择的实际提议。普遍认为,莱因霍尔德的基本意识命题并不能构成知识的第一原理。"表象"是不是最为基础的概念,按照其意识命题是否能够发展出一个单向度的体系成为讨论的核心。在其中,最为有力的批判来自后康德怀疑派的代表人物 G. E. 舒尔茨,甚至可以认为,很大程度上是因为舒尔茨的批判,莱因霍尔德的基础哲学才从德国哲学的舞台消失[①]。在舒尔茨看来,莱因霍尔德并没有得出认识论的基础,其理论最后只能成为一种诡辩哲学。在 1792 年春天发表的《埃奈西德穆》集中了舒尔茨对莱因霍尔德甚至是康德的批判。在这部著作中,舒尔茨开篇将他的观点总结为两个命题:第一,关于物自体的属性或者存在,到目前为止还未获得任何知识或被确切的证明;第二,关于知识的起源或者条件也没有获得任何知识或被确切的证明。由此,舒尔茨的批判不仅仅是针对物自体概念,而是直接指向了知识的可能性。

舒尔茨对莱因霍尔德的批判是从多方面入手的,但引起费希特注意,并最终影响了他对批判理论的修正的是两个方面。第一方面是舒尔茨对意识原理所表达的表象结构的批判。舒尔茨指出,意识原理只能算是心理状态的一部分的断言,并非所有的心理行为或内容都具有莱因霍尔德所分析的四重结构。第

[①] See Frederick C. Beiser, *The Fate of Reason: German Philosophy from Kant to Fichte*, Harvard University Press, p. 267.

二方面围绕因果关系展开。舒尔茨否认从结果到原因推理的合法性，认为康德所确立的将因果关系的有效性内化为理性本身能力的做法并没有正面回应休谟的批判。他在《埃奈西德穆》中说："正如由《纯粹理性批判》所确定的，因果性原理的功能削弱了所有关于我们的认知起源于哪里或如何起源的哲学思考。关于这一点的所有主张以及从中得出的每一个结论，都变成了空洞的微妙之处，因为一旦我们接受了原理的确定性作为我们思维的规则，我们就永远不会追问，'实际上存在着任何是我们表象的基础和原因的东西吗？'我们只能追问'理解应该如何结合这些表象，并与先在地被决定了的它的活动的功能保持一致，以便将它们作为一个经验收集起来'。"① 而莱因霍尔德用表象现象暗示表象能力的存在的做法，也是对因果关系的一种应用。舒尔茨的批判是有力的，它表明莱因霍尔德并没有找到知识学体系的基础命题，由此引发的怀疑是，批判理论是否能够找到这个命题并为知识做出恰当有效的辩护。

费希特对舒尔茨的第一次反驳以《评〈埃奈西德穆〉》为标题发表在《文学总汇报》上。在这篇书评中，费希特提出了五个观点，分别指向舒尔茨对莱因霍尔德的不同方面的批判。针对舒尔茨指出的意识命题具有歧义，对它的诠释能够是不同的这一点，费希特的反驳是，意识命题所表达的是一个分析命题，它不过是在直接熟知的基础上对表象的定义。但在这个分析命题中包含一个综合的行动，用来区分和关联意识的不同结构与层面。而这预设了意识命题中存在一些彼此不同的主客体成分，它们先于彼此之间的关联。对莱因霍尔德意识命题的这种观察，引发了对费希特知识学而言异常重要的一个观念，即心灵的基本结构是对立而非连接。关于这个观念，费希特在这里是如此表述的："原始的客体完全不是被知觉到的，而且也

---

① G. E. Schulz, *Aenesidemus*, 1792, S. 176–177.

不能加以知觉。所以，在有其他的一切知觉以前，直观就能与一种原初同主体对立的客体、即非我加以联系；这个非我完全不是被知觉到的，而是在原初被设定的。"① 同时，如若对立是基本结构的话，那么综合命题的发生就要后于彼此对立的两个命题或者方面。由此，综合命题只是对表象的描述。费希特的这种分析之所以能够成为对莱因霍尔德基本命题的辩护是因为，费希特指出的意识命题的这种对立的逻辑关系表明，它表达的是一种逻辑的结构，从属于逻辑原理，它提供的是关于哲学基础的形式而非实在命题，而在形式上，它仍然可以是终极的、基础的。

对于舒尔茨反对莱因霍尔德将意识命题建立在意识的基本事实上的主张，费希特是表示赞同的。他说："当然不可否认，也由此得出了一个结论，即表象并不是所有在我们精神中加以思考的行动的最高概念。"② 他认为，如果基本命题是对意识事实的描述，那么意识命题就会是经验性的。以一个经验的命题为基础，导向的只能是对经验的研究，在这个前提下应该避免的是对意识发生过程的讨论，以免陷入心理学的领域。但要同时保留意识命题的有效性，就只能假设意识具有另外一个不需要经验描述的基础。这个基础费希特认为是事实的非经验规定性的维度——行动。行动表达的是意识不受经验陈述和逻辑真理限制的特质。行动脱离于经验维度，它包括行动、对行动的直接获知和对行动目的的拥有，对它的理解不能是经验性的过程性，行动的三个维度不以先后的顺序时间性地发生。意识的这个事实基础，费希特将之以"事实行动"命名。以此为依据，费希特指责舒尔茨仅仅注意到了意识命题的事实部分，而

---

① ［德］费希特：《费希特文集》第1卷，梁志学主编，商务印书馆2014年版，第421页。
② ［德］费希特：《费希特文集》第1卷，梁志学主编，商务印书馆2014年版，第421页。

忽略了真正使意识命题成为基础命题的行动。

综合以上两点，费希特事实上已经建立起了一个不同于莱因霍尔德基础哲学的基本命题，它决定了费希特的哲学不是对莱因霍尔德和康德体系的单纯继承。他已经意识到舒尔茨对莱因霍尔德的批判并不是无的放矢，莱因霍尔德的命题并没有真正表达表象及其结构本身。是表象还是表象主体处于优先地位的争论，建立在一个错误的认识上，真实的情况是表象、主体和客体的关联先于意识。这个关联就是先于意识并使得意识得以可能的综合行动。脱离开综合行动，不会有表象。如果追问这种综合行动是什么，费希特的回答会是：它是使得表象得以产生的心灵的运作。

但是这个回答似乎并没有提供任何有效的知识。之所以会产生这样的观感，费希特认为，是因为我们对解释性语言的理解有误。这里的解释，不是指从事实中抽象出概念框架，再用这种框架解释事实的一般意义下的解释，而是当我们思索行动中的主体，想要获得对它的认知时，我们直接能够从这一思维中获得对主体和客体的某些知识。这是一种内在地伴随行动的意识，它具有直接性，是直接针对某物或正在从事的活动的意识，费希特称之为直接的"直观"或"理智直观"。它将事实与事实连接起来，而不连接事实之间的陈述或规定，由此区别于经验的直观。因而，在费希特的理论中，通过理智直观能够直接把握活动的内在意识。从这可以理解，费希特所说的解释性语言，不是一种因果性范畴下的对表象能力之外的原因或结果的说明，而是仅仅就心灵的运作说明心灵的运作，就行动本身说明行动，而不设定外在的结果和原因。正如费希特所总结的：表象能力之为表象能力而存在。这构成了他对舒尔茨基于因果关系和物自体发出的批判的回应。舒尔茨的指责建立在他将心灵当作某物，因而需要对它的存在作出解释的基础上。在费希特看来，真实的情况是不存在作为某物的心灵，也不存在为了使心灵得以存在的其他某物，心灵只为自身而存在，并排斥任何从外在把握它的可能性。心灵的本质是它的自我指涉。从这个主张也不难看出，费希特试图建立一个封闭的、具有内在丰富性和生产性的体系。

面对舒尔茨怀疑论的攻击，费希特表明了他对莱因霍尔德理论的态度，也间接地涉及了一个对他的理论而言具有核心意义的问题，即自由的问题。舒尔茨在他的《埃奈西德穆》中还批评康德，说他的道德神学，对上帝的实践信仰建立在一个十分虚弱的基础上。康德主张，如果实现最高的善是一个道德义务，那么相信上帝的存在就同样是必要的，因为它是实现这个目标的必要条件。正是基于这种简单地从"应当"推导出"能够"的逻辑，康德从义务自身推导出义务得以满足的条件。舒尔茨认为，康德的这种推理根本不能证明理论理性从属于实践理性。在费希特看来，莱因霍尔德的表象理论不具备对舒尔茨的指责作出恰当回应的能力。表象理论所确立的并非康德在原则上坚持的理性意志引起自由行为的观点，由此造成的结果之一是，康德试图将自由作为其理论的拱顶石的计划，在莱因霍尔德这里没有得到贯彻，意识命题结构无法使得一切从属于自由。这是费希特最为在意的问题，决定了费希特在继承莱因霍尔德的体系计划之后行进的方向，"费希特试图修正莱因霍尔德的基础哲学的缺陷的核心任务就是说明人的自由作为表象可能的条件是如何可能的"①。费希特的努力最初表达在他的知识学，而非《评〈埃奈西德穆〉》之中。在费希特看来，作为知识学体系的第一个完整版本的《全部知识学的基础》，是对一门以自我之行动为基础、以自我对非我的产生及其相互关系为内容的、对知识该有的形态的描述。在这部著作中，理论的起

---

① ［美］马丁：《从康德到费希特——后康德哲学语境下重新审视费希特早期知识学》，晋运锋译，《世界哲学》2015 年第 4 期。

点不是静态的而是自我对自身的设定，因而认知与实践在理论之初就被统一了起来。认识论的本质是自我对其行动之结果的认识。理论与实践统一于自由的实践自我之中。基于这个基本认识，费希特在著作中构建了一种范畴理论，为莱因霍尔德所表达的自我关系和客体的结构提供一种系统性说明；与此同时，这种建构还可以在先验哲学中建立一种几何学方法，以取代因果关系的推理作为理论研究原理的导向。费希特的原初观念和他所采取的方法论是一致的，这种结合的结果是一种辩证的范畴理论体系，它展现出人的理论和实践能力的深刻统一，从而揭示了自由的真正本质。

第 三 章
一种自由体系的初次尝试

《全部知识学的基础》并不是费希特第一个版本的知识学，但它是第一个以完整的体系形式表达出来的版本，尽管在后来，费希特自己承认划分理论理性与实践理性的结构带来了很多的误解，不可否认的是在这部著作中费希特已经依照他所提出的知识学的三大原则，以辩证推理的方式呈现了他认为的知识学应该具有的基本形态。同时这部著作已经表现了费希特理论的两个最显著的特征："（1）对'实践理性'的角色在所有经验的构成，包括'理论'部分（也就是包括我们每一天，以及科学的、外在世界的知识的部分）中的目光敏锐的承认；以及（2）对'科学的'哲学体系的单独且充分的起点只能是自我设定的自我的活动的坚持。"① 第一个特征应对的是费希特对理论与实践之间关系的主张，第二个特征则能够说明这种主张如何是能够得到辩护的。以这两个特征为线索，我们将在分析作为活动的自我之内涵的基础上，澄清费希特的理论理性和实践理性分别在理论的构建中所扮演的角色，用以说明费希特的这种构建是如何得以实现的。

---

① See J. G. Fichte, *The Foundations of Transcendental Philosophy*, (Editor's Introduction), Ed. & Tran. by Daniel Breazeale, Cornell University Press 1992, p. 3.

第一节　自由自我的三大原则

在就舒尔茨对莱因霍尔德和批判哲学的指责作出回应后，费希特已经形成了自己哲学的一些基本观念。在《评〈埃奈西德穆〉》中，费希特确立了两个关键思想，即意识的基本结构是对立和心灵是自我指涉的。由这两个观念，可以设想费希特的哲学计划。借助对立是意识的基本结构的观念，费希特确立了知识学推演所依赖的辩证方式。心灵要得以统一，必须克服这种基本的对立，当对立元素被统一到心灵结构中时，心灵就在最初的对立形态之外获得了内容。然而，心灵的统一并不是一种后验的综合，而是基于心灵原初的统一。以对立为基础，一种动态的要素被添加到了心灵之中，这种动态要素是心灵演绎得以展开的原因。借助于心灵自我指涉的观念，费希特认为能够为自我意识理论提供一个单一的基础。然而，凭借这两个观念并不足以建立起一门规避所有矛盾的知识学。意识如果在本原上就是对立的，它的统一性需要得到解释与说明；另一方面，心灵的自我指涉建立的是一个内向的封闭体系，对它的解释仅依赖于它的对立要素是不够的，它的丰富性需要依赖更多的要素才能得到保证。潜在的问题揭露的是费希特的知识学的基本观念之间存在一种张力，作为基本结构的对立，如何在一个自身指涉的心灵中被统一起来，从而不会成为一个导向理论的分裂的基础。

一　"大写自我"的提出

《评〈埃奈西德穆〉》是费希特应对舒尔茨指责的最终成果，事实上，在成果发表之前，费希特撰写了《对基础哲学的独自沉思》作为它的草稿。从这个草稿中，可以看出费希特对莱因霍尔德的重构发生的逻辑，这也是他自己哲学发生的逻辑。在费希特看来，莱因霍尔德将意识区分为表象、主体与客体，并认为三者之间彼此关联的观念是正确的，莱因霍尔德没有意识到的是，应该在其中坚持主体的优先地位，是主体建立并且决定自己与另外要素之间的关系。对主体基础地位的坚持，延续到了费希特后来的所有知识学的版本中，并被发展为他理论的最根本原则。费希特的分析从关系项的关联的发生入手。他认为，关系项之间的关系是由主体建立的对具有差异性的关联项用否定性词语进行的连接，否定性词语表示的是主体对对立关系的建立，这表明主体通过自己建立起意识的基本对立结构，因而主体必然是自己规定自己的。在另一方面，既然主体规定自己，主体必定也是被规定者，因而存在一个主体的对立物作为对主体的否定，费希特由此得出结论，在意识中，自我与非我相对立。但是这种对立不能损害意识结构的统一性，因而必须存在一个中介，使得二者能够统一起来而不直接对立。这样，费希特就在自我与非我以及它们的中介之间建立了一种双重关系：自我与中介的关系不同于中介与非我的关系。

然而这种双重关系的发生需要进一步的解释。解释的中心应该是中介如何能够作为中介发展这样一种双重关系。费希特的解答依赖于对"质"的范畴的发展。费希特指出，质的范畴包括实在性、否定性和限制性。限制性概念是一种被量化的质，用来表示主体实在性的减少。自我的对立者是非我，自我是全部的实在性，是自足的；非我是否定性，它以建设非我的实在性为目的与自我对立。通过非我的对立，自我的实在性的一部分被转让到非我之中，因此自我便不再是全部的实在性，而是有限制的；非我获得了一部分自我的实在性，就自我与非我都具有实在性而言，它们都具有限制性，能够被统一起来。用限制性概念来为中介做说明，并不能很好地解决中介概念带来的矛盾。中介既然是中介，它就预设了自我与非我的原初对立，问题就又回到了起点，统一是不是更为根本的，如果是，它是如何可能的。对于这个问题，费希特提出了他的"大我"（absolute Ich）主张，在绝对自我之外，不存在实在性。因而，自我与非我的对立，是统一在绝对自我之中的。在另一方面，中介作为中介，它必须与自我和非我都具有关联。当大我具有全部实在性时，它的实在性就是不能减少的，因而限制性概念不能对之起作用。如果是这样，中介活动是不能发生的。费希特对此问题的解释是，绝对自我与非我之间的关系并不是实在性的关系，而只能是逻辑关系。已然具有的实在性关系，发生在小我与非我之间，正是这二者的关系，预设了中介元素的存在，也预设了中介只能部分或者在某个程度上具有自我的特性，这样，它才能被非我所影响，从而能够中介自我与非我。

费希特的这个解释表明，他自己已经意识到了理论的困境。如果一定要坚持主客关系的基点地位，那么二元论就是题中之义，因为正如上面的分析表明的，在此基础上中介活动的发生需要预设一个大写自我，而对大写自我不能再有其他解释，否则就会陷入无穷倒退。可以说，到目前为止费希特还没有建立起他的绝对唯心主义的基础。但对基础的发现是迟早的，事实上也是顿悟性的。费希特自己对他哲学基础原理的发现过程用"灵光一现"形容。逻辑推演似乎已经使得他动弹不得，无法再前进，也无法再后退。这使他相信："我必须有一个无条件绝对的（原理）最高的统一性。这将可能是充足理由律：终极地是定言令式。直到那时，我必须掌握下一个原理，然后再下一个，一直下去。我甚至必须完全承认新的意识事实。自我和非我，其自身是绝对地有条件的。"① 这使得费希特认为，他必须探索大写自我的绝对存在、无条件存在。"大写自我"理论在费希特看来，还具有无限的潜力，能够使得他摆脱当下的理论困境。正是在这个背景下，费希特将新的力量注入了他的知识学。他的下一版本的知识学《全部知识学的基础》就是对这个观念的理论实践的成果。从中，我们可以发现，他的"大写自我"的之所以

---

① J. G. Fichte，"Enige Meditation überElementarphilosophie"，（1793—1794），In *Gesamtausgabe der Bayerischen Akademie der Wissenschaften*，II，3，ed.，Reinhard Laut and Hans Jacob，Stuttgart‐Bad Cannstatt，1971，S. 48. 转引自［德］亨利希《康德与黑格尔之间》，彭文本译，商周出版社2006年版，第267页。

能够被认为具有如此强大力量的关键概念。

二 知识学的三大原则

《全部知识学的基础》发表于 1794 年至 1795 年之间。在大约一年前，他收到去耶拿接替莱因霍尔德的教职的邀请，但前提是，他需要发表一本关于他的理论的著作。《全部知识学的基础》就是在压力下完成的第一次对知识学做体系性建设的成果。这并不是费希特知识学的第一个版本，也不是最后一个版本。在费希特的哲学生涯中，他从来没有完成一个令他自己满意的对知识学的表述。表述上的不同是费希特对他的十几个知识学版本之间差异的描述。在他看来，他的努力是将知识学的原理以最为恰当的方式表达出来。他所做的工作是描述性的。这一看法与他一贯的对哲学的本质的认识是相符的。

在之前的《对基础哲学的独自沉思》中，费希特已经意识到了"大写自我"的假设能够作为其理论的起点，但在这个初期的著作中，他还没有清楚地表明它。到《全部知识学的基础》时，费希特已经尝试通过对自我的剖析，对自我与非我关系的细致描述，为对大写自我的假设的合法性作出说明。在这一版的知识学中费希特把大写自我定义为：它的存在或者本质只在于下面这个事实，即它把它自己设定为存在的。亨利希认为，我们可以把这一设定描述为一种证明大写自我的独立性的尝试的一个过程，它同时也是走向自我实现的自由的过程。

费希特对知识学的三大原则的论述不能不被认为是简略的。绝对无条件的第一原理的内容被总结为，自我就直截了当地设定它自己的存在［或，它自己的是］①。这个原则简明扼要，但正是从中发展出了费希特的知识学体系。这个原理涉及三个要素及其之间的相

---

① ［德］费希特：《全部知识学的基础》，王玖兴译，商务印书馆 1984 年版，第 14 页。

互关联：自我从事设定；自我设定的对象是自己的存在；自我对自己的设定是直截了当的。按照莱因霍尔德的表象命题的结构，可以相应地分解出主体自我、客体自我，以及取代表象活动的设定活动这三个要素。主体自我是从事设定的自我，对它的定义只能是活动的执行者。也就是说，只能用行动定义自我，绝对自我的绝对性来自行动的绝对性。客体自我是绝对自我通过行动设定出来的自我，它是活动的结果。与此同时，它是自我的存在，因而应该具有全部的实在性。实在性，如我们所知，是否定性和限制性概念得以存在的逻辑前提。

"直截了当的设定"是一个值得深入思考的概念，它首先应该意味着主体自我对客体自我的设定并不存在第三者作为中介。如果设定活动是自我本身，那么它必定设定，它设定的结果也必然是它自己。其次，对应舒尔茨对莱因霍尔德的表象理论预设表象能力存在的批判，是否可以认为自我的直截了当的设定，是对自我原初具有的设定能力的强调？再者，主体和客体的统一，能够表明设定活动是向心的而非离心的，这意味着，直截了当的设定强调的无差别性是逻辑上的而非实在性上的。通过第一原理，建立起了离心活动的逻辑前提和实在性前提，即从事自我认知活动的自我。但吊诡的是，认知的结果的两个方面总是只有一个凸显出来。自我是活动与内容的统一，但当自我设定作为对象的自我，即被认知的自我时，活动总是隐匿的；当自我聚焦于活动时，它便变身为当下注视的对象而避开了对它的把握。唯一能够回应这种吊诡的是，承认自我能够在知识学的认知中自由地转向。知识学是通过"对自由的一个规定"而产生的。事实上，在这里引入费希特的自由的概念还太早，按照费希特的设计，自由的概念应该在知识学的实践部分得到探讨。但不能就此认为，其他部分与自由无关，恰恰相反，正是自由使得包括其他部分的整个知识学论述得以可能。

可以看出，从第一原理中能够获得的是对事实行动的确认。事实行动是"事实"（Tat）和"行动"（Handlung）的结合，它是

"一切意识的基础，是一切意识所唯一赖以成为可能的那种东西"①。这个"事实行动"，也被称作"本原行动"。亨利希认为这个概念蕴藏着"费希特的原初洞见"②。一切意识的基础，在原初上是不存在区分的。庄振华指出，"本原行动不是任何现成之物的行动，它是一切思维与存在的原初条件，是作为生活世界之最初根据的原初统一性。费希特以此揭示出，最深意义上的统一性构成了思维规定性与事态的格局这双方一体而同步的动态发生过程。这里的事态（Tat）类似于维特根斯坦所说的事实，它不是具体事物，而是决定各种具体事务之存在的先天关系格局"③。"事实行动"的概念的构成指明，它既是事态又是行动。当它被表达为第一原理时，事实和行动都指向自我对自身的认知活动，行动意识到自身，具有意识的东西就是行动。此时，认知活动和自身之间还没有建立起来一种可以用语言表达的差异。自我和自我对自身的认识还不能被区分。因而第一原理所表达的要素的区分，不能被认作时间性的、经验意义上的，而是应该被理解为理智直观所直接把握到的自我认知。

理智直观概念在康德那里被用来解决哲学的最高点问题，在费希特这里则被用来证明哲学的出发点。认知必然本来就知道它自身，并且能够把自己同不是它的东西相区分的。否则，认知永远只能在自我对自身的认知中不断循环而找不到出路。既然自我已然具备区分的能力，那么顺藤摸瓜就能得到知识学的第二原理。

因此，第二原理的内容就是自我将自己与其他东西进行区分：相对于自我，直截了当地对设起来一个非我。④ 非我是与自我对立

---

① ［德］费希特：《全部知识学的基础》，王玖兴译，商务印书馆1984年版，第6页。
② Sehe D. Henrich, *Fichtes ursprüngliche Einsicht*, Vittorio Klostermann, Frankfurt am Main, 1967.
③ 庄振华：《试论费希特知识学的视野与贡献》，《学术研究》2019年第11期。
④ ［德］费希特：《全部知识学的基础》，王玖兴译，商务印书馆1984年版，第21页。

的，对立是被设定的，设定是直截了当的。这种三要素模式能够清晰地表明费希特在这个原理中的偏重。尽管费希特使用的是"设定"，但这并不意味着非我是自我的创造，而应该被理解为自我对非其自身之物的区分。既然自我能够区分非我，那么非我必定是已经被认识的。但这种认知不同于自我对自身的认知，如果说对自身的认知是肯定，那么对非我的认知就是否定。自我指出，非我不是自我。费希特认为，否定词的使用并不是无关紧要的，相反它代表的是另一种对设活动。因而在这里就出现了两种活动。也因此，可以说第二原理中的区分是同时发生的两种否定，对认知对象的否定和对设定活动的否定。这种否定，不是存在意义上的否定，而是单纯的区分。区分本身又是一种与原初的设定不同的活动，它打破了理智直观建立的无差异性。自我在第二原理中不再是绝对自我，而是有限的自我、与非我对立的自我。

对费希特的理论的误解，很大程度上源于对他的术语的误解，首当其冲的就是"自我"概念。一方面，歌德就曾将自我概念与费希特本人等同起来，这种将哲学家本人与他所使用的主词之间等同起来的做法当然并不具有意义；而在另一方面需要强调的是，自我也不等同于个体。"自我和个体是不同的概念。大多数人把自己看作个体，而不是看作积极的、行动着的开端。"[①]古雷加的这个区分点出了自我概念的本质，以及它能够赋予哲学动力的原因。当然，这个积极的开端是指第一原理中的绝对自我，因为当自我被与非我对立起来，自我就丧失了它的整体性而成为可限制的。这一点构成了与自我之绝对无条件性的矛盾。有限自我在这种矛盾中不断展开。这不仅仅是理论意义上的，而且是实践意义上的。不断遭遇障碍，才能不断印证自由；不断遭遇界限，才能知道他者。包括知识学在内的费希特的所有哲学理论

[①] ［俄］古雷加：《德国古典哲学新论》，沈真译，中国社会科学出版社1993年版，第139页。

都建立在对这个基本矛盾的演绎中。

按照费希特的说法，第二原理确立的对立应该被统一起来。第二原理中的对立，既然是设定在自我之中的，那么对立的统一就是有基础的。也就是说，即使是在第二原理和第三原理中，意识统一性和自我绝对统一的原理都是起作用的。无论如何不能脱离开自我的绝对统一性谈对非我的设定。也正是如此，第一原理是绝对无条件原理，第二原理被称为内容上有条件的原理。内容上有条件是指，非我在形式上是无条件地被设定的，但在内容上却依赖于自我。自我既然已经设定了非我与自我的对立，它们的统一的发生在形式上就是有所依存的。在这个基础上，费希特将第三原理表达为：自我在自身内设定一个可分割的非我与一个可分割的自我相对立。

相较于第二命题，第三命题在形式上已经由第一命题和第二命题所规定，但就内容而言，它是无条件的。这就是说，第三命题表达了一个由前两个命题规定了的任务，而对任务的解决却是无条件地和直截了当地由理性的命令完成。依据前两个命题，自我与非我需要被统一起来，但自我已经设定非我与自我的对立。当自我已经将非我与自身区分开来时，如何还能够将其看作与自身相同的呢？要实现这一点，唯一的可能就是，在自我与非我中找到二者同时拥有的某种要素。自我不是别的，它是全部的实在性；非我被设定起来，是对实在性的扬弃。这种扬弃不是对整个实在性的放弃，而是实在性从自我到非我的转移。非我被自我设定起来，非我具有实在性，而自我具有否定性。但是自我不能是否定性而只能是实在性。矛盾暗示了一条中间路径，即自我与非我同时具有实在性与否定性。当否定性作为对实在性的部分否定出现时，它就是限制的概念。"限制某个东西，意思就是说，不由否定性把它的实在性整个地扬弃掉，而只部分地扬弃掉。因此，在限制性的概念里，除实在性和否定性的概念之外，还含有可分割性的概念（即，一般的可有量性的概念，而不是某一特定的量的概念）。"① 限制的概念说明，自我对自我的设定，是自我扬弃部分的实在性，并将这部分实在性设定在非我之中。这样，自我与非我就都具有实在性，从而能够被统一起来。但是这种实在性的部分转让，首先需要自我能够作为可分割的实在性存在。当实在性是可分割的，是可以在自我与非我之间进行转移的，那么自我和非我之间的差异就是量的而非质的。由此可以说，通过可分割性和可有量性，费希特将自我与非我之间的对立转化为量的，一旦自我与非我的对立不再是质的，那么对立就能够被统一起来。当自我不再具有全部的量，而是作为非我的对立物时，它与绝对自我就是对立的。至此，可以认为自我与非我，自我与自身的对立与统一就都得到了证明。

知识学建立的基础便是由这三大原则所体现的绝对自我活动的逻辑发展的构造。知识学的基础本身就是一个自我构造的过程。用费希特自己的话说，就是"自我意识捕捉自身、把握自身的活动，很显然就是一种认识"②。所有其他的认识，都建立在自我对自身认识的基础上。可以说，费希特无意识地区分了一般的认识理论和一种元认识理论。后者特指自我认识到自己是由自身所产生的，认识到它本身所具有的对自己的构造能力，以及整个构造过程。而前者则指建立在这种元认识之上的理论，包括他后来的伦理学理论和自然法权理论。三大原则之后，对知识学的理论部分和实践部分的演绎，就是对原则的展开，也可以说对一门元知识学理论的建立。对费希特而言，对原则的展开就是对理论的建立，这个过程并不具有任意性，因为知识学的所有内容都已经包含在原理之中，也就是在绝对自我之中。

---

① ［德］费希特：《全部知识学的基础》，王玖兴译，商务印书馆1984年版，第25—26页。
② Erich Fuchs, *J. G. Fichte im Gespräch: Berichte der Zeitgenossen.* Stuttgart - Bad Cannstatt: Frommann - Holzboog 1978. S. 63.

第二节　理论知识学中的自我设定

知识学的三大原则确立了以下基本观念，即绝对自我是认识的无条件的根据，它本身并不需要依赖它物而成为可能或者得到解释，它不接受任何条件的约束，因而它是自由的。但是这种自由并不是任意，它遵循理性的法则。而这要得以可能就需要表明，理性本身是自由的。费希特《全部知识学的基础》中的理论部分，就指向这个目的。在这一版知识学中，费希特认为知识学包含三条原理、八条定理。理论知识学仅仅建立在第一定理之上，这个定理从第三原理中推导而出。按照费希特的规定，理论知识学所做的工作，具体而言是对由第三定理中获得的综合命题进行分析，从中发现不同的对立命题，并对其进行综合统一。要进行分析的命题是，"自我与非我两者都是由自我而且在自我之中设定的彼此互相限制的东西，就是说，它们是这一个的实在性扬弃另一个的实在性，反之亦然"①。从对这个命题的表达方式可以看出，费希特在理论部分处理的是由限制性概念得出的自我与非我的对立。这种对立包括两个小命题，即"自我设定非我为受自我限制的东西"和"自我设定自我为受非我限制的"。更为细致地，费希特认为理论知识学的基础仅仅是第二个命题。这个命题完整地表达了知识学的三大原则中自我与非我关系的各个环节，包括"自我首先被设定为具有绝对的实在性，然后被设置为可限制的，能够有量的实在性，而且是可以受非我限制的。但是，所有这一切都是由自我设定的"②。

---

① ［德］费希特：《全部知识学的基础》，王玖兴译，商务印书馆1984年版，第43页。

② ［德］费希特：《全部知识学的基础》，王玖兴译，商务印书馆1984年版，第44页。

一 对理论知识学所包含的矛盾的提出

从费希特对理论知识学所依据的定理的表述可以看出，这个命题包含的环节使得它很容易推导出一个矛盾的结论。如果自我设定自己是被规定的，那么自我就不应该是被非我规定的；而如果自我是被非我规定的，那么它就不是自己规定自己的。但命题表达的却是，自我不仅设定自己是被规定的，还设定自己是被非我规定的。问题的核心是，自我如何能够同时规定又被规定。费希特认为这个问题根据交互规定的概念能够得到回答，交互规定概念表明规定和被规定是同一回事情，这意味着，当自我设定某个定量的否定性于自身之中，伴随这个行动同时就设定了相等量的实在性于非我之中，反之亦然。可以看出，交互规定概念建立在可有量性之上。但问题并不是解决了，而是转移了。随之而来的疑惑是，实在性应该设定在自我之中还是非我之中。对这个问题的回答费希特借助了效用性概念。效用性概念表明，依据命题本身，否定性或受动应该是被设定在自我之中，同等量的实在性和活动则被设定在非我之中。然而，这个结论是与第一原理相违背的，自我应该是活动，应该具有实在性。再借用实体性概念对其回答，就陷入了循环，因为依据实体性概念提供的回答将是："在自我中受动和活动是统一回事，因为受动只是一个较小定量的活动。"①

在费希特看来，所有的矛盾集中在自我的绝对活动和自我的一个较小定量的活动之间。自我的绝对活动设定全部实在性于自身。所以，自我不能设定一个较小的活动于自身，除非已经存在一个非我的活动，这个非我以它的实在性否定了自我的全部实在性。但是非我具有活动性或实在性的前提，是已经在自我中设定了受动。也就是说，自我对一个较小定量的设定与非我的活动性互为前提，这

---

① ［德］费希特：《全部知识学的基础》，王玖兴译，商务印书馆1984年版，第65页。

一点与绝对自我的活动相矛盾。因而，问题还是没有得到解决。更为严峻的是，问题似乎不能被解决：只有对绝对自我的限制是不可能时，绝对自我才能够作为基础，使得知识学得以可能。如果在不放弃知识学的前提下消除矛盾，那么这种消除就不应该是绝对意义上的消除。当问题不能在绝对层面上解决，在相对层面解决矛盾就是退而求其次的选择。

基于此，费希特重新考察了理论知识学的基础命题所包含的矛盾。矛盾的第一方面是，自我设定活动于非我，就不能设定受动于自身，以及相反对的情况；矛盾的第二方面是，自我设定活动于非我，就应该设定受动于自身，以及相反的情况。矛盾的第一方面之所以产生，依赖的是设定活动的独立性，也就是说，设定本身并不等于对设活动，因而，当自我设定活动于非我时，它仅仅设定了非我的活动性，而不同时设定自我的受动性。而矛盾的第二方面则是从知识学的原理推演而来。

两个命题彼此矛盾却又必须都有效，唯一可能的就是命题都只部分有效。即自我设定活动于非我时，它部分地设定受动于自身，部分地不设定受动于自身；反之，在设定活动于自身的情况下，也是部分的设定与部分的不设定。在这里，费希特强调的是这种情况发生的条件，他指出相互规定仅仅在某些条件下有效，而在另一些条件下不能被应用。但他没有指明条件的具体内容。部分的设定与部分的不设定的活动被称为"独立活动"，费希特将它的特性定义为："一个活动被设定于自我，而根本没有非我中的受动与它相对立，同样，一个活动被设定于非我，而根本没有自我中的受动与之相对立。"① 独立活动意味着，当一个活动被设定在自我之中，它就只是设定自我的活动，而不同时设定受动于非我之中；反之，对非我同样适用。这样，当自我设定自己是被规定的，并不同时就设定

---

① [德]费希特：《全部知识学的基础》，王玖兴译，商务印书馆1984年版，第69页。

了非我是规定性产生的原因；另一方面，当自我设定自我是被非我规定的，活动就被设定在了非我之中，自我此时并不具备受动性而使自身被自己所规定。依据独立活动，自我的活动与受动和非我的受动与受动之间没有关联。但是，按照第二原理，即对设的原理，这种独立的活动是不能存在的。也就是说，按照对设的原理，当自我设定活动于自身之中，它就不能不设定受动于非我之中。自我的活动与非我的受动，或者相反，自我的受动与非我的活动是一回事。于是，自我与非我的独立活动与对设法则之间就出现了矛盾。

然而，依据意识统一性原则，发生在意识之中的矛盾都不是绝对的。通过独立活动和对设法则表达的命题应该并行不悖，它们必须通过一个综合概念而被统一在如下命题之中：独立的活动由行动与受动的交替而被规定着（这是指通过相互规定而彼此相互规定着的行动与受动）；反之，行动与受动的交替通过独立活动而被规定着（属于交替范围的东西不属于独立活动的范围，反之，属于独立活动的范围的东西不属于交替范围；因此，每一个范围都可以通过与它对立的范围而规定自己）[1]。

命题表明，对矛盾的克服有赖于对行动与受动的交替与独立活动之间的相互限制作出说明，其核心就是对两种活动的适用范围作出限制。通过对命题的论证，必然能够获得澄清的是独立活动与相互规定之间彼此相互规定的条件，以及相互规定命题在何种条件下是有效的。按照费希特的行文，理论知识学部分主要是用来澄清独立活动与行动和受动的交替之间的综合统一。甚至可以认为，它是理论知识学基础的核心。这个命题的本质，是限制是否可能以及何以可能。而我们知道，理论知识学所赖以成立的命题是"自我设定自我是受非我限制的"。这个命题能够被分解为两个命题，即"自我设定非我是受自我限制的"和"自我设定自我是受非我限制的"，

---

[1] ［德］费希特：《全部知识学的基础》，王玖兴译，商务印书馆1984年版，第70页。

无论是前一命题还是后一命题都落在限制概念之上。如若能够澄清限制的发生及其发生的范围，那么这个命题就能获得辩护，理论知识学也就获得了辩护。费希特的辩护遵循他一贯的策略，即先将命题分解再进行综合。分解是为了获得对命题的前后项的真实内涵与发生条件的认知，亦即为下一步的综合做理论准备。

二 对理论知识学中矛盾的克服

对在这里需要辩护的命题"自我设定自我是受非我限制的"，费希特将之划分为三个命题：一是通过行动与受动的交替来规定独立活动；二是通过独立活动来规定行动与受动的交替；三是行动与受动通过对方而被相互规定。下面我们将按照费希特的行进顺序论述费希特对这三个命题的分析。费希特对命题的论证采取的是相同的策略，即先分析命题的含义，再将之应用到效用性概念和实体性概念中进行考察。

针对第一个命题，费希特认为，它表达的是对独立活动概念本身的限制。独立活动预设一个设定活动的发生不同时意味着对设的发生，而相互规定则恰恰相反。依据相互规定命题，活动在一方中被设定，受动就直接被设定在对方中。既然现在要依据相互规定命题对独立活动进行规定，先要指出的就是相互规定命题产生的根据。可以看出，费希特的逻辑是不断向后退的，这种方式必然预设了一个无法后退的点。费希特指出，相互规定命题规定，活动与受动之间的对立能够被统一起来，那么必定存在一个第三者，在其中对立双方是相同的。就其作用而言，更为恰当的说法是，他能够使受动过渡为活动，使活动过渡为受动。在第三者这里，活动与受动并不是固定的，具有可以改变的形态。费希特称这个第三者为关联根据。关联根据并不是第一次出现在费希特的推演中，它在第三原理的演绎中已经被提出。

关联根据与区别根据构成根据这个大的范畴，它指的是对立的东西与它的对立物在 = X 中的等同，区别根据则是指等同的东西与它的等同物在标志＝X中的对立。关联根据是使得对立的东西能够加以等同或比较的根据。因而，根据关联根据，活动与受动能够同时出现在意识里，而不打破它的统一性。另一方面，凭借关联根据，相互规定的命题得以可能，从而对独立活动的限制也就得以可能。

对第一个命题含义的分析到这里就结束了，费希特并没有进一步地分析这个关联根据之可能性基础，而是直接认为通过关联根据可以得出："一切相互规定的根据就是绝对全部的实在性。这个绝对全部的实在性根本不可能被扬弃，因而在一方中被扬弃了的它那一部分定量，必定在对方中被设定起来。"① 从这个断言可以看出，关联根据所关联的是全部的实在性。

费希特接下来考察的是对相互规定根据的应用。借用效用概念所作出的考察是以非我的活动作为自我的受动的结果或者效果，对相互规定的有效性的检测。依据相互规定原则，受动被设定在自我之中，那么受动是起点，活动作为对设起来的产物，它必定只能是在非我之中。在这个活动与受动的过渡中，起连接的是表达为量的关联根据。按照费希特之前的设置，当自我被描述为可有量性时，它不是作为绝对自我具有全部的实在性，而是作为可分割的自我与可分割的非我对立。这是第三原理的内容。依据可有量性概念，当自我被设定为受动的，在它之中一部分的量被扬弃；与此同时，相同部分的量就被设定在非我之中。一个固定的量在自我与非我之间被转移，或者说，一个定量从自我过渡到非我。由此，非我里的活动就是以自我里的受动为依据的，这个量上的依据被费希特称为"理想根据"。活动发生的过程以及它的结果得到了澄清，但活动之原因还未被追问。费希特试图进一步回答活动之被设定的原因：为何要有活动被设定在非我之中。

按照第一原理，活动应该被设定在自我之中。也就是说，依据

---

① ［德］费希特：《全部知识学的基础》，王玖兴译，商务印书馆1984年版，第73页。

第一原理，被设定在非我之中的活动其根据不能存在于自我之中，而只能存在于非我之中。那么问题就转变为了，非我为何作为被设定在其自身中的活动的根据。如果从第一原理的视角来看这个问题，它涉及的就是非我作为否定性存在的依据，它关涉的不再是量而是质。否定性不仅仅是一个较小量的活动，而是与实在性亦即自我的本质相对的概念范畴。因此，非我作为其自身中的活动的根据，是与自我的受动相对应的。自我的受动不能为其自身所解释，否定性作为其对立范畴，为它的受动提出根据。所以，非我的活动被设定起来，是为了提供给受动一个实质的根据。实质根据是受动产生的依据。受动作为质的概念，先于量的概念，因而不是实质根据依附于关联根据，相反，实质根据是交替关系产生的前提条件。

至此，费希特建立了一个关系链，实质根据是关联根据的前提，关联根据解释相互规定命题的可能性，而后者限制独立活动；但是这个关系链可以从非我的独立活动开始，正因为它是自我的受动的实质根据。如果是这样，费希特就又陷入了一个循环。费希特并不是没有注意到这一点，他对此的解释是，"自我的活动的减少，必须从自我本身来说明。活动减少的最后根据，必须被设定于自我之中。要实现这一点，就只有这样：自我被设定为这样一种东西：它应当包含那个使有理智的自我的活动为之而减少的那个自我的存在根据于自身之中：这是一个无限的理想，其本身是不可思议的，因而它并不能使我们说明应该说明的东西，而只是向我们指出其所以不能加以说明的情况和原因。从这个角度来看，自我是实践的"[①]。这个解释表明，从自我自身说明自我活动的减少与其说是一个理论的任务，不如说是一个实践的任务。它对自我提出的是一个无法用理论得到解答的要求，自我必须在不断的实践中一再回应这个要求。以一种不能，赋予自我以不断的实践动力。就目前的情况来看，这不

---

① [德] 费希特：《全部知识学的基础》，王玖兴译，商务印书馆 1984 年版，第 76 页。

能不被认为是一种改变了表达形式的严格意义上康德式的二律背反。

以实体性概念为工具的应用性考察，指向的是活动与受动的同质性。通过实体性概念，自我的活动所设定的是，一个受动在自我自身中的被设定和被规定。这个命题中包含的矛盾来自自我的活动与受动在自我中的统一。活动与受动是自在地对立的。要么自我不是设定活动的主体，要么受动不设定在自我之中。矛盾的解决依据实体性概念的演绎被表达为：受动本质上不是别的，而是就量而言比全部活动较少的活动。因而，被统一在自我之中的不是矛盾的活动与受动，而是绝对的量与一个较小的量。依据关联根据，二者作为活动被统一起来。但如果二者都被视为活动，而被取消了差异，那么就二者都是被限制了的活动而言，自我如何能够与非我再区别开来？区别必须是可能的，因为它决定了相互规定的产生，而相互规定又是费希特建立起的关系链中不可或缺的一环。但是，在这里，费希特并没有说明自我与非我区别如何是可能的；相反，他指出，减少了的量的活动尽管按照相互规定的原则应该被设定到非我之中，但一旦它被设定到非我之中，它就不能再与自我的绝对活动产生关联。费希特在这里的论述存在一个逻辑上的跳跃。他没有说明为什么减少了的量的活动被设定到非我中会取消相互规定概念。为了能够理解费希特的逻辑和在这里推演的目的，我们只能尝试对这个跳跃做出补充。

按照之前的推演，在自我中设定的减少了的量的活动，意味着自我的受动，依据相互规定原则，这个受动同时设定等量的活动于非我之中。那么减少了的量的活动就被设定到了非我之中。此时存在的可能的关系项就是非我中的减少了的量的活动与自我的绝对全部实在性的活动。要将二者连接起来，它们之间就必须存在一个 = X 作为中间项。对它们的分解获得的将是：非我中的活动、减少了的量的非我受动；自我中的活动、绝对全部的量的活动。可以看出，当减少了的量被过渡到非我之中，它与绝对自我之间就不存在能够被等同起来的相关项。于是，费希特认为，减少了的活动必须成为自我的活动，而不能成为非我的活动。要达到这一点，唯一可能就是它是依照自我绝对无条件地设定所产生的结果，这个减少了的活动是绝对的。

自我能够区别于非我是因为它是绝对的和无条件的。至此，自我与非我在现有条件下如何能够得到区别才得以澄清，减少了的量不能被设定在非我中也得到了说明。但是这些结论与命题"一个独立活动通过行动与受动的交替被规定"似乎还有些距离。自我的绝对性不正好证明了独立活动之不被规定吗？一个可能的解答是，自我的绝对性，亦即自我的本原行动应该被限制。但如果本原行动能够被限制，它就不再是本原行动。费希特对此的回答是，本原行动就它是一个一般行动而言，它不受任何限制；它仅仅意味着行动的无限可能性。一旦本原行动从无限的可能性中选择一种确切的方式发生，它就必定涉及一个对象，就它仅仅涉及这个对象而言，它就是被限制的。因而，独立活动本身就是这种交互作用。正因为它是活动，所以它是行动与受动的交替。在这里，独立活动的意义借助于绝对活动才得到澄清。费希特指出，这是从"双重观点上看待问题的"。这种双重观点与上文提到过的自我能够在自身之中进行自由的转换隐约具有关联，但这是之后需要我们澄清的。在这里需要注意的是，费希特将这个规定着一个交互作用的绝对活动，称作"想象力"。

费希特讨论的第二命题是第一个命题的对立命题，即通过一个独立活动，相互作用的活动和受动得到规定。这个命题从独立活动开始，为交替形式的根据作出说明。交替的形式即"使交替可能成为交替，并依据交替的形式而使交替可能成为一种由一方到另一方的过渡"① 的东西。这个定义规定的任务是，要证明交替形式的根据是一种独立活动。这便是对这个命题的含义的澄清。任务的展开

---

① ［德］费希特：《全部知识学的基础》，王玖兴译，商务印书馆1984年版，第80—81页。

和完成就是对命题在个别情况上——效用性和实体性——的应用的考察。就效用性而言，行动与受动的交替意味着，通过自我中的一个受动，一定的活动没有被设定在自我之中，而是被设定在了非我之中。既然要考察形式，那么首先需要抽取掉这个命题中的内容，即活动、自我与非我，由此得到的纯粹形式就是："因为不设定而设定，或者说，一种让渡。"① 作为一种形式的活动被抽取出来。让渡活动具有相对于交替的端项的独立性。相反，交替的端项只有通过让渡活动，才能作为交替的端项而存在；没有让渡活动，端项之间就不存在交替，而是孤立的。任何活动都是自我的活动，让渡活动也不例外。自我之中的让渡活动，指的是自我把活动让渡给非我，即把一个受动设定于自身。但让渡活动是自我发出的，活动是被让渡给非我的，在这个意义上，自我是活动，非我则是受动。由此，费希特认为他能够得出以下结论："自我甚至当它是受动的时候，也必定是活动的，即不单是活动的。"②

在实体性的交替里，相互规定的概念的单纯形式的特性被认为是不设定。因为当活动被设定为是受限制的，绝对全部的活动中就划分出了被限制的活动和因为没有被限制而被排除的活动。被排除的那一部分活动由此是以否定的形式被设定的，即被设定为没有被限制的活动，在这里，被否定的 A = 被限制的活动所设定的。因而这一部分就是绝对全部的活动的缺乏。这就是"不设定"的含义。因而，建立起的交替的双方就是受到限制的活动和没有受限制的活动，交替活动借以被设定起来，便是通过这个不设定。费希特认为，所有的设定都属于自我，而设定这种交替本身的那个行动也应该是自我的一种行动。这种交替被设定起来，首先是自我绝对无条件的设定了全部实在性作为交替活动的一个端项。只有当这个端项被设

---

① ［德］费希特：《全部知识学的基础》，王玖兴译，商务印书馆1984年版，第82页。
② ［德］费希特：《全部知识学的基础》，王玖兴译，商务印书馆1984年版，第83页。

定起来，另一个端项才能作为一个被减小了的活动与之对立。因而，交替被设定起来，起源于自我独立的对自己的设定，以及伴随发生的对被减小了的量的活动的设定。就此意义上而言，独立的不设定活动规定了行动与受动的交替。在这里需要格外注意费希特提到的"外他"的概念。在费希特看来，绝对全部活动之被限制，结果是一个较小的量被排除在自我之外。这个排除不等同于让渡，让渡强调的是在自我中该定量被扬弃到对立方之中，而外他则着重于其中的定量被外化，并由此被设定。让渡是活动，而外他则是结果。"外他"概念的重要性在费希特的伦理学和道德哲学中会得到凸显。在这里，费希特仅仅强调了它作为绝对全部活动的某个定量、被减小了的活动排除在自我之外的定义。外他来自自我，并作为自我之外的自我与自我相对立。

总的来说，在对独立活动规定活动与受动的交替的考察中，依据效用性和实体性概念的不同，有两种独立活动，应对前者的独立活动是让渡，应对后者则是不设定。独立活动的独立性是就它不依赖于交替而产生，并使交替得以可能而言的。在不设定的独立活动中，其结果是一个外他被设定起来。外他不同于让渡，是因为它仅仅表示某个量从自我中被排除，而不考察这个量是否被设定到非我之中。就此而言，让渡涉及让渡发生的两个端项，而外他仅仅是一个受动的发生，即费希特所说完全纯粹状态下的交替的形式。

对交替活动和独立活动相互规定命题的考察相较于前两个对分命题的考察更为复杂。因为对这个命题的证明，需要将独立活动与交替活动都一分为二。即区分交替的形式与实质，并就这种区分，相应地区分规定交替形式的独立活动和在反省中被交替的实质所规定的独立活动。由此，费希特发展出了要考察的三个命题。一是不依存于交替的形式而独立的活动规定着不依存于交替的实质而独立的活动；反之，也就是说，这里考察的是两种独立活动的相互规定和综合统一。二是交替的形式规定着交替的实质，以及相反；第二个命题考察的是交替的不同方面的相互规定和综合统一。三是综合统一的交替规定着作为综合统一体的独立的活动,以及相反。①

依据交替的形式和实质的划分,独立活动也分为两种,即相对于交替的形式的独立活动和相较于交替的实在的独立活动。在上文中已经指出,前一种活动是过渡,后一种活动费希特并没有给出具体的名称,但他在此处对它的描述是,它"乃是这样一种活动,这种活动把能使一个端项向另一个端项过渡成为可能的那种东西设定于(两个)端项中去"②。按照这个规定,后一种活动能够在一定的意义上也可以被认为是一种过渡。但它依赖于前一种过渡而使自身得以可能,因为前一种过渡提供的是过渡在实质上发生的形式;但前一种过渡也需要被后一种过渡所规定,因为在后一种过渡中设定了使端项间的过渡得以可能的东西,为前一种过渡提供了根据。两种过渡相互规定意味着,过渡的形式与实质都是由自己本身所规定的,它不以自身之外的条件为依据,就此而言,过渡是一种绝对的行动。

交替的形式与实质应该相互规定。交替的形式是指两个端项的相互干预,这很好理解;交替的实质被认为是端项之间干预与被干预活动中的活动与受动,因此交替的实质就被称为交替之间的相互关系。所以,这里要证明的是端项之间的相互干预与由此产生的活动和受动互相规定。事实上,这个命题的证明通过对形式和实质的澄清就已经完成。为正如费希特所说的,端项之间的干预与端项之间的相互关系是合二为一的同一个东西。交替的综合体就是交替的端项之间的相互干预。至此,独立活动与交替的相互规定就转变成了绝对的过渡与绝对完全由自身所规定的干预之间的相互规定。活动规定着干预就意味着,过渡的发生预设了交替端项的干预;反之,只要端项之间发生干预,让渡就会发生在端项之间。按照对命题含

---

① [德]费希特:《全部知识学的基础》,王玖兴译,商务印书馆1984年版,第86页。

② [德]费希特:《全部知识学的基础》,王玖兴译,商务印书馆1984年版,第87页。

义的分析，这个命题在效用性概念上的应用的考察，也被分为三个部分，它们是，在效用性的交替里，形式的活动与实质的活动互相规定；在效用性的交替里，交替的形式与交替的实质互相规定；以及活动与交替的综合统一。在效用性概念中，交替的存在预设了一种让渡，一种通过一个不设定的活动而产生的设定。交替的实质通过这个不设定的设定被规定。

交替的实质就整个要被证明的命题而言，是非我的独立活动，这一点不应该被忘记。非我的独立活动作为端项，是自我的受动作为相对端项的前提条件。一方面，交替的实质，即自我与非我之间的活动与受动通过让渡被规定，指非我的活动通过让渡而被设定起来，它同时意味着非我的活动范围的被限制。另一方面，非我的活动应该规定这个不设定的设定。非我的独立活动作为一个端项，应设定了它自身或者与之对立的端项的不完全性，这种不完全性是让渡发生的必要性。就事实而言，非我的独立活动，将活动设定在自身之中，同时设定了自我之中活动的丧失，所确立的两个端项之间存在实在性的转让。这种让渡是以非我的活动为根据的，因而不设定的设定是为非我的独立活动，也就是交替所规定的。现在，这个命题应该被综合起来。也就是说，非我的活动与让渡应该被统一起来，这意味着非我的活动和自我的受动的统一。值得注意的是，这里非我的活动，是被不设定的设定所规定的，设定都是自我的活动，因而，真正被统一起来的不是自我与非我，而是自我的设定与不设定。统一应该表明自我的设定和不设定是同一个行动。但这如何是可能的呢？自我的设定意味着自我设定某种东西于自身，不设定则意味着设定某种东西于非我。无论自我是设定还是不设定，自我必须设定，而一旦它设定，不设定就必然作为对立物与之相对，自我与非我的对立就会出现。

费希特认为，问题的关键在于设定具有双重含义。对它的梳理将会发现所要统一的命题的真正内容。在他看来，自我的不设定只是表明，相对于自我，非我不进行设定。当非我不进行设定，而只从事扬弃的工作，那么非我就是在质上与自我对立的，是自我的规定的实在根据。实在根据是相对于理想根据而言的。理想根据是量的根据，在这里，自我不设定仅仅是指自我不设定否定性的东西，而不是完全的不设定，在这个意义上，自我是其自身的理想根据，它此时在量上与绝对自我相区别。由此建立起来的命题则是，非我是自我的实在根据，自我是其自身的理想根据。设定和不设定的统一发展到这里，转变成了理想根据与实在根据在效用性概念里的统一。但是，这个命题不应该是等同于自我作为自身受动的原因与非我作为自我受动的原因在效用性概念里的统一吗？自我作为自身受动的原因，不就是自我没有将某种东西设定在自身；非我作为受动的原因，不是指非我扬弃自我中的某种东西，使自我将活动设定在非我之中吗？如果是这样，那么自我的受动与自我的活动就是同一个行动，要统一的不就转变成了，自我的受动和活动的统一吗？或者非我的受动和活动的统一，这两者会被证明是同一个命题。自我的受动和活动统一于自我。自我的本质是活动，所以它无论如何都要从事设定，只要它不将某种东西设定在自我之中，它就将其设定在非我之中。非我的受动活动与之相对，只要非我对自我起作用，自我中的某种东西就通过自我被设定在非我之中。活动与受动的统一被建立。

被建立起来的活动和受动的统一还面临一个问题。可以清楚地看到，这个统一是一种交替。既然是交替，它必然是依据某种条件得以产生的，在意识的理论中，唯一不需要条件的是绝对自我的行动。交替既然不是自我对自己的绝对设定，那么它的依据是什么呢？费希特认为，这个问题在知识学的理论部分是不能够被回答的。因为这个交替的依据在知识学的理论部分不能被理解，它甚至不包含在知识学的原理里。[1] 理论部分对其表示无能的问题，只能期待实践

---

[1] ［德］费希特：《全部知识学的基础》，王玖兴译，商务印书馆1984年版，第97页。

对其进行解答。

三 对活动和交替之间相互规定的考察

尽管费希特认为在理论知识学部分中，有关交替活动的依据的问题不能够被彻底回答，但他还是详细地考察了活动与交替之间的相互规定。因为作为知识学理论部分的原则，活动与交替之间的关系能否得到澄清，事实上就决定了理论知识学部分包含的矛盾是否能够得到克服。对费希特而言，这个考察是必不可少的。考察的展开同样遵循三个步骤：在效用性概念里对关系的考察，在实体性概念里对关系的考察，以及对作为整体的关系的考察。

1. 在效用性中的考察

在费希特看来，效用性概念中的交替，是一种此消彼长、互相扬弃。因此，效用性概念中的端项本质上是对立的。对立是它们的实质，彼此扬弃就是它们的形式。既然是对立的，那么它们之间的扬弃就是可能的。既然是相互扬弃的关系，它们就必定是对立的。扬弃与对立是同一个东西，它们之间的彼此规定从它们的本质上就得到了辩护。按照已经建立的模式可以推测，费希特对效用性概念中，作为综合统一体的活动与交替之间的相互规定的论述，会分为三个部分，即：对交替通过活动被规定的论述，对活动通过交替被规定的论述，最后才是对综合统一的论述。

（1）作为综合统一体的活动，不再是单纯的设定与不设定，而是被中介了的间接设定；交替作为综合体，则是本质上的对立性和与实在性的扬弃的统一。因此，第一个部分的任务就是说明间接的设定是对立和扬弃的统一的条件与根据。对立和扬弃要是统一的，首先端项之间的对立要能够被统一。按照绝对设定的原则，端项 A 不等于端项 B；按照量的原则，A 部分地等于非 B，反之亦然。部分地等同于对立面的否定物，抽取这种部分的等同所获得的结果，就是使对立端项成为对立的东西被扬弃，端项能够被设定起来而不彼此扬弃。但是这种设定，只能是间接的设定，即以通过部分地否定来建立起联系的这种形式被设定。从另一方面看，它们之间的联系只能是间接地被设定起来的，那么绝对意义上，它们的本质则是对立的以及相互扬弃的。

根据这个原则，费希特区分了一种质的唯心主义和一种量的唯心主义。按照费希特的观点，以上所论述的正是自我与非我的关系。非我与非我本质上是对立的、彼此扬弃的。设定的间接性是它们的本质对立的依据。设定的间接性的本质是不设定的设定。自我不设定活动于自身中，才能把实在性设定在非我之中。按照不设定的设定，实在性只能存在于自我或者非我之中，而不能同时以量的形式被统一。设定的间接性无疑是以自我的绝对实在性为依据的，因为后者使得作为前者之结果的让渡成为可能。因而间接性的根据只能存在于绝对自我之中。就此而言，它本身也是绝对的。在绝对自我中建立起的间接的设定，使得当前的理论区别于一种费希特称为"质的唯心主义"的理论。在"质的唯心主义"中，自在地被设定起来的活动的扬弃，仅仅依据自我的本质和本性，而没有其他的理由。在当前的理论中，活动依照自己的法则展开，这个间接性的设定内在于自我之中，因而自我的否定性和实在性经由自身就可以得到说明。在自我之中，没有活动被扬弃，"自我是有限的，绝对地因为它是有限的"[①]。这种在理论中设定自己的限量的唯心主义被称为"量的唯心主义"。

（2）间接的设定被交替所规定这一点，随着量的唯心主义概念的提出而被赋予了新的内容。费希特认为，设定的间接性在质的唯心主义中才是可能的。在质的唯心主义中，自我不是有限的。因而自我是绝对的，绝对的自我对一个端项的不设定，意味着设定活动没有发生，另一个端项则同样没有被设定起来。但是如果一个端项被设定起来，另一个端项即作为对立项相应地被设定起来，那么它

[①] ［德］费希特：《全部知识学的基础》，王玖兴译，商务印书馆1984年版，第104页。

们就是通过不设定的设定被设定起来的,因而它们就是被间接地设定的。在这里,端项之间的对立性,是设定的间接性的依据。从这个推演中得出的是一种质的实在主义,它认为非我中具有的不依赖于自我的实在性,是自我活动部分地受到抑制的原因,同时质的实在主义主张一种属于规定者的、不依存于自我的实在性。质的实在主义对自我所具有的实在的现成存在的局限性的主张,使它区别于量的实在主义、质的唯心主义以及量的唯心主义。

费希特在这里依据对自我的局限性和实在性的不同主张,区分了不同的四种理论形态。唯心主义方面同样认为存在自我的局限性,但主张局限性或者来源于绝对活动,或者认为局限性的产生依据的是自我本性中的法则;量的实在主义坚持一种不依赖于自我的实在性的存在,它是单纯的、规定性的。这个主张等同于认为存在一种偶然的有限性,对此不能再进一步追问。费希特对几种理论形态的区分,是为了引出意识中的客体的问题。一个实在的规定的结果,是一个由此产生的客体。但在意识之中,直接的设定变成间接的设定,变成不设定的设定,对自在的存在的规定就转变成了对进行设定的自我的规定。在这个过程中,客体的概念随之被消解。费希特认为,在这里需要追问设定的根据。因为正是设定的这种转变的功能,应该使得从受限的东西能够向无限制的东西过渡。但理论的推演似乎仅仅证明了这种过渡的不可能。费希特在这里只提出了这个问题,并暗示了存在一条解决问题的中间道路,随后他转向了对"设定的间接性与本质上的对立性彼此互相规定"的证明。

(3)设定的间接性与对立的综合统一应该表明,"存在与被设定,观念关系与实在关系,树立对立面与对立面必定都是同一个东西"①。这同时意味着设定与存在的统一,即自我本身就是被其自身所设定的东西,但在这个设定中,自我是被设定在关系之中的。因

---

① [德]费希特:《全部知识学的基础》,王玖兴译,商务印书馆1984年版,第107页。

此，确切地说就是这个综合应该表明自我在与非我的关系中设定自身。间接的设定，即通过不设定一方而设定另一方，表明自我只有在非我被设定了的情况下，它才是被设定的。就此而言，自我仅作为非我的对立面存在。在这个命题中，自我的设定包含两个层面，直接的层面是自我对非我的设定，间接的层面是纯粹自我的设定。后一个层面指向自我的绝对设定。自我凭借其本性而不得不设定，因而在命题中，自我就是主体，非我就被设定为客体。它对客体的设定是直接的，这个直接的设定扬弃了主体，从而使受动发生在自我之中。受动的根据是客体即非我，那么非我之中应当具有主体受动的实在根据。在这里，一方面出现了一个与自我无关的非我的实在性表象，另一方面，对客体的设定间接地设定了主体，主体的设定扬弃了客体，此时出现的受动的依据是主体之中的活动，与之相应的表象就是自我独立于非我的实在性表象。这个表象费希特称之为"有关自我的一个自由的表象"①。这里提到的自我的自由，费希特认为只是一个纯属想象的自由。因为，到目前为止，推理依据的间接设定的法则是自我对自身的规定。其根据是自我本身的设定或受动。推演似乎又陷入了循环。费希特在这里承认，推演到目前为止并没有解决之前提出的任务，并再一次把解决的希望留在了以后。

2. 在实体性中的考察

在实体性中的考察首先讨论的是独立活动。按照之前的分析，独立活动区分为形式的活动和实质的活动。这里讨论的因而就是形式的活动与实质的活动的统一。形式的活动就是通过一个绝对设定的不设定那个活动。在实体性概念中，这个活动意味着未被设定的东西被排除在已设定的领域之外。所以，它是被否定而不是被设定的。否定意味着被规定，但设定活动本身也是进行规定。因此，设定在这里，就是被否定所规定的，也是自身进行规定的。规定与被

---

① ［德］费希特：《全部知识学的基础》，王玖兴译，商务印书馆1984年版，第108页。

规定统一在间接的设定中。通过被规定，被设定者被设定为处在一个有规定的领域之中；从规定方面来看，它恰恰却是被排除在了被规定的领域之外。由此，费希特得出结论："由于实体性而来的交替规定方面的形式活动的特性乃是一种排除，即把一个特定的、充实了的、因而占有着（其中所包含的东西的）全部的领域排除在外。"① 形式活动被认为是排除，但排除的领域是相对于全部领域而言的，它没有被设定在全部领域中，因而被认为是没有被设定的。然而，已经有一个领域被排除了，全部领域就不再是全部的而只是部分的。全部领域因此在这里被赋予了双重属性，作为全部领域它是无规定的不完全的整体；作为排除了一部分的领域，它是有规定的而完全的部分。这种设定两个领域于自身中的设定，被认为是使形式活动成为可能的实质活动。形式活动规定实质活动。它的内涵是，因为某物被设定在绝对全部之外而被绝对全部所排除，一个更为广阔或者说更高而无规定的领域被设定起来。被排除的领域是自我之中的偶体，一个客体；更高的领域就是非我或者说一般设定。只有排除了偶体，一般设定才是可能的。

由此可以推出实质的活动规定并制约形式的活动的意思，即一个比较广阔的领域是绝对地设定的。一方面，它作为前提使得自我的现实行动的排除得以可能。另一方面，自我与非我被设定为对立的，自我是设定者，但只有当自我不设定非我时，它才设定自身。在这个意义上，它是被一般设定所规定的，是偶然的。这两个方面的推论彼此修正。在费希特看来，"自我应当排除一些东西于自身"和"一个更高的领域被设定起来"互为充要条件。但是这个区分仅仅发生在反思之中，它们本来只是同一个行动。由此，形式的活动和实质的活动的统一得到说明。

实体性中交替的形式与交替的实质彼此规定等同于，实体性中

---

① ［德］费希特：《全部知识学的基础》，王玖兴译，商务印书馆1984年版，第111页。

端项之间的干预与交替之间的相互关系彼此规定。交替的形式和实质彼此的规定在上文已经阐述了，在这里需要考虑的就是实体性概念为这种关系带来了哪些新的要素。就交替的形式而言，端项之间的干预被认为是它们之间的互相排除。端项一方被设定为绝对全部，那么另一方就被排除在绝对全部之外，另一方自身应该构成无规定的可规定领域。另一方面，如果一个端项被设定为是排除在绝对全部之外，那么另一个端项必定不能包含绝对全部，因为从绝对全部中已经排除了已设定的端项的那一部分。因此，这个端项也只能是一个无规定的可规定的领域。可以看出，交替的形式的实质就是交替端项互相把对方排除在绝对全部之外。就交替的实质而言，交替确立了排除的一部分和充实绝对全部领域的一部分（就形式而言），但就它们都是无规定的可规定的领域而言，被排除的可以是被看作交替端项中的任何一个。然而，交替既然要实现，它们之间就必须被区分。这个区分两个端项的依据就是交替得以可能的依据，也就是交替的实质。

因此，交替的形式规定着交替的实质，就是说，通过相互排除，能够指明端项中哪一个是绝对全部，哪一个是被绝对全部所排除的。交替的实质规定着交替的形式，就是说，端项的可规定，即依据条件指出绝对全部与被排除的一方，规定着排除。这一点很好理解。交替的形式与实质互相规定的含义就得到澄清："全部的规定的绝对根据与相对根据应该是同一个东西；关系应当是绝对的，而绝对的应当只是关系，而不是任何别的什么。"[1]

对关系的基础地位的确认，不能不说是从莱因霍尔德的表象理论中得到的灵感。在这里，费希特所试图摆脱的，是在从 A 到 B 还是从 B 到 A 的关系中做出选择。行动前进的方向并不是无所谓的，它决定了端项所代表的活动的规则是否具有优先性。但在这里，端

---

[1] ［德］费希特：《全部知识学的基础》，王玖兴译，商务印书馆1984年版，第118页。

项的规则并不是确实的规定，而只是一种可规定性。因而，交替的形式与实质的统一所寻求的，是对可规定性的规定，一种有规定的可规定性。必定存在一种规则，使得可规定性能够被规定。但只要我们对可规定性概念进行思考，就会发现，可规定性概念本身就是对其自身的规定。它是一个可规定的东西，它也只能是一个可规定的东西。这样，我们就获得了一个可应用到自我之上的结论。

自我设定自我为全部的实在性，根据交替的法则，自我必定设定一个排除在全部实在性之外的客体——一个实在的规定的结果。客体虽然被设定在自我之外，但设定行动依然属于自我，这样，自我的行动领域就由绝对设定和客观设定共同构成。但这个领域不能也不会超出自我的界限。在这里就出现了主体与客体在自我领域中的重叠。它们构成了自我的规定，即自我的可规定性被主体和客体共同建立。这样一种有规定的可规定性，被费希特称为实体。

实体首先必须是从绝对地被设定的东西，即从仅仅设定自身的那个自我中推演出来的。这意味着，它以"自我设定自身同时将一个客体从自身中排除出去"为条件。然而，实体是有规定的规定性，它必须依靠自身设定得到规定，否则它就不是实体。这个实体概念与以下意义上自我的概念是等同的，即"自我由于排除了非我而设定自身为正在设定自身的，或者说，它由此自己排除了自身而设定自身为正在设定非我的"①。这里自我对自身的设定，表达的也是有限制的可限制性。两个分句中的前一个"设定自身"是无条件的绝对设定，而后一个"自身设定"是有条件的。但是，自我的排除活动预设了被排除物在自我中的独立存在。就这一点而言，排除就不是处在无条件的设定的领域之中，而是被排除在这个领域之外，自我的排除对无条件的设定起来的东西而言是非本质性的。自我的排除活动与绝对的设定之间的矛盾再一次表明，关系才是全部的真实

---

① ［德］费希特：《全部知识学的基础》，王玖兴译，商务印书馆1984年版，第120页。

内容:"全部仅仅是由完全的关系构成的,根本没有什么自在的固定的东西来规定全部。全部构成一种关系的完全性,而不构成实在性。"①

因此,实体就是由端项之间的关系构成的全部,偶体就是关系的端项。端项的固定从来不是绝对的,当一个端项与另一个端项构成一种关系时,它才暂时具有固定性。偶体是飘散的,在这个意义上自我的设定,就是对偶体之间关系的建立。这种建立得以可能,依靠的是一种"我们将来要详尽论述的那种最神奇的能力,把正在消逝中的偶体保持住,直到它将这个偶体同排斥它的那个偶体进行了比较为止"②。这里提到了一种"最神奇的能力",通过它,偶体之间的关系的建立才得以可能。偶体之间的关系的整体,构成实体。实体不是别的,正是自我对一个有限的自我、对一个有限的非我及其之间相互扬弃和统一的关系。这是理论知识学的基本原理。这个还没有被命名的神奇能力,按照目前的总结来看,决定了理论知识学之可能。这个能力,随着对费希特推理的追踪将会得到阐明。

3. 综合中的考察

随着对前两个综合的说明,我们行进到最后一个综合,即作为综合统一体的活动和作为综合统一体的交替之彼此相互规定。作为综合统一体的活动是:将对立着的主观的和客观的东西在可规定性概念里予以绝对地概括和保存。作为综合统一体的交替是端项之间的单纯关系,也就是排除与统一之间的关系。因此,理论知识学的部分最后的任务就是探讨交替之间的单纯关系与对立之间的、在概念之中保存的综合统一。交替之间的单纯关系,具体而言,就是互相排除和可规定性。互相排除在之前已经得到说明,可规定性在这

---

① [德] 费希特:《全部知识学的基础》,王玖兴译,商务印书馆1984年版,第123页。
② [德] 费希特:《全部知识学的基础》,王玖兴译,商务印书馆1984年版,第124页。

里还需要得到证明。我们设想绝对设定的领域是由对立的 A 与 B 构成的，当其中一个被设定，另一个就被排除，即不被设定，因而它们的关系是互相扬弃；但是，它们共同构成绝对设定，因而它们应该都被设定，而不互相扬弃。现在要使得对立双方之间互相扬弃又不互相扬弃的关系得以可能，就需要找到它们之间的结合和连接点。正是在这个点上，它们互相限制彼此统一。然而，对立的东西的连接如何是可能的？这个问题等同于黑暗与光明之间的连接点是否存在，即要在黑暗与光明之间找到它们之间被统一起来的中间点。究其本质，就是矛盾如何被统一起来的问题。知识学的理论部分建立在第三原理上，第三原理所表达的正是矛盾应该被统一起来。那么，在这里对对立双方的统一之可能性探讨，就是对知识学理论部分之可能性的回答。因此，在这里对费希特的回答做细致考察是有必要的。

费希特认为，把黑暗和光明设想为被紧邻着放置着 A 和 B 两点，它们之间应该存在一个连接点；但因为是紧邻着的，它们之间应该没有任何缝隙。既然光明和黑暗是对立的，它们之间必然存在严格界限。这个状态就是对立统一的端项之间的状态。就区分 A 和 B 的界限而言，它本身既不是黑暗，也不是光明，它不属于两种中的一个；但它同时既是黑暗又是光明的，只有这样它才能作为界限将彼此直接联系的黑暗和光明分开。这个界限，只有通过想象力才是可能的。想象力将界限扩展为了一段时间，"如果不依靠想象力来作这种扩展，时刻 A 与 B 就再也没有别的办法分别出现了"[1]。想象力是使得时刻之间的区分得以可能的中介，它通过将界限扩展为一个时间段来区分本不能被区分的两者。这种扩展是时间性的。为什么是时间性的，费希特在这里还没有指明。但能够确认的是，想象力具有一种扩展的功能，这种扩展服务于对意识对象的区分。

---

[1] ［德］费希特：《全部知识学的基础》，王玖兴译，商务印书馆1984年版，第127页。

交替端项的统一就是对对立的端项之间的连接点的把握，这一点只有依赖于自我的绝对活动才是可能的，通过自我的绝对活动，自我能够将主观的东西与客观的东西看成是对立的，并将其统一起来。因此，形成的关系链就是自我设定一个主观的东西，对立于它设定起一个客观的东西。它们之间互为前提条件，彼此扬弃，并且在自我之中通过自我的行动被综合统一起来。这被认为是表象的交替及其之间的统一的说明。自我能够解释其自身设定的活动和对象，但是它应该如何解释其中的客观的东西呢？客观之为客观，不正因为它不从属于主观，不从属于自我吗？由此，这种客观的东西不能为自我所解释。

刚才所证明的独立活动规定交替的命题中，还存在客体的问题需要解答。在交替规定活动中，即"由自我的活动所进行的设定对立面的活动与概括，即使不因对立物的实际存在而成为可能，却因刚才说明过的对立物在意识里的单纯的会合或接触而成为可能"①，这个客体或者对立物被定义为能够不是实际存在的，因而之前的矛盾在这里就消解了。消解的结果是，自我不再扩展——自我扩展的条件是矛盾，如果矛盾不再存在，自我的活动便停止。因此，交替活动对自我的规定，不是其自身作为活动限制自我的活动，而是它通过取消单纯交替而使自我限制自身。但是，限制是对立的产物，自我由此必须相对于主观之物，设定客观之物，并将二者统一于自身。自我限制自己的任务，在这里并不是自我本身提出来的，而是通过一个外在的需求被确立的，因而如果限制自身被看作对自我的一种规定的话，它就不能解释自我如何是通过和为了自我本身而是可规定的。

活动与交替应该彼此相互规定。按照这个命题，从交替出发对自我提出的限制自身的任务并不是从外部对自我提出的。用费希特

---

① ［德］费希特：《全部知识学的基础》，王玖兴译，商务印书馆1984年版，第129页。

的话说，这个任务的提出自我是参与了的，它提出的形式，是一种返回式的，即它是由于自我向外的活动被阻断而返回自身所产生出的对自我的限制及其后续要求。自我的这种向自身的返回并限制自身，就是对所要探讨的命题的论证。自我是向外扩展的，然而因为自我的绝对设定遭遇到障碍，使得自身向自身返回。在这个过程中，障碍与自我是对立的两端，没有自我的活动，障碍就不作为障碍，因为只有当自我向外的活动被阻，障碍才能被定义为障碍；在另一方面，障碍是自我对自身规定的来源，障碍作为对自我活动的限制，是自我对自身的规定。障碍代表有限，自我表示无限。只有当无限存在，限制才是有对象的；只有限制存在，无限才是有意义的。这就是说，自我首先应该是无限的，只有这样，它才能限制自己，为自己的活动设置界限；但是，自我应该为自己设置界限，作为自我的原始规定，本身构成了自我无限活动的障碍。这意味着，原始地就存在自我需要克服的障碍。在这个障碍之外，自我应该不设定。但既然自我是自身设定的，它在这个自身不设定的领域之内也必定是自身设定的，它设定自身为不受限制的。自我同时是有限的和无限的。自我本身就构成了交替的两端。费希特称其为自我"自己同自己相争执，从而再度产生自己。因为自我想把不可统一的东西统一起来，然后试图把无限吸收到有限的形式中，之后又把它退回去，重新设定到有限的形式之外，并且在同一个时刻再次试图把它吸进有限的形式里。自我本身的这种交替，就是想象力的力量"①。

　　自我自身的这种交替，就是自我产生的过程。自我不断设定自己的界限，以便能够将界限之外的领域纳入界限之内。凭借这种扩展，自我不断获得新的内容。无限不能被统一进有限，但活动本身的无限性能够克服这个矛盾。不断返回并向外活动的自我的产生，必然伴随对自我自身的意识。意识不到界限的存在，就不可能再产

---

① ［德］费希特：《全部知识学的基础》，王玖兴译，商务印书馆 1984 年版，第 134 页。

生对界限的超越。在这个意义上,理论必然伴随实践的发展过程。费希特在这里指出,自我的交替的本质是想象力的力量。从这段论述来看,想象力必然首先是自我有限与无限活动的中介,即结合点。通过想象力,无限的形式与有限的形式被统一起来。但是,在这里,自我并不是一个静态的活动,相反,它是一个动态的过程,对这个过程不能预设终点的存在。就此而言,想象力必然不是一个静态的形式,只有它本身也是一个动态的过程,它才能够充当一个不断克服矛盾过程的统一形式。因此,对想象力的理解,要与运动结合起来。

为了说明想象力,费希特提出了想象力的正反合题。正题:界限本身就是正在和要去把握的把握者的一个产物。反题:自我及其活动的产物被设定为对立的,因此在界限上,由界限划分开的对立的双方都没有被设定。合题:自我以及自我的产物既然在自我中被统一起来,那么进行限制的双方在界限上就被结合起来。这里,通过想象力,自我及其对立活动在界限上被区分和统一起来。界限的关键性表现在,它首先使得自我与其活动之结果能够进行区分,其次,在它之上,统一得以发生。依据想象力的本质,界限本身必须不是固定的。因此,对自我的规定,本身就是想象力所设定的无限的活动。这种作为规定的无限,就其无限性而言,是不规定。"想象力一般地不设定固定的界限,因为它自身就没有固定的立足点,只有理性才设定某种固定的东西,因为只有理性才把想象力固定起来。想象力就是这样一种能力,它翱翔于规定与不规定、有限与无限之间的中间地带。"[①] 想象力这个合题是对它的本质的论述,它不是固定的,是一种翱翔的能力,正是在这种翱翔之间,它创造自己的产物。这个定义与费希特对绝对自我的定义如出一辙。但想象力区别于自我之处在于,自我在逻辑上是一个立定的点,而想象力是对这

---

① [德]费希特:《全部知识学的基础》,王玖兴译,商务印书馆1984年版,第135页。

个点所表达的矛盾的最终克服。

四 关于想象力所留下的疑问

费希特对知识学理论部分的分析以对想象力的一个简单的描述或者说介绍结束。但对它在言辞上的简略并不表明想象力在费希特的理论中是不重要的。从我们对费希特知识学部分的梳理和对一个个关节的清点，最后任务的解决落在想象力概念之上就可以看出，想象力在费希特的体系中，至少是理论知识学部分起着关键的作用。费希特认为，理论知识学的首要命题是"自我设定自己为受非我所规定的"，这个命题的本质，就是对对立命题在接合点上的统一。自我与非我的对立，只有依赖于自我的绝对活动才能被克服。也就是说，自我与非我应该统一于自我的绝对活动之中。自我的绝对活动因而是交替端项的连接点。按照费希特对想象力的定义，对立双方要在界限上被统一起来，只有依靠想象力的翱翔才是可能。那么在这里可以追问，到底是自我还是想象力，统一了自我与非我。或者，自我和想象力之间是什么关系。按照费希特的出发点，作为事实行动的绝对自我必然是所有对立的归宿。绝对行动设定起自我，设定起自我与非我的对立，因而自我与非我的对立在对立成立之前就已经得到和解。就此而言，知识学仅仅是对这个过程的描述。过程的展开就是论证本身，知识的客观性在于它的描述性。然而，论证向前推演似乎并没有回到它应该转回去的起点，相反，它停在了另一个概念之上——想象力。体系必须是封闭的。一个不断走向开阔的理论，必然无法自圆其说。不能自身解释的、有所依托的，都不能构成知识学的基础。如果是这样，那么想象力必然与自我等同。但是这种等同如何是可能的？如果它们的确是等同的，为什么费希特要大费周章地引入想象力的概念，而不直接使用"自我"？或者，想象力强调的是自我的某种特性，正是这种特性使得它能够单独被提出，作为理论知识学的最为基础的概念？

从目前费希特对想象力的描述可以推断，想象力作为自我的某种特性的抽出更为可能。如果是这样，要考察的就是想象力所代表的是自我的哪一种特性。在《全部知识学的基础》中，费希特第一次提到想象力是在理论知识学部分，当时讨论的是绝对活动与自我作为活动成果之间的关系。在那里，费希特指出，自我的原初活动并不涉及对象，原初活动对自我的设定是返回自身的。自我成为对象的前提条件是自我表象自身，而不是设定自身。但是，想象力似乎不能够区分作为对象的自我和作为行动的自我，"想象力不大能够克制自己，使自己不把活动所涉及的那个对象的标志混淆到纯粹活动的概念里去"[1]。想象力这种对活动与对象的混淆，如果联系到它的翱翔特质就能够很好地得到理解了。活动与对象之间的划分，本质上就是绝对自我与有限自我的对立。意识之中的所有对立都应该而且能够被统一起来。想象力的翱翔从事的正是这个工作，因此，在一定意义上应该被严格区分的绝对自我与有限自我，在想象力看来，并不存在绝对的界限。它们在想象力中能够被统一起起来。绝对自我与有限自我的相互规定，被认为是一种交互作用。这里，交互作用是指当绝对活动涉及一个对象时，自我的本原行动与对象之间的相互规定。由此，建立起来的绝对活动不是一般意义上的，而是规定着一个交互作用的。也就是说，绝对活动一定处在与交互作用的关系中。而这种绝对活动，费希特称之为想象力[2]。想象力作为绝对活动规定交互作用，意味着它伴随着事实行动的发生。因为按照交互作用的对象，它发生在事实行动所表达的范围之内。

然而想象力对交互作用的规定的具体指涉是什么呢？对这个问题的回答从费希特以下的话语中获得线索："这样一种活动应

---

[1] ［德］费希特：《全部知识学的基础》，王玖兴译，商务印书馆1984年版，第553页。

[2] ［德］费希特：《全部知识学的基础》，王玖兴译，商务印书馆1984年版，第80页。

该一定能通过自身规定 A 或 -A 而使自己与客体发生关系。因此它对 A 或 -A 而言，是完全不确定的，或者说是自由的，自由地折向 A，或者自由地脱离 A。这样一种活动必定首先通过想象力来加以直观。"① 这里的活动，是指对一个确定的客体进行自身规定的活动，亦即与上文的交互作用是统一活动。自我对自身作为客体的设定需要借助想象力才能被直观，但想象力是摆动于被统一的端项之间的，这意味着想象力具有在二者之间摆动的自由，它能够自由地决定它的行动是朝向 A 或是其对立面。想象力所表达的是一种自由的能力。"自由活动被想象力直观为想象力本身对某一行为的实行与不实行之间的一种摆动，对某一客体在知性中把握与不把握之间的一种摆动。"② 想象力的本质是自由，正因为它是自由的，所以它不是固定的，这种被称为"摆荡"的特性，使得它能够在有限与无限之间穿梭。穿梭是对二者的把握，也是对二者的统一。费希特的这一发现，被认为是他最为重要的一个结论，这使得他能够处理康德没有解决的二律背反问题。③ 就这个意义而言，费希特的想象力概念能够被认为是统一自我与非我的最终力量："正是想象力积极地在设定自我的原则与对设非我的原则之间进行斡旋。想象力被定义为'规定交替的绝对活动'，并由此使得自我与非我的统一得以可能。"④ 这个最终力量或者说费希特体系的最终基础就是自由。在费希特

---

① ［德］费希特：《全部知识学的基础》，王玖兴译，商务印书馆1984年版，第160—161页。
② ［德］费希特：《全部知识学的基础》，王玖兴译，商务印书馆1984年版，第158页。
③ ［俄］古雷加：《德国古典哲学新论》，中国社会科学出版社1993年版，第141页。
④ Rudolf A. Makkred, "Fichte's Dialectical Imagination", in *Fichte: Historical Contests/Contemporary Controversies*, Ed. Daniel Breayeale & Tom Rockmore, Humanities Press 1994, p. 9.

看来，他通过知识学体系所作的，就是对自由概念的分析。①

要论证想象力概念与自由在费希特理论中的等同，仅仅凭借理论知识学中的这些蛛丝马迹还远远不够。但至少在这里，我们能够开始建立这种意识。如果费希特的体系真如他自己所言的是对自由概念的分析，那么理论知识学的部分必然也以自由概念为指向。通过对费希特到目前为止的论述可以看到，这一部分的论证最后的落脚点是想象力概念。当然这种观念所依据的是一个强的甚至可以说是外部的逻辑关联。但这种逻辑关系或者说等同关系，在实践知识学的部分，甚至在之后的知识学体系中会越来越明晰。

第三节 实践知识学中的自我与自由

仔细分析费希特《全部知识学的基础》的架构会发现，相对于理论知识学仅仅依据从第三原理推导出的第一定理，实践知识学建立在众多的定理之上。按照 Wilhelm Metz 的总结，这一版的知识学是一个从上到下由四个部分组成的金字塔。第一部分是第一原理，它构成知识学的顶端。它是理性的最高原则——自我性，它具有众多别称，是设定和对设的统一，是生产和产物的结合，是事实行动，是自我设定。形式上有条件原理和内容上有条件原理是第二部分的具体内容。在这一部分中，生产性的设定在理论和实践上还是不可分的，但在设定和对设之间已经存在一个区分。对设在这里已经意味着可分的自我和不可分的自我的对立。从第三部分开始，理论和实践开始被区分开来。"设定总是单纯的生产并因此是前意识的，但它在理论和实践中能够被区

---

① [德] 费希特：《全部知识学的基础》，王玖兴译，商务印书馆1984年版，译者导言。

分。作为理论的，它产生自在的表象，作为实践的，它产生自在的努力（streben）。这一层面上的设定，也就是说，在这种具体化中被看待的设定，是原初的—从事生产的想象力的工作。"① 按照这个总结，在金字塔的第三层上，设定分别在理论和实践领域里产生了影响。理论领域里，自在的表象被设定起来；在实践领域里，努力开始作为一个序列起因。想象力正是在这个层面上开始起作用的。根据费希特的划分，理论知识学部分依据的是第一定理，它的推演过程我们已经梳理过了。实践知识学所依据的是第二定理。再往下，知识学的底层，就理论部分而言，是表象的演绎，实践部分则是依据第二定理推导出的第三至第八定理。表象和第三至第八定理构成的第四层面从事的是意识的制造，即所有到目前为止被设定起来的东西由此被提高为清楚的知识。"理论的自我在这里第一次产生了一个它的表象的意识，即自为的表象。而第六到第十一部分相反，呈现的是自在的努力是如何被提升为自为的努力，因此一个道德法则的意识，一个意识特别地在自我之中原初地被唤起。"② 理论部分产生的是表象的意识，对表象的演绎，费希特在理论知识学部分的最后单独列出。我们对之并没有做分析。而实践知识学部分涉及的是努力与道德法则。它在根本上决定了费希特的自由理论，因此，我们的分析在这部分会更为细致。

一 绝对自我与认知自我

知识学的第一定理是从知识学三大原理推导出来的"自我设

---

① Wilhelm Metz, "Kategoriededuktion und produktive Einbildungskraft", In *der theoretischen Philosophie Kants und Ficht*, Stuttgart – Bad Cannstatt: Fromman – holzboog 1991, S. 212.

② Wilhelm Metz, "Kategoriededuktion und produktive Einbildungskraft", In *der theoretischen Philosophie Kants und Ficht*, Stuttgart – Bad Cannstatt: Fromman – holzboog 1991, S. 213.

定自己是被非我规定的"，与这个命题相对的"自我设定自己是规定非我的"构成了知识学的第二定理。如果说，在第一定理的开始，非我的实在性是被假设的，那么到论证完成时，它的实在性就已经作为公设被确定下来。既然非我已经被确定下来，那么自我必然就能够对此进行规定，从而第二个命题的可能性前提就得到了澄清。实践知识学所要探讨的就是它的具体展开了。对第二定理的展开，采取的并不是与第一定理相同的方式，即找出定理命题中包含的对立，再将其综合起来，不断重复这一方式直到命题得到充分探讨。相反，费希特认为，第二定理包含一个主要的反题，这个反题包含了作为认识主体的自我与作为绝对设定之结果的自我之间的全部矛盾。这个矛盾的解决只能通过自我的实践能力。因此，实践知识学的部分是从这个反题开始的。

既然是第二定理的反题，它必然在一个根本的层面上与第二定理相对立。按照第二定理，自我与非我之间是设定者与被设定者的关系，非我被自我所规定，这是由自我确立的规则。在这里，自我首先是绝对的设定所确立的自我，即一般的自我；与此同时，自我本身还是认识能力，是进行表象的自我。自我的这两个层面之间存在矛盾。当自我是从事表象活动的，那么它就是按照一定规律来从事这种活动的，就它被规定而言，它不是自己设定自己的，而是被自我之外的某物所设定的。这个规定自我的东西，就是自我前进所受到的阻力，即非我。所以，作为认知能力的自我依存于非我。但是自我就其本质而言，应该是自己绝对地设定其自身，而不依赖于非我。绝对自我与认知自我之间的矛盾，就是自我无限与有限的矛盾。有限的自我被认为是矛盾产生的原因，但矛盾的排除不能简单地放弃自我的认知能力。因为，自我与非我的原初对立，预设了表象能力的产生。所以，需要做的或者说能够做的，是排除作为认知能力的自我的依存性。也就是说，要证明自我的限制性不是来源于与之对立的非我。相反，当非我是被自我所规定的，是绝对自我的产物，那么认知自我对非我的依赖性就内化在自我之中了。于是矛盾直接被扬弃，自我仅仅依赖于其自身。由此建立起来的命题将是：绝对自我是非我的原因，非我是绝对自我的产物。

　　自我与非我之间关系的绝对前提，是"自我绝对是活动的，并且单纯是活动的"①。这首先决定了自我是积极主动，非我则是受动。但是在认知领域，在与认知自我关涉的关系之中，非我是自我的原因，它们之间的因果关系是对绝对自我与非我之间的因果关系的颠倒。在这种双重关系中，自我规定非我，将活动让渡到非我之中；非我规定认识自我，活动又被转移到作为表象能力的自我之中，由此推导出，正是自我设定了自我的认识活动。从绝对活动中推导出了自我的特定活动。这个推导得以成立的前提，是让渡的可连续性。自我让渡到非我之中的活动，恰恰是非我让渡到认识自我中的活动。就最终结果而言，只有自我才能够规定自我本身，自我自在自为的是非我的原因。依据第一原理，自我仅仅绝对无条件地设定自己，它本身只能够成它自身的原因。非我要得以被设立，自我首先必须先限制自己，也就是说，自我首先成为有限自我的原因，是它成为非我的原因的前提条件。自我限制自身，意味着自我中的一个量被扬弃，因此非我与自我的对立，是量上的而非质上的。由此，设定非我与限制自我具有等同的意义。就量而言，限制自我表示不设定自己本身，这种不设定同样应该仅仅以自我为原因。也就是说，自我应该仅仅根据自己部分地不设定自己。设定自我与不设定自我的根据都在自我的本质之中。然而这一矛盾将会导致对自我的扬弃。

　　但是自我不能被扬弃。根据第二原理，自我相对于自我设定起一个非我。借助这个非我，自我建立起对自己的原初的区分。正是这种区分，构成了一切推演和论证的根据。因为只有当自我

---

①　[德]费希特：《全部知识学的基础》，王玖兴译，商务印书馆1984年版，第170页。

能够将自身以及非自身的东西区分开来，它才能够确认自身，从事设定活动，并区分设定对立的活动。正是在这个意义上，设定与对设都以自我为根据。尽管如此，费希特认为，第二原理之中，并不是所有的东西都是绝对的。绝对的东西依赖于一个先验地、不能被指明的事实。这个事实"毋宁只能由每一个人自己的经验去体察它"①。这个只能由个体经验验证的事实，是这样一个命题：在自我通过自身进行的设定之外还存在一种对设。费希特将其称为一个假设的设定活动。这个设定活动不是凭借理性能够被证明的，但它之被假设的根据存在于自我的本质之中，对它的表达是一种可能性的必然性，即如果存在另外一种活动，它必然是这种假设的活动，并且这个假设的活动必然设定起非我。费希特认为，对设的先验有效性保证了知识学至少在形式上是有效的，从而使得知识学先验地是可能的。但是，对设和非我作为知识学的基本原理的构成要素，如果它仅仅是假设的，知识学的展开就是建立在一种假定之上。当它只能通过个体经验被证实时，知识学的校准就建立在一种类似"共同经验"之上了。这个共同经验隐藏了一个更为紧迫的危险——取消知识的普遍有效性。

面对这种能够取消知识学的合法性和有效性，亦即否定他的整个哲学努力的危险，费希特不会只设想通过个体的经验性的"意识事实"来应对。在另一方面，这个假设一旦成立，从中还会推出另一个观点，即"客体不是先验地存在着的"②。到目前为止，费希特还没有着手处理客体的问题。客体在康德的理论中最后演化成了"物自体"，由此招致了对他最为严厉的指责。无疑，参与了相关论战的费希特已经意识到了客体概念对一门体系

---

① ［德］费希特：《全部知识学的基础》，王玖兴译，商务印书馆1984年版，第173页。

② ［德］费希特：《全部知识学的基础》，王玖兴译，商务印书馆1984年版，第174页。

性的认识论的重要性。"客体不是先验的，而是在经验中才出现的"，费希特的这一观念，能够被认为是对康德"物自体"的独立存在的拒斥。但是，按照费希特将对设先验化的策略，即对个体经验的普遍有效性的承认，客体概念将导致知识学在内容上的空虚。费希特认为"客观效准性使每个人都意识到客体，产生出关于客体的意识，而这种关于客体的意识只可以先验地预先设定，但不可能由演绎推论出来"①。依据这个观点，客体同样仅仅是一种共同经验，它不能在知识学中被推演。这意味着，客体不是一种认知性上可知的概念，它不从属于理论知识学部分。客体概念既然是知识学所不能避免的，那么它在其中起到什么作用？费希特没有接着处理客体的问题，相反，他回到了第二定理，并开始进一步分析其中包含的矛盾。

按照之前的分析，"自我设定自我是规定非我的"意味着自我是非我的原因，自我与非我之间具有因果联系。同时，这种因果联系意味着自我与非我是异质的，非我是自我所不是的那个东西。但是，如果自我是非我的原因，自我与非我之间的关系就不是绝对对立的，而是相反，非我被纳入自我之中，成为与自我同质的某物。因此，自我不能具有对非我的因果性。自我是否应该是非我产生的原因这个问题，按照费希特的观点本质上是自我内部矛盾的凸显。自我与非我的关系，是绝对自我与有限自我之间的关系，因而对这个矛盾的克服，必须从自我的设定活动出发。通过绝对活动，自我设定自己为无限的和不受限制的。但通过设定一个非我，自我就设定起了两个有限的范围，这表示非我的被设定意味着自我将自身设置为是有限的、受到限制的。无论是对无限自我的设定还是对有限自我的设定，就设定活动而言，都是单纯的活动。但既然活动的结果不同，那么自我的单纯活动之间

---

① ［德］费希特：《全部知识学的基础》，王玖兴译，商务印书馆1984年版，第174页。

必然也存在不同。设定起绝对自我的那个活动，只涉及自我本身，因此活动就是设定起来的自我的根据和范围。这等同于，当自我仅仅通过活动达到自身时，它就是无限的。达到自身是一种返回的概念，当自我通过活动返回自身时，活动以及活动的产物构成一组无限的循环，无限的活动产生无限的产物，无限的产物是自我，它从事无限的活动。这个循环表明，自我单纯设定自己的活动不产生客体而返回自我本身。自我的设定本质是一个朝向自身的循环的这一结论，一方面奠定了认识自我，甚至自我所能包含的其他多个层次都建立于绝对自我的基本原则，另一方面，客体的问题通过折返的活动被收入自我的内部，从而在当下阶段被消解了。

二 对限制的不断克服

如果在上一段所形成的结论是费希特推演的最终结果，那么他的理论与之前的唯心主义之间就并没有太大的差别。即使他提出的主体是一个活动的、积极的自我，它与经验世界的距离也没有因此变得更近，它的自由，也因此只是理论上的、空洞的自由。值得庆幸的是，这个局面并不是费希特对他自己的理论的预设，因此推理活动正如自我本身的活动，需要进一步向前。

按照之前的阶段性结论，设定起自我与非我的设定活动，划分出了两个有限的范围。自我不再是无限的，而是被设定在一个与非我相对立的范围之中，因此，在这个活动中，非我是自我涉及的对象。当自我不是返回自身而是指向另一个存在，那么一个对象就被活动所设定，活动本身也就成为客观的活动。"客观活动的单纯概念本身就已经意味着这种活动遭到了对抗和受到了限制。"[1] 客观活动表明自我返回自身的活动被打断，自我由此不

---

[1] ［德］费希特：《全部知识学的基础》，王玖兴译，商务印书馆1984年版，第178页。

再是无限的，而是有限的。可以看出，自我两种单纯活动之间的区分在于活动是否涉及对象。如果答案是肯定的，它的结果就是有限自我；如果答案是否定的，其结果就是无限自我。现在，两种活动要被统一起来，这表示自我返回的活动与涉及对象的活动应该是同一个活动。按照交替端项被统一的规则，两个活动之间必然存在一个结合点，使得它们能够被看作同一个活动。在费希特看来，这个结合点就是自我与非我之间的因果关系。自我是非我的原因，是指自我的绝对活动应该规定客观活动，因为客观活动的对象——非我应该通过自我的活动被产生出来。自我通过绝对活动直接关涉自身，通过客观活动间接关涉自身。按照费希特的理解，自我的活动具有两个层面：第一层面是自我的绝对活动，它仅仅关涉自身；在第二个层面上，自我的活动被阻断而对设起一个非我，活动因此不是绝对的而是客观的。这种将两个活动化归为一个活动的两个层面的做法，要求活动在本质上存在统一性。就目前的情况来看，这个统一性的基础只能是自我。

基于自我，建立起了绝对设定自我的活动与设定非我的活动之间的因果关系。这种因果关系曾一度被认为是矛盾的，因为对非我的设定意味着对自我的扬弃。但是现在费希特需要证明认为自我与非我之间只存在扬弃关系的观念是错误的，或者说是不全面的。

当自我无条件地设定起非我作为对象时，自我的设定活动是仅仅依存于自身的。一个对象就意味着对自身的限制，所以借助于对象，一个界限就在自我之中通过设定活动被建立起来，但这个界限之被设定，并不依赖自我之外的其他东西。因此，自我在这里无条件地被限制了。然而，既然是仅凭自我就建立起来的，界限所处的位置首先就应该是内在于无限自我之中的，其次就应该随自我所愿地被设定。自我与界限之间就构成了一个动态的关系，"自我把边界点设定到无限中去，它设定到哪里，边界点就在哪里。自我是有限的，因为它是应该有边界的。但是，它在这个有限中却是无限的,因为边界可以永无止境地向无限中设定"①。无限与有限的这种辩证关系使得以下的关系成为可能,即自我与它所遭遇的抵抗之间不是一个静态的限制,而是一种不断克服、不断向前的相互促进。如果从自我与反思的范畴来看,就是自我的离心运动总是遭遇到抵抗,迫使自我的运动转向向心的。离心与向心的结果就是对自我不断的反思与确认,最终获得一个生动有内涵的自我。自我的这种展开在对实践知识学的具体论证中将会被证明为自我实践的真实模式。

依据这种模式,自我的活动并不受客体的限制,自我的绝对限制来自自我本身。然而,绝对限制与自我的绝对无限的本质相矛盾。要么绝对限制是不可能的,由此对非我的对设也是不可能的;要么自我就不是绝对无限的,由此整个知识学被取消。于是,对自我的绝对限制需要被进一步考察。在费希特看来,无论对象被设定在哪里,一个对象毕竟是存在的。对象的被设定,意味着一种在自我之外的与自我的绝对设定相对立的活动。就它是自我的活动而言,它存在于自我之中;就它设定对象而言,它也存在于对象之中。既然它是存在于对象之中的,那么它应该与自我的一种区别于绝对设定的活动相对立。

费希特这里的逻辑是,如若自我要与其自身对立,那么只能是自我其中的一部分与另一部分对立。设定对象的活动本身存在于自我之中,因此它不能与自我本身对立。同时它是自我之内的一种活动,与它相对的自然是自我之中的另一种活动。这种对立性的思维在自我的可分割性中能找到起源。问题是,设定对象的活动与自我中的某种活动相对立,这种活动又是什么呢?

从这种活动与设定对象的活动对立来看,它必然不因对象而被扬弃。按照交替原则,端项应该彼此对立,如若一方被扬弃,

---

① [德]费希特:《全部知识学的基础》,王玖兴译,商务印书馆1984年版,第179页。

另一方也就不存在，对立本身也就被扬弃了。端项双方同时并存是对立建立起来的前提条件。按照意识统一性原则，这个对立活动必然要能够在意识中与设定对象的活动统一起来，就此而言，它必定无条件地以自我为基础。一种以自我的绝对活动为条件的活动要与设定对象的活动相对立，它必然是对客体的克服；客体意味着有限，那么对客体的克服就是朝向无限。这种对立活动因此是自我之中的一种无限的活动。自我之中的一种无限活动与自我的对象活动对立。对立双方要被连接起来，只能依赖于被设定的对象。一方是对象的设定，另一方是对立的克服，在对象这个点上，它们是相同的。所以客体是对立双方的连接得以建立的条件。但是"由于客体是绝对地、无条件地、不需任何根据地（单纯作为这样一种设定行动）被设定起来的，所以关系也是无条件地和毋需任何根据发生的"①。对立双方因此是无须任何条件地被建立起联系的。这等于说，对立的双方是无条件地等同的。但既然它们是对立的，它们就不是等同的。

这中间必然还有需要被澄清的环节。按照费希特的推理，对象活动与一种无限的活动对立。对象活动是被设定在自我之中的，因此，对立的活动作为对象活动的否定应该被设定为是在自我活动之外的。但它同时又是自我的活动，因此两种活动的关联就是自我的绝对活动。对立活动由此与其他属于自我的活动构成了一个自我活动的领域，在其中它们作为活动是等同的，但它们同时又是各种不同的具体活动。这个领域费希特称之为"理想"，它用来表示自我活动的所有可能性。绝对自我的活动必然与自我的可能性活动相对立，也就是说，按照它们的形式而非内容而言，它们构成绝对自我的非我。绝对自我应该设定非我。这种设定根据非我的本质，不是自我设定非我的从无到有，相反，

---

① [德] 费希特：《全部知识学的基础》，王玖兴译，商务印书馆1984年版，第182页。

它"只是要去进行规定的一种倾向,一种努力"①。

努力概念表达的是一种试图发生或者试图使之发生,因此,自我对非我的规定本身也是一种动态性的活动,它作为一种倾向带有强烈的目的性,并且预设了一个起始的推力。费希特认为,至此他可以获得如下结果:"自我返回自己本身的纯粹活动,就其与一个可能的客体的关系而言,是一种努力。这种无限的努力向无限冲去,是一切客体之所以可能的条件,没有努力,就没有客体。"② 在这里,客体的概念是与之前提到的界限概念相等同的。界限概念随着自我的设定不断朝向无限,而在此处,客体作为自我活动的可能性结果,伴随自我的努力而产生。就此而言,客体是自我的一种需要,而不是其活动的真实结果。自我返回自身是一种向心的活动,向心的返回意味着界限的预先存在,绝对自我首先需要将界限内化进自身,才能够返回自身,否则在自我之中必然存在有限的领域的对立,否定绝对自我。对界限的内化或者说客体的内化,是自我为实现其绝对性而必须采取的措施,因而是一种努力。努力的目标是绝对自我,其出发点也正是绝对自我或者说事实行动。

综合费希特到目前为止的论述,无疑能够清楚地获得自我行动的这样一幅图像。自我依据自身的动力,以自身的实现为目标所画出的轨迹,在黑格尔的《精神现象学》中被临摹了一遍。黑格尔与费希特的这一模式不同的地方在于,他将行动的主体称为"精神"而不是"自我"。但如果透过名称的不同而就概念的本质而言,"精神"所走的道路,费希特的主体已经探索过了。

---

① [德]费希特:《全部知识学的基础》,王玖兴译,商务印书馆1984年版,第183页。
② [德]费希特:《全部知识学的基础》,王玖兴译,商务印书馆1984年版,第183页。

三 客体被区分为理想客体与现实客体

依据得出"努力"概念的推理,自我之中存在两种活动,一种是自我的纯粹活动,另一种是客观的活动。纯粹活动是客观活动的原因,客观活动是客体的原因,因此,在纯粹活动与客体之间存在一种间接的关系。纯粹活动之所以是客观活动的原因,是因为客体的设定以一个绝对无条件的主体的活动为前提。但是绝对活动作为绝对活动是与客体相隔绝的,因此真正是客体的原因的活动,是自我中的另一种绝对的活动。这种活动之绝对性是就形式而言的,按照费希特的说法,它的绝对性无论在理论知识学还是实践知识学中都至关重要:"在理论知识学里,反思的绝对自发性就是建立在它的绝对存在之上的,而且在实践知识学里,意志的绝对自发性也是建立在它的绝对存在上的。"[①] 但是就内容而言,它是被自我所设定的,因而是有条件的。于是,在纯粹活动与客观活动以及对象之间就建立起了以纯粹活动为连接的一种关系。纯粹活动是客体活动的原因,所以它能够对客体产生一种努力;但是客体活动如果不预先已经存在,纯粹活动如何能够与客体建立关系呢?一种对客体活动的预先设定必然导致循环。因此,在自我的纯粹活动与对象活动之间,必定存在另一种使得关系得以产生的条件。

自我的纯粹活动是自我对自身的绝对设定,自我绝对地设定自身,并且仅仅设定自身。自我的统一性正是来源于自我的这种绝对等同。就自我维持自身的这种等同而言,它同样是一种努力。按照第二原理,自我在自身中设定了一种不等同,从而使自我中出现了一种异质的存在。这种对异质的某物的设定,费希特认为是先验的不容证明的,是依靠个人从经验中证实的。异质的某物的出现,无疑打断了自我统一的努力。在这里,费希特引入了一个外在于自我

---

① [德]费希特:《全部知识学的基础》,王玖兴译,商务印书馆1984年版,第185页。

的观察者，将其命名为"具备知力的本质"。自我的努力被打断，即自我的受限，是在这种本质中被查看到的。

需要注意并值得一提的是，在费希特的整个论述中，时常会存在两种视角的转换：一种视角是自我的视角，是自我本身对自己活动的意识和反思；另一种视角是跳出自我之外的，对自我的整体活动的查看。有时候，这后一个视角被认为是哲学家的视角，有时候又被认为是自我对自身的另一种方式的把握。无论如何，这种跳脱至少为费希特的讲述提供了便利。在这里，这个"具备知力的本质"就提供了对自我中努力与阻力之间关系的图示。

自我是自身等同的，它必定要维持它的这种等同，这是为它的本质所要求的。因此，自我应该在自身的活动中重建被打断的努力。在自我中于是出现了两种相反对的状态，即自我被限制的状态与自我努力重建自我的状态。这两种状态应该被统一起来。统一意味着，自我首先是无阻碍地、自由地从一个点向另一个点前进。在遇到阻碍之前，在自我之中不存在被区分的内容。如果将阻碍看作一个分界点，那么在这个点之前，意识还不具备内容。只有遭遇到阻碍点之后，自我之中才产生可区别之物，正是这种区别对象的出现，构成了意识。因此，阻碍点尽管是意识的最初根据，它一开始却是在意识的活动之外的。由于自我不断前进的本质，阻碍点必定会被克服，自我的努力将超越这个点而朝向无限。但在阻碍点之后的活动，不再是无意识的，而是一种克服了阻碍，凭借自身本质力量的前进活动。按照费希特的分析，意识只在阻碍点上才实现，并且对这个活动的把握是由自我之外的知力所获得的。既然这个活动是知力所把握的、所设定的，那么知力就把自我对自己的设定，以及自我所遭受的阻力一起设定在了自我的活动之中。对这个知力而言，自我遇到的阻碍和自我对努力的重建是相互规定的。因此，两种状态在知力中被统一起来。知力既然设定了自我对自身的设定，同时又设定了自我所遭受的阻碍，那么，这个知力就是自我本身而不是其他的东西。自我依据自己的单纯概念设定自己本身，并且在自己之中设定起了一种被阻碍的活动。涉及阻碍活动，知力所表达的自我必然是有限的自我和自我的有限的活动。

知力所代表的有限的活动与自我的无限活动构成的矛盾，并不等同于之前已经解决的自我的有限活动与无限活动的对立。因为作为努力的无限活动与客体存在联系，它本身就是一种客观的活动。由此构成了一种无限的客观活动和一种有限的客观活动。这两种活动之客观应当是不同的，不然自我就又会陷入矛盾之中。自我的有限的客观活动直接与客体相关，无限的客观活动与客体间接相关。就此而言，客体概念对于两种活动而言，应该具有不同的含义，甚至表示两种不同的客体。正如在上文已经说明的，客观活动是纯粹活动与对象之间的中间环节，同时是被规定的和规定着的。作为规定者，它设定客体的界限，建立客体与绝对自我之间的对立。作为被规定者，它依赖于自我的绝对活动，因而是有限的。无论作为规定者还是被规定者，它的根据都存在于自身之外。费希特认为"一种由这样被限制了的活动所规定的客体乃是一种现实的客体"①。费希特依据活动与客体之间的关系，划分出了实际的客体和想象中的客体。实际的客体就是这里所说的现实客体，它是有限的客观活动的结果。另一种想象的客体与无限的客体活动相关。无限的客体活动是就自我的努力与客体的间接关系而言的。

自我的努力是无限的，它设定自身超越客体所建立的界限。"它所规定的并不是那现实的、依存于非我的活动的世界。它所规定的乃是一种如果一切实在都是无条件地由自我所设定的那就也许会出现的世界，因此，也就是说，它所规定的乃是一种理想的、单纯由自我设定的，却绝不是由非我所设定的世界。"② 费希特已经区分了理想根据和实质根据。依据理想根据，自我不设定否定性的东西，

---

① [德] 费希特：《全部知识学的基础》，王玖兴译，商务印书馆1984年版，第191页。

② [德] 费希特：《全部知识学的基础》，王玖兴译，商务印书馆1984年版，第191页。

即它不设定非我与自己的对立。当自我只从事对自身的规定和设定，自我所设定起来的就是一个理想的世界，其客体就是理想的客体或者叫想象中的客体。理想的世界和理想的客体之所以产生，凭借的是绝对的自我的活动。绝对自我保持自身等同的努力是朝向无限的。但是界限总是在这个过程中出现。界限的每一次出现都迫使自我的离心运动向自我本身折返。这种折返构成了自我对自身的反思。没有反思就没有意识，一旦意识得以产生，自我的努力就被限制而成为有限的。自我就是在这种无限与有限的矛盾中不断向前。这个不断克服界限的努力，就是自我的本质。"努力"的概念构成了对自我最为生动的描述。

四 "努力"是对自我的离向心活动的综合

用费希特的话说，自我的本质是一种努力。在冲向无限的努力中，自我克服的不是一个特定的障碍，因为它追求的也不是某个特定的因果性。相反，它应该是"一种追求一般因果性的努力"①。努力概念之所以应该以一般性为目标，是因为这种一般性是自我能够从特殊性中跳脱出来的前提。"我们必须指明自我之所赖以从自身超脱出来的一种根据，而正是由于自我的这种自身超脱，客体才成为可能的。这种超脱，即先行于反向活动而又将反向活动的可能性建立在自我身上的这种超脱，必须是单纯地和完全地扎根于自我之中。而且通过这种超脱，我们才找到绝对的、实践的自我与理智的自我之间的真正结合点。"② 费希特在这里提出的任务，指出了自我超脱自身的根据，可以作为他对自己的整个哲学努力的任务的总结。他所要做的，正是找出连接实践自我与理智自我的中间概念，从而将被康德理论划分开来的理论与实践统一起来。他借以实现这个目标

---

① ［德］费希特：《全部知识学的基础》，王玖兴译，商务印书馆1984年版，第195页。

② ［德］费希特：《全部知识学的基础》，王玖兴译，商务印书馆1984年版，第195页。

的途径，是对以努力为本质的自我超越自身的活动之根据的把握。就此而言，努力概念不仅仅是实践知识学中最为重要的概念，同时也是费希特整个理论体系中最为重要的概念。

努力概念是自我本质的最为确切的表达，它既是一种活动，又是一种明确的具有方向性的活动。努力朝向无限的活动，是远离以自我为中心、以一个客体为目标的向外的活动，是离心的。努力朝向外部的活动必然遭遇阻碍，这是努力得以成为努力的前提。努力遭遇阻碍，向外的活动被迫折返，因而是一种向心的活动。努力是对自我的离心活动与向心活动的综合统一。我们之所以按照费希特的论述一遍遍重复描述努力活动，是因为努力活动代表自我活动的一般形式。它可以从不同的侧重点被讨论。每一个侧重点，费希特都试图指出其中的矛盾，并说明这种矛盾是如何被克服的，由此更进一步地接近自我的核心，或者说，由此获得对知识学基础的更为全面的认识。单从概念看，似乎费希特总是在原地打圈，在自我中建立起各种对立，并通过自我克服对立。这几乎可以被认为是费希特推理的唯一模式。正是这种模式，侧面证明知识学的基础只能是自我及其活动。与此同时，在对自我中以不同侧面表示出来的矛盾的解决中，我们的确随着费希特一步一步更为接近自我的核心。在这里，在对自我作为努力的论述中，要解决的矛盾是离向心活动的综合。无论是向心还是离心，活动都是发生在自我之中的。因此，自我必定通过自身统一两种不同朝向的活动。要追问的是，努力表达了自我的本质，但为什么是努力？自我要统一离向心活动，在自我之中这两种活动必然是能够被区分的，这种区分如何又是可能的呢？再者，向心的运动在最初如何是被当作异己的、非我的？无论是形式还是内容，费希特在这里对自己提出的问题已然被提出过，并且借助于不一样的概念被回答过的。他在这里的再一次追问，更像是一种确认，对自我活动模式的确认，以及对自我本质的确认。

在费希特看来，自我原初的状态应该是单纯的内在的，逻辑命题 $A = A$ 表达的就是自我内在的自足性。但既然自我作为一种活动具有特定的方向，那么自我对这种内向性就具有一种突破的要求。同时，方向的相对性表明，自我的离心活动必然与一个向心活动相对立。综合自我的原初状态，向心的活动而不是离心的活动应该是自我的本质。向心活动指向的是自我本身，指向的是自我设定自己本身，将所有的原则包含在自身之内，它依据自己所确立的原则活动。在所有这些原则中，自然也包含反思的原则。如果自我按照反思原则反思自身，那么自我一方面是从事反思活动的，就自我是活动的主体而言，活动是向心的；另一方面自我是被反思者，是反思活动的对象，因此活动是离心的。于是，自我本身包含离向心活动的根据于自身。在自我之中，它们是统一的，而它们之所以被当作两种活动完全是反思的结果。因此，离向心活动只是在反思中被当成两种不同的活动。在反思之中，它们被当成对立的两个端项，它们现在在自我之中被等同起来。

在反思之中，自我的离心活动奔向无限，在一个点上这个活动遭到阻碍而不得不向自我折返。离心活动在这个点上就转变为了向心活动。因此，活动之间的区分就是在折返点上发生的。前面已经说过，在这个折返点上，向心的活动表示反思的产生。反思既然是在结合点上，那么它可以朝向两个方向，即它既能对原初的离心活动也就是朝向无限的努力进行反思，又能对现在发生的折返活动进行反思。就折返的活动而言，它产生的是对努力的否定，因此其结果作为一个与努力相对立的东西就表达为一个非我。

这就回答了非我为何是一个异质的活动的产物的问题。非我对自我的反对，只发生在自我的反思活动之中。自我就绝对自我而言，是全部的实在性与自我全部活动的根据。自我就它必定设定自己而言，它是有限的和被限制的，这使得在自我中出现一种非我。自我与它自己处在一种交互影响的关系之中。"这样一来，我们终于也找到了绝对的、实践的自我本质与理智的自我本质之间的那个寻找已久的联系点了。——自我有这样的要求：它在自己本身中包含着一切实在，充满着［全部］无限。"① 这个断言的落脚点应该是一个"要求"。"要求"意味着自我本身包含一种趋向，一种动力。这种动力是所有运动的原动力，是运动系列的起点。这种动力不是被赋予的，相反，它内在于自我的本质，或者说，自我本身就是这种动力，一种努力。这种努力的目标就是所要求的具体内容，即将一切实在性纳入自我之中，实现自身的无限性。既然这个要求是理论自我与实践自我的结合点，那么在何种意义上它是实践的，又在何种意义上是理论的？

费希特的回答是："自我在这种情况下是实践的：它不是绝对的，因为它正是通过反思的努力才从自己本身中超脱出来的。它同样不是理论性的，因为它的反思除了上述那个从自我本身派生出来的观念以外没有别的根据，并且完全摆脱了任何可能的阻力，因此并不存在什么现实的反思。——这样一来，就发生一系列应该存在的东西，一系列因有单纯的自我而已经出现了的东西，也就是说，发生了一系列观念性的东西。如果反思遇到了这种障碍，如果自我因而认为它的［从自己本身］向外的活动受到了限制，那就要发生一系列完全不同的东西，一系列现实的东西，现实的东西除了受单纯自我的规定之外，还受其他的东西的规定。——而自我在这种情况下则是理论性的，或者说是理智。"② 自我之实践性，是指自我在遭遇阻碍之后，克服阻碍的离心运动。一方面，自我因为已然遭遇阻碍而不是绝对的，但它同时并没有任何现实性的障碍存在于它的努力之中，因此实践自我的活动结果不是因为遭遇阻碍而产生的东西，而是自我通过单纯自我就能够产生的东西，就此而言，它是观念性的。在另一方面，自我遭遇了阻碍而返回自身。这个活动与上一个活动方向相反，是折向自我的。因此，活动的结果就不是自我

---

① ［德］费希特：《全部知识学的基础》，王玖兴译，商务印书馆1984年版，第201—202页。

② ［德］费希特：《全部知识学的基础》，王玖兴译，商务印书馆1984年版，第202—203页。

的向内的活动单独能够产生的,而是一种与活动的对象共同作用的产物。当活动的产物不单单凭借自我单纯的力量产生时,它就是现实的。这种现实性相对于单纯自我的产物的观念性。当自我活动的结果是现实性的东西时,自我就是理论性。

按照费希特的这个区分,建立起的对应是实践性—观念性和理论性—现实性。正因为实践性是"努力"那一方面的,所以它代表的是自我的绝对的自身等同,在这个意义上,自我的内容是观念性的,就它不涉及一个真实的客体而言,它是虚空的。相反,理论性是阻碍性那一方面的,所以它代表的是自我活动向自身的折返,这个折返活动预设一个客观活动,即一个自我之外的非我,一个对象,因此与它相对应的是现实性。这种看似交错的对应关系是费希特对实践与认识之间关系的深刻洞见。实践产生的是观念,而理论产生现实,两方面都不能单凭自身就产生理论与实践的统一,同时两个方面本身又体现了理论与实践的结合。当两方面的关系结合在自我之上时,就构成了以自我为中心的网络,这个网络目前至少包括四个节点:实践、观念、理论和现实。这四个节点是从自我辐射出来的,但它们两两关联。这种交互的关系最后落在"有限理性的自然物"这个概念之上,也正是因为它们都指向一个真实的人的概念,所以它们之间能够形成多面的关系。

在费希特看来,理论与实践不是统一于一个先验哲学的"自我"概念,而是统一于"人"。人所具有的特性,费希特用另一个概念已经表达:他是有理性的存在物,也是有限的理性存在物。他是活动的真实主体,他遭遇到的阻碍也不仅仅是观念上的。从这里可以看出,费希特的知识学不以一种先验的、脱离人的现实存在的理论为指向。在这里引入"有限的理性自然物"的概念能够算是对费希特的哲学主旨的澄清。尽管有限理性的自然物是理论与实践的结合点,费希特在这里并没有继续对这个关键概念的探讨。对这个概念的深入详尽的考察是在他之后的伦理学理论以及《人的宣言》。但是既然已经涉及努力、现实以及"有限理性的自然物"的概念,那么经验、

五　从努力出发达到感性世界

我们暂且先将"想象力"放一边,再来考察下"努力"这个概念。这之所以是必要的,是因为努力概念接下来对实践知识学部分的诸概念的推导中是不可或缺的。知识学的第三定理开始于从努力概念推导出的命题:在自我的努力里,同时就有一个非我的反努力被设定起来,与自我的努力相平衡。反努力的概念被认为是包含在努力概念之中的。因为努力本身就意味着克服阻碍的倾向或者说一种强迫,因此只有当一个阻碍面对着它存在的时候,这种努力才能称为努力。同时,努力的这种倾向性表明努力具有力量,这种力量是活动的可能性的条件,并且它使得努力成为一种原因。在理解费希特的推导时,特别值得注意的是,费希特的概念之间的关系和推导,很多都是借用的因果范畴。费希特试图借助因果性来解决自我之中,自我生产有限自我的矛盾。尽管有学者认为费希特在《全部知识学的基础》中的任务之一是找到一个替代因果推理的选项,以作为先验哲学的研究原理①,但费希特并没有在推理中弃用因果范畴,而是在较康德而言更为基本的层面上使用因果性。

努力作为一种力量本身具有原因性,但它必然不能成为原因;与之对立的反努力与努力所抗衡,因此它具有与努力同等的力量与原因性。就此,它们之间的因果性都不能实现,否则二者之间必然有一个被化解。于是努力与反努力之间处于一种平衡的状态。努力、反努力以及二者之间的平衡都被设定起来。尽管在自我的反思领域,努力被设定为某物,但这个反思的领域目前我们不考虑。就它设定为一种努力而言,它必然具有因果性。当努力的因果性与非我连接起来时,努力就是一种起实在作用的活动,这种活动返回自身,并且产生自我。这是根据自我的反思活动的原则得出的结论。费希特

---

① [美]马丁:《从康德到费希特——后康德哲学语境下重新审视费希特早期知识学》,晋运锋译,《世界哲学》2015年第4期。

认为，这种产生自我的努力，就是冲动。冲动概念与努力不同，它是"固定了的、规定了的、某种确定无移的东西"①。也就是说，当努力与非我相关时，它就作为一种折向自身的活动。即使努力不再是努力，这种折返活动的根据还是存在于它自身之中；它产生的是它自己本身，就此而言，它不具备因果性。因此，冲动在这一点上与努力发生根本上的差异，即冲动不超出主体之外。努力则以一个外在的客体为目标。

反努力是努力能够被设定起来的前提条件，这一点已经被澄清。努力与反努力之间的平衡表示自我之中存在一种动态的作用与反作用的过程。努力试图冲向无限，但它无时无刻不同时遵循反思的原则。因此，在统一时刻努力与被反思的努力——冲动之间总是相互限制。努力被限制，反思的倾向得到满足，冲动才得以产生；冲动的产生意味着努力的活动受到阻碍。但努力必然克服阻碍，否则努力就不成为努力。反思与努力构成的阻碍和对阻碍的克服，构成了自我的动态运动过程。但在这个过程中，更为偏重的是某种"不能"，即前进被阻止。从对"不能"的解剖式分析中，费希特获得了三个要素：对努力的继续、实际活动的受限以及自我之外的限制者。在他看来，"不能"正是努力与反努力之间的平衡的表现，表达的是活动与限制在自我之内的结合。它的另一个名称是"感觉"。"感觉"是自我之内的努力受限的产物，它无须借助于一个外在于自我的某物的存在就能够产生。它完全是内在于自我的，因此它完全是主观的。这种主观性意味着对感觉的演绎不需要对自我中的感觉进行表象和设定。无须表象和设定就意味着它不以某种客观的对象为依据，而只以自己本身为根据。

费希特对感觉的内在化优势明显表达出他的理论对康德的物自体困境的克服。感觉不再是由外在的某物的刺激产生的，因此就感

---

① [德] 费希特：《全部知识学的基础》，王玖兴译，商务印书馆1984年版，第212页。

觉而言，无须预设一个外在的物自体的存在作为原因。知识开始于经验，但当经验同时只是自我之内的自我与自我关系的某一特定方面的呈现，那么声称知识起源于经验就并不是一种本质性的错误，而只是程度上的不彻底，就是量的问题。当然，在这个背景下，经验的概念需要被重新定义。感觉被内在化并没有取消感觉的多样性。感觉之间的区别就是活动的受限的区别，就是自我所提供的受限的根据之间的差别。感觉的多样性预设了自我之中活动的多样性以及与之相应的限制的多样性。无论如何感觉的设定是一种必需，是由自我之中努力以及努力之被阻碍的相互作用的必然结果。但费希特认为，还有必要从哲学家的角度，即一个自我之外的角度来考察感觉的被设定。

自我的努力以无限性为目标，但因为自我的反思，这种冲向无限的活动受到限制。费希特认为，这种限制是就一个旁观者，而不是自我本身而言的。如果这个说明是费希特的本意，那么我们可以推测即使是自我的确从事反思的活动，自我在同一时刻也应该不受限制。当自我被以旁观者的视角考察，自我所具有的属性并没有改变，因此它无论被视作何种东西，都在其自身中具有某种力量，并且这种力量在这个物体之内被限制。费希特在这里将自我看作一个"弹性球体"。这个比喻能够很好地呈现自我之中的力与反作用力的对抗。球体受到反作用力，它在形态上就不是一个形状完全的球体而必然是不规则的。一旦这种反作用力消除，球体就会恢复球体的完全形状。球体本身具有的弹性是努力概念的具象化。努力意味着这个球体能够在抵抗力量消除的情况下恢复原来的形状，对于自我则意味着努力指向一种向外的因果性。努力的向外的因果性与冲动的方向恰恰相反，冲动因为是对活动的反思的结果，因此它指向的是对自身的因果性，是对努力者的力量的限制。从这个限制发生的过程来看，正是冲动作为中介，达成了努力与反思之间的平衡。努力、冲动、限制和反思构成了自我之内的一个完整的关系链。

作为冲动的自我的原始努力，当它受到限制而折回自身时，向外活动的力量被扬弃，自我从活动转向反思，构成自我的理念的活动。理念活动与冲动结合构成表象冲动："这种冲动因而就是冲动的最初的和最高的表现，而且自我通过这种冲动才成为理智。"[1] 在这里，理智活动被认为是冲动的结果。理念活动是对自我努力活动受限之后的反思，这意味着理念活动的结果是对自我的努力受限之后的活动的认识，即一个对自我活动的表象。这个自我活动不是别的，而是自我的冲动。冲动意味着活动的受限，但它本身还是一种努力，即继续前进的一种力量。现在这种力量受阻，在自我之中就形成了关于这个活动的表象。冲动作为自我的实践性活动构成了理智活动的原因，理智活动因而从属于实践活动。通过这个推演，费希特获得了他的哲学体系中最为重要的观点："一切理论性的规律都以实践性的规律为根据，而且由于只能有一个实践性规律，所以一切理论性规律都以同一个实践规律为根据。因此，最完满的、具有全部本质的体系［也是建立在实践规律上的］…其结果是：在理论方面，也就产生反思和抽象的绝对自由，并产生冲动按照义务来注意某种东西而不注意其他某种东西的可能性，而没有这种可能性，就根本不可能有道德。"[2] 所有理性都以实践规律为根据，而实践根据仅仅只有一个，因此理论的基础就是一个单一的实践规律。这个实践规律必然是"第一原理"，具有类似意识原理在莱因霍尔德的基础哲学中的基础地位。尽管在这里，实践规律的具体内容还未得到说明，但它作为理论的基础的地位已经得到确认。

同时，实践根据作为理论的基础，赋予反思和抽象以绝对的自由。因为反思和抽象，即认识，依赖于冲动所代表的实践性，所以反思和抽象的发生并不是依赖于外在的某物而仅仅依赖于自我本身。在努力向无限前进的过程中，自我仅凭自己的意志决定在某一刻进

---

[1] ［德］费希特：《全部知识学的基础》，王玖兴译，商务印书馆1984年版，第221页。

[2] ［德］费希特：《全部知识学的基础》，王玖兴译，商务印书馆1984年版，第221—222页。

行反思活动或者不进行反思活动。之所以具有这种自由,是因为反思活动本身伴随自我的离心活动。反思只是自我在离心活动的过程中对它所遭遇的抵抗的意识,这种意识在自我的努力活动中无时无刻不在发生。它并不取消努力向无限的前进。或者换个表达方式,自我的努力在任何时刻都能够划分为向内的理论活动与向外的实践活动。在某一具体时刻是否进行反思,依赖于自我的自由选择。在这里,费希特还第一次在《全部知识学的基础》中使用"义务"的概念。从这里的话语背景来看,义务表达的是冲动将某物作为其对象的必然性。"按照义务"意味着冲动在其自身中具有选择其对象的依据。但是这种义务在这里还只是一种可能性,而不是实在性。正是这种可能性为道德预留了空间。同时也可以推论,道德的本质应该在于这种可能性的实现。

到这里为止,费希特采取的还是自我之外的旁观者的视角。这个视角指出,自我对自身本身的反思还没有达到行动自我的概念,但自我已经通过冲动被设定起来。自我还没有获得关于自身的意识,但旁观者已经意识到了自我的存在。这种视角的转换虽然不能解决在费希特的理论中,自我如何同时认识到自己是有限的和无限的这一问题,但至少在论述上为费希特提供了方便。在旁观者的视角中,自我现在已然同时是有限的与无限的。它在反思中并没有意识到自身,因此它是有限的认识的对象;同时自我在自身中存在一种驱动力量,这种驱动力量是它的无限性的来源。因为这种力量还没有进入自我的意识,所以它还只能被感觉到而不能被描述出来。但只要这个力量被感觉到了,自我就成为有生命的东西。"力的感觉是一切生命的原则,是由死到生的过渡。"[①] 通过对力的感觉,自我跳出了旁观者的视角,它不再是作为一个被观察的无生命的某物,而是自身具有了驱动作用获得了生命。

---

① [德] 费希特:《全部知识学的基础》,王玖兴译,商务印书馆1984年版,第223页。

有学者认为，费希特在这里提出的生命概念能够被认为是指出了费希特理论中的一种"生命主体"的维度。生命主体与由笛卡尔建立起来的认识主体不同，它强调人的主体意识和生存欲望，强调被纯粹理性所压迫的人的生命意识、历史性人格、向善的愿望和创造性本能。相较于单用认知理性作为人的符号，生命主体更为全面、真实地展示了人的含义。因此，费希特在实践知识学中建立起来的这种"生命主体"概念，可以算作对后来叔本华、尼采和柏格森在哲学史上发起的"生命解放"运动奠定了基调。[①] 对主体的"生命性"的强调无疑与费希特对实践之基础性地位的信念相辅相成。生命表达的是一种活生生的存在，是一种向上的力。它迫使自我将注意力转向自己的活动，这种转向标志着自我对其作为实践自我的意识的开始。

现在自我感觉到在其自身中具有一种力量，这种力量驱使自我朝向自我之外。但这种力量是受到限制的，因此它并不产生一个非我，相反它作为原因产生的是一个观念性的活动，一种冲动。冲动作为被限制的努力，以一个外在的客体为对象，但客体不能是对冲动的本质的表达。观念的活动由此产生了一个客体。矛盾的是，冲动对一个观念性活动产生因果性是与它不应该具有因果性的本质——这一点之前已经说明——相违背的。当它具备因果性时，冲动就不被感觉为冲动，这个时候产生的是自我的反思活动。当冲动不被感觉为冲动时，冲动就等同于努力，那么冲动就不是受限制的，观念性活动中也就不会产生一个冲动的对象的概念。因此，在统一时刻，自我的努力与反思在同一时刻并存。活动着的自我通过反思意识到了自己的有限性。于是自我以冲动为中介形成了对一个有限的自我的反思，但是这种自我的反思并不伴随一种自我的意识，在

[①] 张荣：《费希特实践知识学中的实践观》，《河北学刊》1988年第2期。

这个意义上，费希特将它称为"一种单纯的感觉"①。意识不同于感觉。单纯的感觉是自我对自身受到限制的感觉，自我感觉到自己受到了限制，这种限制是对自我本身而言的，而不是对某个旁观者而言的。自我的单纯感觉扬弃了自我的活动，这里自我的活动是指自我的努力活动。

限制扬弃了活动，但是通过自我的活动本质，活动在自我中被重建起来。作为一个生命体，自我必定不断地从事活动。被重建起来的活动因为是完全依赖自己的本质建立起来的，因此，自我就被设定为是能够自己设定自己是自由的和不受限制的。这个有针对性的设定表明这个设定本身就是对上一个活动的反思。既然上一个活动因为自我的受限而被中断，那么自我的本质就需要指出自我并不是受限的，而是自由的。自我出于绝对的自发性对自我的反思产生出了自我的意识。绝对自发性就是自我的绝对自由："我们把我们提高到理性的高度，并不是通过自然规律，也不是通过由自然规律引申出来的推论，而是通过绝对自由；并不是通过过渡，而是通过一种飞跃。"② 费希特在最为重要的问题——自我如何获得对自身的意识——上强调一种飞跃不无独断的色彩。如果霍奈特对费希特的认识是正确的，即他认为费希特的理论想要说明"只有当一个个体能够在实践上的目的设置时认识到自身同时是绝对的和受限的自我，它才能获得对其自身的有限主体的一个意识"③，那么从费希特的这个自白来看，我们认为他没有很好地证明了他想要证明的，他只是表白了他想要证明的。

通过绝对自发性自我从反思中获得对自身的意识，既然是反思

---

① ［德］费希特：《全部知识学的基础》，王玖兴译，商务印书馆1984年版，第224页。

② ［德］费希特：《全部知识学的基础》，王玖兴译，商务印书馆1984年版，第226页。

③ ［德］霍奈特：《主体间性的先验必然性》，谢永康译，收录于《霍耐特文集》，尚未出版。

那么它必定是一个观念性的活动。任何观念性的活动都指向一个客体，以自我为根据的反思的客体就应该是自我之中的某物。现在自我之中被建立起来的只有感觉，因此这个活动的客体只能是自我的感觉。自我的感觉是对有限的自我的反思，因此从更深的层次而言，活动的客体是反思的活动。建立起来的是反思的活动之间的联系。反思的这种不同的层级反映的是自我概念本身的不同层级。倪梁康先生在《自识与反思》一书中曾指出，在费希特的理论中，一共包含四重自我。它们是关涉现实自我奠基和展开的理论自我、实践自我和绝对自我存在中的行动自我和自观自我。[1] 不同层面的自我指涉自我的不同的活动，但无论如何自我的活动都包含在自我的行动的本质之中。反思的活动的不同层级因此必然也在自我的行动本质中被统一。

自我的绝对自发性表明自我的规定只来源于自我本身，那么自我既然是感觉者，它作为感觉者也必定是因为它自己规定自己是从事感觉的。自我规定自己从事感觉的活动，并感觉到它自身中具有一种力量，这种力量促使自我向外活动。与其相对，被感觉者通过反思确定是自我的受限，也就是自我的向外的活动受到限制。感觉者和被感觉者因此都是自我本身。作为感觉者的自我在感觉过程中从事反思的活动，因此它是主动的；感觉者的活动是就它与被感觉者的关系而言的，只有在与被感觉者的关系中，感觉者才是活动的，并且仅仅是活动的。同时作为感觉者的、从事反思的自我在自身中感到一种驱动，因此，它也是被动的；由冲动所驱使，从事观念性活动的自我产生出一个非我。就自我作为被感觉者而言，它是反思的冲动，是活动的；另一方面，它同时也是反思的客体，是被动的。因此，自我无论从哪一方面来看，都同时是主动的和被动的。这意味着感觉的自我和被感觉的自我是同一个自我。它们之间的差别是在与非我的关系中建立起来的。当它在与非我的关系中是活动的，

---

[1] 倪梁康：《自识与反思》，商务印书馆2002年版，第233页。

自我就通过观念性的活动产生一个非我；当它在与非我的关系中是被动的，自我就是被非我所限制的。因此，自我总是处于与非我的关系中，并通过非我获得对自身的意识。但是，只要是通过非我获得的对自我的意识，自我就是被动的。这表示，自我所获得的不是对于它自己的活动的意识，相反是对自我的受动的意识。所以，自我所感觉到的不是真实的事物的实在，"而只是好像感觉到了这种东西，那么，自我只是相信有这个东西而已。无论自我的实在，还是非我的实在，总而言之，实在性实际上只不过是一种相信，或者说只不过是一种信仰"①。

费希特在这里做了一个对其理论而言具有重要意义的转换。通过自我与感觉的连接，实在性不再表示真实的某物，而只是主体通过自身关系获得的对外在事物的一种信仰。"信仰"一词具有一种深刻的含义，即对外在事物的真实存有的探究的搁置。外在事物是否真实存在，它如何进入我们的意识，成为意识对象的问题，在自我与非我的关系中是不被追究的。因为自我的对象是其本身，非我也是自我的产物，这种内在生产性带来的"客体"的概念，并不是康德"物自体"意义上的客体，因而自我对它所具有的不是一种认识论意义上的知识，而是一种信仰。这种转换无疑是费希特绝对唯心主义的表现之一，服务于他的推演的逻辑一贯性。但是，如果将这个推演做进一步的深化，导向的结果必然能够解释费希特为何会被指责为无神论者。

在前面四节分别讨论了努力与感觉之后，在第十节费希特开始讨论冲动。冲动与感觉相连，因此对冲动的规定将是对实践能力的进一步说明。已经说明的是，冲动是努力冲向无限的活动受阻、返回自身所产生的活动，这种返回指向自我对其自身的反思。自我对自己的反思首先确认自我是在自我之内并且为自我的。这就确立起

---

① [德] 费希特：《全部知识学的基础》，王玖兴译，商务印书馆1984年版，第229页。

了作为对象的自我。被反思的自我的出现，伴随着自我的观念活动对自我之外的实在的设定。但是观念的活动所设定的客体，自我不能使其作为事物而存在，也不能将其当作事物来表现，因为这个客体本质上是内在于自我的。在这个意义上，自我的观念性活动的客体不是一种真正意义上的客体，但它又被迫去追求这个客体。"这样一种在自我之中的规定，被人们称为渴望，叫做对完全不知道的东西的冲动。……自我感觉到在自己身上有一种渴望，它感觉到自己缺少点什么。"① 通过自我的反思的确已经建立起了一个客体，但客体的非实在性，或者说客体的非事物性，使得自我处于一种缺乏的状态。缺乏与不能是相呼应的。只有当感觉到自我有所"不能"，它才能感觉到自我并不是全能的和完满的，才能产生缺乏的感觉。正如"冲动"一样，"缺乏"表明自我本身是受限的。而这种受限的状态促使自我去追求它所缺乏的东西，促使它从自我中冲脱出来。因此，缺乏也如冲动一样，具有一种驱使的力量，正式这种力量让自我具有"生命"。

渴望促使自我从自身中冲脱出来，这意味着一个在自我之外的东西被设定起来。依据到目前为止的梳理，如果费希特要避免一种"非同语"的反复，他就需要区分通过冲动被设定起来的对象与通过渴望设定起来的对象。我们在这里之所以说费希特带有的反复的嫌疑是非同语的，是因为费希特的每一个阶段的推导采取相同的模式，采用相同的或者类似的术语，但其具体指涉或者推理的前件后件不完全相同。正如在这里，一个对象或者说客体被建立起来，这与通过冲动，一个客体被建立起来的形式是一样的。但是这里客体被建立的原因是渴望。渴望必定不能等同于冲动，否则这里所做的就是一种推理上的重复。费希特并没有在区分这两种感觉导致的客体上着墨，似乎在他看来这种区分是不必要的。费希特坚持认为，他的

---

① [德] 费希特：《全部知识学的基础》，王玖兴译，商务印书馆1984年版，第230—231页。

知识学的晦涩不明是对术语使用的不严谨造成的。从他修改和撰写出十几个知识学版本的努力而言，这种术语上的粗枝大叶不能不说是一个讽刺。

冲动是自我努力受限返回自身的活动，所以由它导致的观念性活动建立起来的客体，是通过限制产生的，但是自我的努力依然指向无限，这意味着即使是客体，它依然是在自我的领域之中；渴望比冲动更进一步，在这个层次上，由冲动建立的客体的非实在性已经被表明，但自我却依旧被迫去追求一个客体，在这个状态中，自我是缺乏的，由缺乏所建立起的客体概念必然不存在于自我之内。所以，费希特断言："自我之所以能在其本身中被驱逐到自己以外去，完全是由于渴望。一个外在世界之所以能表现自身，也完全是由于渴望。"[①] 渴望所建立的不是基于自我的完全行动所产生的客体，而是一种基于自我的缺乏所产生的客体，即一个外在世界。尽管费希特同样认为自己是一个绝对唯心主义者，但他本身并不否认一个主体之外的世界的存在。他清楚地意识到，他所要解释的是有限的理性存在物的意识，这个意识中包含一个对外在世界的信念。他需要解释这个信念或者说观念是如何在意识中出现的。这种解释不能从一个外在世界出发，否则就会陷入与康德同样的境地。因此，他对外在世界的观念的解释只能从主体本身出发。一个主体具有一个外在世界的观念，并不是因为这个世界本来就存在于那里，而是因为主体从自身中产生一种缺乏的感觉，这个感觉提供了一个外在世界的概念。这个概念是否与原本存在的外在世界相符，并不能通过这个概念本身得到回答，因为概念提供的是理论性的回答，这个问题不是理论能够澄清的，只有实践才能够对此做出回答。

渴望以冲动为根据。冲动驱使自我脱离自身，在自我之外创造某物。但冲动必然受到阻碍，在这个意义上的自我受限的结果就是

[①] [德] 费希特：《全部知识学的基础》，王玖兴译，商务印书馆1984年版，第231页。

渴望。反思能力对渴望的反思就产生了关于渴望的感觉。费希特认为，对渴望的反思所依据的是"绝对自由的、基于自我本身的努力，而这种努力力求有所创造，并且通过观念性活动而实际上有所创造"①。渴望所依据的努力，是渴望指向的客体不同于冲动指向的客体的根本原因。这种努力是绝对自由的、基于自己本身的，这意味着由它导致的渴望是独立的、不受限制的；它以一种实际的创造物为目标，就决定了渴望对客体的关系是一种现实的实现的企图。尽管自我向外的冲动必然通过观念性活动产生某物，但要将对象现实化，渴望却是无能为力的。自我有所不能恰恰是冲动、感觉和渴望产生的前提。然而我们说过，渴望毕竟不同于冲动，它是指向实在性的。它的客体应该具有实在性。矛盾的解决必定意义重大，它将决定费希特的实践理论的最终完成。

在感觉概念的语境中，"自我设定自己"表达为"自我通过对感觉的自由反思将自己设定为自我"。在这个反思中，自我规定和表述了自己，因此它是绝对规定。在感觉中，自我具有一种向外的冲动。按照自我的本质，这种冲动就是要去从事规定。规定活动预设了被规定的质料。既然渴望指向实在性，那么被规定的质料就是"作为单纯质料的实在"。作为质料的实在成为渴望的客体，并不是渴望产生出这种实在，而是按照自我规定的冲动对这种实在进行规定和改变。这个推导与康德的认识理论中，主体用概念和范畴对杂多的经验进行规范，从而获得知识观念的一致性。意识从来不产生经验杂多，它只改造它们，使其成为认识的要素。通过自我中的冲动，自我对客体进行规定。但客体本身所具有的性质——当它表达为非我时，自我本身受非我的限制——使得自我不能完全按照冲动来规定客体。在这个意义上，自我感觉到受限，但是这种限制不是来自质料，而是来自质料的性质，即它作为对自我的否定使得自我

---

① ［德］费希特：《全部知识学的基础》，王玖兴译，商务印书馆1984年版，第232页。

的活动受到限制。自我对质料的规定因此也具有局限性，这种局限性与自我的受限的感觉相关。

自我对质料的规定的局限性意味着自我与非我之间始终存在差别。自我对自己的规定，规定者与被规定者都是自我本身；但是自我对非我的规定，或者说客体的规定，规定者始终是自我，而被规定者始终是作为规定活动的结果。这种差别表明，客体作为自我的规定活动的对象，当它仅仅作为自我规定的对象，它必定存在于自我之外。因为在自我对自己的反思中，反思的对象是同时作为规定者和被规定者的自我。如果一个单单作为被规定者的对象要存在，它必然不能存在于自我之中，而只能存在于自我之外。一个存在于自我之外的客体之所以是一个客体，是因为它完全由它自己所规定，只与自身发生相互作用。这是费希特对客体的定义，单从这个说法看，似乎费希特暗示了一种完全脱离自我的对象的存在。这个对象是否会发展为康德的物自体概念？针对对自我而言的可规定的客体与自我的关系，费希特自己提出了一个关键性的问题，即"可规定的东西是如何并以什么方式被给予自我的"[①]。

如果客体只与自身发生关系并且由自己所规定，那么它应该不与自我建立联系；但客体之所以被设定起来，是因为自我之中的冲动。因此，客体必定是以某种方式被提供给自我的。因此，对费希特自己提出的问题的回答，应该澄清客体与自我之间的真实关系。自我在反思中对自己做出规定，这同时意味着自我在反思中为自己划定了一个界限。伴随界限建立起来的，还有界限之外的对立物的存在。界限既然是自我设定起来的，那么这个对立物必然也应该同时存在于自我之中；但它已经被反思所排除，所以它应该在自我之外。矛盾的化解得益于费希特对理想活动与实在活动的区分。在他看来，"自我只在理想的意义上才既是被规定者又是规定者。至于自

---

① ［德］费希特：《全部知识学的基础》，王玖兴译，商务印书馆1984年版，第240页。

我趋向实在活动的那种努力,则是受限制的,正因为是受限制的,它才得到设定,才被设定为一种内在的、封闭的、规定自己本身的力量(它同时是被规定的和规定的),或者,因为这种力量没有外表,就被设定为积极的质料。这种质料得到反思,因此,它通过设定对立的作用被移往外部。而自在的、原始的主观的东西就被转变为一种客观的东西"①。这段文字包含几个要点。首先是,自我之中存在理想活动与实在活动的区分。通过理想活动,自我才被设定为同时是规定者和被规定者,即无限的;自我的实在活动是有限的。其次,理想活动通过实在活动被设定起来;正因为实在活动是受限的,自我才能被设定起来,并被设定为是具有理想活动的。再次,被设定在自我之外的质料,只是通过反思才被设定在自我之外的。这种质料实质上是自我通过限制被设定起来作为自己本质的那种力量。最后,不存在原初的客观的东西,所有的外化物都是在自我之内产生并通过自我的活动被设定在自我之外的。一种对客体的概念或意识不是通过物自体的刺激才得以产生,相反,一个外化的客体是自我冲动的结果。

通过冲动,对立被建立起来,因此一切意识的规定,自我与非我的意识就都被联系起来。主观的东西与客观的东西也得到了澄清:"主观的东西变成了一种客观的东西,反之,一切客观的东西本来就是一种主观的东西。"② 既然主观的东西与客观的东西归根结底都是主观的,那么主客观之间就不存在绝对的对立和隔绝。但是既然客观的东西都是主观的东西,感觉的东西不能被描述,即不能成为知识,那么知识的客观性如何能够得到保证?费希特认为,感觉的不可描述性使得即使就一个感觉达成共识,也永远无法确定不同主体所认同的那个感觉就是同一个感觉。感觉的私人性使得它不能成为

---

① [德]费希特:《全部知识学的基础》,王玖兴译,商务印书馆1984年版,第241页。

② [德]费希特:《全部知识学的基础》,王玖兴译,商务印书馆1984年版,第242页。

知识的一个来源和标准。但知识必须具有客观性和普遍性。比如，就糖的感觉而言，"事情属于单纯主观的领域，绝对不是客观的。只有通过综合作用，把糖与一个特定的就其自在地而言是主观的、只不过由于它的一般规定性才成为客观的味觉综合起来，事情才过渡到客观性领域"①。因此，存在一个综合，使得主观能够过渡到客观。同时，感觉的一般规定性是这种过渡得以可能的前提。

感觉的一般规定性应该被认为是指感觉在主体之上产生作用的必然机制。正是这种机制使得一个特定的感觉都是以相同的方式作用于感觉的主体，对主体的作用的方式的这种普遍性或者说一般性，使得不同感觉主体对某物的感觉能够被认为是相同的。就是说，即使感觉本身是主观的，但它与感觉者和被感觉者之间彼此作用的关系具有一般性。就综合而言，通过它的作用，主观领域中的事情被过渡到客观之中，它作为中介者，同时具有主观的和客观的双重属性。并且，按照费希特对对立端项之间发生作用的机制的论述，它应该不是主观的也不是客观的，它应该"翱翔"于主客观之间，并且不在任何一方中停留。这种综合只能是"创造性的想象力"。具体到这里，主观的东西过渡到客观的领域，就是自我之中的主观的东西被认为是自我之外的事物的属性，自我之中被排除出去的对立者被认知为一种质料。质料存在于自我之外，因此它不能通过感觉被转化为客观的东西，因为感觉是反思中的自我才有的，它永远是主观的。"作为质料，绝不能进入感官，毋宁只能由创造性的想象力规划或设想出来。"②

六 想象力的"翱翔"

我们看到，无论是从何种方面分析作为本质的努力，它的最终

---

① [德]费希特：《全部知识学的基础》，王玖兴译，商务印书馆1984年版，第243页。

② [德]费希特：《全部知识学的基础》，王玖兴译，商务印书馆1984年版，第242页。

归属都是想象力。在知识学的实践部分中，关于想象力对知识学具有一种基础性作用的观念与理论部分保持一致。亨利希认为，费希特在知识学的理论部分研究了理论知识学的基础，并在这一部分导出了想象力的定义。但在实践知识学部分费希特并没有描述实践知识学的基础。① 亨利希的这个观点似乎并没有正确看待费希特到目前为止在实践知识学部分所做的工作。尽管在这一部分的论述中，费希特的确没有采取与理论知识学类似的推演架构，但他的最终落脚点还是回到了想象力概念。之所以在达到这一点之前要走那么长的路，甚至使得理论看来已然偏离了原来的方向，正是为了基于这种不遗余力地对每个环节的澄清，以使最后达到的概念清楚明白地被呈现为基本概念。想象力是心灵的基础机构，所以无论理论部分还是实践部分，只要理论以人类精神为对象，那么它必然以想象力为出发点。

亨利希认为费希特的想象力理论具有巨大的冲击力，其原因在于，它将心灵分解为一个单一的动态历程，因此心灵不再是某一现象或者某一状态，而是处于某种活动之中的诸多状态的连续。借助于想象力概念，费希特的这种想象力理论"揭露了一个奠基我们日常生活的信念（心灵依存外在世界的物体现象）的深层结构。它同时也证明为什么承认心灵结构至少类似于物质实体的恒常性，是很不适当而且多余的动作：心灵的结构是完全不同的东西。因此，我们需要另一种存有论去解释心灵是什么。在费希特对于构想力（想象力）的诠释里则是：用历程的存有论取代事物的存有论"②。想象力概念不仅仅揭示我们对外表世界的信念的来源，更为重要的是，它表明心灵的结构并不是一个静态的状态或单纯存有；相反，它证明心灵的结构是一种动态的发展，一种具有倾向性的活动。在实践

---

① ［德］亨利希：《在康德与黑格尔之间》，乐小军译，商务印书馆2013年版，第281页。

② ［德］亨利希：《在康德与黑格尔之间》，乐小军译，商务印书馆2013年版，第278页。

知识学部分，这种倾向性的推理表达为努力概念。而努力概念的推导最终又回到了想象力本身——创造性想象力。

创造性想象力对质料的作用，不同于感觉在自我之中产生的对质料的概念，凭借它的创造力，想象力创造出物体的内部，从而使得一个质料的概念发展成为一个具体的、有空间形态和内在构造的物体。想象力的这种对内部的构造能力与它对时间和界限的扩展的功能并不完全一致。在这里，对对象的构造不是单向的线性扩展性的构造，而是对一个空间事物的构造。按照康德的观点，时间和空间都是主体的感性的直观形式。物自体刺激主体产生经验，经验通过空间和时间两种直观被构造成符合我们认识的形式。但是时间与空间的作用不是等同的。邓晓芒就认为，在康德的理论中时间作为主体的能动性在构成知识方面比空间具有更加深刻的本原作用，空间作为主体的能力最终也是基于时间。时间之所以比空间更为本原，是因为在康德看来，时间与创造性的想象力是同一个东西。[1] 费希特的时空观念与康德有很大的相似之处。时间与空间不是物体的固有属性，与主体具有更为亲密的关系；时间与空间都作用于意识的对象，是认识产生的形式条件。但是在费希特这里，时间与空间不是主体的固有属性，相反，它们是主体活动的产物；而且它们不是主体的直接产物，而是想象力的产物。在费希特看来，想象力首先不是一种理论的概念，而是任何人都具备的能力。知识学可能最终依靠的是人本身所具有的想象能力，只有通过想象力才能产生知识学的基本观念。更为甚者，费希特认为，"任何一门追溯人了知识最终根据的科学从来都不能不是这样，因为人类精神的全部工作都从想象力出发，而想象力只能由想象力予以把握"[2]。

于是我们回到费希特理论中时间与空间的关系。在费希特的理

---

[1] 邓晓芒：《康德时间观的困境和启示》，《学灯》第 4 期。
[2] ［德］费希特：《全部知识学的基础》，王玖兴译，商务印书馆 1984 年版，第 208—209 页。

论中时间同样表现出较空间更为本原的倾向。时间是自我与非我相互限制的产物,它直接从自我的演绎中被产生出来,与自我具有更为直接的因果关系。反观空间,它的产生是在实践领域,是从作为客体的质料的必要性中推演出来的。就此而言,它并不影响自我作为绝对设定者本身的活动。因为客体即使不具有一种内在的构造,客体概念依然存在并且构成自我的冲动的结果。只是为了解释作为客观东西的质料的内在性,想象力才创造出物体的内部与空间。但是,时间较空间而言与自我更为直接的推导关系并不意味着理论较实践更为基础。生产性的想象力并不是按照实践与理论的优先性的推导空间与时间,相反它仅仅按照它的需要自由地创造出二者。

通过创造性的想象力,自我已经建立起了同一个客体的关系。可规定的东西如何被给予自我的问题已经得到了部分的回答。这个回答之所以不是完全的,是因为在这个过程中还有一些环节需要被进一步说明。这些环节涉及想象力概念的自由本性,但这一点在《全部知识学的基础》中并没有很鲜明地表现出来。然而,从我们已经论述的自我如何设定自身,设定自己与非我的对立,如何从自身中通过感觉、努力等概念推演出一个客观世界的过程中,想象力作为一种穿越的力量、一种摆荡,暗示了它的这种本性。但无论如何,在1794年版以及1795年版的知识学中,自我始终是作为第一原则处于知识学论述的核心地位。这意味着,费希特还并没有意识到想象力能够作为自我概念的强有力对手,占据他试图建立起的知识学理论的中心位置。因此,所有想象力所具有的性质最终都应该归结到自我概念。在这个阶段,唯一的可能便是想象力作为自我的一种属性或者一种能力,表达自我的自由本性。既然费希特没有意识到潜在的竞争,也必然没有清晰地意识到潜在的矛盾。当自我需要凭借想象力来实现从自我到非自我的过渡时,自我就是有所依赖的。想象力作为中介者,具有一种可能的独立地位,至少在逻辑上是这样的。如此,是否应该有一个更高的综合统一两者?"自我绝对无条件地设定自己"是不是知识学最为原初的命题？是不是知识学退无可退的那个点？随着对知识学的进一步的追问，费希特自己透过这一版的表面上的艰深晦涩逐渐意识到了这些问题，并在另一个相隔不久的知识学版本中，自觉表达了这些理论困难，并试图解决它们。

这另一个版本在出版之后被认为是知识学的第二个版本，它同样具有完整的结构。同时，因为费希特已然自觉了《全部知识学的基础》所具有的问题，因此在新一个版本的知识学中，除了基本的信念没有发生改变之外，无论是在第一原则的具体内涵上还是在推演方式、理论架构上都发生了深刻的改变。以下就是一个十分切合的总结："在原则上不同于康德的实践的自由概念，费希特已经在《全部知识学的基础》中通过绝对的生产自由建立起了整个哲学体系。比在《全部知识学的基础》更为坚定的，他在《知识学新方法》中成功地使得理性原则的生产性在体系的阐述中得以实现。这个实现作为方法论的钥匙，服务于交互作用的范畴，该范畴从这里开始组织起了整个理论阐述。"[1] 如果说在《全部知识学的基础》中自我作为生产性的原则仅仅是奠基的作用的话，那么到《知识学新方法》中，生产性就已经扩展到了体系的每层结构。依据我们对《全部知识学的基础》的分析可以推断，生产性的想象力的功能在《知识学新方法》中会得到更为彻底的贯彻。这可以认为是第二个版本知识学对第一个版本的知识学的深化。就这些改变的方面，有学者总结为："在总结性的比较1794和1798年版本的第一原则的表达之后，会得出以下结论：在《基础》中，它的第一原理以绝对自我的原则开始，它不需要澄清绝对和意识之间的关系。由它自己所产生的歧义导致了对第一原理的有歧义的解释。相反，《新方法》从事实的、理论/实践的意识出发，并尝试在一个没有被解决的唯心主义

---

[1] Reinhard Loock, "Fichtes Wechselwirkung und der Implizite Hörer der Wissenschaftslehre nova Methodo", *Fichte – Studien* Band 16 (1999), S. 69 – 90.

和实在主义的说明的疑难中,澄清这个意识与奠基的纯粹意志之间的关系。"① 依据这个总结可以预期,伴随"绝对自我"在《知识学新方法》中被改称为"纯粹意志"和"自由",整个知识学的体系的构造都发生了颠覆性的改变。同时可以期望的是,想象力概念作为自由之生产与实现将会发挥更为基础而巨大的作用。

---

① Helmut Girndt, "Die Nova Methodo zwischen der Grundlage von 1794 und der Wissenschaftslehre von 1804", *Fichte - Studien* Band 16 (1999), S. 57 – 68.

第 四 章

以想象力为最高点的自由体系

在《全部知识学的基础》出版之后，费希特哲学在短期内成为当时的"显学"，它被认为是对康德的体系性哲学的贯彻和完成。然而对费希特的推崇并没有持续足够久以使得他的思想的内涵被彻底理解。随着对他的追捧的消退，对费希特的知识学体系的评价逐渐走向一致："费希特的唯心主义，想必我们都知道这一点，太过'主体化'，因而只是一个心理学的唯心主义；它是对理智—世界关系的一个太'片面'（one-sided）的解释，极度低估了世界的贡献和限制，极度高估了理智自我—决定的能力。自我—意识的'行动'不仅应该建立唯心主义的真理，也应该使我们能够先验地决定主体与世界和与其他自由主体的可能的关系。"[1] 这个评价应和了黑格尔的评论："他把自我当做绝对的原则，因而必须表明宇宙间的一切内容都是自我的产物，而自我同时即是它自己的确定性。不过他同样只是对这个原则加以片面的发挥，自我始终是主观的，受一个对立物牵制着。"[2] 可以看出，黑格尔也同样指责费希特的绝对唯心主义有主观而片面的一方面，但并不会认同费希特的唯心主义只是一种心

---

[1] Sally Sedgwick, *The Reception of Kant's Critical Philosophy*, Cambridge University Press 2000, p.148.

[2] ［德］黑格尔：《哲学史讲演录》（第四卷），贺麟、王太庆译，商务印书馆1978年版，第310页。

理学性质的理论的观点，在黑格尔看来，通过费希特的行动主体，哲学的要求被提高了，这种提高表现在两个方面："（一）不复把绝对本质理解为不把区别、实在、现实性包含在自身内的直接的实体。一方面，自我意识总是尽力反对这种实体，因为它在这种实体里找不到它的自为存在，因而得不到自由。另一方面，它要求这个被表象为客体的本质是一个有自我意识、有人格的本质，亦即有生命、有自我意识的现实的本质，而不仅仅是关闭在抽象的形而上学思想里的东西。（二）同自我意识一样，意识有一个对方或他物。意识又要求它的对方是客观现实性的环节，是思想必须向其过渡的存在本身，是在客观存在中的真理，——这种外在现实性的环节，我们在英国哲学家那里尤其常常看到。这种概念直接就是现实性，而这种现实性直接就是现实性的概念，而且，这并不是一种作为第三者的高于这个统一性的思想，也不是不具有区别、分离于其中的直接的统一性——这就是自我。自我在自身内就包含着自身区别，包含着对立物。这样一来，自我就把自己与思维的简单性区别开，而这个区别开来的对方，也同样是直接为它而存在的、与它统一的或者与它没有区别的。所以自我是纯思维，换句话说，自我是真正的先天综合判断，象康德所说的那样。"[1]

黑格尔认为费希特的自我概念是康德意义上的"先天综合判断"。这个体现了黑格尔目光的独到之处。尽管在很大的层面上，费希特的哲学的确与康德的哲学之间保有一段距离，但这种距离的形成并不是因为费希特背离了他最初的哲学志向，相反，这正是因为他对完成康德哲学任务的坚持。自我概念的独特之处在于，它将康德理论中的二元内在化，并通过"行动"使之成为一个单一的概念。单一并不是指自我是单调的。毋宁说，单一自我的丰富性是超过二元的，甚至是超越多元的。因为自我是单一的，所以它能够承担作

---

[1] ［德］黑格尔：《哲学史讲演录》（第四卷），贺麟、王太庆译，商务印书馆1978年版，第310页。

为一个体系的单一原则的角色；同时自我是丰富的，它能够在自身中解释意识的自由，也能够从自身中演化出现实的存在。黑格尔之后所使用的"绝对精神"便是对费希特的自我概念在术语上的精神化和绝对化。姑且不讨论黑格尔将自我推向极端对哲学理论而言是好是坏，单从费希特自己的理论分析可以看出，这种绝对化对费希特而言是有些多余的。因为无论如何，费希特的知识学的内涵还远远没有被彻底挖掘。造成这个状况的一大因素，是其理论中的一个被理性主义所排斥的概念——想象力。

我们在对费希特 1794/1795 版的知识学的分析中已经初步表明，知识学的最后将会落脚在这个一度被康德所抛弃的概念。正如 Christoph Asmuth 在他的文章《摆荡是所有现实性的来源》(*Das Schweben ist der Quell aller Realitaet*) 中所总结的："在直觉中的是单纯的摆荡，是在向外和限制之间的无限的界限。在生产着的活动之外，即经验自我没有意识到的想象力的活动之外，应该还有另一个被给予的活动，即聚焦和把握被直观之物的活动。费希特称这个保存的活动为理解 (verstand)。它创造意识。它从事表象活动。被表象的东西似乎在它之外存在。用一句话说：仅仅在它之中，理解才将自己与直观——用费希特的话说，是与想象力的活动——联系起来，真实的世界才得以显露。产生世界和世界的内容的可能，来自生产性想象力。理智仅仅是容器，在其中生动的纯粹的活动凝结成对象性。"① 但他同时也承认，在这一版知识学中："单单通过生产性想象力并不能产生表象。"哪怕"通过想象力的确产生了空间和时间，以及所有作为内容被设想的东西"②。所以，仅仅停留在对这一版知识学的分析并不足够支撑我们的论点。从我们的分析也可以看出，造成这个局面最为重要的原因是费希特自己在这一版知识学中并没

---

① Christoph Asmuth, "Das Schweben ist der Quell aller Realitaet", Fichte – Studien 12 (1997), S. 127 – 152.
② Christoph Asmuth, "Das Schweben ist der Quell aller Realitaet", Fichte – Studien 12 (1997), S. 127 – 152.

有清楚意识到想象力的重要性,从而对其着墨甚少,使读者不能依此形成完整的推理链条。

但是这个情况在《知识学新方法》中得到了改变。在这部时间上靠后的著作中,费希特将自我、自由和想象力的关系彻底化了。这种彻底化的表现就是费希特将这三者进行了概念上的统一,它们是且是同一个东西。更为大胆的是,在这三个概念中,费希特更多地使用了想象力来证明这种关系。比如《知识学新方法》里费希特就自我与想象力的关系写道:"(自我)只有通过想象力的一个特殊的操作才能够出现。"[1] 这种深化对费希特的体系哲学的贯彻而言并不是无关紧要的,因为这一理论举措使他真正获得了自由的真实内涵,从而真正达成了建立一门自由的、统一理论与实践的体系哲学的目标。因此,对《知识学新方法》分析的侧重点将会是自由与想象力的关系,而我们分析的路径同样遵循费希特自己理论展开的步骤,即将总的原则的分析作为纲领,将原则的推演按照自我之内的演绎与自我之外的演绎划分为两个部分。在这个分析展开之前,我们将会简要地论述在费希特之前想象力概念在不同哲学家的理论中所扮演的角色,为理解想象力的本质与能力提供哲学史上的思想证明。

第一节 对想象力概念的回顾

在想象力被费希特在理论中当作"自由"的替代词之前,想象力概念在哲学这一理性的历史中,一直处于一种尴尬的地位。因为从一开始想象力就被定义为一种非理性的能力。由此,它似乎从来

---

[1] J. G. Fichte, *Gesamtausgabe der Bayerischen Akademie der Wissenschaften* IV, 3, Hrsg. von Erich Fuchs, Reinhard Lauth, Ives Raddrizzani, Peter K. Schneider und Günter Zöller, Stuttgart – Bad Cannstatt 2000, S. 427.

没有被纳入哲学的主流。但想象力概念本身的尴尬同时也表示了哲学本身的尴尬。因为哲学理论必须一次又一次依赖想象力这种被定义为非理性的能力来阐述它所不能及的概念，同时又在不断为自己正名的努力中一次次将它排除出自身的历史。就此而言，想象力可以被认为是哲学本身的二律背反。在哲学对想象力概念这种欲拒还迎的态度中，想象力概念伴随哲学本身的发展，写就了自己本身的历史。它在哲学历史中顽强的生命力印证了它对哲学的不可或缺性，也表明了哲学本身的有限性。因此，对想象力的历史研究可以看作从想象力视角出发的对哲学的考察。怀特海称"一部西方哲学史不过是为柏拉图作注脚而已"，因而对想象力概念的历史性追溯以柏拉图为起点。从柏拉图及其之后哲学家对"想象力"概念的态度，可以看出想象力概念在哲学历史的发展中，是如何与最切近哲学核心问题的概念相关联的。

一 柏拉图理论中的想象力思想

想象力的德语是 Einbildungskraft，它的词源是希腊语的 $\varphi\alpha\nu\tau\alpha\sigma\iota\alpha$。在柏拉图的《理想国》中就有对它的典型论述。在这部著作中，针对认识问题，柏拉图提出了他著名的世界二分的主张。正是在对可知世界与可见世界的细分中，柏拉图确定了想象力作为认识的最低级层次的地位。

《理性国》第六章中，柏拉图记述了苏格拉底与对话者对善——最大的学习——的讨论。苏格拉底指出"给予知识的对象以真理给予知识的主体以认识能力的东西，就是善的理念"[①]。善是知识和真理的源泉，它正如太阳一样，使得其他所有的事物得以可见，是所有事物的最根本原因，但它同时又如太阳区别于它使之可能的东西一样，区别于其他实在。"知识的对象不仅从善得到它们的可知性，

---

① ［古希腊］柏拉图：《理想国》，郭斌和、张竹明译，商务印书馆1986年版，第267页。

而且从善得到它们自己的存在和实在,虽然善本身不是实在,而是在地位和能力上都高于实在的东西。"① 对善与善之结果的区分,预示了可见世界与可知世界的区分。

为了说明这种区分,苏格拉底使用了"线段比喻"。他要求格劳孔用一条被分成不相等的两部分的线段代表可见世界和可知世界。依据清晰程度,线段的第一部分被划分成影像与实物,线段的第二部分则是由第一部分中的实物所产生的影像以及理念。② 在这个对世界的划分中,可见世界中的实物作为可知世界中的影像,起到连接的作用。因而可以说,可见世界与可知世界是贯通的。

在这种贯通中,柏拉图使用了"上升"和"下降"这样的概念。这意味着,灵魂并不固定在某一个点上,它在它的状态中是运动着的。它的运动范围就是它的四种状态:"现在你得承认,相应于这四个部分有四种灵魂状态:相当于最高一部分的是理性,相当于第二部分的是理智,相当于第三部分的是信念,相当于最后一部分的是想象。"③ 从他对灵魂的四种状态的划分可以看出,想象是灵魂的最低级层次,但这也同时意味着想象被作为一种认识的低级层次被确定下来,而没有被排除出认识的领域。

而灵魂从想象上升到理念的道路,通过柏拉图的洞穴比喻得到说明。从小被捆绑在洞穴中的人,只能通过从洞口透进去的光线在洞壁上形成的影子获取知识。此时洞中人所对应的无疑是灵魂的最低级部分,即想象。在这个状态中的灵魂,即使被灌输了更高一部分的知识,它也并不将其认识为更高一部分的。只有当他从洞穴中走出来,不断接受阳光的照耀,克服了由之前不曾拥有的光明带来

---

① [古希腊] 柏拉图:《理想国》,郭斌和、张竹明译,商务印书馆 1986 年版,第 267 页。
② [古希腊] 柏拉图:《理想国》,郭斌和、张竹明译,商务印书馆 1986 年版,第 268—269 页。
③ [古希腊] 柏拉图:《理想国》,郭斌和、张竹明译,商务印书馆 1986 年版,第 271 页。

的痛苦并逐渐习惯之后，它才能一步一步从阴影，到倒影，到东西本身，再到夜晚的天象与天空，最后直视太阳，由此上升到可知世界的理念部分。

在这个过程中有几点值得注意。首先，在洞穴中的人是被解除枷锁，并被硬拉到洞穴之外，强迫着不断接受阳光的。而在不断接受阳光的过程中，他也必须强忍痛苦。这似乎说明，要从可见世界的下层部分上升到上层部分，单凭基本的认识能力不能实现。因为出于习惯，洞穴中的人更倾向于相信自己之前所看到的影像，并将此当作真实的。因此，这种强迫必定具有足够的力量，使得习惯于想象阶段的灵魂克服惰性不断上升。其次，灵魂的上升过程是不可逆的。这就是说，已经认识到理念的灵魂，不会再相信洞壁上的阴影是更真实的，也不会再热衷于洞穴中的活动。启蒙之后不可能再回到启蒙之前的状态。最后，这个上升过程中最基本和最重要的条件是灵魂本身具有的认识能力。"知识是每个人灵魂里都有的一种能力"[①]，即使洞穴中的人是被强迫走出洞穴并不断前行的，如果他自身没有认识能力，那么这种上升就不可能。如果他不能认识，那么即便一开始就置于理念的世界，他也不能获得哪怕比影像更为真实的知识。与之相应的，想象虽然是灵魂的最低状态，它也确认了灵魂的认识能力。这可以被认为是想象力概念在哲学中的第一次登台。

与此同时，灵魂不能永远停留在想象的状态中，"作为整体的灵魂必须转离变化世界，直至它的'眼睛'得以正面观看实在，观看所有实在中最明亮者，即我们所说的善者"[②]。这个"必须"表达了与"强迫"的相同的含义。它迫使灵魂转向，使其看向该看的方向。善作为最高的理念，就是灵魂的方向，应该达到的最高的知识。这

---

① ［古希腊］柏拉图：《理想国》，郭斌和、张竹明译，商务印书馆1986年版，第277页。

② ［古希腊］柏拉图：《理想国》，郭斌和、张竹明译，商务印书馆1986年版，第277页。

种转向之所以是可能的，在于灵魂的认识能力是先天的，是它本来就有的，因而它可以通过习得而逐渐向善靠拢。让灵魂以善为目标利用自己先天的认识能力，就是"国家的建立者的职责"①。也就是说，强迫灵魂向善的"必须"是由建立者或者统治者通过立法施加的，立法的目的"就在于让他们不致各行其是，把他们团结成为一个不可分的城邦公民集体"②。善的理念在这里服务于城邦的建立，因而城邦应该体现为最高的善，城邦的统治者就应该是"看见过美者、正义者和善者的真实"③的哲学家。值得玩味的是，在城邦中的哲学家也是被培养的。城邦先于统治者本身具有善的理念，因而城邦才是善的理念的化身。从另一方面来看，城邦的建设与立法必须以善为导向。只有见到过善的理念的哲学家才能充当城邦的最高统治者，城邦的立法与实践都以善为导向。因而，城邦应该是善在地面上的实现。

在城邦中，公民的实践处于理念的低级阶段，由遵循善的原则落实为遵循城邦统治者制定的法律。法律相较于善不同的是，它带有显明的强迫的色彩。这种强迫表现为，如果公民不遵守城邦的法律，那么他将受到惩罚。与之相反，他可以获得被城邦所允许的自由。同时，对法律的遵循也是灵魂上升的途径。在对城邦法律的遵守中，理论和实践实现统一。这种统一不仅仅是就个体而言的，正如柏拉图所强调的那样，城邦统治者需要以城邦整体，而非某一个别成员的幸福为目标。就城邦而言，它作为社会生活共同体培养哲学家——拥有最大知识的人——作为统治者，以制定符合善的原则的法律；通过法律，引导城邦公民在实践中不断向善，提高灵魂。

---

① ［古希腊］柏拉图：《理想国》，郭斌和、张竹明译，商务印书馆1986年版，第279页。

② ［古希腊］柏拉图：《理想国》，郭斌和、张竹明译，商务印书馆1986年版，第279页。

③ ［古希腊］柏拉图：《理想国》，郭斌和、张竹明译，商务印书馆1986年版，第280页。

就城邦公民而言，他在实践上遵循城邦立法。在这种强迫中，他的灵魂的状态不断上升。因而，整个城邦就在一个动态过程中，不断印证和实现理论和实践的统一。

从柏拉图的理论中可以看出，理论和实践的统一问题在古希腊时期就已经出现。它表现了鲜明的时代特点，即它有一个明确的指向：政治活动。城邦作为善的最高体现，在城邦之中生活是作为公民的必要条件，否则就会被视为非人。只有具有认识能力，具有关于理念的知识的人才能被视为城邦的公民。由此，想象力所代表的低级的灵魂状态，在柏拉图的言辞中，徘徊在城邦的边缘。而这也昭示了想象力概念在以后上千年的历史中将会处于的尴尬地位：似乎可有，但并不是可无。它总是可以在理论与实践的统一大业中露个脸，在有些理论中或许它的角色甚至称不上是一个龙套演员，但它似乎又显示出强大的生命力与潜力。

究其原因，这种潜力来源于理论所具有的野心以及它不能实现这种野心的矛盾。理论将理性作为自己的权利，并试图将之在每一个角落落实。但在这个过程中，它不断受阻，这种阻碍往往伴随想象力的出现。如果它将想象力纳入自身之中，那么阻碍可以在表面上被克服，但这样一来，矛盾就被引进了哲学内部。这种矛盾正如 John Sallis 在他的著作《想象力：基本的感官》一书中所总结的："哲学依靠这个权利过活，它是哲学工作的最高兴趣，但它同时发现它总是被迫将想象力排除在外，将它放置在一定距离之外，甚至准备逃离，以提供对规避想象力的危险的最后一点保护。"[①] 但这种逃离往往不能实现。因为哲学总是有其边界，想象力就是边界上的幽灵，它伴随哲学对其边界的意识而出现。

这也是理论与实践之统一问题总是逃离不开想象力概念的原因。因为理论与实践的统一问题本身就是哲学对其自身边界的意识到的问题。任何一种试图将理论与实践统一起来的尝试都必须明确地为

---

① John Sallis, *Einbildungskraft: der Sinn des Elementaren*. Mohr Siebeck 2000, S. 55.

理论与实践定义，并确定理论的定理是否可以应用到实践之中，或者实践是否真的可以引导理论的发展，从而使二者无缝衔接，而定义即划界。这种矛盾表达在柏拉图的理论中，就是"习得"的问题。柏拉图认为，通过习得，灵魂可以从低级状态上升到高级状态，哲学家同样需要通过数学的练习只注意最高的理念。然而，作为理论与实践统一的落实点的哲学家充当统治者时，是要按照等级划分公民等级的，这事实上就否定了灵魂习得的可能。既然哲学家也需要习得，如何判断他从一出生就站在核心而非边缘？如果最底层的公民能够习得，那么阶层就将是不复存在的。那么在那时，城邦是否还会存在？如果城邦不复存在，理论与实践的统一在柏拉图那里就被打破了。

在柏拉图理论中已然表露的破裂在之后哲学史的发展中不断重现，在各种理论中被审慎或者轻率地对待。但如论如何，它都没有消失："哲学与想象力关系的动力一直保持为一种矛盾心理，即使重复，也会激发一个重修旧好甚至侵占的表象，为了遮盖这种紧张，它总是一如既然地引入新的范式。"① 明显的是，在柏拉图这里，想象力与理论和实践关系的问题的联系是间接的。它需要通过理论才能和实践打交道，而并非直接触及理论和实践问题的本质。但在接下来的哲学发展中，想象力概念与哲学最为棘手的问题的交往越来越密切。这一转变是以想象力概念在认识论中的地位的上升为契机的。

二 笛卡尔的想象力理论

到笛卡尔这里，想象力作为一种认识能力的地位得到了极大的提升，这种提升首先表现在，它不再是灵魂或者精神最低的组成部分。事实上在笛卡尔这里，精神不再如柏拉图所描述的，由几个等级部分构成，相反，它是不可分的、单一的："我把我自己领会为一

---

① John Sallis, *Einbildungskraft: der Sinn des Elementaren*. Mohr Siebeck 2000, S. 55.

个单一、完整的东西。"① 这意味着，精神不再依据它的认识能力将自己划分为多个组成部分；也就意味着，认识能力之间的区分对于灵魂而言并不是本质性的，灵魂具有认识能力，不同的认识能力共同为灵魂提供认识。由此，认识能力之间的区分并不是真假意义上，或者哪种认识能力能够带来更真切的认识的问题，而是它们之间不同指向的问题。相较于柏拉图而言，想象力在笛卡尔的理论中以肯定的方式被确定为精神的思维能力。

依据绝对怀疑原则，笛卡尔从感觉认识出发，不断后推以找到认识的阿基米德点。在他暂时搁置感觉、身体，甚至天地、精神的真实性问题之后，他断然拒绝将自我的存在也纳入被怀疑的领域："难道我不是也曾说服我相信连我也不存在吗？绝对不；如果我曾说服我自己相信什么东西，或者仅仅是我想到过什么东西，那么毫无疑问我是存在的。"② "我"的存在是不被怀疑的，而它之所以是不被怀疑的，是因为它的思维。只要它从事思维活动，"我"就是存在的。这就是笛卡尔著名的"我思故我在"命题的表达。定义我的存在的只有思维："严格来说我只是一个在思维的东西，也就是说，一个精神，一个理智，或者一个理性，这些名称的意义是我以前不知道的。那么我是一个真的东西，真正存在的东西了。"③ 思维作为本质定义了我的存在，那么思维本身是什么？用思维来定义我又意味着什么？在进一步的追问之下，笛卡尔得出了他的结论："什么是一个在思维的东西呢？那就是说，一个在怀疑，在领会：在肯定，在否定，在愿意，在不愿意，也在想像，在感觉的东西。"④ 这个定义

---

① [法]笛卡尔：《第一哲学沉思集》，庞景仁译，商务印书馆1986年版，第88页。
② [法]笛卡尔：《第一哲学沉思集》，庞景仁译，商务印书馆1986年版，第23页。
③ [法]笛卡尔：《第一哲学沉思集》，庞景仁译，商务印书馆1986年版，第26页。
④ [法]笛卡尔：《第一哲学沉思集》，庞景仁译，商务印书馆1986年版，第27页。

明确地将自我定义为一种思维活动。此外，在这里，笛卡尔显明地扩大了思维活动的范围。也就是说，在笛卡尔的理论中，思维不仅仅是理性的专属产品，怀疑、肯定、想象，甚至否定和感觉都属于我的思维活动。由此，思维活动指向的是所有认识的可能性，而并非真实性。在柏拉图那里被以否定态度对待的感觉和想象作为认识活动在笛卡尔的理论中都被承认为认识的来源。

尽管笛卡尔认为灵魂是单一的，它并不是以某一部分从事感觉，另一部分从事领会，而是"全部从事于愿望、感觉、领会等"①，但这并不意味着通过不同的思维方式获得的认识之间没有差别。正如他所强调的，尽管"我确实知道我称之为感觉和想象的这种思维方式，就其仅仅是思维方式来说，一定是存在和出现在我的心里的"②，但"想象同纯粹理智或领会之间是有差别的"③，这种差别体现在两个方面，首先，想象和纯粹智力活动之间的差别在于对无限的把握。为了说明这一点，笛卡尔区分了想象和纯粹智力把握一千条边的组成的形状之间的区别。对于理智而言，把握一千条边的形状"不需要特别集中精神去领会"，它可以直接把握到它，然而借助于想象，只能获得一个模模糊糊被表象的形状，它无法与一个由一万条边组成的形状区分开来。虽然笛卡尔由此将二者之间的区别称为"特别集中精力"与否之间的差别，但事实上，他已经否认了想象认识无限的可能。而之所以在提到一千条边的形状时想象力也参与其中，无非是这个概念指向一个物体性的东西，无论这个东西是否存在。

想象与领会之间的第二个区别在于，"在我心里这种想像的能

---

① ［法］笛卡尔：《第一哲学沉思集》，庞景仁译，商务印书馆1986年版，第90页。
② ［法］笛卡尔：《第一哲学沉思集》，庞景仁译，商务印书馆1986年版，第34页。
③ ［法］笛卡尔：《第一哲学沉思集》，庞景仁译，商务印书馆1986年版，第77页。

力，就其有别于领会的能力来说，对我的本性或对我的本质，也就是说，对我的精神的本质，决不是必要的"①。想象能力并不决定自我的本质，对自我而言，它是可有可无的；因为自我的本质是精神，而想象力指向的是物体，"凡是我能用想象的办法来理解的东西，都不属于我对我自己的认识"，因而，在这一点，想象和领会产生了根本性的差别。想象的确能够为自我提供认识，然而这种认识并不是关于自我本身的认识，因而它对自我来说就不是必要的。也就是说，对自我而言必要的、本质性的，是对自我的认识，对自我的认识就是我的精神的本质。想象的能力存在于精神中，是精神的组成部分，但对自我而言，它指向物体，因而通过想象的能力形成的认识不是关于自我的，而是关于自我以外的。由此，笛卡尔将精神单独确认为自我的本质，也由此，想象力似乎对自我而言也就变得无关紧要了。

需要注意的是，笛卡尔一再强调想象的能力是指向物体的。这个物体概念与精神相对，它包括自然世界，也包括身体。正是因为它关涉身体这个对自我而言地位特殊的概念，所以想象能力与自我的关系变得复杂起来。简单来看，它是精神的一种并非本质性的能力，它指向物体，为自我提供非自我关涉的认识。就自我的单纯精神性存在而言，这就是自我与想象力的关系的总结。但身体概念的复杂性使得这个总结显得过于轻率。

"身体"的真实性从一开始就得到了笛卡尔的承认，在他看来，"虽然我们通过感官认识它们，却没有理由怀疑它们"，"我怎么能否认这两只手和这个身体是属于我的呢，除非也许是我和那些疯子相比？"② 只要没有丧失理性，身体的存在就不能被怀疑。虽然笛卡尔承认身体的存在，但他并不认为身体与精神同属一元。自我的本

---

① [法] 笛卡尔：《第一哲学沉思集》，庞景仁译，商务印书馆 1986 年版，第 77 页。

② [法] 笛卡尔：《第一哲学沉思集》，庞景仁译，商务印书馆 1986 年版，第 77 页。

质是精神，而身体却是物质性的，是属于广延的。这种根本属性的不同导致了笛卡尔理论中的身心二元问题：身体有广延无思想，心灵有思想无广延。然而，在笛卡尔看来，这种对立并不是绝对的，在心灵与身体之间存在调和的可能性。这种可能性从必要性方面来说，在于身体对灵魂的不可或缺性。心灵与身体是密不可分的："事实上我决不能像跟别的物体分开那样跟我的肉体分开。我在身体上，并且为了身体，感受到我的一切饮食之欲和我的一切情感。最后我在身体的部分上，而不是在跟它分得开的别的物体的部分上感受到愉快和痛苦。"[①] 在这段话中，笛卡尔事实上区分了作为物体的身体和其他物体。身体与自我不可分开，这就使得身体成为自我存在的一个必要条件。只要自我存在，那么身体必定存在。此外，自我的感觉观念是通过身体获得的。这种感觉包括一般的欲望和情感，也包括"愉快和痛苦"这两种特别的情感。这就将自我思维中的感觉部分与身体甚至外部世界联系起来。

要强调的是，自我具有对身体的感觉并不直接论证自我身体的存在。既然感觉是自我的一种思维形式，它完全可以通过思维能力构造一个关于身体的观念，而自我的身体的存在指向的是一种物理性存在，是占据广延的身体的存在，因而问题的根本还在于身心二元的不同属性造成的断裂。笛卡尔对这种断裂的拒绝表现在他用想象力将身体与心灵联结起来的努力。这就构成了对身心二元的克服的可能性。

在笛卡尔看来，心灵的认识能力包括领会、想象等，其中领会是把握无限的能力，而想象指向物体性存在。既然身体首先是物体性存在的，那么身体观念的获得必然首先通过想象。"想象可以为我们提供广延的最基本的研究材料，即线条。通过提供线条，想象可以为我们构造各种可以被测量的空间化图形乃至各种物体及其变化

[①] ［法］笛卡尔：《第一哲学沉思集》，庞景仁译，商务印书馆1986年版，第80页。

和运动,这样物理世界就变得可以被研究和建构了。"① 想象对物理世界在观念世界中的呈现的基本作用通过为广延提供基本构成材料——线条——来表达,也就是说,物理世界是以线条为基本单位的,这些线条通过想象的构造被提供给自我的认识能力。想象在这里具有一种基本的构建能力。它指向物理世界并将物理世界表达在认识能力之中,因而可以认为它是连接物理世界与理智世界的中介。既然身体首先是物理世界的存在,那么自我对身体的确认必然通过想象力。

然而,笛卡尔认为,身体是一种特殊的物理存在,它与其他物理世界中的物体的区别在于它是不可分割的。我们的身体观念是作为一个统一提供给我们,而非作为一个眼睛、手和躯干等的组合物被领会。这种特殊性使得身体不能以感觉的方式,而只能以某种已被统一的方式被提供给自我,而想象力因为具有对广延的构造能力承担了这个任务。想象力之所以能够承担这个任务的原因是模糊的。但它的确承担这个任务这一点是明确的。正如萨特在《存在与虚无》中所言:"当笛卡尔不得不致力于研究身心关系问题的时候,他面临着类似的问题。当时他主张在思想实体和广延实体的统一业已发生的基础上来寻求解决这个问题,也就是凭借想象。这种主张是有价值的:当然我们与笛卡尔关注的东西并不相同,我们对想象的看法也与他不同。但是值得考虑的是:不因当先把两个关系项分开,随后再把它们结合起来:关系即是综合。"② 也就是说,在萨特看来,思维实体和广延实体在笛卡尔的理论中并非先行地处于分割的状态,二者是处于一种已然连接的关系中,这种连接建立在想象的基础上。而正如前文所阐述的,想象力是指向广延实体的思维能力,它所指向的首要广延实体就是身体。因此可以说,通过想象力,在物理世

---

① 贾江鸿:《从三个原初概念看笛卡尔哲学》,《南开学报》2007年第1期。
② [法]萨特:《存在与虚无》,陈宣良等译,杜小真校,生活·读书·新知三联书店2007年版,第28页。

界中存在的身体与自我不可分割,因而作为中介连接起了思维实体与广延实体。笛卡尔强调,这种连接所构成的是"一个完全的实体性的统一,即一个完全的实体。他们的统一具有完全的必然性。在他看来,精神和肉体如果把他们联系到由他们组成的人来看,他们甚至都并是不完全的实体,而只有作为身体和心灵的统一体的人才是一个完全的实体"①。完全的实体,即人作为想象力统一身体和心灵这一结果说明,笛卡尔并没有在绝对意义上划分心灵与身体,而是通过想象力概念为心灵与身体的统一留下了可能与空间。

三 康德的想象力理论

尽管想象力概念伴随哲学产生,但它明确作为一个积极概念登台并产生重大影响应该是在康德的哲学中。康德认为,想象力在认识的形成中扮演着不可或缺的角色,尽管这种角色在《纯粹理性批判》的地位与作用在第一版与第二版的论述之间不尽相同。两个版本中想象力角色的变化,正说明了它之所以不可或缺的原因,并为更为深刻理解想象力概念在哲学理论中的潜力提供了入口。

在《纯粹理性批判》对范畴的主观演绎中,想象力与感官和统觉一起构成认识的三大来源,"感官是把现象经验性地展示在知觉中,想象力把现象经验性地展示在联想中,统觉则将之展示在对这些再生的表象与它们借以被给予出来的那些现象之统一性的经验性意识中,因而展示在认定中"②。认识的三大来源并不是孤立的,感官所提供的是最为初始的材料。这些材料经由再生的想象力,被统觉所综合,从而形成一个关于现象的认识。这个认识的形成过程事实上就是感性转换为知性、概念统摄杂多的过程。这种转换,也就是认识的材料能够真正形成认识的原因,是认识来源所分属的三个

---

① 贾江鸿:《重新梳理和思考笛卡尔的身心问题》,《自然辩证法研究》2011年第3期。

② [德] 康德:《纯粹理性批判》,邓晓芒译,人民出版社2004年版,第125页。

综合：直观中领会的综合、想象中再生的综合以及概念认定的综合。直观中领会的综合将表象的杂多在时空中予以贯通和概括；想象中再生的综合将已经消失的表象通过内感官进行综合；将直观到的表象与再生出来的表象结合在一个表象中的就是概念认定的综合。通过最后的这个综合，知性将概念与对象连接起来。在认识的这个形成过程中，知性是实现跨越的最后一步，但并不是跨越得以可能的最基础原因。

总体而言，康德将想象力定义为主体所拥有的对感性杂多进行综合的一种能力。在康德那里，想象力被区分为再生的想象力和生产性的想象力。在《纯粹理性批判》的第二版演绎中，康德指出："就想象力是自发性这一点而言，我有时也把它称之为生产性的想象力，并由此将它区别于再生的想象力，后者的综合只是服从经验性的规律即联想律的，因此它对于解释先天知识的可能性毫无贡献，为此之故它不属于先验哲学之列，而是属于心理学的。"再生性的想象力是一种经验性的能力，因为康德认为"想象力的再生的综合是基于经验的条件的"，它不是能够先天地发生的，不表示一种先验的能力。而"想象力的纯粹的（生产性的）综合的必然统一这条原则先于统觉而成了一切知识、特别是经验知识的可能性基础"，因此生产性的想象力是一种先验的想象力，它用以解释先天知识的可能，具有创造性。它是一种非意识的、理智直观的创造性，与知识范畴相协同。正是通过生产性的想象力，范畴才具有一般的普遍性综合。但这个观念是思想变化之后的结果。

在第一版的演绎中，康德提出，想象力的纯粹的先天综合"它本身构成了一切经验的可能性基础"[①]。想象力的纯粹先天综合是想象中再生的综合的先天根据，它是"使得诸现象的这种再生成为可能的东西"[②]。既然它是先天的，那么它必定是先于一切经验的，这

[①] ［德］康德：《纯粹理性批判》，邓晓芒译，人民出版社2004年版，第116页。
[②] ［德］康德：《纯粹理性批判》，邓晓芒译，人民出版社2004年版，第116页。

就构成了它作为经验的可能性基础的首要条件。另一方面，从认识形成的过程可以看出，想象力在其中充当连接感性与知性的中介。正如康德所强调的，直观与概念是异质的，因而它们的结合必须借助第三者的中介："由此可见，必须有一个第三者，它一方面必须与范畴同质，另一方面与现象同质，并使前者应用于后者之上成为可能。这个中介的表象必须是纯粹的（没有任何经验性的东西），但却一方面是智性的，另一方面是感性的（有限的）。这样一种表象就是先验的图型。"① 先验的图型正是想象力的产物，它建立在先天原则之上，与范畴同质；同时又因为它以时间为基础而与现象同质。由想象力所产生的先验图型在性质上的双重性使得感性与知性、直观与概念之间能够连接起来。

如若没有想象力再生的综合中所具有这种能力，亦即想象力的纯粹的先天综合，感性与知性之间就会是断裂的，"感性虽然会给出现象，但却不会给出一种经验性知识的任何对象，也不会给出经验"②。所以，经验要得以形成，知性必须以某种方式达到现象，这种方式必须既具有感性形式又带有知性的形式。而想象力再生的对象是现象，而它对现象的再生本身已经是一种知性的形式、概念性的表达，因而，想象力本身就具有双重属性。这就使得"这两个极端，即感性与知性，必须借助于想象力这一先验机能而必然地发生关联"③。如果想象力是连接感性与知性使得经验得以可能的，那么它必然在逻辑上先于感性和知性，但这与康德以先验统觉为一切综合活动至上原理和根据的信念是冲突的。这也表达在了康德相互矛盾的论述中："这个统觉，它必须被添加在纯粹的想象力之上，以便使后者的机能成为智性的"④；然而"想象力的纯粹的综合的必然统一这条原

---

① ［德］康德：《纯粹理性批判》，邓晓芒译，人民出版社2004年版，第139页。
② ［德］康德：《纯粹理性批判》，邓晓芒译，人民出版社2004年版，第130页。
③ ［德］康德：《纯粹理性批判》，邓晓芒译，人民出版社2004年版，第130页。
④ ［德］康德：《纯粹理性批判》，邓晓芒译，人民出版社2004年版，第129页。

则先于统觉而成了一切知识特别是经验知识的可能性基础"①。

明显的是,当想象力被赋予更为基础的地位时,感性与知性之间的连接是可以达成的。这一连接的实现意味着认识的一个连续的、无断裂的发生,也意味着感性与理智世界之间衔接的可能。然而,使得想象力具有这种能力的,是它无法用理性把握的特性。在康德看来,想象力的运作,即先验图型的产生是"人类心灵深处隐藏着的一种技艺,它的真实操作方式我们任何时候都是很难从大自然那里猜测到"②。在这里,他委婉地承认了理性对想象力的不可把握。对想象力的无能为力表明了理性的有限,而理性的有限是与康德哲学的根基相悖的。正因为如此,康德在第二版中放弃了想象力的基础地位,而将其从属于知性。

在《纯粹理性批判》的第二版中,想象力被定义为"把一个对象甚至当它不在场时,也在直观中表现出来的能力"③。这种能力不再单独作为提供知识的来源,不再是心灵的一种基本能力。它依旧"是一种先天地规定感性的能力,并且它依照范畴对直观的综合就必须是想象力的先验综合"④,但康德在这里将它规定为知性对感性的一种作用。也就是说,康德在这里明显地将想象力作为知性的某种功能和应用,而不再具有与知性比肩的地位。由此,知性必然比想象力更为基础与本原。

与此相适应,一方面康德将"形象的综合"附加在想象力的综合功能之上,取代第一版中想象力的智性综合,并将后者赋予知性能力,知性因此无须借助想象力便可进行智性综合。另一方面,在第二版中康德更多地使用认识的三要素——纯粹直观、纯想象力以及纯范畴——之间的关系来说明认识的发生与可能,而不再使用第一版中三大综合的论证方式。至为关键的想象力的再生综合似乎直

---

① [德] 康德:《纯粹理性批判》,邓晓芒译,人民出版社2004年版,第130页。
② [德] 康德:《纯粹理性批判》,邓晓芒译,人民出版社2004年版,第127页。
③ [德] 康德:《纯粹理性批判》,邓晓芒译,人民出版社2004年版,第101页。
④ [德] 康德:《纯粹理性批判》,邓晓芒译,人民出版社2004年版,第101页。

接从论证中被删除。对于康德关于想象力理论的这种转变，海德格尔认为其原因在于，康德将想象力当作感性的低级能力，如若一直坚持康德在第一版中对想象力地位的论述，那么理论的结论就将是感性的感性能力构成了理性的本质，其导致的结果必然是对理性作为形而上学根基的否定和先验哲学理论大厦的坍塌。①

如果海德格尔的批判是中肯的，那么一个值得追问的问题就是，想象力是否真的只是感性的一种低级能力。无疑，海德格尔的答案是否定的。在他看来，"生产性的想象力是主体性的能力的根源。它是主体、此在自身绽出的基本机制"②。想象力被海德格尔放置在了最为本原的位置，它构成了主体性的本质的结构。然而即使海德格尔是在肯定的意义上确认了想象力在主体绽出中的本原地位，但从本质上而言，他已经否认了康德意义上的理性主体作为认识之可能的基础地位。更为尖锐地说，海德格尔通过对想象力概念基础地位的肯定，否定了以康德为代表的、传统的对主体理性的基本信仰。以想象力为切入点，海德格尔甚至表达了他对传统哲学探寻模式的拒斥。而想象力中的"否定性特色"，使得它能够成为海德格尔如此操作的理论工具。齐泽克认为，这种否定的特色是一种无拘束地随意将一切客观联系打乱的空洞自由。他指出，"想象力使我们能够将现实的肌理拆散，并将有机整体中的一部分视为单独、有效的存在物"③。齐泽克的这种看法一方面认识到了想象力作为理性的对立面对认识所能造成的破坏，但另一方面他也将这种破坏力夸大了。

的确，无论是在柏拉图、笛卡尔还是康德的理论中，想象力都隐约地透露出了它非理性的潜力，但这种非理性并非绝对意义上

---

① Martin Heidergger, *Kant and Problem of Metaphysics*, Indiana University Press 1990, p. 114.

② Martin Heidergger, *Phänomenologische Interpretation von Kants Kritik der reinen Vernunft*, Frankfurt: Klostermann 1977, S. 418.

③ ［斯洛文尼亚］斯拉维·纪杰克（Slavoj Zizek）：《神经质主体》，万毓泽译，桂冠图书股份有限公司 2004 年版，第 45 页。

的空洞的、随意的，毋宁说，想象力是作为对理性的补充与认识之可能问题，与自由问题相关联的。因为它遵循理性推理的逻辑，并在这种逻辑自身之中表明了它的有限性：它是对理性一元从内部的突破。于是，可以设想，想象力概念表达的是一种对理性的绝对一元的斗争，对它的正视，对它所代表的理论概念的对立概念——非理性、不可把握、感性、无秩序——的正视，或许能够弥补迄今为止各种哲学尝试所具有的缺陷，其中最为重要的就是理论与实践、理论与现实之间的断裂。可以说，它提供了一种希望，即或许它能够在理性的边缘架起一座桥梁，连接理性将之排除出去的影像、感性世界，从而丰富理论的视域，使理论跳脱出自身，建立起理论与实践之间的统一。作为康德的后继者，费希特并没有与康德一样放弃想象力概念，尽管已有的论述同样暗藏了一个危机，即想象力概念如果要发挥其真正的作用，它就应该占据一个更为基础的位置。从紧接着《全部知识学的基础》新一版的知识学可以看出，费希特接受了这一理论要求，这种接受导致的结果是一种不同于《全部知识学的基础》的结构的知识学体系、真正以自由为最高点的哲学体系。

第二节 《知识学新方法》及其纲要

《知识学新方法》（以下有些地方简称《新方法》）是笔者选择分析的费希特的第二个文本，也是公认的第二个版本的知识学。如果说《全部知识学的基础》（以下有些地方简称《基础》）是费希特对一种体系性的自由理论的第一次尝试，那么新方法就是对这个体系的一次升华或者说完善。二者之间的连续性当然是毋庸置疑的。首先在时间上，《新方法》是对1796年和1798年的讲座的整合，而开始于1796年的讲座距《基础》的发表仅一年。其次，在此时，费希特的思想还未发生大的转折，即费希特还未遭遇"无神论"指责，因此在基本观念上也未发生改变。当然，这种连续性并不意味着《新方法》是对第一个完整版本的知识学的完全重复，至少如它的标题所表明的，它在方法论上与《基础》就有鲜明不同。Reinhard Loock 就认为："第二个版本的知识学的题目已经证明，它的特色根本在于尝试一种方法论上的新的表达。"① 这个认识与费希特自己的认识一致。费希特自己就认为所有版本的知识学之间的差异仅仅在于表达方式而不在于内容。根据这一点，Loock 指出："在这个背景下，以下一点就显得引人注目，即它首要的并不是推导理论的和实践的理性，而是统一的理性整体，更为确切的，在当下的讨论中的是实践的不可中介的对象，以及从它之中推导出理论的对象。"② 这个看法与费希特自己的观点一致。他在 1798 年关于他的报告的一则评论性附录中写道："在他关于〔新方法〕的讲座中，并没有出现到目前为止为大家所熟悉的对理论和实践哲学的划分。相反，他仅整体地阐述了哲学，统一了理论的和实践的（哲学）。按照一个更加自然的过程从实践的开始，或者说，将实践的部分从有助于明晰性的地方拉到理论的那一部分中，以便从中使之得到解释。"③ 从费希特的自白中可以看出，相较于《基础》，《新方法》更具体系性和统一性，因为它在方法上不再坚持对理论和实践的划分；相反，它从一个统一了理论和实践的整体出发。在论述上，不再是从理论到实践的外在的过渡性论述，而是从实践开始，以一个自然的进程引入理论部分。这个改变必然更为符合费希特的理论旨趣和目的。但这个表白太过简略，在理论的展开中分析和印证它就是我们接下来的任务。

---

① Reinhard Loock, "Fichtes Wechselwirkung und der Implizite Hörer der Wissenschaftslehre novaMethodo", *Fichte – Studien*, Band 16 (1999), S. 69 – 90.

② Reinhard Loock, "Fichtes Wechselwirkung und der Implizite Hörer der Wissenschaftslehre novaMethodo", *Fichte – Studien*, Band 16 (1999), S. 69 – 90.

③ J. G. Fichte, *Gesamtausgabe der Bayerischen Akademie der Wissenschaften*, I/4, Hrsg. von ReinhardLauth. Stuttgart – Bad Cannstatt：Frommann – Holzboog 1970. S. 173f.

一 关于《知识学新方法》

《知识学新方法》并不是费希特在世时出版的知识学版本之一，它由费希特分别于 1796 年和 1799 年对知识学的讲授的讲义编撰而成。据考察，费希特在 1796 年至 1797 年的冬季学期讲授了原定 1796 年夏季学期计划讲授的知识学课程。课程登记信息载明，这个课程将"根据一个新的方法、用一个更加有效率的方式，根据一个基于《全部知识学的基础》的手稿"① 讲授《全部知识学的基础》。这是这一版本的知识学被冠以"新方法"的缘由。这个课程在接下来的两个冬季学期中被重复讲述。遗憾的是，费希特的讲课手稿并没有被保存下来。费希特并不认为这个一度被认为应该是更加清晰的和顺畅的陈述切实地表达了他的思想。这个版本的知识学最终为费希特所放弃。这个被称为《知识学新方法》的版本最终之所以能够面世，有赖于分别于 1885 年和 1980 年发现的学生抄本。前者，题为《以费希特课程为依据的知识学》，在哈勒大学图书馆中被发现，受赠于一位当地以收集大学课程抄本出名的 Gottfried Moriz Meyer。这个抄本最早由费希特学者 Fritz Medicus 带入学术视野。他在他所编撰的六卷本的《费希特选辑》中评论了这个学生抄本。随后 Siegfried Berger 在他的就职论文中描述并分析了这个后来被称为的"哈勒手稿"学生抄本。1918 年，这篇包含对手稿的大量直接引用的论文被出版。在之后十年，Emanual Hirsch 在他的两部著作的附录中收录了一些该手稿的节选。直到 1937 年，手稿的全文才得以出版。一个名为 Hans Jacob 的人将它收录在他编辑的费希特的文学残片的第二卷中。但是这个出版在战时的著作并没有帮哈勒手稿赢得很大的影响力。1978 年 Jose Manzana 和其他人出版了费希特著作集的新的纪念版，并将"哈勒手稿"全文收录在第四卷中。

---

① J. G. Fichte, *The Foundations of Transcendental Philosophy*, (Editor's Introdductionn), Ed. & Tran. by Daniel Breazeale, Cornell University Press 1992, p. 14.

《知识学新方法》的第二个版本由 Erich Fuchs，一位从事学术版费希特编辑的工作人员和学者，于 1980 年在德累斯顿的萨克森州图书馆发现。该部手稿以"费希特关于知识学的课程，开讲于耶拿 1798/1799 年冬天"为题，而做此手稿的学生名为 Karl Christian Friedrich Krause。因此之故，这部手稿被称为"克劳斯手稿"。Fuchs 对这部手稿抱有极大的兴趣，很快于 1982 年将其作为 Felix Meiner 的"哲学图书馆"系列的第 336 卷的内容出版。重新编辑过后的版本收录在巴伐利亚学术版费希特著作的第 4 卷中。正如在哈勒手稿中的情形，克劳斯手稿中的大量词汇和叙述风格都是典型的费希特式的。就内容而言，这一手稿在结构上和论点上与第一个版本相互印证。不仅如此，两个版本的手稿在一些段落上甚至一字不差。二者的相同的参考文献列表也证明它们从属于费希特的同一个课程。

虽然哈勒手稿和克劳斯手稿是基本一致的和相似的，但两个版本之间还是存在一些差异，有时候这些差异是明显的和意义重大的。首先它们不是字字重合的。这一点其实很好理解。毕竟二者产生于不同时期的课程和课程参与者。此外，它们互相包含一些对方版本中没有的内容。但这些差异并不妨碍将它们作为对费希特同一个课程的手抄本。它们共同构成了今天可以对其进行研究的费希特的《知识学新方法》。

在此值得提出的问题是《知识学新方法》对费希特研究的理论意义。在《全部知识学的基础》发表之后，立即在学术界就掀起了一股"费希特热"。无疑它作为费希特知识学的第一个版本，在其核心观念与基本推演方法上应该是对费希特哲学理论的一次成熟的表达。甚至按照费希特一贯所强调的，抛开表述上、概念上的问题，它应该是对费希特知识学理论的精确表达。"他只承认他的许多读者认为他最初的陈述是晦涩的和难以理解的。因此，他总是将撰写一个新的版本的任务当作为旧酒找新瓶，而不是改变他的体系的实际内容或原则。简言之，他想要以一个新的版本替换掉原先的陈述的理由完全是教育学的。"① 然而事实却并非如此。《基础》的标题表明，在这部著作中，费希特信守的是莱因霍尔德式的"第一原则"的观念，它"仅仅是对一个更大的体系的'基础'和'第一原则'的陈述，鉴于它的大纲（它试图从这些第一原则中衍生出费希特将之当作《纯粹理性批判》的假设的东西，即空间、时间和感性直觉的多样性）代表了向'理论哲学'的更狭窄的领域的扩展"②。当Daniel Breazeale认为《基础》指向更为狭窄的领域时，他意指的应该是该著作中一种纯形而上的或者说一种与实践领域相脱离的理论气质。而到《知识学新方法》，一些基本观念已经不知不觉被替换。当费希特在课程纲要中指出以新的方式陈述知识学的内容时，他忽略了他的陈述方式在很大程度上代表了他的推演方式和逻辑。方式的改变在他还未意识到的情况下，改变了他的知识学的推演逻辑和基本概念。

当然，费希特从不认为哲学家应该固定使用一套术语来呈现他的思想，或者任何思想。似乎在他看来，语言表述和思想之间要么总是存在一定的距离，要么一个思想可以对应许多不同的语言。他对固定术语的不坚持与后来法兰克福学派代表人物阿多诺的观点相类似。后者认为任何术语都是固定的一个点，对思想而言，需要的是一个星丛。星丛建立起一个概念之间的关系网，网中的各个节点互相得到澄清。在费希特的各个版本的知识学中，甚至在同一个版本的知识学中，同一个概念的不同名称以及与之对应的相关概念的名称亦有差异。这在《知识学新方法》中表现得十分明显。这在我们之后对它的分析中可以被验证。

即使如此也并不能认为费希特并没有意识到不同知识学版本之间存在观念上的差异。相反，随着他的哲学信念和追求的改变，他

---

① J. G. Fichte, *The Foundations of Transcendental Philosophy*, (Editor's Introdductionn), Ed. & Tran. by Daniel Breazeale, Cornell University Press 1992, p. 13.

② J. G. Fichte, *The Foundations of Transcendental Philosophy*, (Editor's Introdductionn), Ed. & Tran. by Daniel Breazeale, Cornell University Press 1992, p. 7.

对各个时期知识学版本的评价都有所不同。当然这是理所当然的。哲学家的思想的发展伴随的必然是他的著作的改变。对费希特而言，他的哲学兴趣从一开始就是笃定的。即便如此，在他的哲学生涯中还是发生了"神学转向"。与之相关的是，他认为1801年之前的知识学版本都没有达到理智世界的最高综合。① 这个认识决定了费希特明确地意识到他要将最高综合置于他对体系之第一原则的新陈述的中心位置。这个认识表达于1800年至1801年的冬天，但普遍认为导致费希特将知识学陈述为一个关于绝对与绝对之表象的理论的转变在耶拿时期就已经开始②。因此，我们可以推测，在耶拿所做的课程中，已经出现了这个转变的表现。这就使得对这一时期的知识学的版本作细致研究是十分必要的。它承接了费希特哲学生命中最为重要的转折，是对前期思想的重新梳理与探查，也是对后期思想的培育与灌养。

按照这种哲学任务的转变，费希特的《知识学新方法》应该开始表达出一种对理智世界的最高综合的探究。无论在这个时期，他所认为的最高综合的内容是什么，他必定已经开始意识到绝对自我作为第一原则不能成为他的陈述的核心。与之相适应与第一原则的核心地位相呼应的一些因素，必定也在费希特的思想中发生了地位的改变。更为彻底地，Breazeale认为，费希特在《知识学新方法》中彻底抛弃了所有莱因霍尔德和康德之前的理性主义的因素，并完全放弃了所有关于第一原则的论述。③ 如果Breazeale所言不假，那么这不能不认为是相比较于《全部知识学的基础》的一个巨大而彻底的改变。正如前文已经说明的，费希特师承康德，并彻底接受莱

---

① J. G. Fichte, *The Foundations of Transcendental Philosophy*, (Editor's Introductionn), Ed. & Tran. by Daniel Breazeale, Cornell University Press 1992, p. 27.

② J. G. Fichte, *The Foundations of Transcendental Philosophy*, (Editor's Introductionn), Ed. & Tran. by Daniel Breazeale, Cornell University Press 1992, p. 28.

③ J. G. Fichte, *The Foundations of Transcendental Philosophy*, (Editor's Introductionn), Ed. & Tran. by Daniel Breazeale, Cornell University Press 1992, p. 11.

因霍尔德的第一原则的观念。对这个断言的确切性我们可以暂且存疑。但它不妨作为我们对费希特《知识学新方法》的探究的一个标准。由此，我们可以做如下的追问：《知识学新方法》中是否还存有理性主义的因素？如果有，"理性主义"是如何在新的文本中被定义和突显的；如果没有，取代理性主义的因素的又是什么？如果它的确不再论述第一原则的观念，那么它是如何表达和解决知识学的原初任务的。也就是说，它是如何捍卫它作为一门知识学的地位的？同时，也是最为重要的，取代第一原则的是什么？对它的论述或推演又是如何一步一步达到费希特之所以放弃第一原则而选择它的目的的？这个目的又是什么？

我们对《知识学新方法》的分析将会时刻记住这些问题，并尽量时刻回到这些问题。当然，在探究费希特的理论目的与理论结构本身，我们也不能忘记本书出发时所试图解答的问题。一个最为恰适的结果是，所有的问题最终都能归顺为一个问题，这个问题在分析的过程中慢慢被厘清并在最后获得一个合适的回答。

二 对《知识学新方法》的纲要的分析

哈勒手稿和克劳斯手稿一致表明，《知识学新方法》分为十九节。相较于学术版《费希特全集》将两个手稿分开编撰在不同的两卷之中，Daniel Breazeale 综合两个版本的手稿进行了编辑与翻译：全文翻译克劳斯手稿，因为这一版的手稿更具体系性、统一性，并且书写得更为清楚，同时用哈勒手稿中的大量段落进行补充——近乎哈勒手稿的一半。[1] 这种编撰方法对于我们把握《知识学新方法》整体理论的走向，在细节之处发现两个版本手稿之间的差异，更好地理解费希特这一版知识学的改变和理论意图都更为有益，因此，我们的理论分析将在基于学术版两个版本的手稿的基础上，综合采

---

[1] J. G. Fichte, *The Foundations of Transcendental Philosophy*, (Editor's Introductionn), Ed. & Tran. by Daniel Breazeale, Cornell University Press 1992, p. 50.

用 Breazeale 所翻译的《知识学新方法》，它由康奈尔大学出版社初版于 1992 年。尽管翻译后的版本题为《先验哲学的基础》，但本书仍然采用德语版的名称，即《知识学新方法》。按照手稿显示的结构，1798/1799 年版的《知识学新方法》基本每一小节都包含两个部分。第一部分是对每一节观点的提出简要分析。第二部分是对应前面提出的观点的展开性分析。也就是说，《知识学新方法》依据论点和论据分为两个部分。在充分展开论证之前，先考察费希特在这一版的知识学中的自我概念的基本观点，对理解费希特此时的致思路径与重点大有裨益。

在笔者看来，在全书的十九节中，以自我概念的推演为节点，前三节鲜明地呈现出了这一版本知识学不同于《全部知识学的基础》的特色，并表达了他在这一时期对知识学的基本认识和信念。其中就包含了对自我概念的本质的断言。因此，我们接下来将细致分析《知识学新方法》中前三节的主要论点[①]。

1. 自我概念、理智直觉

> 假定：构造自我概念和观察如何实现这一点。
> 这一点已经得到断言，即如果人们做它被要求所做的事，它会发现它是积极的，此外它还会发现它的活动是指向它自己的积极的自我。因此，自我概念只能通过一个自我返回的活动才能得以形成。相应地通过这样一个活动得以形成的唯一概念就是自我概念。当它正在从事这个活动的时候观察它，它就立即意识到这一点；即它设定它自己是自我——设定着的。作为意识唯一的直接形式，这个对自己的直接意识必须被预先设定以解释意识所有其他的可能的变化。它被称作自我原初的直觉。（直觉这个词在这里同时具有主观的和客观的意义。因为直觉可

[①] 费希特的原文并没有给小节列出标题，这里所使用的小标题借用自 Breazeale 编辑翻译的英文版。

以意味两种不同的东西。(α) 它可以指自我具有的直觉，在这种情况下自我是主体，是直觉着的主体；或者 (β) 它可以指指向自我的直觉，在这种情况下直觉是客观的，自我是被直觉的对象。) 人们会进一步地发现，它不能设定自己是活动的而不设定一个在那与之相对立的静止的状态。无论何时一个静止的状态被设定起来，一个概念就被制造出来——在这种情况下，是自我的概念。①

"自我"作为费希特知识学的内在核心，就逻辑而言，其概念应该第一个被确定，事实上费希特也正是这么做的。然而，如何切入这个核心概念才能更大程度上避免误解和获得最大的认同呢？他在这里的做法所表明的，正如他在《全部知识学的基础》的开篇所说明的那样，任何一个理论的演绎，都应该从众所周知的意识事实出发。在这里，这个意识事实是已经被断言的。即使是被要求做某事，行动的主体也会发现自己是积极的。这个积极的行动主体在自我概念出现之前，是一个虚的不定代词，它不特指任何一个人，也不应该指任何一个可以被联想到的主体。

但不能避免的是，在表述中的主体与行动主体之间存在一个无法彻底厘清的关系。在作者表述时，表述的主体是语句的主体与动词的承担者，但这个动词的承担者是否与活动的承担者一致呢？费希特在这里似乎是想在二者之间作出区分的。因为他并没有直接将"自我"当作表述主体，转而采用了一个不定代词。原因应该是在这里自我作为被推导出来的概念，不能直接占据推导者的位置。如果将自我直接作为表述主体，至少在表述上就是一个循环论证。尽管费希特认为，知识学的展开

---

① J. G. Fichte, *Gesamtausgabe der Bayerischen Akademie der Wissenschaften* IV, 3, Hrsg. von Erich Fuchs, Reinhard Lauth, Ives Radrizzani, Peter K. Schneider und Günter Zöller, Stuttgart – Bad Cannstatt 2000, S. 349 – 350.

不能跳出循环的圈子，但他还是试图使得表述更少地带有循环论证的色彩。所以，他总是选择一个经验意识的事实作为理论表述的切入点。但是，经验意识的事实已经内在地蕴含了所有应当被推导出来的概念的可能性。所以，在阅读费希特的过程中，读者总是需要不断地在费希特以为已经是被广泛认可的论断与费希特的理论展开步骤之间不断跳转，分辨出哪些是事实，哪些又是推导步骤。

在这里，被断言的论点的表述主体采用不定代词造成的误解是，它带有个体的色彩，而行动主体首先应该是理智主体。理智主体作为一种泛存在，是脱离个体意义的。这不是否定个体所具有的理性能力，而是说概念一般应该首先与具体物保持一定距离。费希特采用的表述方式似乎没有遵循这一原则，相反，他将理智主体表达在个体之中（这一点之所以值得注意，不仅因为在后面的理论展开中，费希特有对个体的论述，也因为理智主体与个体的关系是全面理解费希特理论体系的关键点，同时，它也为在当代话语背景下的解读提供了丰富的可能性）。行动主体等于又不等于自我。

积极的行动主体之所以是积极的，只能是因为活动的本质是积极的。因为即使是在被要求（亦即在被动的状态下从事某种活动），主体也会是积极的。活动的性质决定主体的性质，这正是费希特一贯的观点。自我的本质是行动，而非其他。

当主体从事活动时，它同时发现活动是指向自身的。在这里，活动已经与被要求所做的具体的事情区分开了，活动的本质已经被剥离出来。活动是积极的，它自己设定自己为设定者。不仅如此，伴随这个本质性活动的原初直觉，使得主体在从事活动时能够直接意识到自己的活动并发现自己在这个活动中所扮演的设定者的角色。费希特认为原初的直觉是解释所有意识变化的基础。因此，可以说，在这简短的论述中，费希特确定了知识学的两个点：积极的活动和与之伴随的原初直觉。

前者是理论推演的基点,后者是解释意识的基点。

基点的确定,消除了理论不断后退的可能性。自我返回自身的活动直接将不断后退化归为从自我发散出去并由自我收拢的一个活动。而这个活动也由此被确定为一个不可再向后追溯的基点。

就意识理论而言,费希特之前每一种主体理论都面临着"我意识到我在意识","我意识到我意识到我在意识"这种不断后退的困境。然而要阻断这种后退,只能通过设定一个意识的起点。这是笛卡尔采用的办法。他认为,无论具体意识具有多大的欺骗性,"我在怀疑"这一点是无可怀疑的,因而通过设定这一断点,笛卡尔认为能够将他的理论从无限后退的旋涡中解救出来。但是类似笛卡尔采取的这类解决办法,除了带有独断的色彩,还面临着思维主体与思维之间可能存在的二分的困境。思维是作为主体的活动,是主体的一种属性,但主体是否能够通过这种属性得到完整的确定?在"我怀疑"这样的论断中,主体扮演着怎样的角色?这一问题演进到康德的理论中,思维架空了主体。所有的论证都是针对思维而非主体。当思维取代了主体,一种能力是否可以支撑起整个认识论?作为康德的真诚的拥趸,费希特可以说是对康德的理论作出了合理的修正。

通过将行动与意识统一起来,意识不再是空的、缺乏承担者的;同时,行动本身必然伴随原初直觉,用行动的第一性保证原初意识作为意识起点的合法性,由此意识获得固定的立足点。

主体的活动是返回自身的。正是通过这个自我返回的活动,自我的概念才得以形成,并且"自我"是唯一通过这个返回自身的活动产生的概念。但是在这里,费希特并没有论述自我概念是什么。而是通过与活动相对的静止状态,来确定自我概念产生的条件。只有在与活动相对的地方设定一个静止状态,自我的概念才能被制造出来。也就是说，自我概念的产生并不只凭借活动，它是活动与静止对立统一的产物。

对比这里与《全部知识学的基础》的开篇能够看出，在这里费希特首先为自我确立了一个域。在这个域中，自我被赋予了行动、静止、对自身的原初意识以及最为重要的——所有需要依靠自我解释的事件的可能性。相反，在这段论述中，费希特还没有涉及非我的概念。一种可能的解释是，一个作为域存在的自我，与非我的对立并不是一对一的。也就是说，自我概念事实上是一个能够分层的概念，它与非我的对立只是在一个层面上或者说一个点上。这个推测并不是空穴来风，它对应一种普遍的对费希特自我概念的认识，即在费希特知识学中的自我能够被区分出不同的层次或者说概念范围。倪梁康先生在《自识与反思》一书的费希特理论部分就做过这种分析。如果自我是通过一个域被定义的，那么会产生的最为重要的问题就是，这个域的核心是什么，或者说，自我的本质之中的本质是什么。相比较会产生的其他的问题，对这个问题的回答才真正决定费希特哲学体系的本质。对自我的定义的进一步的落实，是通过自我与非我关系的阐述来完成的。它是《知识学新方法》陈述的第二个观点。

2. 自我与非我的关系

断言称，当人们构造自我概念的时候，它将同时发现它不能不设定这个活动为自我确定的而设定自己是积极的，此外它不能在不设定一个从不确定或可确定性的状态开始的过渡活动的同时做到这一点——这个过渡活动正是它自己在这里正在观察着的那个活动。类似的，人们不能理解自我的概念——这个概念通过确定的活动得以产生——而不通过一个对立的非我确定这个概念。可确定之物就是之前称作静止状态的东西，因为它恰是通过被转变为一个活动而变得是确定的。此外，与自我的直觉相联系的自我的概念，对非我来说是一个直觉。更确切地说，它是直觉着的行动的概念。这个对立导致的结果就是非我能够被描述为活动的实在的否定；也就是，它能够被描述为"存在"，存在是被取消的活动的概念。存在的概念因此绝对不是原初的概念，而是一个消极的从活动中衍生的概念。[1]

虽然这一要点的标题被 DanielBreazeale 归纳为是自我与非我的关系，但它更多的是通过自我与非我的关系来进一步定义自我概念。这也是自我与非我的真实关系，即非我是用来进一步说明自我的，而在对自我的说明过程中，非我同时得到澄清，但无论如何，非我都不处于主语的位置。

自我概念通过一个确定的活动得以产生，通过与非我的对立得以理解。在费希特看来，确定的活动预设了一个可确定性。可确定性作为一个可能范围，供自我的活动进行选择。自我必定是活动的，因而，决定自我概念的就是自我在这个范围中所选择的那个确定性。既然可确定性是与活动相对的，那么它就应该是静止的。这个静止状态构成了自我活动的起点。自我的活动就是从这个静止状态，即可确定之物过渡到确定之物，在这个过程中自我概念得以形成。在这里，作为一个状态而被统一起来的所有可确定性潜在地构成自我，自我通过活动在可确定性中选择的确定性具体地构成自我。这就是非我与自我的真实关系。非我与自我之间的对立，是出于理解的需要，而不是作为实在的对立彼此不相容。自我是活动，非我是静止，是对真实活动的否定。这个否定并非说明自我的活动是虚

---

[1] J. G. Fichte, *Gesamtausgabe der Bayerischen Akademie der Wissenschaften* IV, 3, Hrsg. von Erich Fuchs, Reinhard Lauth, Ives Radrizzani, Peter K. Schneider und Günter Zöller, Stuttgart – Bad Cannstatt 2000, S. 357.

假的，而是从范围来看，自我的确定活动仅仅是众多可能性的一种。当一种活动从可确定性中凸显出来，作为背景的其他可能性就与其构成了一组彼此否定。前者不再从属于可能性范围，后者不再作为活动之可能性。

此时，作为过渡活动起点的可确定性，亦即非我就成为一种"存在"（sein/being）。费希特并不认为"存在"是一个原始概念，它只是活动的否定，因而活动必定在逻辑上先于存在。在分析费希特的知识学时，时刻需要注意的是不引入时间关系。时间是经验的属性。而对自我与非我关系的论述并不属于经验层面。因而一个活动先于另一个活动或者另一种状态只是表达与理解的需要。活动先于存在是因为只有当活动已经发生，过渡已然开始之后，可确定性才能表达为对活动的否定。此时，非我与自我构成对立。二者的对立实质是正在发生的活动与所有其他可能发生的活动的对立。因而也可以说，活动和存在之间的差别仅仅在于一个已经发生，一个还处在潜在状态。就此而言，存在这个概念并不表达一种实存。这一点与哲学最开始使用这个概念的意义不同。当存在并不表达一种实存，"实存"所表示的世界要么被取消了，要么被纳入了与实存对立的那个世界。这正是费希特给予自己的哲学任务，即取消肇始于柏拉图的两个世界之间的截然对立，并将理论与实践统一起来。

非我表达为存在，同时作为活动的取消，与自我处于对立中。然而，自我与非我的对立并非一种非此即彼不可调和的矛盾，毋宁说，它是出于理解的需要被设定起来的。这种需要是理论的需要，而非一种实在的缺乏。就自我而言，它设定自己并且返回自己，这就构成了一个自给自足的封闭区域。理论的目的便是突破这个封闭区域，给出表达。费希特清楚地意识到了理论作为一种次生的需求的界限和领域，因而他一再提醒读者，在他的哲学中理论是从属于实践的。这一点在他的知识学的展开部分会得到充分印证。

与之相关并且值得注意的是，费希特对从事理论活动的主体，亦即哲学家的特殊地位的论述。在费希特看来，自我的发生并不以任何非自我的意志为转移，一般的经验认识与哲学家的认识之间的差别并不是正确与错误的差别。与一般经验认识相比较而言，哲学家的认识因为已经洞穿了自我发生的机制而更为全面。前者并非错误，它同样具有解释力，只是这种解释力仅仅停留在经验层面而不能用来说明自我发生的真实状况。因此，知识学之可能，依赖于哲学家对自我的发生机制的把握。而哲学家之所以能够称为哲学家就在于他能够把握意识发生的机制，并将其表达出来。同样，一个哲学家的理论是否正确，也由它的理论是否正确表达了自我与非我的关系来判断。当然，费希特所认为的真实自我与非我的关系就是他的知识学所表达的关系。

对非我之产生的理解，有一个词不能被忽略，即"消极的"。非我不是一个消极的活动的产物，而是一个活动的消极的产物，类似副产品的概念。这说明，产生非我的那个活动并不是一个特别的异于产生自我的那个活动的某个活动。相反，伴随自我的活动，有其积极结果，则必然有其消极结果。积极的一部分代表着自由，而消极的那一部分则是自由的反面。

3. 真实的意识、自由

> 人们会发现这个过渡运动（从可确定之物到确定之物）在自身之内完全拥有自己的基础。与这个活动相关的行动被叫做实在的（reale）活动，它与理想的（idealen）的活动相对，后者仅仅是前者的复制，因此，自我的全体活动就被划分为两种类型的活动。与确定性的原则相一致，如果不同时设定一个实在的或实践力量（Vermögen），就不能设定任何实在的活动。实在的和理想的活动互为条件，互相确定。没有其中一方，另一

方就是不可能的，人们也不能理解其中一个而不理解另一个。在这个自由行动中，自我自己就成为对象。一个真实的意识得以形成，并且从现在开始任何将会是意识对象的东西，必须被与这个起点相联系。自由因此是最终的基础和所有存在、所有意识的第一条件。①

在这一点中，费希特提出了他的理论最为基础与重要的原则，即自由原则。自由是自我行动得以可能的条件。自我并非一个固定的点，它是一个行动，一个在两种状态之间发生的过渡活动。这个活动要成为意识的真正起点，它就必须是自足的，也就是费希特所说的"在自身之内完全拥有自己的基础"。这意味着这一基点之后，再无倒退的可能。所有意识开始于自我的过渡活动，通过并仅仅通过自我的过渡活动得以可能。自我是自足的，因为它是自我设定的、自我返回的并且是自我直觉的。所有这些表达综合起来就是一个命题：自我是自由的。这种自由并非被赋予的。它是自我的本质。只有当自我是自由的，它才是自我；只要它是自我，它必定就是自由的。自我自由的来源无须解释。当我们出于理论的需求论述自由的时候，我们并非在赋予自我以自由，我们仅仅是对自我的自由进行梳理与说明，这对自我而言是一个外在的过程。因而与理论相关的理想活动仅仅是对自我活动的复制。

费希特在之后的展开论述中一再提到三种活动的区分：实在的活动（reale Thätigkeit）、理想的活动（Ideale Thätigkeit）以及现实的活动（aktuelle Thätigkeit）。实在的活动是指自我的过渡活动以及相关活动。也就是说，涉及自我之形成的活动都是实在的活动，它与一种实在的或实践的力量相关。实践的力量是实在的活动的内在条

---

① J. G. Fichte, *Gesamtausgabe der Bayerischen Akademie der Wissenschaften IV*, 3, Hrsg. von Erich Fuchs, Reinhard Lauth, Ives Radrizzani, Peter K. Schneider und Günter Zöller, Stuttgart – Bad Cannstatt 2000, S. 363.

件，也就是说，只要实在的活动存在，那么实在的活动就一定具有实在的力量。实践的力量是实践得以可能的条件，也是自我不断扩展自身的条件。对自我而言，其实在性就体现在它的实践活动之中。然而，实在的活动毕竟还没有通过实践产生实在的效用。因而，实在的活动与实践的力量到目前为止还仅停留在可能性层面。

理想的活动是自我的另一种活动，它涉及自我的另一种能力，关于这种活动及能力，费希特在这里并没有做详细说明。随着阅读的继续行进，这一点会得到说明，即理想的活动与自我的认识活动相关，它作为自我行动得以可能的另外一个条件，使得自我的实践朝向特定的方向展开。理想的活动是实在的活动的复制，因而它不是自由的，它依存于实在的活动，随着实在的活动的发生而发生。然而脱离理想的活动，实在的活动同样不可能。这种不可能既是发生意义上的，也是理解意义上的。从这里可以看出，自我的活动由两个不可分割的部分组成，第一性的实在的活动，以及作为充要条件的理想的活动。然而，要如何理解这种理想的活动作为真实活动的复制，却又构成实在的活动的条件呢？这是理解费希特理论的一个难点。需要注意的是，自我的活动总是第一性的，它的发生是无条件的，即它是绝对自由的。然而自我自身包含着理论的需求。这种需求不是自我的原初活动的可能性条件。费希特将自我定义为从可确定之物到确定之物的过渡，这个过渡是一个选择的过程，自我是自由的，因而它可以在所有的可能性中选择任何一个。然而，自我会以一个必然面貌出现。也就是自我必定是自我，它呈现为自我，并在实践中表明它是自我。这个特定自我的出现就依赖于自我的理想的活动。尽管如此，理想的活动依然只是复制，因为它并不决定自我的最初的自由发生。

在这里，有必要对掺杂在费希特的论述中的自我的认识与哲学家的认识这两种活动做一个说明。前者是自我对自身活动以及自身本质的认识，它肇始于自我的直觉。自我拥有直觉能力，它能通过原初直觉即刻意识到自身，同时在这个直觉活动中，它将自身直觉为对象。自我对自身的认识相较于自我的活动而言,是一种理论。哲学家的认识凭借的是哲学家的思辨能力。哲学家洞察自我的发展与构成,描述意识的发生,就此而言,哲学家的认识同样是一种理论。尽管这两种理论出于不同的视角,它本质上是对同一个自我活动的描述,由此它们本质上并无差别。在费希特的行文中,哲学家的视角时常是穿梭的,它表现为不仅仅是一个旁观者的视角。很多时候,它似乎深入到自我活动的内部。这种摆荡之所以可能,正是因为二者的认识对象是同一个活动。同时,哲学家作为一个旁观者时常可以跳出自我活动,为认识提供一个类"上帝"的视角。正是基于哲学家的认识活动,知识学才得以可能。然而,并不能说哲学家构造了知识学,他只是客观地描述了一种正在发生的活动,而这种活动本身构成了知识学。哲学的可能,因而就建立在自我活动的可能性上。它同时也建立在哲学家所具有的能力之上,但对于哲学家的能力并不能做过多的追问。因为这种追问本身就是一种哲学探究。只要自我活动是可能的,那么哲学就是可能的。自我的活动必定可能,因为它是自由的,所以所有的理论可能性都建立在自由之上。

现实的活动与具体的确定性相关。当一个活动不再仅仅是可确定之物中的某一个可能性,而是与可能性的一个确定活动相关的时候,活动就是现实的而非理想的。可以推断的是,现实的活动与实在的活动相关。因为只有当实在的活动产生的时候,一个具体的确定序列才有可能。亦即当一个实在的活动发生,它就表现为一个现实的活动。在这个过程中,自我作为对象被意识到。真实的意识就是对自我通过自身的自由——选择自己的具体确定性的意识。这便是最初的意识。就自我绝对无条件地设定自身而言,意识必定发生,并且意识必定以此为起点。因此,现实的意识同样以自由为基础。一个现实的活动发生,就意味着自我从可确定之物到确定之物的过渡,自我自由地选择了一种确定性。所有其他的可能性就成为存在,这在前文中已经得到说明。因而存在同样是自我自由的产物。无论是对意识而言还是对存在而言，自由都是第一条件。归根结底，自由是自我活动的第一条件，是自我活动的基础。

承认自由是自我本质，并不妨碍对自由做进一步追问。正如我们前面所说，在费希特的理论中，自我能够被区分为不同层级，被区分为"大写自我"与"小写自我"，那么作为其本质的自由，是否也存在一种区分？对这个问题的回答是肯定的。但是，在这里，自由应该表现出来的区分，不是按照费希特针对不同学科作出的对自由的区分。我们更愿意追问的是，被认识的自由与实践的自由之间的区分。因为按照费希特对自我的论述，自我具有一种对自身的理智直觉。如果自我的理智直觉包含"自我原初地意识到自身是自由的"这个信念，那么它是否同时意识到自我在所有的可能中也许必然采取某一种特定的可能？也就是说，自我对自身之为自由的信念是不是通过理智直觉所保证的？如果是，这种理智直觉所提供的自由的信念是一种绝对自由的信念，即一种观念上的自由，还是一种康德式的自律自由的信念，一种严格的实践自由？这个追问，用Karl Ameriks 的语言表达将是："即便我们在基础自我意识中意识到我们理性或更准确地说理性行动性是自由的，我们如何可以使得我们关于自由的基础信念得到保证。"① 换句话说，Ameriks 认为，单纯通过一个自由的表象所提供的行动性，并不能为自由的信念辩护。而费希特自我所具有的自由，是不是由一种前反思的认识所保证的，是不是仅通过它所具有的行动性得到辩护？如果是，那么费希特基础自由就是无法被保证的。

在这里之所以涉及自由与认识的问题，是因为在这个对任何一种自由理论都至关重要的问题上，费希特与康德走上了不同的道路。众所周知，康德在自由与道德的问题上苦苦挣扎。这种挣扎的核心在于，他预设自由意志以对道德律的认识为条件。如果自我的实践

---

① 刘哲：《康德还是费希特？——两种作为自律的自由概念》，《哲学门》2010年第1期。

自由没有一种道德指向，那么自由就只能是自由的任意。尽管自由的任意作为感性的任意同样在某些时刻遵循理性法则的指引，是一般实践理性的，但它还不是自由意志。只有自由意志才是实践理性的，才是真正严格意义上的自由。只有当自由的任意——它同样建立在理性之上——在逻辑上一贯地使用理性，从而使它超越一切感性欲求，一个自由意志才能够具有实践上的实在性。一贯地使用理性，按照规律使用理性，这个规律就是道德律。对道德律的使用，建立在对它的认识之上："这种道德律的形式一旦被意识到，作为本体的意志自由也就被证明了。"① 伴随着意志自由的被证明，自由获得实践上的实在性。获得实践上的实在性的自由，是康德意义上的绝对自由。"这个绝对自由概念既不等同于我们在行动中独立于感觉刺激的相对自由，也不等同于先验自由的逻辑可能性。相反，这个绝对自由概念意味着它必须在我们自身当中，并且指向我们对于道德性的服从。"② 由此可以看出，康德的实践自由概念依托的是对道德律这一先天事实的认识，遵循的是一种理论理性的优先性。对应这种模式，康德理论中的"先验自由"概念应该是一个更为基础的自由的层次。

"自由的先验理念"是《纯粹理性批判》中提出的四个二律背反之一，它的提出，应对的是一种思维上的必要性，即如果机械因果律不与充足理由律相违背，就必须预设一个最初的纯粹自发的原因。这个原因是纯粹自发的，因而它是自由的。但是，按照康德的论述，它所标示的只是一种假定，尽管它是必要的，但这种必要性是一种假定的必要性。因此，关于先验自由的二律背反的正题"只能是一种推断和假设，它既不是一种逻辑上必然的推论，也不是一种经验中真实的知识，但它并不脱离经验世界，而只是理性为了

---

① 邓晓芒：《康德自由概念的三个层次》，《复旦学报》（社会科学版）2004 年第 2 期。

② 刘哲：《康德还是费希特？——两种作为自律的自由概念》，《哲学门》2010 年第 1 期。

'实践的利益'（道德和宗教）而在经验世界中为自己预留的一个'调节性的'理念，虽然不能证明（而只是'斗胆'假设），但也无法否定，所以在理论理性中它是可以先验地设定的"[1]。

先验的自由作为假设被设定，因此它本身是空的，但是它为一般实践的自由在理论逻辑中预留了空间，因此对实践的自由而言，它是不可缺少的。按照康德的逻辑，实践自由，更确切地说，自由意志建立在一个理性的假设之上。它的实在性在逻辑上应该通过这个假设被证明而得到辩护。但在康德这里恰恰相反，正是自由意志在经验世界中的不断被实现，才使得这个理性的假设被证明是有效的。即使理论上的发生是这样的顺序，或者说正因为是这样的顺序，康德的自由理论依赖 Ameriks 所说的"非哲学家们就已经接受的东西"[2]——理性的先天事实。这种依赖，被指认为康德的自由理论以一个基础信念为基底。基于这个认识，Ameriks 指责费希特的自由理论继承了莱因霍尔德开启的"通往唯心论的短程论证"，这种论证方式"通过对于'表象'或'表象'中所涉及的行动性或被动性这些普通要素来把知识限制在现象世界当中，从而彻底排除任何'物自身'的决定可能性"[3]。"短程论证"的结果就是，因为费希特采用"实践绝对优先性原则"，其理论被划归为一种"实践基础主义"。

这种对费希特的指责是有其正当性的。费希特一贯认为实践优先于理论，并且不是认识决定实践，而是实践决定认识。这种表面上表现出来的与康德的巨大差异能够使得类似 Ameriks 所持的观点在一定程度上得以成立。然而，这并不表示费希特会坦然接受这样的批判。Ameriks 之所以产生对费希特理论的误解，是因为他默认费希

---

[1] 邓晓芒：《康德自由概念的三个层次》，《复旦学报》（社会科学版）2004 年第 2 期。

[2] 刘哲：《康德还是费希特？——两种作为自律的自由概念》，《哲学门》2010 年第 1 期。

[3] 刘哲：《康德还是费希特？——两种作为自律的自由概念》，《哲学门》2010 年第 1 期。

特持一种与康德相同的自我观念。这种观念认为,理性自我具有本体实在性的基底。自由依托于一个本体性的自我的存在,依靠这个本体性自我,一种基础自由得到保障并被赋予内容。

然而,在费希特的自由理论中,并不存在一种"基底性自我概念"。自由与自我的关系不是本体与属性的关系。刘哲在他的《康德还是费希特?——两种作为自律的自由概念》中指出,Ameriks 假设理性所具有的知识需要通过具有本体实在性的自我概念得到辩护这一点同样适合费希特的自我理论。然而,从费希特对自我概念的说明所依赖的三个理性要素以及它们之间的推理关系可以得出以下结论:"费希特的基础自我意识根本不涉及理性实体对于自身自由的信念。费希特的基础自我概念并不具有任何康德式的本体实在性,或者说它并不是作为基底的自我。"[①] 这三个要素分别是基础性意愿概念、基础性意愿概念中所涉及的意识要素以及该意识要素的自我关联性。从刘哲的切入点可以看出,费希特的自由理论通过强调意愿主体对自身之如此设定的意志行动的自由来阐发自由的本质。意愿及其内容对意愿主体的完全归属是主体绝对独立与自由的表现与本质。这里涉及的问题是,这种意愿所构成的意识是反思性的还是非反思性的,是一种知识还是一种洞见。如果是前者,那么费希特的自由概念就依赖于一个前反思的主体与其对自由的信念知识,即 Ameriks 的批判是成立的。但如果如 Allen Wood 所言,作为"基础实践原则"的自我意识是对于自由行动性的前反思意识,包含对于自由的绝对确定性,那么自由概念就不需要一个作为基底的自我概念来为其提供合法内容。[②]

[①] 刘哲:《康德还是费希特?——两种作为自律的自由概念》,《哲学门》2010 年第 1 期。

[②] A. Wood, "The 'I' as Principle of Practical Philosophy", In *The Reception of Kant's Critical Philosophy: Fichte Schelling and Hegel*, Ed. S. Sedgwick, Cambridge: Cambridge University Press, 2000, pp. 93 – 108.

4. 小结

按照已经分析的《知识学新方法》的前三要点，费希特的行动自我原初伴随对其自身设定自己的存在这一行动本质的直觉，因此，自我本性也就是自由本性的信念并不依托于作为一个本体性主体的反思而获得。在这里，费希特的自由理论就与康德具有浓厚形而上学色彩的自由理论分道扬镳了。与康德不同，费希特的自由概念从一开始就与实践处于彼此定义的关系之中，但自我对自身的设定行动不单纯是对自身的设定，也就是说，其内涵并不是某一个行动、某一个实践。相反，它是这一个行动，具有特指性与唯一性。这意味着自我的原始行动是一个以特定信念为指导的绝对行动。因此，在自我的原始行动中直接地就包含一种"应该"，它赋予自我的设定行动原初的道德性。自我必然也包含对这种"应该"的意识，但是这个由反思分析而提出的命题，并不等同于自我对"应该"的意识是反思性的。相反，这个意识的本原性恰恰由行动的本原性得到证明。

因此，以下观点可以说得到了初步澄清，即费希特的自由理论并不形而上学式地预设一个作为基底的自我概念，在他的理论中，自由与自我之间的关系不是被奠基与奠基的关系，它们之间应该在概念上直接等同。费希特的自我理论本质上就是自由的理论。

到目前为止，我们翻译并分析了费希特《知识学新方法》中前三个要点。从这个分析中，我们可以看出在这简要的论述中，费希特处理了最为重要的问题：自由作为最终的基础、对自我和非我的定义以及二者的关系。从第一点到第三点，用费希特的话说，是一个上升的过程。他从一个断言出发，上升到使这个断言得以成立的最终原则。而从第四点开始就是费希特所说的下降的过程。从自由出发，一步一步下降到我们日常的意识。上升和下降的过程对费希特而言是一个过程，它们走过的是同一条道路，差异仅仅在出发点不一样，而这对一门知识学而言并不构成影响。只要将自由当作最终基础，并将自我理解为一个遵循自由原则，从可确定之物到确定之物的过渡活动，存在，意识，等等，所有一门知识学应该予以解释的概念都会得到解释和说明。

第三节　从基础到被澄清的意识

前面我们说过，按照《知识学新方法》列出来的要点，可以将前三点划分出来，作为一个部分。这种划分的依据在于，笔者认为前三点所起的作用正如《全部知识学的基础》中三大原理所起的作用那样，是用来澄清自我概念的。这个对自我概念的澄清不是简单的陈述，而是将自我放置在与其他概念的关系中，将它的本质逐渐显现出来。自我只有处在与非我、与自由的关系中，才能被定位。而通过前三要点，费希特已经初步建立起了以自由为基础、以行动为本质和以非我为内容的自我概念："新方法上升式的奠基路径首先考察了意识的可能条件，比如直观和概念、感觉等等。通过综合的上升的最后一步，新方法赢得了自由或者说纯粹意志的概念，作为意识的最终基础。"[1] 从意识达到知识学的基础的过程走的是与知识学的展开的相反的道路，后者是下降式的，它构成了新版知识学的绝大部分内容和最显著的特征："它的出发点是更广泛和具体的，不是理论意识的逻辑形式，而是被自我所意识的、理论—实践的自我显现的熟知。在那里，它被称为：哲学从事实出发，我们是自我意识的，这一点不能也不需要被证明，在这个事实之上，一个基础的理念被建立。"[2]

也就是说，《知识学新方法》的推演结构类似一个抛物线，它从一个单一意识出发上行至知识学的基础——自由，然后在这

---

[1] Helmut Girndt："Die Nova Methodo zwischen der Grundlage von 1794 und der Wissenschaftslehre von 1804", Fichte – Studien Band 16, 1999, S. 57.

[2] Helmut Girndt："Die Nova Methodo zwischen der Grundlage von 1794 und der Wissenschaftslehre von 1804", Fichte – Studien Band 16, 1999, S. 57.

个基础开始向下推演直至被澄清的意识。但这个抛物线不是对称的，下降的部分是真正的体系的建立过程，类似黑格尔所说的精神的外化和实现的过程，因此它必然事无巨细环环相扣。这一点从 Daniel Breazeale 总结的、费希特接下来的十六个要点的标题可以被初步阐明：

§4. 作为实践能力和理智的统一性（identity）的自我的特性

§5. 以抵抗的综合为手段的自我活动的直觉能力

§6. 冲动和感觉

§7. 对对象的感觉和对理念的直觉

§8. 自我的概念和非我的概念

§9. 物和物的表象

§10a. 作为画线的行动、空间

§10b. 空间中的物质

§11. 一个理性存在设定自己为空间中的一个实践地努力着的存在

§12. 真实的外在性的功效

§13. 理智的单纯意志、"应该"的感觉、作为理性存在领域中的一个个体的自我

§14. 意志和行动、对对象认识与意志的统一（unification）

§15. 自我自己限制它的意志的任务

§16. 从事一个自由活动的召唤，来自一个外在于我们的理性存在

§17. 在它作用于自身的活动中自我发泄自己是一个意志主体

§18. 自我与外在于它的理性和自由的对立，同时与外在于它的物的对立

§19. 有机的身体、有（/被）组织的自然

整体而言，推演的结构是从最高点自由向感性世界、自然世界的推进。从列出的要点来看，从自我推导出一个感觉世界包括众多环节。值得注意的是，单纯依据标题，费希特似乎以行为主

体是自我还是意志主体为标准，构建了两个类似的推演过程。从第十三要点开始，费希特所要论证的主体，就是"意志主体"，即作为个体存在的自我。尽管费希特并不赞成也没有故意将道德实践领域与理论部分剥离开来，但因为该领域问题的特殊性，似乎不单独对其进行讨论就不能彻底澄清这个问题。因此我们的分析也会基本依照费希特的这个划分，将第十三至第十九要点当作一个整体进行重点讨论。

一 从实践与理智统一的自我出发的推演

从《知识学新方法》列出的第一个要点得知，自我概念是通过一个返回自身的活动被设定起来的，这个返回自身的活动同时表示一个静止状态被设定起来。自我的本质是自我设定自己，在它从事设定自身的活动的同时，它及时地获得对于自己所从事的活动的概念，也就是获得对自己的概念。因此，自我对自己的意识、自我概念并不是通过反思获得的。自我对自己的行动具有直接的意识。这就是理智直觉的内涵。在《全部知识学的基础》中，费希特在阐述知识学的第一原理时并没有强调，甚至没有提到理智直觉的概念，可以推断，到这一版的知识学时，这个具有原初地创造内容的能力的概念将具有更为重要的地位。这种重要性是就它与作为单一基础的自我概念的关系而言的。我们说"作为单一基础"的自我概念，是指自我作为绝对的设定者与唯一的内容生产者。尽管它并不一定具有本体性的存在，但是它承担的是与泰勒斯关于世界起源的命题中"水"一样的作用，也就是本原性的作用。

相较于《全部知识学的基础》而言，《知识学新方法》的第一要点更强调自我与其自身的原初关系，强调它在行动的同时对自身的瞬间意识，即强调自我与其自身概念的关系；强调它作为一个静止状态被设定起来，即强调作为概念的静止自我与作为活动的自我的关系。在第四要点中，费希特再次重申："自由的自我决断只有作为变成'某物'的决断才是可直觉的，关于这个'某物'自我决断着的或者实践能力必须具有一个自由地被构建的概念。"① 自我的自我决断同时也被称作实践能力，"决断"所使用的第一分词形式表明，自我的自我决定是一个正在进行的过程，它同时就是自我的实践。这个实践指向一个它已然具有的概念，即一个自由的自我决断，"一个目标概念"。这个概念通过直觉即理智获得，因此自我同时是理智主体和实践主体。认知与实践在自我中原初地被统一。需要指明的是，在意识之起点，认知并不是一般意义上的对某物的认识，它指的是自我对自我作为设定自己的行动的认知，是对自我的特定本质的认识。也就是说，自我概念原初地包含一个对自身所是和自身应所是的认识，"应当"概念通过自我的理智直觉伴随自我概念同时被建立起来。因此，自我不仅仅是行动，也是意愿。"实践能力和理智是不可分的。它们也不能被分开。自我的真实特性就存在于这个统一之中。"②

自我的这个统一并不是这一版的知识学的独特之处，但是对这种统一的强调却有别于《全部知识学的基础》。《全部知识学的基础》的中心是对第一原则的陈述，以表明它如何能够并且如何作为知识学的第一原理；但是到《知识学新方法》，中心不是单纯的对第一原则的新陈述，而是对最高综合之综合的努力。尽管费希特在1801年才承认之前的知识学还没有达到理智世界的最高综合，但完成这个任务的努力已经表现在《知识学新方法》之中。在1801年之后，费希特认为理智世界的最高综合是"上帝"，在那之前，知识学中所表达出来的

---

① J. G. Fichte, *Gesamtausgabe der Bayerischen Akademie der Wissenschaften IV*, 3, Hrsg. von Erich Fuchs, Reinhard Lauth, Ives Radrizzani, Peter K. Schneider und Günter Zöller, Stuttgart – Bad Cannstatt 2000, S. 366.

② J. G. Fichte, *Gesamtausgabe der Bayerischen Akademie der Wissenschaften IV*, 3, Hrsg. von Erich Fuchs, Reinhard Lauth, Ives Radrizzani, Peter K. Schneider und Günter Zöller, Stuttgart – Bad Cannstatt 2000, S. 366.

最高综合是思维（thinking）与存在（being）的综合①。

理念与现实的综合是否能够被归为理智与实践的综合，或者说前者是不是后者的必然发展与丰富内容，决定着最高综合是否能够被实现。如果对前一个问题的回答被证明是肯定的，那么接下来的问题就是实现是如何被达成的。因此，我们将简要但尽量清晰地复述费希特在第4要点之后的论证和推演，以回答提出的问题。

1. 自我是从可确定之物到确定之物的过渡

在这一版知识学中，费希特将自我定义为一个从可确定之物到确定之物的过程。这个定义暗示了自我的选择的可能性。确定之物是可确定之物之中的一个但并不是唯一的一个选项，自我通过选择这个选项而成为这个自我。自我选择这个而不是另一个选项的决定权都在自我手上，它具有绝对的自由。"对直觉而言，可确定之物变成了一个无限可分的复合体（Mannigfaltigen），因为就绝对自由而言，它应该是一个自由选择的对象。因为确定之物是这个复合体的一个部分，这一点对于它也应该是真的。就此而言，确定之物和可确定之物是类似的。区分它们二者的是：对前者而言，被直觉的行动仅仅是可能的，即一个被摆荡于对立之间的理智所设定的行动；对后者而言，被直觉的行动是现实的（aktuelle），即一个被与一个复合体的确定的系列联系在一起的理智所设定的行动。行动是一个活动，它不断地拒绝，并且只有通过拒绝与活动的综合，一个自我的活动才变得是可直觉的。"② 可确定之物构成了一个可供自由选择的选择项的复合体，确定之物是复合体中的一种可能性。因此，可确定之物，即还未被选择的

---

① J. G. Fichte, *Gesamtausgabe der Bayerischen Akademie der Wissenschaften* IV, 3, Hrsg. von Erich Fuchs, Reinhard Lauth, Ives Radrizzani, Peter K. Schneider und Günter Zöller, Stuttgart – Bad Cannstatt 2000, S. 481.

② J. G. Fichte, *Gesamtausgabe der Bayerischen Akademie der Wissenschaften* IV, 3, Hrsg. von Erich Fuchs, Reinhard Lauth, Ives Radrizzani, Peter K. Schneider und Günter Zöller, Stuttgart – Bad Cannstatt 2000, S. 373. J. G. Fichte, *Gesamtausgabe der Bayerischen Akademie der Wissenschaften*, IV, 2, Hrsg. von Reinhard Lauth und Hans Gliwitzky, Stuttgart Bad Cannstatt 1978, S. 56 – 57.

选择是真实的；相反，确定之物仅仅是可能的，因为它之所以被设定是通过一个在对立之中摆荡的理智。这个摆荡的理智设定了一个行动，由此建立起了可确定之物与确定之物的对立。在这里，费希特第一次使用了"对立"的概念。对立的双方在本质上是相同的，只是由于确定双方的理智不同，一种对立就被建立起来。这与康德的观念——理性本身只有一个，只是对它的使用有所不同，才形成了理论理性与实践理性的区分——异曲同工。

因此，在费希特的理论中，至少存在两种理智的运用，一种与现实的行动相关，另一种与可能的行动相关。后者由可确定之物提供对它的解释，前者由确定之物提供解释。值得注意的是费希特在这里使用了"摆荡的"（schwebende）这个词语。按照德语的形式，它是第一分词，表达一种正在进行的状态。因此，在设定与确定之物相关的行动时，理智本身并不在某处停留或者说处在静态的状态。它的状态，用之前我们所使用过的词语来说，是翱翔在确定之物与可确定之物中没有被选择的选项复合体之间。这个状态同时确定下来的是，确定之物与可确定之物中没有被选择的选项复合体构成一组对立。这个对立伴随自我概念的产生而出现，因此，可以被认为是自我之中的第一组对立。确定之物和可确定之物由理智设定为被直觉的行动，但是任何行动都是不断抵抗的活动，它的发生不是一劳永逸的。这就意味着行动的发生同样是对立的结果：活动与抵抗，设定与对设定的抵抗。行动于是变成一个动态的过程。对这个过程的综合才能提供一个对自我活动的直觉。因为伴随自我概念的产生的设定就是对确定之物和可确定之物的设定，因此对自我的活动的第一个直觉就应该是对这二者的设定行动的直觉。

在这里，我们不考虑设定这二者的是同一个行动还是不同的两个行动。能确定的是，对它们的设定都遭遇到了抵抗。理智设定了行动，同时也设定活动遭遇抵抗，因此，活动的本质就是理智从事某个设定与这个设定遭遇抵抗的综合。与此同时，自我概念的产生就是理智对行动的设定，因此，自我概念的产生本身也应遭遇到抵抗。但在这里，费希特并未提及这一点，也未提及可能的综合。毋庸置疑的是，自我从可确定之物到确定之物的过渡是自我的自由选择，是自我的自由行动。按照费希特的观点，一个自由的行动只有在它被一个关于这个行动的自由构造的概念所引导时，才是可能的。① 因此，在一个自由的行动发生之前，自我就必定已经获得了一个关于这个自由行动的概念。在这一个层次，认识先于行动，而不是相反或者二者同时发生。所以，在这里所涉及的行动不再是原初的自我设定自身的行动，而是自我过渡到确定之物之后的设定活动。它不再是自我返回的，而是向外的、离心的。

针对自由行动的认识优先的结果是，自由理智必须首先已经获悉了关于行动的可能性。这种认识只能通过自我之中的冲动得以解释。这里的冲动的内涵与《全部知识学的基础》中的冲动的内涵大致相同，它们都代表自我向外的倾向，代表自我活动的有限。冲动是对自我之中的离心力与向心力的综合。向心力在这里是自我的限制，这种限制由自我所设定。原初的被设定的限制被叫作"感觉"。② 如果读者能够回忆起94/95版知识学中对限制与感觉的论述，那么就会发现，在那里作为实践知识学最为重要的一对概念，在这里出现的位置格外靠前。这表示，费希特在这一版知识学中，直接进入的是与实践知识学——借用一个已经不再适用的划分——相关的论述。事实上，费希特在提到《全部知识学的基础》一书时，曾承认这种对知识学的划分是一个错误。当时之所以如此操作是为了迎合康德第一批判和第二批判的划分。但它最终导致的，是在概念上在知识学之间划出了鸿沟，使学界对知识学产

---

① J. G. Fichte, *Gesamtausgabe der Bayerischen Akademie der Wissenschaften IV*, 3, Hrsg. von Erich Fuchs, Reinhard Lauth, Ives Radrizzani, Peter K. Schneider und Günter Zöller, Stuttgart – Bad Cannstatt 2000, S. 380.

② J. G. Fichte, *Gesamtausgabe der Bayerischen Akademie der Wissenschaften IV*, 3, Hrsg. von Erich Fuchs, Reinhard Lauth, Ives Radrizzani, Peter K. Schneider und Günter Zöller, Stuttgart – Bad Cannstatt 2000, S. 380.

生了根本性的误会①。明显地，在这一版知识学中，费希特已经不再采用之前的那种划分方式。知识学的理论与实践不再被分开讨论；理论与实践如它原本所是的那样，被综合起来讨论。

再回到对感觉的分析。一个自由的行动在被该行动的概念的引导下的发生，本质上是被选择的行动凭借绝对的自由在行动的可能性中被选择。这种选择以对所有行动的可能性，也就是选择的可能性的认知为前提，亦即以冲动为前提。冲动的本质是限制，这种限制的结果是感觉。因此，与一个自由行动伴随发生的是一个感觉的复合体的呈现。以另一种稍微直率一点的方式表达就是，自我之中具有一种冲动。一方面，这个冲动本身是一种离心的力量，它提供关于行动的可能性的认识，也就是提供所有可能的行动的概念。这些概念作为具体的自由行动的指导，指引与之相应的行动的发生。另一方面，冲动本身表示的是自我的不能、自我的有限。这种有限并不是来自自我之外的某物的设定，而是对自我的设定。这种设定被称作感觉。冲动既然同时是限制和行动的可能性概念的来源，那么行动的可能性——也就是多样性——就应该是限制的可能性。既然行动的可能性构成限制的可能性，那么一个自由行动的发生就同时预设一个感觉的复合体的呈现。在这里，我们以冲动概念为中介，将行动的可能性集合与限制的复合体等同起来。这种推导在费希特的原文中并没有被清晰地表达。他仅仅在一个自由的行动与感觉的复合体之间建立起了关系，而省略了中间的环节。如果其中间环节正如我们所论述的，那么限制与行动就能够被认为是同源的，并且同时还有一个设定界限的活动伴随发生。这种活动的成立是自我在其中产生离心与向心力量的冲动的原因，也是自我产生感觉的原因。而感觉正是自我走出自身，遭遇一个外在世界的开始。在这里我们使用了"遭遇"这个存在主义的词语，用来表明自我与外在世界之

---

① J. G. Fichte, *Gesamtausgabe der Bayerischen Akademie der Wissenschaften I*, 4, Hrsg. von Hans Gliwitzky und Reinhard Lauth, Stuttgart – Bad Cannstatt 1970, S. 174.

间的关系的平等,避免先入为主地建立外在世界是由自我所构造的唯心主义的偏见。

感觉,如前面所强调的,是限制的结果。限制只有与活动相对立,它才是一个限制。因此,感觉是与活动相对立的。在第七要点中,费希特针对与感觉的关系,指出直觉也必定与每一个感觉相连。"连接感觉和直觉的点是:甚至当自我感觉到自己是受限的(在它的实在的方面 in realer Rücksicht),它同样感觉到自己正在直觉着(在它的理想的方面 in idealer)。"① 自我被明确地划分为两个方面,实在的方面和理想的方面。对应前者的是自我设定活动,对应后者的是自我的认识活动。在这里设定活动应该指自我向外的冲动,即对外设定。而认识活动即自我的直觉活动,对自己的任何一个本原性的活动的直觉。我们说本原性的活动,是指自我还未涉及一个客体或者说对象之前的设定活动。在这之前,自我的活动都能被认为是向外设定的尝试,是自我之中离心力的结果。自我即使在受限的状态也在从事直觉活动,因此,存在一个自我的状态,在这个状态中自我直觉到自我的限制。处在这个状态之下的自我就变成了一个"对象"(object)。可以看出,费希特的对象概念并不是一个真实的物体对象,而是对自我的受限状态的意识。当自我直觉到自我是受限的时候,这个被限制的状态就脱离主体成为一个独立的对象。对于这个独立的对象,直觉有一种被迫对其进行描述的感觉,因为这个对象的本质仍然是自我的一个被限制的状态。而一个被迫的感觉只有在与一个自由的感觉相对立时,才是可能的。因此,直觉同时经历两种感觉,即被迫的感觉与自由的感觉。被迫的感觉与对象相关,在自由的感觉之下,它便是一个"对理想的(东西)的直觉"。在这里我们再一次遇到了"理想

---

① J. G. Fichte, *Gesamtausgabe der Bayerischen Akademie der Wissenschaften IV*, 3, Hrsg. von Erich Fuchs, Reinhard Lauth, Ives Radrizzani, Peter K. Schneider und Günter Zöller, Stuttgart – Bad Cannstatt 2000, S. 393.

的"的概念。与在第三要点中不同，它不是直接作为自我的谓词，相反，在这里"理想的"是与直觉相关的。直觉作为自我的一种认识活动包含不同的方面，对理想的直觉与自由的感觉相关，对限制的直觉与对象相关。

在建立起了限制的概念之后再回来考察自我的概念时，自我与非我的关系的意义就更加明确了。第一要点叫作自我概念，但它探讨的是自我的本质，而非作为概念的自我的产生。作为概念的自我无疑首先应该是直觉的产物。理智直觉伴随自我的原初行动，因此一个自我的概念原初地潜在地存在着。"潜在地"表示它具有被建立的可能性，然而还未被建立起来。对原始行动的理智直觉并不提供一个自我的概念，"概念"是指一个为对直觉着的主体的意识所伴随的直觉[1]。因此，概念首先是一个直觉，其次只有当它同时具有对正在从事直觉的主体的意识时，概念才能够构成一个概念。但这还不够，"自我的概念和非我的概念都是产生于感觉体系中被假定的改变"[2]。该命题的前半部分表示自我在自身之中设定了限制，感觉的体系已经被建立起来；后半部分表示自我中的限制，也就是冲动会发生变化，即使这种变化是被假设的。当这两个条件都具备时，一个自我的概念才被产生出来。问题是，这种改变是如何发生的呢？费希特并没有对此进行说明，但他进一步说明了这种改变之所指。自我处在感觉状态之中等同于自我处在受限的状态，它的改变也就是对受限状态的限制。后一个"限制"是第二层次的，它所限制的对象并不是自我，而是自我的受限状态，因此，它所产生的结果，不作用在原始自我的身上。它的结果是，"在非我的直觉中，自我自

---

[1] J. G. Fichte, *Gesamtausgabe der Bayerischen Akademie der Wissenschaften* IV, 3, Hrsg. von Erich Fuchs, Reinhard Lauth, Ives Radrizzani, Peter K. Schneider und Günter Zöller, Stuttgart – Bad Cannstatt 2000, S. 404.

[2] J. G. Fichte, *Gesamtausgabe der Bayerischen Akademie der Wissenschaften* IV, 3, Hrsg. von Erich Fuchs, Reinhard Lauth, Ives Radrizzani, Peter K. Schneider und Günter Zöller, Stuttgart – Bad Cannstatt 2000, S. 404.

己变得是有限的"①，自我的有限性在非我的直觉中被呈现出来。这等同于非我直觉到自我的自由受到限制，这部分被限制的自由过渡到非我之中，并使得非我具有行动的能力，因此非我获得它作为直觉者的意识。一个非我的概念就此得以产生。

可以看出，非我的概念依赖于自我概念才得以产生，将这个因果关系再往前追溯就会回到自我的自由。因为自我具有全部的自由，因此它能够意识到自身，并且能够意识到自己设定限制于自身。所有这些环节连接起来才使得一个自我概念被产生出来，并使一个非我概念作为进一步的结果得以出现。自我概念与非我概念的产生还表明，限制与直觉存在不同层次的差别。依据它们与原初自我的距离远近，能够分别建立起限制与直觉的关系体系。对限制的限制和对直觉的直觉，对限制的直觉和对直觉的限制。这种层级之间的交错关系构成自我向外扩展的过程。在建立起第二层次的直觉——对限制状态中的限制的直觉——之后，费希特引入了领会的行动的概念。"领会的行动是对之前衍生的直觉的自由反思。"② 这意味着，领会和直觉发生在不同的层面上，是不同等级的自我的认识功能。领会等同于反思，而反思发生在自我的活动的第二层次之上，因此，在核心层次上不存在反思的问题，反思的无限倒退不能到达核心层次而在领会的层次上就应该停止。澄清这一点有助于规避可能遭受的"无限后退"的诘难。

领会的行动是一种自由的反思，但是反思的自由只有反思行动

---

① J. G. Fichte, *Gesamtausgabe der Bayerischen Akademie der Wissenschaften IV*, 3, Hrsg. von Erich Fuchs, Reinhard Lauth, Ives Radrizzani, Peter K. Schneider und Günter Zöller, Stuttgart – Bad Cannstatt 2000, S. 404.

② J. G. Fichte, *Gesamtausgabe der Bayerischen Akademie der Wissenschaften IV*, 3, Hrsg. von Erich Fuchs, Reinhard Lauth, Ives Radrizzani, Peter K. Schneider und Günter Zöller, Stuttgart – Bad Cannstatt 2000, S. 409.

被设定为是自由的,才能够被设定起来。① 因此,反思行动能从两个方面被看待;第一个方面是反思行动本身,对它不能作进一步的反思;第二个方面是作为自由的一个特定的确定性的反思,一般意义上所说的被反思的反思是发生在这一方面的。与反思的这两个方面对应的,是两个不同的对象的观念:与前者相关的是一个直接从自我之中呈现的对象,它的呈现不需要任何其他的帮助;与后者相关的是物的表象(die Vorstellung des Dings)。也就是说,物的表象能够在自我之中出现,是以反思行动作为自由的一个特定确定性为条件的。在这里费希特暗示了自我能够被冠以不同的确定性,不同的确定性对应自我的不同的活动。但是所有的这些活动都是从具有绝对自由的自我发出的。自由只有一个,它不是多样性的,不同的活动是对自由从不同方面的表达。当自我的自由表达为从事反思活动的自由时,就产生了物的表象。

2. 对物与空间的澄清

在《知识学新方法》的展开论述的部分,费希特对"物"有更细致的论述。在他看来,"物就是一个已经被设定的存在"②。这个观念指向一个更为深刻的问题,即外在世界的存在问题。物的被设定是针对自我的认识而言的。这里所说的设定并不是指凭空地生产某物,而是指使该物对自我而言成为存在着的。只有当某物与自我发生关系之后,自我才能够对之进行抽象,并在这个基础上作出它是存在还是不存在的判断。因此,我们大可断定某物的存在,甚至费希特还直白地表达了他对一个不依赖自我的世界的存在的肯定:

---

① J. G. Fichte, *Gesamtausgabe der Bayerischen Akademie der Wissenschaften IV*, 3, Hrsg. von Erich Fuchs, Reinhard Lauth, Ives Radrizzani, Peter K. Schneider und Günter Zöller, Stuttgart – Bad Cannstatt 2000, S. 409.

② J. G. Fichte, *Gesamtausgabe der Bayerischen Akademie der Wissenschaften IV*, 2, Hrsg. von Reinhard Lauth und Hans Gliwitzky, Stuttgart – Bad Cannstatt 1978, S. 95.

"如果自我不存在，世界当然依旧存在"①。然而与自我无涉的世界的存在不能被用来说明自我，对世界的论述应该是为自我服务的。正如 Daniel Breazeale 所解读的："如果它（世界，笔者注）是为自我而存在的，那么自我必定不言而喻地也设定了自己……"② 费希特自己在对康德的解读中也指出："存在一个只为理性而存在的世界，正如存在一个只为理性而存在的上帝一样。"③ 当我们说到一个世界的存在时，指的是为自我而存在的世界，"通过这个道路，我们已经到达'客观性'的真实本质，我们现在也懂得了我们为什么要假定外在于我们的事物的存在"④。"客观性"并不是"真实存在"意义上的客观性或者脱离自我而存在的客观性，而是它作为自我存在的事物的客观性。我们对外在于自我的事物的设定，仅仅是为了确认自我的存在。这也解释了为什么对外在世界的推导需要以感觉为中介，因为"只要自我感知到某物，那么自我就一同存在"⑤。

按照费希特对物的这个观念，"物的表象"是被设定在自我之中的某物，通过反思活动产生的理智结果。因此当费希特在接下来讨论空间以及在空间中划线的行动时，他指的并不是物理概念上的空间与划线。按照费希特的观点，划线行动是指自我将它的单纯（bloßes）行动作如此直觉，相应地，自我将它的不确定的（行动）

---

① J. G. Fichte, *Gesamtausgabe der Bayerischen Akademie der Wissenschaften* IV, 3, Hrsg. von Erich Fuchs, Reinhard Lauth, Ives Radrizzani, Peter K. Schneider und Günter Zöller, Stuttgart – Bad Cannstatt 2000, S. 407 – 409.

② J. G. Fichte, *Gesamtausgabe der Bayerischen Akademie der Wissenschaften* IV, 2, Hrsg. von Reinhard Lauth und Hans Gliwitzky, Stuttgard – Bad Cannstatt 1978, S. 95.

③ J. G. Fichte, *Gesamtausgabe der Bayerischen Akademie der Wissenschaften* IV, 3, Hrsg. von Erich Fuchs, Reinhard Lauth, Ives Radrizzani, Peter K. Schneider und Günter Zöller, Stuttgart – Bad Cannstatt 2000, S. 408.

④ J. G. Fichte, *Gesamtausgabe der Bayerischen Akademie der Wissenschaften* IV, 3, Hrsg. von Erich Fuchs, Reinhard Lauth, Ives Radrizzani, Peter K. Schneider und Günter Zöller, Stuttgart – Bad Cannstatt 2000, S. 407.

⑤ J. G. Fichte, *Gesamtausgabe der Bayerischen Akademie der Wissenschaften* IV, 2, Hrsg. von Reinhard Lauth und Hans Gliwitzky, Stuttgart – Bad Cannstatt 1978, S. 95.

能力直觉为空间。按照这个说法，空间是自我的行动能力的集合。但是这种能力并不是某种确定的行动能力，比如说反思的能力或者领会的能力，而是指自我作一般的行动的能力。"一般"表示行动本身可以出现或者不出现。它之所以一般，正因为它是自由的，也由此，它构成了对理智而言的自由行动的一个例子。因此，对理智而言的自由行动同样构成一个集合。当然，这里的一般行动虽然相对行动的某个特殊模式而言是一般的，但它不是最高层次上的一般。还有许多其他的一般，它们共同构成理智中所有单纯行动。依据费希特的推理，一个一般行动就是一个划线的行动，所有划线的行动就构成了空间。所以，空间概念是自我所有最一般意义上的自由行动的可能性的集合，因此它应该构成"可确定之物"："人们说，空间是先验的，它具有两个方面的意味：一方面，它意味着空间只凭借理智的法则而存在。就这一点而言，除了感觉和它的谓词之外的所有东西都是先验的。另一方面，当说空间是先验的时，所指的同样是它是先于所有直觉而被给予的某物，是单纯地可确定的和首先使得直觉得以可能的。"[1] 就第二方面而言，空间先于所有的经验，是所有经验的可能性条件，与康德所持的空间观念一致。

康德认为空间是事物被理智所把握的外直观形式。只有当事物被理智以空间赋予可理解和把握的形式，它才能够进入意识，成为对理智而言的存在。与康德不同的是，在这里，当费希特用可确定之物来定义空间时，空间就获得了比单纯的理智外感官更为深刻的含义。在第十节中，费希特对此从不同的方面对"可确定之物"进行了说明，如："自我现在必须直觉它自己的、确定的从事某事的行动——这个直觉是能够在这里出现的唯一一种'从事'——并且它必须如此直觉它；的确，因为它应该是自我自由地从事的某物，它

---

[1] J. G. Fichte, *Gesamtausgabe der Bayerischen Akademie der Wissenschaften IV*, 3, Hrsg. von Erich Fuchs, Reinhard Lauth, Ives Radrizzani, Peter K. Schneider und Günter Zöller, Stuttgart – Bad Cannstatt 2000, S. 413.

必须被直觉为自我可以也可以不从事的活动。"① 自我这个确定的从事行动就被称为"可确定之物"。这意味着，可确定之物所指的是自我从事某一确定行动的自由，无论这个确定的行动是什么，或者如何行动。在这个语意背景下，行动一词充当不定代词的角色，表示行动的多样性。自我从这个多样性的复合体中选取任何一个行动都是可能的，都是自由的。可确定之物就是所有可能从事的行动的自由集合体。它表达自我的自由的本质。因此，当空间概念与可确定之物被等同起来，空间就不仅仅是经验发生的先验条件，更是经验得以发生的根本原因。就此而言，费希特的空间概念不与康德的空间概念相等同。费希特的空间概念具有更为本原性的含义，"空间是自由的领域"②。

将空间作为自由领域来理解，再考察划线的行动，就会发现它们之间存在更为深层的关系。空间是自由，是自我对某一行动的从事或不从事，那么空间中的划线的行动就是自我确切地从事某一行动，是自由的一个实例。也因此，所谓划线行动就是相对应作为可确定之物的空间的确定之物。在它们二者之间发生的是自我的过渡活动。"自我只有在它设定自己是从事一个从可确定之物到确定之物的过渡，也就是，只有在自我设定自己是自由的范围内，才设定可确定之物；同时自我只有在自我设定可确定之物是被给予的范围内才以这种方式设定自身。"③ 只有当自我是自由的，并且可确定之物是被给予的，自我才设定自身为一个过渡活动。这个条件关系说明，

---

① J. G. Fichte, *Gesamtausgabe der Bayerischen Akademie der Wissenschaften IV*, 3, Hrsg. von Erich Fuchs, Reinhard Lauth, Ives Radrizzani, Peter K. Schneider und Günter Zöller, Stuttgart – Bad Cannstatt 2000, S. 411.

② J. G. Fichte, *Gesamtausgabe der Bayerischen Akademie der Wissenschaften IV*, 3, Hrsg. von Erich Fuchs, Reinhard Lauth, Ives Radrizzani, Peter K. Schneider und Günter Zöller, Stuttgart – Bad Cannstatt 2000, S. 415.

③ J. G. Fichte, *Gesamtausgabe der Bayerischen Akademie der Wissenschaften IV*, 3, Hrsg. von Erich Fuchs, Reinhard Lauth, Ives Radrizzani, Peter K. Schneider und Günter Zöller, Stuttgart – Bad Cannstatt 2000, S. 411.

作为空间的可确定之物是被给予的，它并不是原初的自由。但这一点并不妨碍以下观点的真实性，即从空间到划线行动的过渡，是自由的某种限制状态的发生，因此是一个对象的出现。空间中的对象被叫作"物质"。物质是对空间的填充。"因为对象的设置和行动的设置必然都是在自我之内相统一的，前者和后者的图形（dasSchema）也必须是必然地相统一的。但是将一个对象与一个空间相统一与填充一个空间是一致的；因此所有的对象必然都占据空间，也就是说，它们是物质（materiell）。"① 对象与空间的统一就是对象对空间的填充，因此，它预设了对象占据空间。而能够占据空间的是物质，因此，对象是占据空间的物质，或者相反。这个综合被认为是对理智的自由的表达。理智的自由的本质是从可确定性中选择一种确定性，也就是从所有的可能性中选择一种冲动，即一种限制，也等同于在自我的感觉体系中选择一种特定的感觉。因此，在这里，空间表达了所有的自发性和可选择项、对象表达了感觉的一个特例，即空间中的一个位置时，它们的综合就表达了理智的自由。

需要注意的是，似乎在费希特的理论中，自由在不同的语境下具有不同的表达，但自由本质上是唯一的。因此，换个方式表达这里的理智的自由就是，自我自由地用某个对象填充空间。但是当自由被限定为理智的自由时，它就被同时限定为不包含设定对象和空间的自由于自身。与其说，空间和对象不是自我通过自由被生产出来的，不如说它们只能是被给予自我的。所以，理智的自由只有在对象已经被呈现给自我时，才能够对其采取行动，即按照自由将它放置在任何一个位置。而在设定这个自由行动之前，对象既然已经存在，那么它就已经占据了某一个位置，填充了空间的一个部分。

---

① J. G. Fichte, *Gesamtausgabe der Bayerischen Akademie der Wissenschaften IV*, 3, Hrsg. von Erich Fuchs, Reinhard Lauth, Ives Radrizzani, Peter K. Schneider und Günter Zöller, Stuttgart – Bad Cannstatt 2000, S. 417.

但此时它并未占据一个特殊的位置,"它只是在想象力之前摆荡"①。理智的自由所作的就是将该还未占据特定位置的对象放置在一个特定的位置。这个特定的位置是否单凭自由就能被决定呢?费希特在这里有一句意味深长的话:"然而,如果自我想要以与实情(Wahrheit)相符的方式来确定这个对象,那么自我就应当在这个确定的位置设定它。"② 据此而言,自我的自由设定应该遵循一个认识的正确性的原则,它具有一种应当的属性。这种应当是实践上的应当,即它应该如此设定,以服务于认识的目的。尽管在认识上要正确地将这一要求表达在实践的过程中,但这种要求并没有必须被满足的强制性。因此,认识与实践的关系可以从不同的方面被看待。从目的的方面看,实践从属于理性;从过程的方面看,理性从属于实践。

还有一点需要特别指出,到目前为止费希特还未提出真理性所具有的强制性,但在另一方面他已经指出行动的自由在思想的自由中有其起源。这个观念是在对绝对空间和相对空间的区分的背景下提出的。绝对空间是指完全空洞的空间,也就是还没有一个对象被放置在空间中的任何一个地方的空间,它是不可移动的。相对空间即空间中已经有某个位置被某个对象所占据。就对象能够被放置在任何一个特定的地方而言,它是可移动的。因此,将空间中某物设定在一个特定的位置的设定行动,是将该物体从一个点移动到另一个点的活动。相对于对象的移动,空间发生移动。既然对象能够被设定在任何一个地方,占据任何一个位置,那么空间就应该是无限的和无限可分的。这种无限性表示行动的无限性,即行动的自由,但它是通过理智的自由,也就是理智在空间中任意选择一个位置的

---

① J. G. Fichte, *Gesamtausgabe der Bayerischen Akademie der Wissenschaften* IV, 3, Hrsg. von Erich Fuchs, Reinhard Lauth, Ives Radrizzani, Peter K. Schneider und Günter Zöller, Stuttgart – Bad Cannstatt 2000, S. 416.

② J. G. Fichte, *Gesamtausgabe der Bayerischen Akademie der Wissenschaften* IV, 3, Hrsg. von Erich Fuchs, Reinhard Lauth, Ives Radrizzani, Peter K. Schneider und Günter Zöller, Stuttgart – Bad Cannstatt 2000, S. 416.

自由而获得的。据此,结论将是:在某一层面上,认识对实践具有指导和范导性意义,它决定某一具体实践的实际发生。

的确,在某种意义上,行动的自由来源于思想的自由,但这并不是关于自由的最终结论。在接下来的一节中,费希特将试图说明,思想的自由要追溯到努力的自由。努力概念在《全部知识学的基础》中也被重点讨论。从它作为自我走向外在世界的确切的第一步的地位来看,它无疑是实践知识学部分中最为重要的概念之一。到《知识学新方法》,它的重要性依然没有改变。在这一版知识学中,费希特将努力定义为理性存在的实践趋向的状态,一个具有动能的概念。但它也仅仅是一个具有趋向性的状态,它的运动还只是潜在的。因此,在一个理性存在将自己作为一个在实践上努力着的存在时,努力概念还只是作为空间中对象的位置的尺度标准,还没有产生实际的实践效果。依据上下文推断,费希特这里提到的"一个理性存在"是与《全部知识学的基础》中的"有限理性存在"相等的。这个费希特没有解释而直接使用的概念在被他称为"实在哲学"的法权哲学和道德哲学中直接等同于行为主体——人。

理性存在设定自己是处在一个在空间中的。这是它能够确定其他在空间中的东西的位置的前提条件。只有当它自己也是在空间中的,它才能确定其他东西的位置,即进行确定这一活动。因为空间只是直观的形式,[1] 因此通过将自己设定在空间中,理性存在就获得了直观的形式。于是在空间中,有一个占据一个位置的理性存在,它通过设定自己在空间中存在来设定其他对象在空间中同样存在。同时有两个设定活动在空间中展开,即理性存在对自己的设定与理性存在对对象的设定。与之相对应,位置关系也是复合的:被设定的对象与空间的位置关系和被设定的理性存在与空间的关系。于是,

---

[1] J. G. Fichte, *Gesamtausgabe der Bayerischen Akademie der Wissenschaften IV*, 3, Hrsg. von Erich Fuchs, Reinhard Lauth, Ives Radrizzani, Peter K. Schneider und Günter Zöller, Stuttgart – Bad Cannstatt 2000, S. 420.

当费希特说:"每一个对象都从它与表象着的主体的关系中获得它在空间中的位置。"① 他所指的应该是前一种空间关系,因为如果是后一种,就需要再预设一个从事表象活动的理性主体,它同时设定理性存在本身。这个操作无疑会导致无限后退。因此,可以推测理性存在同时是空间中的表象主体。

3. 自我的努力与自我的感觉体系

理性存在不仅设定自己存在于空间中,它同时设定自己是实践地努力着的,这个努力内在地被感觉到。②"内在的被感觉"表示努力并不是出于外在的原因产生的,它是自因的,因而是自由的。在理性存在物自身之中有一种努力。"努力一般就其本身而言,是无限的;它指向没有结尾的因果性。因此,空间必须是无限的。这个努力是绝对自由的;不存在一个可能的方面,在之上它不能进一步确定或者安置自己,因此空间和物质变得是无限可分的。这个结论在前一章节中仅仅作为思想的自由的结果。在这里它被追溯到更高的来源,努力的自由。"③ 空间和物质的无限可分一度被认为是由理智的自由所保证的。但在这里,费希特指明其根本原因在于努力的无限。努力的无限是规定自己不断对自己进行规定也就是不断克服限制的自由。但是对自己的进一步规定,建立在它自身已经被规定即被限制的前提下。因此,如果继续追溯,努力的自由必定要追溯到原初地设定自身限制的自由。该自由设定的结果就是感觉。

---

① J. G. Fichte, *Gesamtausgabe der Bayerischen Akademie der Wissenschaften IV*, 3, Hrsg. von Erich Fuchs, Reinhard Lauth, Ives Radrizzani, Peter K. Schneider und Günter Zöller, Stuttgart – Bad Cannstatt 2000, S. 422.

② Sehe J. G. Fichte, *Gesamtausgabe der Bayerischen Akademie der Wissenschaften IV*, 3, Hrsg. von Erich Fuchs, Reinhard Lauth, Ives Radrizzani, Peter K. Schneider und Günter Zöller, Stuttgart – Bad Cannstatt 2000, S. 422.

③ J. G. Fichte, *Gesamtausgabe der Bayerischen Akademie der Wissenschaften IV*, 3, Hrsg. von Erich Fuchs, Reinhard Lauth, Ives Radrizzani, Peter K. Schneider und Günter Zöller, Stuttgart – Bad Cannstatt 2000, S. 420.

按照可确定之物和确定之物之间关系的辩证逻辑，与一个特定感觉相对立的是一个感觉一般的体系。"只有在与这个体系的关系中，一个特定感觉第一次成为特定的。这个感觉的体系是可确定之物作为一个特定的感觉，这个特定的感觉在这个情况下构成确定之物。然而，一个特定的感觉就是一个限制的感觉，因此感觉的体系就是限制的体系。"① 因此，无论自我所从事的是哪一个具体的活动，其本质都是该活动从活动的所有可能性中突显出来成为一个特例。任何一个行动的发生都是对自我的一种限制，其结果一方面是自我作为确定之物被确定下来，另一方面就是相对的一个感觉被建立起来。同时，限制的产生同时就是努力的产生，因为努力的本质就是不断克服限制或者说扬弃限制。于是，限制只有对努力而言才是限制，脱离开努力限制就没有意义了。限制与努力分别代表了自我向心与离心的力量，构成了自我之内的不断的斗争。

由是构成了一个四重的自我："（1）一个特定的限制；（2）一个特定的努力；（3）限制本身的体系；（4）努力本身。"② 可以看出，这个四重自我所表达的只是作为感觉的自我所具有的内在活动。限制与努力统一在感觉之中，它们一起，"才构成一个完整的感觉"③。往上追溯，感觉是自由与限制对立的产物，因此是意识的最基础的状态，是反思的第一个和直接的对象；往下分析，自我的感觉能够被区分为实践的和理想的。"自我感觉到自己应该是实践的；事实上，这是一个直接的感觉，在它之中限制的感觉和努力的感觉

---

① J. G. Fichte, *Gesamtausgabe der Bayerischen Akademie der Wissenschaften IV*, 3, Hrsg. von Erich Fuchs, Reinhard Lauth, Ives Radrizzani, Peter K. Schneider und Günter Zöller, Stuttgart – Bad Cannstatt 2000, S. 420.

② J. G. Fichte, *Gesamtausgabe der Bayerischen Akademie der Wissenschaften IV*, 2, Hrsg. von Reinhard Lauth und Hans Gliwitzky, Stuttgard – Bad Cannstatt 1978, S. 110.

③ J. G. Fichte, *Gesamtausgabe der Bayerischen Akademie der Wissenschaften IV*, 3, Hrsg. von Erich Fuchs, Reinhard Lauth, Ives Radrizzani, Peter K. Schneider und Günter Zöller, Stuttgart – Bad Cannstatt 2000, S. 391.

被统一。"① 因此，努力与限制只构成实践的感觉。从努力和限制与空间和对象的关系能够得出，实践的感觉与空间和对象关系相关。后者的统一得到物质的概念，于是实践的感觉由此与物质之间就建立起联系。

理想性的感觉与实践的感觉不同。理想性的感觉是就自我将自身感觉为完整的（ganz）而言的。"自我将自身感觉为完整的；因此它同样感觉到自己是理想性的，并且就此而言，它感觉到自己在从事直觉活动——在这个直觉中，再一次地，限制和努力必须被统一。"② 按照费希特的观点，对自己的总体的感觉和对自己的理想性的感觉彼此互相确定。理想性的感觉不仅确认自我的直觉活动，还确认这个直觉活动是限制和努力的统一。正是因为理想性感觉确认了一个特定的直觉活动，直觉活动反过来对理想性的感觉进行确认。限制和努力必须统一的要求，表明理想性感觉还应该包含实践性感觉于其中，而这又正好证明了它作为理想性感觉的确实性。至此，感觉呈现了它之中的四个要素："一个限制的感觉，一个努力的感觉，一个确定之物的直觉和一个理想的直觉（Anschauung des Ideals）。"③ 这四个要素就是感觉和直觉的要素，也就是人类理智的要素，"它们综合地统一在人类理智（Gemüthe）之中"④。人类理智被认为是感觉和直觉的综合统一："感觉是与直观相统一的——自我感

---

① J. G. Fichte, *Gesamtausgabe der Bayerischen Akademie der Wissenschaften* IV, 3, Hrsg. von Erich Fuchs, Reinhard Lauth, Ives Radrizzani, Peter K. Schneider und Günter Zöller, Stuttgart – Bad Cannstatt 2000, S. 393.

② J. G. Fichte, *Gesamtausgabe der Bayerischen Akademie der Wissenschaften* IV, 3, Hrsg. von Erich Fuchs, Reinhard Lauth, Ives Radrizzani, Peter K. Schneider und Günter Zöller, Stuttgart – Bad Cannstatt 2000, S. 393.

③ J. G. Fichte, *Gesamtausgabe der Bayerischen Akademie der Wissenschaften* IV, 3, Hrsg. von Erich Fuchs, Reinhard Lauth, Ives Radrizzani, Peter K. Schneider und Günter Zöller, Stuttgart – Bad Cannstatt 2000, S. 393.

④ J. G. Fichte, *Gesamtausgabe der Bayerischen Akademie der Wissenschaften* IV, 2, Hrsg. von Reinhard Lauth und Hans Gliwitzky, Stuttgart – Bad Cannstatt 1978, S. 79.

觉自己是一个整体——不仅是我的真实的活动被限制，我的理想的活动也同样被限制——但理想的活动是直观。此外，没有努力的感觉，限制的感觉就是不可能的，因此没有理想的直觉，也就是没有对与我们自己的效用（Wirksamkeit）的关系的直觉，任何对一个确定对象的直觉也是不可能的——没有被扬弃的或者被限制的活动，我们将永远不会感知一个对象。"① 感觉和直觉的统一赋予自我作为整体的感觉。因此，它们统一的结果是自我作为一个特定的感觉确定下来，即自我所应该从事的活动被确定也就是被限制；相应地，与感觉相对的直觉活动也因此被限制，即一个对确定对象的直觉被建立起来。但是，这个直觉要能够被建立起来，依赖于对理想的直觉。对理想的直觉被认为是对我们自身所产生的效用之间的关系的直觉。那么，我们对自己所产生的效用是什么呢？

"根据前一节，我们的努力（Streben）或者我们的尽力（Kraftanstrengung）是衡量所有空间确定性的尺度。内在的或纯粹的力（Kraft）是直接地，因此也是理智地被直觉的意志的效用（Wirksamkeit）。通过这个意志，自我的整个自由的能力（Vermögen）被集中到一个单一的点上。外在的或者物理的力（Kraft）正是这同一个能量（Energie），但是被感性的直觉在一个连续的系列上被扩展，在这个系列中，作为被意志的因果性所确定的感觉的力的复合性，被带入到一个相互依赖的关系中；只有通过这个相互依赖的关系，这个复合性才能够被统一的意识所接收。然而，一个这种类型的物理力只有在一些实在的效用的背景下才能够被设定，随之而来的是任何物的位置——也因此意识本身——的确定性只有由于一些实在的效用的缘故才是可能的。"②

---

① J. G. Fichte, *Gesamtausgabe der Bayerischen Akademie der Wissenschaften* IV, 2, Hrsg. von Reinhard Lauth und Hans Gliwitzky, Stuttgart – Bad Cannstatt 1978, S. 79.

② J. G. Fichte, *Gesamtausgabe der Bayerischen Akademie der Wissenschaften* IV, 3, Hrsg. von Erich Fuchs, Reinhard Lauth, Ives Radrizzani, Peter K. Schneider und Günter Zöller, Stuttgart – Bad Cannstatt 2000, S. 433.

在这段文字中，包含两种效用的概念。第一种是意志的效用。意志的效用是指一种内在的、纯粹的力。Breazeale 将德语的 Kraft 翻译为 force 而不是 strength，因为意志的力具有一种动性，一种强迫性，是一种能量。意志使得自我的自由能量集中在一个点上，就是意志所产生的真实结果，即效用的结果。同时这个能量还具有另外一个名称："外在的或物理的力。"这表明意志的效用具有不同的面向。当它被感性的直觉所作用时，作为一个点的力就被扩展为一个连续的系列。因此，处在这个系列中的感觉的力的复合性，最初是通过意志的效用才得以出现的。现在它处在一个相互依赖的关系中，借助这个关系，它能够被意识所接收，也就是能够进入意识。在这个过程中发生了一系列的物理变化：自我的自由的能力——它应该是一个集合体——首先被感性的直觉所扩展，于是感觉的力的复合性最终成为意识的对象。这个变化可能得益于两个方面：第一，意志的效用集中自由的能力于一点；第二，被集中之后的自由的能力等同于外在的力。这种等同被认为是物理性的，即它的性质没有发生改变，变化的只是名称。在这个意义上，感觉的力的复合性被认为是意志的因果性的结果。

第二种是实在的效用。实在的效用是物理的力能够被设定的前提条件。既然它使得物理的力的设定成为可能，同时物理的力的最终归宿是意识的对象，于是它是意识的确定性的可能性条件。在另一方面，它还是物的位置的确定性的可能性条件。前面我们建立起了物的位置，即空间和对象的统一，与努力和限制之间的关系。物在空间的位置是努力与限制之间相互作用的结果。努力与限制统一在自我的实践的感觉之中，因此，物的位置最终应该通过自我的实践的感觉得以确定。由此推断，实在的效用与自我的实践的感觉之间存在一种决定与被决定的关系。但是单从以上的简略的论述中，我们无法对其进行进一步的推断。让我们暂且搁置这个问题，并回到意志的概念中。

4. 力作为意志作用的结果

在这里，意志最为明显的标志是它被"力"所定义。而在最初，"力的概念"的提出是为了回答衡量"量"的可能性的问题，这个"量"是指被限制的努力。努力的受限就是努力的能量的使用受到限制。努力受到不同的限制，其能量的使用在量上就不尽相同。因此，努力对空间中的位置的确定，就是其能力在量上的确定。对空间中的物的关系，于是就被归结为量的关系。现在要回答量的可能性问题，就要首先澄清努力之中的能量/力的概念。"力本身或者一般是什么？理智是如何获得这个概念的？"①

费希特指出，力的概念只能从我们意志的意识和与意志相关联的因果力（Causalität）的意识中衍生。因此，力与意志的关系不是意志为力所定义而是相反，从意志与意志所产生的因果作用的意识中，出现一个"力"的概念。因此，力是对意志所能产生的作用或者效果的描述。真正具有重要性的不是力是什么，而是它意味着什么。"我们发现我们正从事意志活动，当我们将这个在感性世界中运用因果性的能力归于意志时，我们确切的发现的是什么？"② 尽管它作为问题被提出，但它暗示了以下两点：感性世界是意志活动的结果；我们从我们对意志活动与它在感性世界中的作用的意识中发现了某种东西，这种东西至少能够表明意志通过它的因果性作用于感性世界的机制。对于前一点，费希特随后将之表达为一个断言："意志不能从任何其他的东西中衍

---

① J. G. Fichte, *Gesamtausgabe der Bayerischen Akademie der Wissenschaften* IV, 3, Hrsg. von Erich Fuchs, Reinhard Lauth, Ives Radrizzani, Peter K. Schneider und Günter Zöller, Stuttgart – Bad Cannstatt 2000, S. 423.

② J. G. Fichte, *Gesamtausgabe der Bayerischen Akademie der Wissenschaften* IV, 3, Hrsg. von Erich Fuchs, Reinhard Lauth, Ives Radrizzani, Peter K. Schneider und Günter Zöller, Stuttgart – Bad Cannstatt 2000, S. 423.

生出来，相反它是在直观中被证实的。它是原初的某物。"① 在之后，费希特再一次强调了意志的首要性："意志是绝对首要的某物，就它的形式而言，是不以任何其他东西为条件的。"② 因此，意志的原因不能追溯到一个更高的层面，不能由其他的东西所解释。就此而言，意志是自因的，因此是绝对自由的。

然而，意志作为一种行动，它应该同时包含对意志所意愿的对象的认识，即自我必须知道它所意愿的是什么，知道意志本身、意志形式以及其内容，否则一个意志行动不可能发生。也就是说，意志之自由应该体现在意志主体意识到它能够在可意愿的对象之中作出选择，并且这种选择的依据不是其他，而只是因为它意愿某一个特定的对象。正是因为它意愿该对象，一个意愿的行动得以发生。用一个形而上学式的方式表达就是：意志主体意志自己为一个意志主体。这是意志行动的本质。但是，意志主体应该意识到它作为意志主体这个事实，即意志行动本身应该包含对自身的原初意识，如果它不能被追溯到一个更高的原因之上的话。意志如果不以对意志行动所包含的可选择性以及作出某一选择的确切性的认识为前提的话，意志行动就是盲目的而不是自由的。但是因为意志是最高的原因，因此它的认识只能是通过直觉获得的。套用康德的话就是，意志无直觉则盲，直觉无意志则惰。因此，自我作为直觉着的意志主体，它同时是理智的和实践的。

就此而言，一个意志行动的发生，是理智和实践共同作用的结果。当然，单看一个意志行动的发生，它只是一个单一事件，

---

① J. G. Fichte, *Gesamtausgabe der Bayerischen Akademie der Wissenschaften*, IV, 2, Hrsg. von Reinhard Lauth und Hans Gliwitzky, Stuttgart – Bad Cannstatt 1978, S. 113.

② J. G. Fichte, *Gesamtausgabe der Bayerischen Akademie der Wissenschaften* IV, 3, Hrsg. von Erich Fuchs, Reinhard Lauth, Ives Radrizzani, Peter K. Schneider und Günter Zöller, Stuttgart – Bad Cannstatt 2000, S. 424.

一个点。如果将它展开、延长为一个序列，那么它的发生将会是一个复杂的一个过程。首先理智主体面对众多的可能性并思考该在选项中选取其中的哪一个。伴随着这种思考，可能性的选项所代表的各种行动被突显出来，即该行动是一个什么行动、其内涵是什么被呈现出来。换句话说，对选项的思考，就是选项在思维中被表象出来。在这里，所有的行动还只是潜在的，只是可能性而非实在性。它们共同的状态，用费希特的理论形容，就是所有行动的概念在自我中处于一种"摆荡"之中。而其中的哪一个会转变为真实的，依赖于自我的选择。

"选择"标志着思维活动的停止，即一个行动的概念从所有摆荡着的可能行动中作为单一的一个行动突显出来。在此时，它不再是"可能"的，而是"应该的"，它"应该发生"①。一个意志的对象被构成。但仅仅是被意志，该意志行动还未发生。从思考到一个行动被意志，这个环节还停留在意识之中，从被意志到意志行动的真实发生才是从意识中走出来，才是对感性世界产生因果性的环节。"在思考中谈论的知识可能性；通过意志应该产生某些新的东西、首次出现的东西、某些在此之前还未在场的东西。[被意志的东西是作为现实的东西被要求的——是一个被置于现实（Wirklichkeit）之上的要求。]"② 被意志的东西是第一次出现的新的东西，因此它应该在意志本身之外具有某种属性，使其能够在意志中呈现为新的东西。它出于意志的要求而出现，可以理解为意志对被意志的对象发出了一种命令，对这个命令的

---

① J. G. Fichte, *Gesamtausgabe der Bayerischen Akademie der Wissenschaften*, IV, 2, Hrsg. von Reinhard Lauth und Hans Gliwitzky, Stuttgart – Bad Cannstatt 1978, S. 114.

② J. G. Fichte, *Gesamtausgabe der Bayerischen Akademie der Wissenschaften* IV, 3, Hrsg. von Erich Fuchs, Reinhard Lauth, Ives Radrizzani, Peter K. Schneider und Günter Zöller, Stuttgart – Bad Cannstatt 2000, S. 423. 括号中的文字见 J. G. Fichte, *Gesamtausgabe der Bayerischen Akademie der Wissenschaften*, IV, 2, Hrsg. von Reinhard Lauth und Hans Gliwitzky, Stuttgart – Bad Cannstatt 1978, S. 114.

执行的结果就是它出现在现实之中，因为要求是置于现实之上，而后者与自我的自由之客观化相关。这种语意上的相关性目前还不能确证，但在之后的分析中会被证明。

意识的对象已经被呈现，这意味着意志在众多的可能性中自由地选择了一个可能性。这同时意味着通过自我的意志能力，一个自我设定的限制在意志主体中建立起来。限制之被建立，等同于在思考中被分散的努力被集中在一个单一的点上①，在这里，这个单一的点就是被意志的对象。于是，意志活动的建立同时就是努力的建立。这种等同使得对意志活动表述最终可以追溯为自我从可确定之物到确定之物的过渡："自我只有在一个从可确定性到确定性的过渡中才发现自己；只有在这样的一个过渡中人才能意识到他自己的意志。"② 就意志的发生而言，这个过渡等同于一个集中的行动，这个行动将所有的可能性集中为意志的对象，集中行动的发生就是过渡行动的发生。

依前文，当自我的自由力被集中到一个点上时，它能够被感性直觉所扩展，并最终使得感觉的能力（Gefühlsvermögen）成为意识的对象。于是又回到了"力的概念"，即意志的受限所产生的效用问题。③ 意志的受限，本质是自我将自由集中在一个点上，就自我的意志活动原初地伴随对活动的直觉而言，这个说法等同于自我将所有的思考集中在一个特定的方向上。按照费希特

---

① Sehe J. G. Fichte, Gesamtausgabe der Bayerischen Akademie der Wissenschaften IV, 3, Hrsg. von Erich Fuchs, Reinhard Lauth, Ives Radrizzani, Peter K. Schneider und Günter Zöller, Stuttgart – Bad Cannstatt 2000, S. 423.

② J. G. Fichte, *Gesamtausgabe der Bayerischen Akademie der Wissenschaften IV*, 3, Hrsg. von Erich Fuchs, Reinhard Lauth, Ives Radrizzani, Peter K. Schneider und Günter Zöller, Stuttgart – Bad Cannstatt 2000, S. 424.

③ Sehe J. G. Fichte, *Gesamtausgabe der Bayerischen Akademie der Wissenschaften IV*, 3, Hrsg. von Erich Fuchs, Reinhard Lauth, Ives Radrizzani, Peter K. Schneider und Günter Zöller, Stuttgart – Bad Cannstatt 2000, S. 72.

的说法，在这个特定的点上，"想象力不被允许与之偏移"①。这表示，想象力一直伴随意志活动，并被强迫只朝一个特定的方向前进。这种被迫构成了一个特定的力或者能量的概念。因此，与意志行动相关联的力的概念，是想象力被强迫按照一个特定的方向前进的结果或者表达。"不可能想象一个意志的同时而不想象一些推动力（Anstoß），一些力的应用。"② 理智通过限制想象力，使其集中在一个特定的方向所形成的只是一个"理智的纯粹的力"，它的结果是一个力的感觉。至此，意志活动还未产生现实的效用，即"直接地出现在经验之中"。正如读者所发现的，对这个问题的回答，到目前为止绕回到了力的概念。之所以这个问题不能轻易地被回答，在于它的本质是理智世界如何与现象世界建立联系的问题，是最为核心与困难的问题。于是我们随着费希特再一次回到推演的起点。

5. 想象力作为连接两个世界的中介

无论是努力活动还是意志活动，只要它是自我对自己的限制，它都能够通过自我的自由最终得到说明，因为只要它们还未涉及现象世界，它们就是自我之内的活动，自我单凭它的因果性就能够直接达到。但当它们作为自我的活动要产生一个外在的效用时，就需要通过一个概念，在自我与自我之外建立一个桥梁，使得因果性的序列成为连续的和贯通的。无论最后这个外在是否最终被证明同样是自我活动的内在结果，在最终结果出现之前，这个跨越是真实存在的。从费希特不断回到力的概念这一点来看，两个世界之间的中介将会是这个表达为想象力之被迫的

---

① J. G. Fichte, *Gesamtausgabe der Bayerischen Akademie der Wissenschaften IV*, 3, Hrsg. von Erich Fuchs, Reinhard Lauth, Ives Radrizzani, Peter K. Schneider und Günter Zöller, Stuttgart – Bad Cannstatt 2000, S. 426.

② J. G. Fichte, *Gesamtausgabe der Bayerischen Akademie der Wissenschaften IV*, 3, Hrsg. von Erich Fuchs, Reinhard Lauth, Ives Radrizzani, Peter K. Schneider und Günter Zöller, Stuttgart – Bad Cannstatt 2000, S. 426.

概念。

被迫的或者说被限制的想象力要在被斩断的因果性链条之间建立起联系。因果性在费希特这里又意味着什么呢？"一个连续的从 A 到 B 的运动，没有缺口或裂缝。"① 正如一个连续的线条是由无数接连不断的点所构成的那样，这个运动构成一个连续的系列，一个复合体。这个复合体之可能，就是跨越之可能。针对这个问题，即复合体之可能的问题，费希特指出："如果自我要在这个线中移除任何两个部分，它们将总是一直彼此对立的。例如，我必须根据感觉的状态接受，A 是未经加工的大理石，它发生了如此的改变，以至于根据感觉，我必须在之后接受 A 是一个雕像。这看起来是不可理解的；但是，这里涉及的不是一个对思考的理解的问题，相反，它是一个直觉的问题；它只有通过想象力才会如此，就像在对时间的推演中被表明的那样。"② 费希特认为因果性的可能性序列并不是一个理解上的问题，原因与结果之间的联系，不是靠理解获得的，而是通过直觉获得的。因此，它并不是一个可解释的概念，对它的说明只能从发生的角度切入：它是如何发生的，是如何被直觉到的。费希特又说，这种直觉只有通过想象力才能够出现。因此，一方面，因果性的可能性只有通过想象力才能够得到说明。将想象力归结为直觉的问题而不是理解的问题的策略，避免了想象力沦为经验领域中的概念而只具有归纳上的有效性的危险。由此，费希特的因果概念与康德认识论中的因果性一样，获得了一种先验性。

在另一方面，从费希特的这段话中还可以看出，想象力概念

---

① J. G. Fichte, *Gesamtausgabe der Bayerischen Akademie der Wissenschaften IV*, 3, Hrsg. von Erich Fuchs, Reinhard Lauth, Ives Radrizzani, Peter K. Schneider und Günter Zöller, Stuttgart – Bad Cannstatt 2000, S. 427.

② J. G. Fichte, *Gesamtausgabe der Bayerischen Akademie der Wissenschaften IV*, 3, Hrsg. von Erich Fuchs, Reinhard Lauth, Ives Radrizzani, Peter K. Schneider und Günter Zöller, Stuttgart – Bad Cannstatt 2000, S. 427.

在直观领域中具有基础性地位。直观领域相较于其他领域具有特殊性，这种特殊性在于，是它解释因果性而不是相反。直观之所以为直观，恰恰在于它不能用因果范畴去解释。想象力既然是使得直观得以出现的手段，那么首先想象力同样不能用因果的框架去说明。我们要获得对想象力的认识，需要到对时间的推导中去寻找，这是费希特已经向我们指明的。但我们暂且让想象力与时间的关系的谜题再保持一段时间。我们在这里只需要知道意志与时间之间的关系就可以了。到此为止的推论，总结如下："在意志活动中，自我立即意识到自己，与这个意志一起思考和意志的自我是一个自我。意志活动聚集起来——就此而言，它是一个单纯的理智力量。我们的意志同时应该具有对表象世界的因果力——在这种情况下它表现为自我通过一个感觉序列的行进（Fortgehen）；从当自我意志某物时就开始的状态，到它所意志的那个状态，这构成了一个连续的系列；这个多样性应该通过直觉着的主体被统一并与意志相联系。这是说，依据这一点，即正是这些感觉并且没有其他的东西被吸收了——这是通过依赖发生的——由此，出现了一个时间的序列。"[①] 这个描述能够被认为是目前为止的推理过程和结果的总结。但这个总结还遗留了两个问题，一个问题是关于想象力的，也就是想象力在其中扮演的作用。另一个问题则是目前为止还没有得到确切说明的"实在的效用"。

实在的效用之所以是一个还需要进一步说明的概念，是因为它关涉到意识的确定性。在接下来的要点中，费希特指出，"实在的效用（Reelle Würksamkeit）只有与一个目标的概念相一致才是可能的，目标的概念只有在认知的条件下才是可能的；这样

---

① J. G. Fichte, *Gesamtausgabe der Bayerischen Akademie der Wissenschaften*, IV, 2, Hrsg. von Reinhard Lauth und Hans Gliwitzky, Stuttgart – Bad Cannstatt 1978, S. 121.

一种认知只有在实在的效用的条件下才是可能的；因此，意识完全不能被这个循环所解释"①。实在的效用、一个目标的概念和一种认知构成了一个循环。这个循环如果断开来看，那么它们的关系就是，一个目标的概念提供给实在的效用一个框架；认知，或者说有一种认知能够提供一个目标的概念；实在的效用是一种提供一个目标的概念的认知的可能性条件。单从这三个命题本身来看，我们能够认为实在的效用与一个目标概念之间具有某种目前还不明确的联系。同时，既然实在的效用与意识的确定性相关，而意识并不能通过上面提到的实在的效用与认识和目标概念的循环得到解释，那么意识与实在的效用之间的关系就需要通过其他概念或方式来说明。费希特指出，存在一个既是认知对象又是有效用的中介：纯粹意志。"这个纯粹意志是单纯地智性的某物，但它能够通过一个'应当'的感觉表达自己，如此它变成思维的一个对象。就这一点出现而言，纯粹的意志被吸收进思维的一般形式，作为确定的某物与可确定的某物。"② 纯粹意志能够成为思维的对象的关键在于它能够被表达为一种"应当的感觉"。感觉之出现，是自我对自身限制的设定，因此，与纯粹意志相对应的应该是自身之中的意志限制。同时纯粹意志具有某种被迫性，这是我们之前已经说过的。限制与被迫性构成的是一个主体应当从事某个行动的概念，即它是作为确定之物，而不是可确定之物。纯粹意志表达一个确定行动的必然性。即它基于一种认知而必然发生。

纯粹意志这个联系认知与实在效用的过程的意义并不仅仅体

---

① J. G. Fichte, *Gesamtausgabe der Bayerischen Akademie der Wissenschaften IV*, 3, Hrsg. von Erich Fuchs, Reinhard Lauth, Ives Radrizzani, Peter K. Schneider und Günter Zöller, Stuttgart – Bad Cannstatt 2000, S. 447.

② J. G. Fichte, *Gesamtausgabe der Bayerischen Akademie der Wissenschaften IV*, 3, Hrsg. von Erich Fuchs, Reinhard Lauth, Ives Radrizzani, Peter K. Schneider und Günter Zöller, Stuttgart – Bad Cannstatt 2000, S. 447.

现在上面所说的那一点。它的发生同时意味着，"自我，意志主体，变成一个个体（INDIVIDUUM），对自我而言就形成了一个理性存在的领域（ein Reichvernüngtiger Wesen），作为这个情况下的可确定之物。意识就其整体能够并且必须从这个纯粹的概念中衍生"①。纯粹意志之过渡为确定之物，即其实在效用产生的过程，就是意志主体成为一个个体的过程。从自我到个体的转换的完成，标志着费希特推演中心的转移的完成。从个体开始，知识学的推演就转入了对意志自我如何通过意志行动限制自己、承认其他意志主体的存在并最终构建起一个有组织的自然说明。我们将此当作这一版知识学的展开的第二个部分。明显地，在这个部分中，意志主体取代了单纯设定的自我，或者说个体取代了自我。伴随这个改变发生的，是与自我的本质相关的其他概念的内涵的变化——"理性存在的领域"的出现，同时也是知识学向一门道德形而上学的转变。

二 从意志个体出发的推演

"个体"在哲学史中从来就不是一个简单的概念，在费希特的哲学中亦然。我们可以在当代哲学的背景下来理解费希特的"个体"概念，此时，个体概念跟与它相对的理性存在的领域之间的关系构成了一种"主体间"的解读的可能性条件。正如霍耐特在《主体间性的先验必然性》中指出的，费希特的哲学能够作一种主体间性的解读。在他看来，"费希特想说的无非是，只有当一个个体能够在实践上的目的设置时认识到自身同时是绝对的和受限的自我，它才能获得对其自身的有限主体性的一个意识"②。但是这种解读是建立在一个已经发生了改变的哲学背景

---

① J. G. Fichte, *Gesamtausgabe der Bayerischen Akademie der Wissenschaften IV*, 3, Hrsg. von Erich Fuchs, Reinhard Lauth, Ives Radrizzani, Peter K. Schneider und Günter Zöller, Stuttgart – Bad Cannstatt 2000, S. 447.

② [德] 霍耐特：《主体间性的先验必然性》，谢永康译（未出版）。

之上的，至少在这里，这种解读并不符合我们的目的。因此在这里，我们不会将个体与其相对物做一种主体间性的解读，而是将注意力集中在它们与单纯意志之间的关系上。

按照之前所分析的要点，费希特一路从感觉、限制、努力推演出了单纯意志。单纯意志论证作用于感性世界的最后一步，即自我之行动产生真实效用的最后一步。这意味着，自我作为意志主体的行动，是一个个体的行动，是一个在一个确定的认识已经产生的前提下的行动。行动的主体，是一个意志主体，它的行动的目的指向它的一个特定的意志的实现。"意志拥有因果力（Causalitaet）：被意愿的东西会立即出现在经验中。"[①] 如果理智世界与经验世界之间的界限是实在的，那么意志便是打破界限的那个行动。但能够穿越界限的那个意志行动，不是任何一个意志的行动，它必须是单纯地具有实践能力的。在这个情况下，自我作为实践主体，是一个意志个体。它意志某物，并且意识到自己意志某物，并出于实践的强力要在经验世界中产生效用。所有的理论准备都已经做好，但这最为关键的一步是如何迈出的呢？这个决定费希特体系的成败的问题是在这一部分中需要被回答的。

1. 从单纯意志到被赋予身体

从意志主体达到感性世界能够被认为是一种跨越。所有的概念梳理和前期建构都是服务于这一跨越的。到目前为止，它如何是可能的还没有被说明。如果单纯因为意志本身具有实现跨越这种强力，那么为了避免独断，单纯意志概念还需要再被考察。因为意志主体对意志本身的认识并不能直接导致意志的行动，它导致的，用费希特自己的术语，是一种努力。努力与努力的行动，意志与意志的行动之间并不能画上等号。除非，纯粹意志本身具

[①] J. G. Fichte, *Gesamtausgabe der Bayerischen Akademie der Wissenschaften IV*, 3, Hrsg. von Erich Fuchs, Reinhard Lauth, Ives Radrizzani, Peter K. Schneider und Günter Zöller, Stuttgart – Bad Cannstatt 2000, S. 427.

有一种特殊性，能够使得它本身就等同于行动。但情况并不是我们所假设的那样，因此单纯意志此时还停留在理智的世界之中，在这个阶段，它还只是"所有意识和反思的直接对象"①。"但是反思是推理性的（discursiv）：因此，单纯意志必须是一个具有多样性的东西；它并不是原初地是多样性的，但通过与它原初的限制相连，它第一次成为多样性的。这个单纯意志与它自己的限制的关系出现在反思行动本身中，而反思行动是绝对自由的；自由和这个反思行动的整个本质恰恰存在于这个连结行动之中（单纯意志与它的原初限制）。这个行动的自由一部分存在于这样一种关系是完全被确定的这一事实，部分存在于它总是以这种或另一种方式出现的事实。就它单纯被思考而言，反思的这一行动作为意愿行动出现；就它是被直觉的而言，它作为'正在做'而出现。反思的这同一个行动是所有经验意识的基础。"②

单从文字上看，这个说明应该提供给我们一个关于现在追问的问题的答案，即单纯意志如何构成一个实在的行动、一个作用于感性世界的行动。按照这里所形容的，它之能承担这个连接理智世界和感性世界的任务，在于它与自身的原初限制的关系作为反思行动的对象，与自由建立起了联系。这个联系首先意味着，意志行动作为反思的对象，从反思行动那里获得了自由，因此，它作为一个行动的可能性是由自由保证的。其次，意志行动是反思的对象，具体地说，意志与其原初的限制的结果是反思的对象，这表明它作为意志行动是反思的结果。所以，当我们讨论意志行动时，它已经被反思所整合，成为反思的结果。而当它仅作

---

① J. G. Fichte, *Gesamtausgabe der Bayerischen Akademie der Wissenschaften IV*, 3, Hrsg. von Erich Fuchs, Reinhard Lauth, Ives Radrizzani, Peter K. Schneider und Günter Zöller, Stuttgart – Bad Cannstatt 2000, S. 458.

② J. G. Fichte, *Gesamtausgabe der Bayerischen Akademie der Wissenschaften IV*, 3, Hrsg. von Erich Fuchs, Reinhard Lauth, Ives Radrizzani, Peter K. Schneider und Günter Zöller, Stuttgart – Bad Cannstatt 2000, S. 458.

为意志行动，即作为直觉的对象时，它就是"从事"。

因此，意志活动本身包含两个方面，即反思方面和直觉方面。它们都是意志活动，只是从不同的方面表示了意志活动。通过反思，意志活动作为意志活动而出现，这构成了意志活动的知的方面；通过直觉，意志活动作为"从事"而出现，这构成了意志活动的做的方面。于是，意志活动统一知与做于一身。按照 Günter Zöller 的观点，费希特的智性直觉是"盲"的，需要通过思考获得确定性。自我正是通过用一个特定的、合法的被管理的方式思考自身才变成它之所是，即具体地被确定的个体性主体。① 将这个观点嫁接到我们当前讨论的意志问题就会发现，意志活动同样是理智直觉依赖思维活动的指引所形成的结果。作为结果的意志活动是从事着某个具体活动的意志活动而非单纯意志。

与意志活动的两个方面相对应，意志主体同样以两种不同的方式看待自己，"在这样的反思的一个单独行动中，一个理性存在以两种不同的方式或从两个不同的方面看待自身，一方面，它将自己看作有限的；另一方面，在描写这个限制的活动中，它将自己看作积极的。前者是它的外在方面，后者是它的内在方面；作为结果，它将一个由内在和外在器官构成的普遍的结构（Organ）——归属于自己。感觉是限制对反思的关系。限制的来源是只为从事于思考真实活动的理想活动而存在的某物，因此对一个对象的认知和意志的直接统一就得到了解释"②。通过从两个方面看待自己，理性存在将一个 Organ——"身体"赋予自己。身体是有限外在与积极内在的统一，因此也是限制与反思的统一。

---

① Günter Zöller, *Fichte's transcendental Philosophy*, Cambridge University Press 1998, p. 77.
② J. G. Fichte, *Gesamtausgabe der Bayerischen Akademie der Wissenschaften IV*, 3, Hrsg. von Erich Fuchs, Reinhard Lauth, Ives Radrizzani, Peter K. Schneider und Günter Zöller, Stuttgart – Bad Cannstatt 2000, S. 459.

于是它构成一个特定的感觉。但作为感觉并不是身体概念的全部内涵。"感性世界中的自由的表象就是身体（Leib），它作为被给予的某物，作为所有我们的有效用的行动和所有我们的意识的条件。"① 因此，身体概念首先是一个与经验打交道的概念，通过它自由的表象被呈现在感性世界之中，它是意志能量能在感性世界中被表达的工具。但它同时又是与意志本身打交道的。换句话说，身体概念是作为直觉对象的纯粹意志，"对象是与对单纯意志的反思想联系的；我们将我们的原初能量、确定性或者纯粹意志直觉为身体；也就是，意志主体被直觉为感觉世界中的物质"②。于是身体的概念就得到了澄清，它是被意志主体直觉为对象的纯粹意志，是意志在感性世界中的表达，是感性知觉的开端。将这些条件综合起来就得到以下结论：我的身体（meiner-Leib）是效用行动在感觉世界中的第一个点。因此，意志行动与感性世界的连接概念就是身体，身体直接连接一个对象的认识与意志。

2. 思考与直觉的相互关系

按照之前的阐述，费希特认为单纯意志与它自身的原初限制是它与反思活动以及直觉活动发生关系的第一步。原初限制使得它成为多样性的，继而成为反思的对象。意志与它的原初限制的关系才是反思的真正对象。然而，这个对自身意志的限制，是自我为自己设定的任务。因为"除非这个限制是自我分配给自己

---

① J. G. Fichte, *Gesamtausgabe der Bayerischen Akademie der Wissenschaften*, IV, 2, Hrsg. von Reinhard Lauth und Hans Gliwitzky, Stuttgart – Bad Cannstatt 1978, S. 155.

② J. G. Fichte, *Gesamtausgabe der Bayerischen Akademie der Wissenschaften*, IV, 2, Hrsg. von Reinhard Lauth und Hans Gliwitzky, Stuttgart – Bad Cannstatt 1978, S. 156.

的，一个限制才是对自我的限制，才是对自我存在的"①。既然意志主体是自我，意志活动是自我的活动，那么意志的原初限制也就只能是自我的限制。于是，对意志的限制就变成了自我限制意志的任务。这个任务完成的结果，是一个特定的意志活动，它被意志主体直觉为空间中的身体、感觉世界中的物质。追根究底，意志对感性世界的效用发生的动力还是在于自我作用于自身的活动。只是在这里，这个活动的结果是向外指向经验的："这个内在于经验意识的任务的特殊声明仅仅是一个要求特殊自我—限制的观念，通过理解这个概念感觉和直觉第一次得以产生。因此，所有意识都是从思考纯粹智性的某物的行动开始的。"② 自我限制自己的意志，这个限制既是对意志的限制，也是对自我的限制。对意志而言，这个限制将是意志原初的限制；而对自我而言，是对自我的一个特殊的限制。这个任务所表达的是对一个特殊的自我限制的要求的概念。这个概念构成了纯粹理智的某物，伴随对这个概念的理解才产生感觉和直觉，意识则是开始于对这个概念的思考行动。于是，我们又获得了一个理论上的高点：纯粹智性的某物。在它之下才有感觉、直觉和意识。从这段话的最后一句我们还能够推断出，意识开始于思考纯粹智性的某物，即意识开始于一种思考行动。

为了更好地理解费希特使用的语词之间的关系，我们可以先讨论一下思考与直觉之间的异同。我们之前已经提到过，费希特的论证占据了两个点，在整个论证的过程中，时常存在立场或角度的转换。尽管考察的对象只有一个，但不同视角之下的考察使

---

① J. G. Fichte, *Gesamtausgabe der Bayerischen Akademie der Wissenschaften IV*, 3, Hrsg. von Erich Fuchs, Reinhard Lauth, Ives Radrizzani, Peter K. Schneider und Günter Zöller, Stuttgart – Bad Cannstatt 2000, S. 464.

② J. G. Fichte, *Gesamtausgabe der Bayerischen Akademie der Wissenschaften IV*, 3, Hrsg. von Erich Fuchs, Reinhard Lauth, Ives Radrizzani, Peter K. Schneider und Günter Zöller, Stuttgart – Bad Cannstatt 2000, S. 465.

之得到了更为丰富的呈现。"费希特将他的关于主体的先验哲学的过程比作一个科学实验。费希特先验实验中被考察的对象是唯心主义地被构想的经验的绝对基础,被称作'自我'。哲学家的关于自我的原初观念是一个纯粹的、自我返回的活动。"[1] 因此,作为经验的绝对唯心主义基础的自我,是作为实验对象的自我;而纯粹的、从事自我返回活动的自我,是哲学家眼中的自我。作为实验对象的自我,是以实验程序为基础的对自我的考察,从它之中产生的对自我的思考,更像是一种描述、一种对自我的客观的描述。这个实验对自我活动的重建遵循自我之中实际发生的各个步骤,它是原初的自我构造。而在哲学家视角下的对自我的考察或者说对自我过程的重建,"是暗示了一个自我的历史的暂时过程,而自我本身是在一个高度复杂的自我建造之中即时发生的。费希特将对自我的暂时性的关节性的表象的需求划归给了哲学思考的有限的、推理的本质"[2]。因此,我们不能将哲学分析中的自我构造所表现出来的时间性认作自我的活动本身所具有的。相反,这种时间性的思考是从哲学家的角度考察自我所特有的,是哲学思考的有限性和推理性的表现,是思维的分散性本质的表现。

  尽管视角的转换导致在对自我的思考产生了有限与无限的区别,但事实却是任何一种哲学考察都不能脱离开哲学家的视角,因此即便费希特承认自我自己的原初构建的存在,但知识学中所考察的自我只能说有限的哲学思考下的自我。"这表明纯粹自我已经是有限的,即便它可能具有绝对行动,并且哲学的反思不单

---

[1] Günter Zöller, *Fichte's transcendental Philosophy*, Cambridge University Press 1998, p. 76.

[2] Günter Zöller, *Fichte's transcendental Philosophy*, Cambridge University Press 1998, p. 76.

单是有限的思考而是能够理解自我的绝对本质。"① 按照这个说法，自我的确是同一个纯粹自我，但哲学思考视域下的自我已经是有限的了，虽然对这种有限性的承认并不否认哲学思考能够理解自我的绝对行动和作为绝对自我的本质。但是，如果说哲学反思中的自我已经是有限的，那么我们如何能够把握它作为绝对自我的真实本质与活动。有限的思考能够理解或者说抓住自我的本质，但这个思考提供的仍然是经过有限思维处理过的本质。这就好比是我们能够理解天文学上的时空的无限广大，但我们的认识所表达的这个无限的概念，并不是时空本身所具有的那个无限。在哲学思考中，总有一些要素被剥夺了。就自我而言，我们是如何获悉自我的真实本质的呢？费希特认为我们是通过"直觉"把握它的。

费希特的"直觉"概念是从康德那里借用的。在康德那里，直觉被分为上帝所具有的智性直觉，人所具有的感性直觉，但费希特没有坚持康德的这种划分。费希特用智性直觉来描述自我的最终结构和自我对自己的重建活动。"'智性直觉'在这里表示直接的而不是被概念所中介的对自我的原初活动的意识。"② 这表示，通过智性活动可以弥补单一的哲学思考所导致的欠缺，它一方面将自我的终极结构作为直接的意识提供给从事哲学活动的哲学家，这是对哲学思想而言；另一方面，它提供给自己关于自身的直接认识，这是就自我原本的重建而言。这个区分与费希特在《知识学新方法》的第一要点所表达的相符合，即自我具有直觉能力，并通过直觉活动返回自身。同时，这个直觉活动提供一个关于自我的概念。在第一要点中，费希特的表述并没有将智性直觉所具有的这种双重功能分开表述。只有通过哲学思考这种"人工性"

---

① Günter Zöller, *Fichte's transcendental Philosophy*, Cambridge University Press 1998, p. 76.

② Günter Zöller, *Fichte's transcendental Philosophy*, Cambridge University Press 1998, p. 76.

的活动，它才被区分为两个方面。或者说，费希特对智性直觉的使用是双重性的。他将智性直觉当成是做哲学和描述纯粹自我本质的工具。因此，智性直觉就分别在哲学层面和自我层面具有了不同的功能。

然而，Günter Zöller 认为，费希特对智性直觉的这种区分暗示，智性直觉在对自我的原初构建和它的哲学重建的思考中只扮演一个次要的角色。[①] 之所以会产生这样的认识，在于费希特的智性直观需要通过思考提供确定性，即智性直觉原初地具有对从思考中获得的确定性的需求。智性直觉对思考的这种本原性的依赖指明了费希特的思考的一般概念："思考给通过直觉被给予的物质性某物提供确定性的形式。"[②] 这里的"物质性的某物"当然不是脱离开主体而被给予的某物，而是外在地被思考的。也就是说，它在思考中被认为是外在的某物，然而事实上却是由自我本身所提供的，是内在地被给予的。相同的逻辑同样可以应用在对"外在的"和"内在的"概念的理解上。当费希特提到意志分为内在的、纯粹的力和外在的、物理的力的时候，它并不指意志具有脱离主体而外在于主体的一种力。因此，思考所产生的作用就是，它将内在的被给予的某物转变为对主体而言的外在的某物，也就是将被直觉的东西概念性地转化为认识。"费希特对直觉和概念作为活动和休息进行对比和联系，这表示他将直觉理解为直觉的行动，将概念理解为通过给直觉提供一个对象而得到的结果。"[③] 于是，思考与直觉之间的关系就被阐明了：直觉是获得自我的原初构造的活动方式，因此也是哲学活动能够得以进行的基础保证。但单靠直觉并不能

[①] Günter Zöller, *Fichte's transcendental Philosophy*, Cambridge University Press 1998, p. 76.

[②] Günter Zöller, *Fichte's transcendental Philosophy*, Cambridge University Press 1998, p. 77.

[③] Günter Zöller, *Fichte's transcendental Philosophy*, Cambridge University Press 1998, p. 77.

真正开始一项哲学事业,只有在通过思考赋予直觉以对象,即将直觉活动当作一个静止的对象提供给自我,亦即建立起一个关于直觉的概念之后,哲学活动才能真正展开。就这个关系而言,直觉并不是从属于思考,相反,直觉对思考的从属只是在做哲学的层面上,而非自我的真实发生在层面上,在自我的原初构建中,情况恰恰是思考从属于直觉。

3. 对自我的限制构成一种召唤

依据上面的分析,在《知识学新方法》的第十五要点中被称为纯粹智性的某物,就能够被认为是从事直觉活动的自我。正是对这个自我的思考,意识才得以开始。如果这个推导是正确的,那么意识的第一个概念就是对作为直觉的对象的自我的概念,它是对从事直觉活动的自我进行限制,通过思考赋予直觉自我本身以确定性的结果。这个限制是对自我的限制,并且是对自我意志的限制。但同时,"从另一个方面看,这个限制自己的任务是对从事自由活动的一个召唤(因为它看起来并不是来自个体;相反,它显得是来自一个外在于我们的理性存在)。然而我们不能决定我们自己,除非我们的自我确定的行动伴随着意愿的一个现实行动;因此,意愿的一个现实行动的意识是与这个对自由召唤的知觉不可分离地联系在一起的"[①]。当将限制自我的任务看作来自于一个外在于我们的理性存在的一种召唤时,它就表现为对从事自由活动的召唤。这里涉及对费希特的实践理论格外重要的两个概念:召唤和召唤动作的发出者——外在于我们的理性存在。后者在费希特的理论中具有不同的名称。如在《知识学新方法》中它的称谓是"外他"——一个外在于自我的他者,具体内涵是:"上述的独立活动来自设定,但就其真正表现出来的说,它是不设定,因而从这个意义

[①] J. G. Fichte, *Gesamtausgabe der Bayerischen Akademie der Wissenschaften IV*, 3, Hrsg. von Erich Fuchs, Reinhard Lauth, Ives Radrizzani, Peter K. Schneider und Günter Zöller, Stuttgart – Bad Cannstatt 2000, S. 469.

上说，我们可以把它称之为一个外他。"① 来自设定活动而表现为不设定的独立活动被称作外他：外他是指一个不设定的活动。

在这里，召唤的主体是一个外在自我的理性存在，它以召唤自我从事一种自由的活动而对自我提出限制。"召唤"对应的德语词是 Aufforderung，它的原意是要求、请求、敦促。按照 Allen Wood 的观点，德语的 Aufforderung 相较英语的 summons 具有更为宽泛的意义，"它可能表示了某种命令，像出现在法庭中的一张法律传票。"② 因此可以认为，召唤意味着被召唤的行动具有必然出现的强制性。在这里便意味着限制的发生类似一个来自于自我之外的理性存在的命令。对自身意志的限制，来自于一个自我之外的理性存在的要求或者命令，从另一方面说，即便这个要求是对自我的限制，但它的本意却是要求自我从事一个自由的活动，因此，这个要求是对自我的自由的一个要求。按照 Robert. R. Williams 的说法："费希特的论点是，他者（the other）通过召唤主体的自由使得主体以一个原初的方式对自己而言是可获得的（available）。对责任的召唤不是自我能够给予自己的东西，它也不涉及自我的客观化（self-objectification）；相反他者的召唤是完全的自我客观化，它使得自我发现它自己的自由。"③ 他者——暂且借用 Williams 的概念来代替自我之外的理性存在——的召唤，提出了对自我限制自己意志的要求，按照这个要求，自我成为它自己的一个对象。这是"召唤"概念所引起的一系列结果。于是，"以一个原初的方式"指代的就是自我原初地限制自己，这构成自我确定的行动。

---

① ［德］费希特：《全部知识学的基础》，王玖兴译，商务印书馆 1986 年版，第 84—85 页。

② Allen Wood, "Fichte'sIntersubjectiveI", *Inquiry: Special Issue: Kant to Hegel*, ed. by Susan Hahn, Volume 49, Number 1, 2006 (2).

③ Robert Williams, "The Question of the other in Fichte's Thought", In *Fichte: Historical Contexts/Contemporary Controversies*, Ed. By Daniel Breazeale& Tom Rockmore, Humanities Press 1994.

但这个确定的行动必然伴随自我的意志的真实行动。按照自我限制自己的任务，自我的意志的真实行动本身就是对自我的限制行动。因此，这里所说的自我要能够决定自己的条件便是自我在他者的召唤下，自由地限制自己的意志。于是，按照费希特总结的，对意志的一个真实行动的意识就与对自由的召唤的感知联系在了一起。

4. "外在"于自我的对象与感性世界的本质

正是通过对自由的召唤，自我成为自己的对象。这个对象在当下的关系中特指"限制自己的意志"这一事态。由此，自我获得的是对意志的一个真实行动的意识。需要注意的是，对自由的召唤对自我的作用是，它使一个"感知"（perception/Wahrnehmung）形成于自我之中。感知与意识不尽相同。依照康德的说法，感知是知识的最初阶段，它由物自体的刺激、感性直觉的整合两个方面的共同作用才得以形成。心灵用感性直观的形式接收物自体的刺激的能力，被认为是心灵接受表象的能力，即印象的感受性。印象的感受性，即感性直观只能提供给知识最初的原材料，只有当原材料在作为心灵的规定的表象的关系中被思维之后，一个概念才得以产生。"我们的本性导致了，直观永远只能是感性的，也就是只包含我们为对象所刺激的那种方式。"① 因此，感性直观是通过被对象刺激获得表象的感受方式，它是直接的并且是被动的。感性直观的形式，在康德那里就是空间和时间。空间是外直观的形式，时间是内直观的形式。通过空间和时间，由接受性获得的感性材料就被整合为可思维的表象。可思维的表象只有再被概念的自发性——心灵通过感性材料认识对象的能力——所思维，一个知识才最终被产生。因此，知识的最终形成依赖心灵的两种能力，缺了其中任何一种知识都是不可能的。在知识的构成中，感性直观提供的感知是知识形成的第一要素。如果费希特在感知的问题上持与康德

---

① ［德］康德：《纯粹理性批判》，邓晓芒译，人民出版社2004年版，第52页。

相同的看法，那么对自由的召唤在自我中仅仅形成一种感知，这意味着它还未被知性整合，还处于感性的阶段而不能提供实质性的知识并作为行动的指导。

然而，虽然费希特同样将感性直观作为直观的一个部分与智性直观相区分，但因为费希特并不认为我们的感知最初是由物自体刺激而起的，因此康德的感知观念并不能套用在费希特的理论中。同时，从费希特对感知的论述可以明显看出他与康德在知识问题上的最根本分歧：费希特的感知概念是与意志对感性世界的作用相关联的。意志之所以能够对感性世界发生实在的效用，在于意志具有一种力或者说意志能够表达为一种力："它（力的概念是）是连接理智世界和感性世界的桥梁，通过这个概念，自我走出自己自身并将自己转入一个感性世界。通过这个概念，自我将自己作为一个对象表象给自己并将自己的意识与一个客观的世界联系起来。借此，自我对自己而言变成了一个物，一个感知（Wahrnehmung）的对象，一个感觉世界对自我而言被与自我自己变成的对象联系起来。"① 这段话事实上能够被认为回答了对知识学而言最为重要的几个问题。第一，理智世界与感性世界的连接问题；第二，自我如何走出自身的问题；第三，自我与感性世界的关系问题。就这几个问题的逻辑而言，它们应该都归结为一个问题，即理智与意志的关系问题。

我们先集中注意在感知的概念之上。自我能变成自己的一个感知对象，凭借的是将自我的表象意识与一个客观世界联系起来。这个联系得以发生则在于力的概念。力的概念是自我的自由全力集中在一个点上的外在表现，即意志的结果。倒过来说就是通过意志活动的外在能量，自我将对自己的表象与一个外在世界联系起来。一个与外在世界联系的自我表象构成自我的一个感知对象。因此，感

---

① J. G. Fichte, *Gesamtausgabe der Bayerischen Akademie der Wissenschaften IV*, 3, Hrsg. von Erich Fuchs, Reinhard Lauth, Ives Radrizzani, Peter K. Schneider und Günter Zöller, Stuttgart – Bad Cannstatt 2000, S. 430.

知概念必然与外在的世界相关。被称为"外在"的东西的本质，按照费希特的说法，就是它外在于自我被考察，在时间中被考察。然而，正如已经讨论的，意志只是作为可确定性的自我的另一种表达，因此"外在的世界"的本质就是在时间中被考察的自我的所有可确定性；作为感知对象的自我表象则是在时间中被考察的一个特定的自我确定性。从而，无论是感知对象还是感知能力都是自我活动的结果，并不存在一个真正外在于自我的物自体世界。同时，按照力的概念与自我变成自己的对象的过程，感知仅是对外化的自我的另一种方式的考察，因此心灵的感知能力也并不需要从自我中区分出一种感受性，自我之中也并不区分出两种不同的产生知识的心灵能力。相反，只有一个自我和不同的作用于它自己的活动，认识活动终究是对自我的认识。这个与康德不同的感知的观念，一方面保证了认识的内容的有效性，另一方面保证了认识的形式的连贯性，从而避免了认识"开始于经验，却不来源于经验"之间存在的跳跃。

既然感性世界是由自我通过意志力走出自我的过渡活动所设定的，那么感性世界就并不是一个脱离自我的独立存在。自我通过力的概念成为自我的一个感知对象这个"客观化"过程等同于感性世界作为自我的对立概念的设定过程。这个关系，类似自我将实在性不设定在自我之中，而设定在非我之中，因此自我中的实在性被扬弃，非我获得实在性而与自我相对立。在自我与感性世界的关系中，感性世界现在获得了实在性而与自我相对立。这种对立在自我与作为其对象的自我本身的关系中，即自我表象自己为一个对象的活动中构成背景。也就是说，作为对象的自我，是在与感性世界的联系中被呈现给自我的。自我，只有当它走出自身并成为感性世界中的一个组成部分，才可能成为一个感知的对象。于是，就从事表象活动的自我与作为被表象对象的自我与感性世界的关系而言，感性世界整体向自我呈现为一个不同于自我的可确定性。因为它的产生意味着自我的意志活动已经产生了实在的外在效用，所以感性世界表达的是外在于自我的某种实在性存在。所有的可确定性现在是在时间的框架内被考察。时间意味着一种先后相继的关系，也意味着多样性和可能性。在时间中被感性直觉所扩展的力，本质上是由感性直觉赋予自我的一个感性形式，在这个感性形式中，自我对自己进行考察。在这里，出现了费希特的感性直觉概念。它与康德的感性直觉概念具有相同的作用，即为被感知的对象提供感知形式，使其能够被自我所感知并进入自我的意识。因此可以说，感性直觉为自我作为客观某物被自我所考察提供了一个新的形式。

作为表象对象的自我与感性世界之间建立起了联系，这使得自我成为一个感知对象。于是，自我现在具有了对自己的感知与对召唤自我从事自由活动的"召唤"的感知，后者来自一个外在自我的理性存在。从这两个感知可以看出，感知是面向自我之外的存在的一个概念。或者说，当自我之外的存在作用于自我时，自我首先获得对这些存在的感知。这些存在之能存在，在于自我走出自身，并将它的过渡活动设定为一个感性世界。因此，自我之外的所有存在都构成感性世界的一部分。同时，自我之能走出自身，在于自我的意志具有产生真实效用的力，因此，以力的概念为中介，自我的意志活动产生了一个感性世界。感性世界反过来借助感性直觉成为自我的对象。于是，意志与外在于自我的理性存在、与感性世界的关系得到初步澄清。

5. 自我发现自己是一个意志主体

可以认为，自我走出自身之可能在于它作为意志主体之可能。而自我成为一个意志主体凭借的是它的自我指向的活动，即自我作用于自身。"在作用于它自身的活动中，自我发现自己是一个意愿着的主体。"[1] 因此，自我的意志活动伴随一个对自身的意识。在这里，费希特使用了"发现"（finden），这意味着自我对自己作为意

---

[1] J. G. Fichte, *Gesamtausgabe der Bayerischen Akademie der Wissenschaften IV*, 3, Hrsg. von Erich Fuchs, Reinhard Lauth, Ives Radrizzani, Peter K. Schneider und Günter Zöller, Stuttgart – Bad Cannstatt 2000, S. 498.

愿主体的意识，并不是一个知识。"自我发现自己明显意味着，它发现自己忙于作用于它自身；自我在这个自我指向的活动中发现自己是一个意愿着的主体是因为它的原初本质。它不能从任何更高级别的东西中推断，一个意志是必须为了所有解释的缘故而被预先设定的，相应地，对自我的自由反思的每一个对象都必须变成它（自我）自己的意志。"① 明显地，费希特将自我等同于一个作用于自身的自我活动。这一点当然是已经被说明的，但在这里，自我作用于自己的结果是一个意志行动，而通过这个意志活动自我成为一个意志主体。这种发现之可能，费希特认为是因为自我的本质存在于一个意志行动之中，这表明，意志行动所表达的是自我的本质，通过意志行动所要实现的也是自我的本质。于是，自我发现自己是一个意志主体意味着自我对自己的本质的发现。这种发现也当然不能是一种知识，它不是思考也不是直觉，而是对某个已经存在的事实的主动确认。但是，费希特并未指明所发现的本质是什么，而只是说，自我的本质是为了所有解释的可能性而被预先设定的。

"解释的可能性"与之前提到过的一个概念"表达"存在一种呼应的关系。后者在第十三要点中出现，在论述单纯意志与应当的关系时提到，纯粹的可理解的单纯意志通过应当的感觉表达自己，并借此成为思维的对象。二者之间之所以存在一种呼应，是因为它们都暗示，自我或者意志都是单一性的存在，多样性与复合性并不是它们本质，这种呈现只是出于理解和认识的需要。自我的本质是设定自身的活动，从它自己的角度来说，这个返回自身的活动以及与之伴随的即刻的意识，都是瞬间性的。"做哲学"的需要，迫使哲学家将这个瞬间发生进行扩展。哲学需要将意志活动及其结果扩展为一个过程，从而把握它的机制。在这个扩展的过程中就衍生出无

---

① J. G. Fichte, *Gesamtausgabe der Bayerischen Akademie der Wissenschaften IV*, 3, Hrsg. von Erich Fuchs, Reinhard Lauth, Ives Radrizzani, Peter K. Schneider und Günter Zöller, Stuttgart – Bad Cannstatt 2000, S. 498.

数的其他需要，这其中就包括解释的需要。而就意志而言，它单纯的是自我的活动，对自我而言不需要解释意志如何产生一个实在的效用。因此，对意志而言，它与"应当"仅仅是一种表达的关系。意志表达为应当，从而成为思维的对象。在哲学与自我的活动之间的这种穿梭在费希特的理论中不断重现。这当然是解决哲学语言对把握被认为是知识的原初发生的自我活动的无能的一个有效做法，但在另一方面，也表现了哲学本身作为一种理论的有限。哲学不具备理智直觉，而自我具备。

费希特断言，自我的本质存在于一个意志行动中，于是自我的自由反思的所有对象都必须成为自我的意志。这个断言建立起了意志与认识之间的关系。一方面，对自我的自由反思的对象必须是自我的意志，意味着自我以其自身为意志对象。自我的本质是一个意志活动，这个意志活动所意志的是对自我的自由反思之所得。另一方面，自我对自身的自由反思之结果只能是对自我的本质的认识，无论这个结果具体呈现为哪种形态，它必然是对自我的本质的一个表达。而自我的本质存在于一个意志的行动中，因此，反思最终都会追溯到意志行动之上。意志行动必然成为自我的意志。

尽管反思本身是一种"事后"的行动，但对反思的主体而言，"反思的每一个行动都是自我决定的行动，并且反思的主体立即直觉到这个自我决定的行动；但它是通过想象力的中介直觉到这个行动的"[1]。就它自己决定自己的行动而言，反思主体在反思的行动中是一个积极的自觉的主体。并且作为主体，反思主体对反思行动的获悉并不是反思性的，而是通过直觉的。这就避免了反思的无限后退。当反思主体只有通过反思才能获得对其行动的意识时，反思行动就

---

[1] J. G. Fichte, *Gesamtausgabe der Bayerischen Akademie der Wissenschaften IV*, 3, Hrsg. von Erich Fuchs, Reinhard Lauth, Ives Radrizzani, Peter K. Schneider und Günter Zöller, Stuttgart – Bad Cannstatt 2000, S. 498.

不能作为一个独立的行动出现，而只能不断后退寻求其动因。因此，当反思主体直觉到自己的行动时，反思在第二层上就能够被截断了。但是，这个截断并不是通过自我本身，而是通过想象力的中介。借助想象力，反思主体才能直觉到自己的自我决定的行动。反思主体不仅从事反思活动，同时通过想象力的中介从事直觉活动。但是如果直觉是指直接性的统觉的话，那么以想象力为中介的活动如何能是一种直觉活动？这些问题的答案，需要在分析想象力的机制之后才能显明。费希特说，反思主体直觉到自己自我决定的行动，并将自身直觉为一个自我决定的单纯的力。这个直觉被认为是思维的抽象活动，其结果是"自我作为纯粹理智的，绝对观念的某物对自己出现，并且意识到自己仅仅是一个这样的单纯思考和意愿的活动"[1]。

　　自我作为一个"物"对自己出现，是通过反思主体对自我决定的行动的直觉，这个事件可以发生的唯一的可能性就是反思主体同时就是自我设定的主体，即确定自我是从事反思活动的；在自我被选择为从事反思活动的同时，它是做出选择的主体。因此，它能够直觉到自我的这个反思活动是自我确定的行动，在这个意义上，将自我直觉为一个单纯的力。费希特并不认为抽象活动是反思活动，因此对自我呈现为纯粹理智的、绝对观念的某物，并不是一种反思的结果。但无论如何，自我获得了对自己的意识，以及对自己的活动的意识。但是费希特强调这里作为对象的自我，是一个理智的、观念的某物，因此，在一个以想象力为中介的直觉活动中，自我并没有完全呈现它的整体，而只表现了它的一个方面。从反思主体同时是直觉主体可以推断出，自我在一个活动中同时在两个层面上从事活动。这两个层面上发生的具体活动的

---

[1] J. G. Fichte, *Gesamtausgabe der Bayerischen Akademie der Wissenschaften IV*, 3, Hrsg. von Erich Fuchs, Reinhard Lauth, Ives Radrizzani, Peter K. Schneider und Günter Zöller, Stuttgart – Bad Cannstatt 2000, S. 498.

不同造成不同的结果。在这里，直觉活动与反思活动相结合，其结果是一个理智自我对自我所呈现。并且是作为"某物"。"物"的概念并不同于"对象"，后者只是一种观念上的对象化，而"物"则是一种外化，这个外化的标志就是它已经进入了空间，在空间中占据了位置。就此而言，这个双重性的活动为自我提供的不单是一个作为对象的自我概念，同时还提供了一个作为物体的空间中的自我概念。

空间概念与时间概念都是感性的标志，于是，"反思的这个行动是自我决定的行动，而先前描述的想象力的行动是自我的行动，因而是确定的；由此，在这一个并且是同一个未划分的行动中，单纯的思考通过想象力成为可感的，通过想象力成为可感的东西被单纯的思考所确定（直觉和思考的相互作用）"①。一方面，在这个活动中，的确出现了可感的东西，但这个可感的东西是通过第一层面上的活动，即通过想象力才成为可感的，而且是"单纯的思考"成为可感的东西。对应到这里发生的自我的具体活动，单纯的思考就是反思。因此，结论就应该是，通过想象力，反思成为可感的东西。这并不是这个活动的全部内容。在另一方面，单纯的思考在经过想象力的感性化之后，为反思活动所确定。因此，这个活动能够被以过程的方式表达为：第一层面上的想象力活动——对应直觉活动——将第二层面上的反思活动变为可感的某物，并将它作为对象提供给第二层面上的反思活动。于是，反思活动借助想象力的中介，成为自己的可感对象。因此，真正使得自我成为空间中的某物的是第一层面上的想象力。值得注意的是这里的想象力等同于自我的直觉能力或者说直觉活动。于是可以追问，是否存在如下可能，即想象力才是直觉活动的本质？到

---

① J. G. Fichte, *Gesamtausgabe der Bayerischen Akademie der Wissenschaften IV*, 3, Hrsg. von Erich Fuchs, Reinhard Lauth, Ives Radrizzani, Peter K. Schneider und Günter Zöller, Stuttgart – Bad Cannstatt 2000, S. 498.

目前为止，对知识学的要点的梳理呈现出越来越混乱的局面，越来越多的问题与疑惑需要被解答。其中最核心的问题就是，所有这些要点或者说过程的发生是如何可能的。我们隐约发现了知识学展开的线索，但这并不构成对其原始可能性的解答。而且就当前的情况来看，这个解答还需要再被推后。

我们已经知晓的是，直觉或者想象力和反思在自我的同一个行动中被统一，这个统一导致了如下结果：单纯的思考成为可感的并被单纯的思考所确定。进一步的结果则是，"这个确定性产生了自我的一种自我包含的力（Vermögen）作为一个感性的强力（Kraft），和这个力的一个确定性（实体性概念），一个对象在思维中被添加到这个感性的强力的确定性上，而后者在一个思考的行动中确定前者（因果性概念）"①。实体性概念和因果性概念的产生是想象力与思考统一的结果。实体性概念的本质是力的确定性；因果性概念的本质是一个对象在思考行动中被感性的强力所确定，即思考对象成为感性的强力的结果。因此，实体性概念和因果性概念皆能够被认为是感性的强力的结果。费希特指出，一个感性的强力应该在感性世界中产生作用。因此，实体性概念和因果性概念是感性世界对理智呈现的形式，是理智走向感性世界的中介，通过它们感性世界能够被思考，理性世界能够被感知。

实体性概念和因果性概念是确定的自我的行动（想象力的行动）和反思的行动结合的结果。同时，这个结合还在另一方面对自我活动有影响。费希特认为，自我在直觉自己的反思行动时是确定的，这表示从事直觉活动的自我不是可确定之物领域中的一种可能，而是相反，即前者使得后者成为可能。与此同时，反思活动是自我的确定的直觉活动的直接对象，因此它对自我而言也是确定的某物。

---

① J. G. Fichte, *Gesamtausgabe der Bayerischen Akademie der Wissenschaften* IV, 3, Hrsg. von Erich Fuchs, Reinhard Lauth, Ives Radrizzani, Peter K. Schneider und Günter Zöller, Stuttgart – Bad Cannstatt 2000, S. 498.

无论在何种层面上，自我都是自由的，因此它之被确定是通过"自由地确定自己的任务"① 所实现。"当自我想到这一点，它就从一个自由本身（作为可确定之物）的一般领域行进到它自己（作为在这个领域之内的确定之物）并因此将自己设定为一个个体，与在它之外的理性和自由的领域相对立。"② 自我想到它是通过自己的自由被确定，并且只能通过这种方式被确定。"想到"（denken）似乎表明它本身是自我的一个思考活动，通过这个思考活动，或者说伴随这个思考活动，自我就从一般领域过渡到个体。按照费希特的行文，这个思考活动并不是一般意义上的思考活动，它必然是一个特定的活动，否则它不能产生一个特定的效果。它之特殊应该通过它的内容表现出来，同时这个内容为它此时正在从事的思考活动所辩护：自我只能通过它自己的自由被确定，并且这一点也是自我的一个自由的设定。于是自我此时的思考活动作为自我的一个确定性，也只能是自我自由地确定自己的结果。无论向上思考还是向下思考，自我自由地确定自己必然导致自我的一个确定的，同时是自由的活动的产生，伴随这个活动，自我就实现了它从可确定之物到确定之物的过渡。这个活动可以从不同的侧重分开看待：当以自由为侧重点，那么自我就是从自由的领域过渡到自由的个体；当这个活动以意志为侧重点，那么自我就是从意志领域过渡到意志个体。无论具体形式如何改变，自我的本质总是从可确定之物到确定之物的过渡。

6. 意志主体作为个体与理性存在领域相对立

费希特认为，现在我们可以确认，自我想到自己作为确定的某

---

① J. G. Fichte, *Gesamtausgabe der Bayerischen Akademie der Wissenschaften IV*, 3, Hrsg. von Erich Fuchs, Reinhard Lauth, Ives Radrizzani, Peter K. Schneider und Günter Zöller, Stuttgart – Bad Cannstatt 2000, S. 508.

② J. G. Fichte, *Gesamtausgabe der Bayerischen Akademie der Wissenschaften IV*, 3, Hrsg. von Erich Fuchs, Reinhard Lauth, Ives Radrizzani, Peter K. Schneider und Günter Zöller, Stuttgart – Bad Cannstatt 2000, S. 508.

物是通过自己自由地确定自己的任务而实现的，因此伴随这个思考活动，自我就从作为可确定之物的自由的一般领域过渡到它自己。"它自己"即指自我作为自由的一个实例，一个自由的、从事具体活动的行动主体。既然自我此时已经从一般领域行进到它自己，它就不再是自由的所有可能性的集合，因此它就将自己设定为一个个体，与在它之外的理性和自由相对立。个体的概念在这个背景下就得到了澄清。个体是作为确定之物的自由主体，与它相对的是外在于它的自由领域。对个体的另外一种表述我们在之前分析过，在这里不妨再提出来。费希特认为，单纯意志通过将自己表达为一种"应当"的感觉而成为思想的一个对象，作为确定的某物与思想的大全——可确定之物——相对立。在这个对立之中，意志主体就变成了一个个体。综合这两种情况可以看出，个体代表的就是处在与可确定之物与确定之物的对立关系中的确定性自我，无论这个自我是意志主体还是自由主体。换言之，个体就是自我的过渡活动完成之后、获得了确定性的自我，只有当自我作为确定之物与可确定之物处于对立关系之中，它才会被设定为个体。因此个体是实现了的对立关系的产物。说它是"实现了的"是较自我的过渡活动的可能性而言的。在自我获得具体的确定性之前，自我的本质依然是这个过渡，但它还只是潜在的。只有在之后，潜在的可能性才得以实现，自我才能够被认作一个个体。

当自我作为个体存在时，与它相对的可确定之物就变成了"理性存在的领域"或者"理性和自由的领域"。从这个对立概念可以推断出，个体的本质是"有限的理性存在"，而且当它作为"个体"时，对立的领域就具有了被划分的可能性。"个体"在这个对立关系中，构成了一个划分的单位。也就是说，与个体的相对立的理性存在领域能够被认为是由许多类似个体的理性存在所构成的。它是理性存在的集合。能够验证这个认识的，是费希特的量的概念。

量被认为是努力或者意志所具有的力的所有，当努力受到限制，力的实现或者说使用在量上就被减小，即意志以某个程度产生效用而不是完全达到意志所有的目标。但单以量的概念，还不能认为个体构成理性存在领域一个计算单位。然而费希特还提供了另一个论据：个体并不只是自我的单一的实现了的可能性，它还是这个可能性的外化和有形化。个体作为意志主体的结果，其必然指向一个具有机体的理性存在。这个机体就是身体。总结来说，个体就是通过自我的过渡活动，自我所成为的那个确定之物。这个确定之物表达为一个理性存在，并具有内在和外在的两个方面。内在是指它作为自由的意志主体具有力，外在则是指自我通过自由地对自己的限制从作为可确定之物的自我中外化出来，在空间中占据位置。内外两个方面的结果就是一个作为机体的身体。个体于是等同于一个具有身体的理性存在，它与在它之外的其他理性存在相对立。既然个体特指自我的一个特定的量化的限制，从这个限制中能够推出一个有机体的独立存在，那么被遗留下来的自我的其他可能性或者其他的量就能够被认为是所有其他的特定的可量化的限制的集合，即许多潜在的个体的集合。

一个与理性领域相对立的个体，被称为一个个体理性，"个体理性不能仅仅依赖自身而得到解释"①，而必须通过与它相对的理性存在领域才能被说明。处在与其他理性存在的关系中的个体理性是通过被召唤而实现的。其他理性存在召唤个体自我自由地从事活动，以赋予自身确定性。但是，这并不意味着自我是通过其他理性存在被确定的。在自我要从事的活动和自我已经从事的活动之间存在一个实在性上的差别，"而对自我而言，自我的个体性并不是基础性地只存在于将自我与他者区分的事实，而是存在于行动的可能性，通过可能性自我积极地决定自我是什么"②。也就是说，召唤尽管给自

---

① J. G. Fichte, *Gesamtausgabe der Bayerischen Akademie der Wissenschaften* IV, 3, Hrsg. von Erich Fuchs, Reinhard Lauth, Ives Radrizzani, Peter K. Schneider und Günter Zöller, Stuttgart – Bad Cannstatt 2000, S. 469.

② Allen Wood：" Fichte's Intersubjective I ", *Inquiry*, *Special Issue*：*Kant to Hegel*, ed. by Susan Hahn, Volume 49, Number 1, 2006（2）.

我提出了一个要求，但它并不在这个意义上决定个体自我是什么。召唤所提出的要求只能算是对自我所有的行动可能性中的一个做了强调，而这个行动最后是否发生依然由自我所决定。如果是这样，那么召唤在何种意义上为个体自我提供确定性呢？

　　就自我和召唤的关系而言，在费希特那里有不同的理解和说法，比如"自我发现自己只是被召唤着朝向一个自由的行动"①，"对意志的一个实在行动的意识与对自由的召唤的这个感知不可分地相关联"②；再比如"这里所涉及的全部确定是一个从事自由活动的召唤。这个召唤来自于、并且是被判断来自于类似于自我的其他理性存在物（且它将被如此推断）。因此自我意识开始于自我从理性存在物本身的一般集合中的选择行动（这是意识的最深刻的观点：任何人一获得意识，他就感知到了自己。这个对自己的感知如果没有理性存在物的集合就不可能。因此，自我性是一个从理性存在物集合的概念中构造的概念）。作为一个'个人'的自我性概念如果没有一个外在于我们的理性存在物的概念就是不可能的。因此，这个概念同样是被一个行动所构造的，在这个行动中某物从一个更高以及内容更广的领域中被选择。自我所能拥有的最初的表象是，我的作为一个个体去从事一个自由意志的行动的召唤"③。从这些说法可以看出，召唤之所以能够对自我的确定性产生作用，在于召唤所代表的外在于自我的理性存在使得自我开始意识到、开始发现自己，使

---

　　① J. G. Fichte, *Gesamtausgabe der Bayerischen Akademie der Wissenschaften*, IV, 2, Hrsg. von Reinhard Lauth und Hans Gliwitzky, Stuttgart – Bad Cannstatt 1978, S. 184.

　　② J. G. Fichte, *Gesamtausgabe der Bayerischen Akademie der Wissenschaften* IV, 3, Hrsg. von Erich Fuchs, Reinhard Lauth, Ives Radrizzani, Peter K. Schneider und Günter Zöller, Stuttgart – Bad Cannstatt 2000, S. 469.

　　③ J. G. Fichte, *Gesamtausgabe der Bayerischen Akademie der Wissenschaften*, IV, 2, Hrsg. von Reinhard Lauth und Hans Gliwitzky, Stuttgart – Bad Cannstatt 1978, S. 176. & J. G. Fichte, *Gesamtausgabe der Bayerischen Akademie der Wissenschaften* IV, 3, Hrsg. von Erich Fuchs, Reinhard Lauth, Ives Radrizzani, Peter K. Schneider und Günter Zöller, Stuttgart – Bad Cannstatt 2000, S. 468.

得自我具有最初的表象。外在理性对自我的召唤是自我意识的开始。伴随着这个对自己的意识,自我从可确定性过渡到确定性,并以一个自由的意志主体的姿态去行动。因此,召唤赋予自我的确定性并不是它直接作用于自我,而是使得自我自己限制自己、意识自己并实现自己。引用 Allen Wood 的观点,"事实上,召唤的整个要点在于通过将我们自己的个体自由的行动以我们的意识的一个对象的形式呈现给我们,它首先使得个体性对我们成为可能的东西"①。

召唤概念一方面使得自我对自己呈现为一个个体,在另一方面预设了自我之外的理性存在物的存在。然而这个理性存在物是一个理性的领域,或者说,它此时并不是实存意义上的存在,并不落实到某个特定的存在之上。相反,个体却对应地具有在空间中占据位置的身体概念,从而能够以物质的形式在感性世界中被呈现。我们已经说过,个体的概念应该构成与它对立的理性存在领域的单位。这意味着理性存在领域作为一种复合性应该是可分的。这一点之所以值得被强调,是因为召唤概念所产生的物理的力——从自我限制自身并成为一个意志着某物的意志主体概念推导出来——在自我之外同样具有因果性。"当自我的限制被制造成可感的并被作为感知时,它就表现为对自由的行动的召唤。这个作为我们物理的力的限制的感知,预先设定了我们将自己交付给自己,因此,一个外在于我们的物理力量被设定对这个限制的确定。"② 召唤对自我的作用在于它使自我限制自己,但就这个限制不是出于自我的要求而言,它表现为一个外在自我的、确定自我的限制的力量。既然召唤表达为一个物理的力量,那么这个力量必然属于与个体自我对立的理性存在领域。确切地说,"这里所讨论的物理力量由一个外在于我们的自

---

① Allen Wood, "Fichte's Intersubjective I", *Inquiry*, Special Issue: *Kant to Hegel*, editedby Susan Hahn, Volume 49, Number 1, 2006 (2).
② J. G. Fichte, *Gesamtausgabe der Bayerischen Akademie der Wissenschaften IV*, 3, Hrsg. von Erich Fuchs, Reinhard Lauth, Ives Radrizzani, Peter K. Schneider und Günter Zöller, Stuttgart – Bad Cannstatt 2000, S. 518 – 519.

由个体的意志所控制（这一点应该实践地被理解，也就是说只在设定它为从事真实的活动的意义上理解），一个被这个意志所控制并以这个意志为特征的个体（也就是，这里所讨论的个体是这个确定的意志，从这个意志中一个理性的存在的实存第一次得到推断）由此，可确定之物提供给我们一个外在于我们的有机的身体，一个人的概念和知觉"[1]。

外在自我的物理力量不仅属于与个体自我相对的理性存在领域，而且是属于一个与自我个体相对的另一个个体。与自我中的物理力量对自我所产生的作用一样，这个被外在自我的个体意志控制的力，也使得这个个体表现为一个意志个体，而这个意志就使得这个物理的力产生效用。于是，与自我领域相对立的领域中发生的是在自我领域中发生的同一件事情，只是前者所产生的真实效用是对自我的召唤。在这个意义上，个体概念并不仅仅是自我活动的产物，意志活动也并不是自我所独有的特色。如果是这样，那么在何种意义上，我们能够区分出一个自我与他者，区分出作为自我的个体与作为他者的个体？或者说，在费希特所达到的理论的结尾，这个区分是否还是必要的？

在没有澄清"实存"概念的含义之前，我们无法回答这个问题。当费希特说"一个理性的存在的实存"得到推断时，他是指一个面对哲学家存在的个体，还是面对自我存在的个体？如果是前者，我们可以轻易地将这个实存的个体当作通过作为"人"的感官可以确定的一个他人，但如果是后者，这个实存便只能首先在概念实存的意义上理解。与这个问题相关的另一个概念是"身体"。当费希特指出通过一个外在于自我的意志能够推演出一个有机的身体时，这个身体是否能够被赋予普通意义上的可消解的物

---

[1] J. G. Fichte, *Gesamtausgabe der Bayerischen Akademie der Wissenschaften IV*, 3, Hrsg. von Erich Fuchs, Reinhard Lauth, Ives Radrizzani, Peter K. Schneider und Günter Zöller, Stuttgart–Bad Cannstatt 2000, S. 519.

质存在？这些问题都应该归结为一个问题，即"召唤"行动在何种意义上是自我之外的作用于自我的活动。也就是说，我们需要再回到"召唤"概念来整理费希特理论中的内在与外在，自我与他者，个体自我与他人。尽管在这里费希特已经推导出了具有有机身体的他人概念，并且更进一步地推导出了"自然"。"这个身体是自然的产物；由各个部分组成，各个部分只有在它们彼此的统一中才构成这个确定的整体；因此，自然在它之内这个法则，即它的部分必须统一起来以构成许多整体，这些整体又构成一个单一的整体；自然既是被组织的也是从事组织的；就像一个外在于我们的可感的、理性存在被设定那样，自然也是被设定的。必定在意识之内显露出来的领域得到了详尽的论述。"① 至少，在这里我们能够清楚地指出，自然概念、外在于我们的可感的理性存在，都只是意识之内的存在。

但是，就费希特已经指出自然概念在意识中如何出现的而言，他的知识学已经走完了它应该走的所有路程。一个自由地设定自身的自我，也就是单纯与自己打交道的主体，通过自我的操作在自身之中产生冲动与感觉，从感觉中产生对象，凭借对象概念推导出物体的表象，并将物体设定在空间之中，从空间中的物质中建立起一个理性存在，并确认它具有产生外在效用的能力与意志。一个单纯的返回自身的活动于是具有了离心力。这个离心力带着自我作为知与行的统一所赋予它的构建能力，在自我之外构建起了一个感性世界，并使得它在一定程度上显现出独立于自我的特性。在这个领域中，呈现为具有独立于自我的存在都在其中被确认和被解释。

这个流程如果只是要为知识的产生提供一个绝对唯心主义的解

---

① J. G. Fichte, *Gesamtausgabe der Bayerischen Akademie der Wissenschaften IV*, 3, Hrsg. von Erich Fuchs, Reinhard Lauth, Ives Radrizzani, Peter K. Schneider und Günter Zöller, Stuttgart – Bad Cannstatt 2000, S. 519.

释，那么无疑，这个过程能够被认为是一个合乎逻辑和严密的知识学理论。不存在刺激认知主体的物自体概念，所有看似独立于自我的那些需要被一个"非自我"性质的东西解释的概念，本质上都是自我的产物。因此，通过说明自我是如何产生它们的，它们就得到了解释。但是，我们对最终达到自然概念的十九个要点的梳理后发现，知识学并不只是要为认识辩护，它还有一个更大的野心：它要同时为行动辩护。这个"行动"不是一般意义上的做事情，而是特定意义上的"我们为什么能够并且要做一个特定的事情"。这个问题指向的是一门道德的理论。虽然在简略描述的过程中，道德色彩并没有被突显出来，但这并不妨碍我们对其进行这种具有明显的倾向性的理解。费希特所做的关于理论与理论者本人的统一就是对这个观点的佐证。但是，一个严肃的研究不能停留在这个外在的证明上。所以，我们要再回到费希特的这一版的知识学中，回答我们已经指出的一些问题，并试图通过对这些问题的回答，以理论本身证明我们刚刚提出的观点。

第四节　知识学的综合与想象力

从已经发现的两版《知识学新方法》的手稿可以看出，在长达四年的时间内，费希特都在坚持这一版的知识学，这在一定程度上表明，费希特本人在当时对这一版知识学应该是比较满意的。但是在不久之后，费希特就决定放弃这一版的知识学。他认为他并没有能够以一个科学的方法弄懂这些更加广泛的原则，这一版的知识学仍然缺少一个对理智世界的先验综合。尽管费希特似乎已经考察了所有的原则，但这一版知识学依旧不完整，它还没有达到理智世界的最高综合。① 这个综合在后来的《人的使命》中被认为是"最终王国的立法者"（lawgiver in the kingdom of ends），即上帝。结合费希特的人生经历，这个认识能够被认为是他在遭受无神论指责之后对自己理论的一个"矫正"。虽然在《知识学新方法》中费希特还没有明确获得这一认识，但他已然开始尝试着达到一个最高综合理论用以解释知识学。这个综合能够被认为是主导这一版知识学的一个目的。所有的推演都指向它，并在最后通过它获得理论的合法性。正是在这个最高综合中，想象力起了至为关键的作用。

一 自我之内的多重综合

可以说，当《知识学新方法》将自我定义为从可确定之物到确定之物的过渡活动时，它的任务就已经被确定为是对不同的、对立的两个方面进行统一。这一点与《全部知识学的基础》中的任务有所不同。后者所建立的第一原则是"自我绝对无条件地设定自我"，这意味着它的基础任务是解释这个设定之可能，并说明通过这个单一设定衍生出的与之对立的非我如何可能，从而解释意识之可能。自我的确也是一个活动，但这个活动是涉及自身的，或者用费希特的话来说是返回自身的。因此，在它的根基上，自我并不为综合统一之可能进行辩护。就前者而言，自我是一个过渡活动，它表示原初地就存在自我的两种状态，自我之作为自我，是它的这个过渡活动能够得以实现。因此，《知识学新方法》的任务的侧重点将不是说明设定如何可能，而是过渡是如何可能、两种状态之间的转换是如何可能。于是意识的问题应该是在对这个转换的论证中得到解决。虽然这两个任务最终归为同一个答案，即自我的本质是自由，但基础任务的不同使得理论的推演完全呈现出了不同的色彩。《全部知识学的基础》类似铺路，从一个点出发，不断向前展开；《知识学新方

---

① See J. G. Fichte, *The Foundations of Transcendental Philosophy*, (Eidtor's Introduction), Ed. & Tran. by Daniel Breazeale, Cornell University Press 1992, pp. 27 – 28.

法》则像不断在两个对立之间架桥，以建立它们之间的联系。用费希特自己的话说，就是"知识学开始于一个自我，但重点不是去分析这个自我；因为这样它就会是一种空洞的哲学，相反，知识学允许这个自我按照它自己的法则行动，并由此创造出一个世界，这不是分析，相反，它是不断地前进的综合"①。我们认为，《知识学新方法》的前三个要点能够被归为奠基的一部分，因为它们阐明的是自我概念，自我与非我的关系及自由概念。从第四要点开始，就是知识学的展开过程。因此，我们的分析要先回到前三点，试图发现其中隐藏的可供分析的线索。

1. 理智直觉与设定活动的综合

在第一要点中，费希特强调的是作为行动的主体对自身的活动的直觉。这个直觉使得对自我的意识不同于对一个具体的对象，如一个炉子或者一堵墙的意识。通过自我的直觉，自我直接将设定的对象与设定的主体等同起来，并意识到自我是作用于自己的行动，自我的概念由此产生。"自我作用于自身的概念或思考，以及在作用于自身的行动中的行动，只产生了自我的思考，而没有任何其他的东西。"② 通过自我作用于自身所产生的自我概念的另一个含义是，自我设定其自身，而这个概念又等同于自我就是自我，"二者彼此相互阐述"③。因此，自我的本质就被确定下来，使得这种确定得以发生的是自我的直觉。这意味着在自我设定自我的同时，发生了两个行动：直觉活动和设定活动。然而，既然自我的概念同时得

---

① J. G. Fichte, *Gesamtausgabe der Bayerischen Akademie der Wissenschaften IV*, 3, Hrsg. von Erich Fuchs, Reinhard Lauth, Ives Radrizzani, Peter K. Schneider und Günter Zöller, Stuttgart – Bad Cannstatt 2000, S. 344.

② J. G. Fichte, *Gesamtausgabe der Bayerischen Akademie der Wissenschaften IV*, 3, Hrsg. von Erich Fuchs, Reinhard Lauth, Ives Radrizzani, Peter K. Schneider und Günter Zöller, Stuttgart – Bad Cannstatt 2000, S. 345.

③ J. G. Fichte, *Gesamtausgabe der Bayerischen Akademie der Wissenschaften IV*, 3, Hrsg. von Erich Fuchs, Reinhard Lauth, Ives Radrizzani, Peter K. Schneider und Günter Zöller, Stuttgart – Bad Cannstatt 2000, S. 345.

到产生,那么伴随着这个活动发生的还有一种思维活动(denken)。直觉使自我意识到自己的主客统一,思维从这种主客统一中提炼出自我的概念。于是,在最初的活动中,意识与直觉之间存在一种统一性。

但是直觉与意识的关系只有在自我的问题上才是统一的,只是因为自我的自我返回活动的特殊性,直觉与意识之间才能在同一个活动中各取所得。"当自我思考,并且在自我的思考中,自我变得对自己有意识;这就是说,自我设定自己作为是在思考中行动着的。因此,恰恰在意识的这个行动中,自我设定自己既是意识的主体又是意识的客体,从而我们就发现了我们所寻找的直接的意识。我绝对地设定我自己。一个这样的意识就是'直觉',并且直觉是设定自己这个行动本身,不是一个单纯的设定。"[1] 直觉等同于直接的意识,并特指自我设定自己的第一个设定活动。于是,直觉提供的是关于自我本身的意识,不能通过更高层次的活动得到解释。并且直觉活动原初地伴随自我对自己的设定活动。任何其他的意识都来自通过直觉所获得的直接意识。建立起这个观念对理解费希特理论中的理智直觉和经验直觉的区分具有重要意义。

单纯直觉有理由(mitRecht)被称为"理智直觉",因为单纯直觉是对主客体统一的自我的直觉,这个直觉不包含任何感性的内容。[2] 这一方面表明,对自我统一的直觉尽管是一种意识,但它不是感性的意识;另一方面表明,费希特的理智直觉概念与康德的理智直觉不同,康德认为理智直觉是一种先验的预设,它应该只属于上

---

[1] J. G. Fichte, *Gesamtausgabe der Bayerischen Akademie der Wissenschaften IV*, 3, Hrsg. von Erich Fuchs, Reinhard Lauth, Ives Radrizzani, Peter K. Schneider und Günter Zöller, Stuttgart – Bad Cannstatt 2000, S. 346.

[2] Sehe J. G. Fichte, *Gesamtausgabe der Bayerischen Akademie der Wissenschaften IV*, 3, Hrsg. von Erich Fuchs, Reinhard Lauth, Ives Radrizzani, Peter K. Schneider und Günter Zöller, Stuttgart – Bad Cannstatt 2000, S. 347.

帝，而在费希特这里，理智直觉仅指对非感性内容的直觉，对自我的原初统一的直觉。于是，理性直觉在这一点上区别于感性直觉："在感性直觉中被直觉的是固定的、被动的，并且通常在空间中；但在我们的理智直觉中被直觉的是一个行动。"① 按照这个区分，感性直觉是对在空间中的感性对象的直觉，它提供意识的感性内容；理智直觉只直觉自我设定作为行动的那个行动，它提供直接的意识即第一个意识。

但是自我概念单单依靠理智直觉还不能够得以形成。可以说，理智直觉是在自我设定行动发生时伴随产生的，因此它是依赖于自我的设定活动的。而自我的设定活动要得以可能，自我必须设定自我的相互对立的两种状态，在这两种状态之间的过渡才是自我设定自己这个活动的本质。因此，"只有通过对立才可能获得关于任何其他事物的特殊的和清晰的意识"②。这里的对立是指自我的行动与静止状态的对立。"自我从一种静止、一种它将之与活动对设起来的不活动走到了活动，并且通过活动设定起自身。"③ 只有通过这个对立，或者说，只有通过自我的一个静止状态，自我的活动才能够被设定起来，意识也才能够发生。因此，自我的设定活动并不是无所依赖的，相反它需要预设一个从静止状态开始的过渡。这个静止状态，在其中自我的设定活动变成被设定的某物，构成了自我的所有行动的可能性领域。在这个状态之中，自我的一个特定的行动才能够发生。这个特定的行动之发生也不代表其他意义，而只是表示一个被直觉的行动变得是固定的。"固定"指某个行动

---

① J. G. Fichte, *Gesamtausgabe der Bayerischen Akademie der Wissenschaften IV*, 3, Hrsg. von Erich Fuchs, Reinhard Lauth, Ives Radrizzani, Peter K. Schneider und Günter Zöller, Stuttgart – Bad Cannstatt 2000, S. 347.

② J. G. Fichte, *The Foundations of Transcendental Philosophy*, Ed. & Tran. by Daniel Breazeale, Cornell University Press 1992, p. 116.

③ J. G. Fichte, *Gesamtausgabe der Bayerischen Akademie der Wissenschaften IV*, 3, Hrsg. von Erich Fuchs, Reinhard Lauth, Ives Radrizzani, Peter K. Schneider und Günter Zöller, Stuttgart – Bad Cannstatt 2000, S. 348.

被设定为正在发生的,即它不再是潜在的。对费希特而言,"这样一个被固定的行动就是一个'概念',它与一个直觉相对,后者完全就是活动本身"①。

按照费希特的这个说法,概念与直觉的对立应该被归为具体活动与活动本身的对立。具体的活动同样是一个活动,但它在某个方面区别于自我指向自身的活动,这使得它只能通过思考的方式被理解,而不能被直觉。费希特对这个具体的活动的描述是,"当它被直觉为一个静止的状态的时候,主体和客体互相塌陷在这个自我返回的活动之中,同时这产生了某个积极的和确定的东西"②。可以看出,导致思考活动与被直觉的活动不同的地方在于,思考活动首先被直觉为一个静止的状态,而不是直接被直觉为自我返回的行动。这意味着,思考活动的产生依赖于自我被直觉为一个静止的状态,从这个静止状态中才产生自我返回的活动。这是否意味着,将自我直觉为一个过渡和将自我直觉为一个活动之间存在某种差异?费希特说,概念之产生是主体与客体在自我返回的活动中的合而为一,这区别于自我的直觉活动中的主客体关系。在后者中,自我的主客统一更具积极的、直接的意味。

关于这个差别,费希特事实上做出了暗示。在距离对这个活动的说明的不远处,费希特说道:"拥有对直觉的意识就是'哲学的天才';所有的思考开始于直觉,因此所有的哲学的探讨同样开始于直觉。"③ 无疑,哲学的探讨所开始的直觉是对直觉的意识,不

---

① J. G. Fichte, *Gesamtausgabe der Bayerischen Akademie der Wissenschaften* IV, 3, Hrsg. von Erich Fuchs, Reinhard Lauth, Ives Radrizzani, Peter K. Schneider und Günter Zöller, Stuttgart – Bad Cannstatt 2000, S. 348.

② J. G. Fichte, *Gesamtausgabe der Bayerischen Akademie der Wissenschaften* IV, 3, Hrsg. von Erich Fuchs, Reinhard Lauth, Ives Radrizzani, Peter K. Schneider und Günter Zöller, Stuttgart – Bad Cannstatt 2000, S. 348.

③ J. G. Fichte, *Gesamtausgabe der Bayerischen Akademie der Wissenschaften* IV, 3, Hrsg. von Erich Fuchs, Reinhard Lauth, Ives Radrizzani, Peter K. Schneider und Günter Zöller, Stuttgart – Bad Cannstatt 2000, S. 349.

是对直觉的直觉。直觉的意识是对以静止活动为起点的过渡的意识,对直觉的直觉则是对自我单独的设定活动的直觉。哲学探讨的起点是思考活动的起点,这意味着我们的真实意识开始于对直觉的意识而不是对直觉的直觉,尽管后者提供关于自我的活动的真实而直接的意识。当然,这个差别并不能是一个实在的、本质性的差别。如果是,那么费希特在哲学和我们的意识与自我的真实活动之间就划分了界限。而这恰恰是费希特最不愿意犯的错,否则他就从另一个起点走到了与康德同样的境地。因此,我们只能推断,这个差别是由不同背景下对自我的考察所产生的偏差,它并不表示本质性的相异。但这个差异的提出也并不是没有意义的,通过指出这个差异,费希特建立了两对概念:对直觉的意识和对直觉的直觉以及概念和直觉。

前一对概念的关系已经基本得到说明,后一对概念的关系还需要再强调两点。概念只能通过思考活动而获得,被思考的和被直觉的分属两个领域。"只有直觉能够被直觉,而不能够思考;思维只能够被思考,它不能被直觉。"[1] 因此,即使在自我那个特殊的设定自己的活动中直觉与思考看似被统一起来,它们之间的差别也还依然存在。思考提供的是概念,概念是意识的开始,而对直觉的直觉提供的单纯意识因为没有内容而被排除在真实的意识之外。这里费希特用"真实的"来指代涉及内容的意识。既然从对直觉的直觉所获得的意识不是真实的,那么直觉的意识就应该是真实的。但是,"真实的"所表达的到底是什么样的意识?与自我的哪个活动相关呢?费希特已经表明,真实的意识与对直觉的意识活动相关,所以真实的意识是与自我的思考活动相关的。而自我的思考活动是从开始于静止状态的过渡中衍生的,因此,我们的追溯就要回到这个过渡

---

[1] J. G. Fichte, *Gesamtausgabe der Bayerischen Akademie der Wissenschaften IV*, 3, Hrsg. von Erich Fuchs, Reinhard Lauth, Ives Radrizzani, Peter K. Schneider und Günter Zöller, Stuttgart – Bad Cannstatt 2000, S. 349.

活动。

2. 自由与理智在意识中的综合

自我的过渡活动是从静止状态到一个积极活动的过渡，它同时表示这个活动是从一个不确定的状态过渡到一个确定的状态。因此，构成自我的对立就是可确定之物与确定之物的对立，如果将静止的状态看作消极的活动的话，那它们就既是静止的对立也是活动的对立。这个对立能够被认为是意识的第一个对立。基于这个对立，就衍生出了自我与非我的对立。按照费希特的定义，非我是那个不是自己设定自己的行动，它与自我设定的行动相对立，因此非我与自我相对立："因此，自我的设定与一个不设定相对立—自我—非自我—A 减去 A。在前一个行动中，活动直接回到它自身；它是为对立所确定的。在那个行动中，活动指向积极地设定自己为设定着的主体，即指向（在主体方面和客体方面都）积极的某物。在后一个行动中，活动不是指向一个自己设定的主体，而是指向一个被设定的某物——一个休息状态中的某物（RUHENDES）——它无须任何帮助就被呈现。"① 依据这个说法，非我与自我的对立的本质是活动的对立，设定非我的同样是一种活动，只是这个活动不是指向积极的设定主体，而是静止状态的某物。因此，非我是与活动的自我相对立的静止状态的领域中的一个存在。②

存在是从活动的概念中衍生出来的一个概念，在费希特看来，它的本质就是对活动的否定。"唯一一个直接的概念就是活动的概念。在与一个被设定为处在存在概念本身之外的积极主体的关系中，

---

① J. G. Fichte, *Gesamtausgabe der Bayerischen Akademie der Wissenschaften*, IV, 2, Hrsg. von Reinhard Lauth und Hans Gliwitzky, Stuttgart – Bad Cannstatt 1978, S. 35.

② Sehe J. G. Fichte, *Gesamtausgabe der Bayerischen Akademie der Wissenschaften* IV, 3, Hrsg. von Erich Fuchs, Reinhard Lauth, Ives Radrizzani, Peter K. Schneider und Günter Zöller, Stuttgart – Bad Cannstatt 2000, S. 352.

存在否定着；存在扬弃生产性的活动。存在着的东西不能被制造。"① 因为存在所做的就是对活动的否定，所以它是积极地设定活动所预设的一个行动，是一个消灭（vernichten）。之所以说存在是被活动所预设的，是因为存在作为非我的典型特征，代表自我的自我设定活动能够发生所依赖的静止状态。存在是对活动的消灭，因此它"同样否定实存的东西；它否定形成（werden）"。因此当自我通过设定活动成为"我是我"时，存在就表示它自我不能成为我是我。② 于是，存在与活动的对立就被建立起来并且得到阐明：存在是对活动及其所是的全部否定和取消。

存在是非我的典型特征，而自我以活动为特征，③ 因此，存在与活动的对立就是非我与自我的对立，也是静止状态与活动的对立。但是这个对立并不是原初地存在的，相反，只有当自我设定自己的活动必然发生并且真实发生，一个静止的状态才通过这个活动被建立起来与之对立。这种先后并不是时间上的，而是就自我的活动是首要的这一点而言，静止状态是被建立起来的对立端。但是，就静止状态作为活动发生的起点而言，它是所有活动的可能性的集合，自我设定自身的活动同样是其中的一个对象。"恰恰因为当一个活动本身还仅仅是可确定的，它才具有静止的特点，并且不是一个活动。"④ 如此，费希特认为，我们可以称这个静止状态或者可确定性

---

① J. G. Fichte, *Gesamtausgabe der Bayerischen Akademie der Wissenschaften IV*, 3, Hrsg. von Erich Fuchs, Reinhard Lauth, Ives Radrizzani, Peter K. Schneider und Günter Zöller, Stuttgart – Bad Cannstatt 2000, S. 355.

② Sehe J. G. Fichte, *Gesamtausgabe der Bayerischen Akademie der Wissenschaften*, IV, 2, Hrsg. von Reinhard Lauth und Hans Gliwitzky, Stuttgart – Bad Cannstatt 1978, S. 39.

③ J. G. Fichte, *Gesamtausgabe der Bayerischen Akademie der Wissenschaften IV*, 3, Hrsg. von Erich Fuchs, Reinhard Lauth, Ives Radrizzani, Peter K. Schneider und Günter Zöller, Stuttgart – Bad Cannstatt 2000, S. 356.

④ J. G. Fichte, *Gesamtausgabe der Bayerischen Akademie der Wissenschaften IV*, 3, Hrsg. von Erich Fuchs, Reinhard Lauth, Ives Radrizzani, Peter K. Schneider und Günter Zöller, Stuttgart – Bad Cannstatt 2000, S. 353.

为一个"能力"（Vermögen）。因此，静止的状态原初是指所有的活动可能性所具有将可能性转化为真实活动的能力，"借助它行动第一次变得是可能的"①。在这个背景之下，过渡活动的本质就是通过能力赋予可能性以确定性的过程。这个赋予并不是生造，而是对可能性的实现。而当取消一个活动的确定性时，这个活动不会就此消失，而只是重新归入到静止状态中去。

这个情形类似太阳的耀斑活动。突然发出的闪光并不是一种新的物质的产生，而只是局部区域的瞬时加热。太阳的本质并不因为这个瞬时活动发生改变，但的确有一个部分被突显出来，而且这个突显是通过太阳本身所具有的能量得以可能的。如果在该区域的能量不再具有使得它格外闪亮的能力，那么这一区域就暗淡下去，但不是归于无，而只是回复到一般状态之中。这种关系使得非我作为存在能够被表达为将可能性转化为确定性的能力的未使用。自我使用了这个能力，所以它成为一个行动或者活动，并通过对能力的使用获得确定性从而在静止的状态中突显出来。所以，自我的过渡活动的本质是能力的实现或者使用。但是，是什么决定这种使用发生还是不发生？或者说，是什么使得自我在这个静止状态中独自使用这个力量而使得自我得以被设定？换一个问法就是，自我从可确定性到确定性的这个过渡之根据是什么？这个根据同时也将是自我设定活动发生的中介。

中介（vermitteln）这个词在这一版的知识学中出现的频率颇高。这跟这一版的知识学的任务的特殊性是分不开的。我们说过，到《知识学新方法》时，费希特试图在知识学中达到的不是对自我如何展开的说明，而是对最高综合的追求。既然是综合就有被综合的双方。而这个综合活动，就被认为是中介对立的双方，通过中介将对

---

① J. G. Fichte, *Gesamtausgabe der Bayerischen Akademie der Wissenschaften IV*, 3, Hrsg. von Erich Fuchs, Reinhard Lauth, Ives Radrizzani, Peter K. Schneider und Günter Zöller, Stuttgart – Bad Cannstatt 2000, S. 353.

立的双方统一起来。在我们的问题中，需要被中介的是"这个自我设定的设定活动，这个从可确定之物到确定之物的过渡运动"①。事实上，说明这个中介如何发生的，等同于说明自我的设定活动是如何发生的。费希特的回答是："它通过绝对自由的自我奠基的活动实现这个过渡；这是一个从无中生有的创造，一个产生之前从未存在的东西的行动，一个绝对的开始。"② 因此，自我的原初设定自己的活动之可能在于绝对的自由。自由是绝对的开端的原因，它是本原也是动力。

"因此，可以将这个获得成为一个实在的（REALE）活动，因为它是一个生产者，一个通过自身的创造活动。与它的对立面，即我们称之为'理想的（IDEALE）活动'的直觉行动不同，这个实在的活动并不是从先前的不确定的状态中产生的。这个绝对自由的行动不是内容，而是从可确定性到确定性的过渡行动的形式。"③ 于是，通过自由建立起了实在的活动与理想的活动的对立。前者是自由活动本身，是自我的过渡运动的形式，它不预设一个先在于它的静止状态作为产生的条件；后者则是直觉活动，是我们在其中观察实践行动的发生的活动。实践行动不同于实在的活动，它是指过渡运动在其中得以实现的行动，并且它是在一个实践的领域中完成这个活动的。④ 因此费希特在这里建立起了三对概念，实在的活动与

---

① J. G. Fichte, *Gesamtausgabe der Bayerischen Akademie der Wissenschaften IV*, 3, Hrsg. von Erich Fuchs, Reinhard Lauth, Ives Radrizzani, Peter K. Schneider und Günter Zöller, Stuttgart – Bad Cannstatt 2000, S. 360.

② J. G. Fichte, *Gesamtausgabe der Bayerischen Akademie der Wissenschaften IV*, 3, Hrsg. von Erich Fuchs, Reinhard Lauth, Ives Radrizzani, Peter K. Schneider und Günter Zöller, Stuttgart – Bad Cannstatt 2000, S. 360.

③ J. G. Fichte, *Gesamtausgabe der Bayerischen Akademie der Wissenschaften*, IV, 2, Hrsg. von Reinhard Lauth und Hans Gliwitzky, Stuttgart – Bad Cannstatt 1978, S. 44.

④ Sehe J. G. Fichte, *Gesamtausgabe der Bayerischen Akademie der Wissenschaften IV*, 3, Hrsg. von Erich Fuchs, Reinhard Lauth, Ives Radrizzani, Peter K. Schneider und Günter Zöller, Stuttgart – Bad Cannstatt 2000, S. 360.

实践的行动，实践的行动与理想的活动，实在的活动与理想的活动。

实在的活动与实践的活动本质上是同一个活动，但是就具体的语境背景或者说发生背景而言，它们之间存在区别。实在的活动特指自我的绝对自由的活动，即作为本原的创造性活动。尽管这个活动就是自我的自我设定的行动，但因为它表达了它作为绝对自由的本质，因此与其他所有的活动相区分。而实践的行动是指自我的过渡行动，它是具体的一个行动，是在一个实践领域之中的。既然实践的行动就是自我的过渡运动，那么我们能够将实践的领域理解为过渡发生之后的可确定之物。并且在此基础上，将实践的行动等同于自我赋予其自身以确定性，即对自我行动的可能性所具有的力量的使用。据此，我们同样能够指认可确定之物具有一种实践的力量，它具有变成某物的可能性。

因为实在的活动与实践的活动本质上是相等的，所以实践的活动与理想的活动之间的关系能够通过实在的活动与理想的活动之间的关系得到说明。简单而言，理想的活动是指直觉的行动，它与实在的活动和实践的活动之间的关系能够被理解为是直觉活动伴随实在的活动与实践的行动。但这并不是它们之间的全部关系。按照费希特的观点，理想的活动不单单是一个直觉的活动，同时它还被认为是"静止状态中的一个活动，静止状态中的一个设定行动，一个迷失在对象中的行动，一个被固定在对象上的直觉行动"[1]。理想的活动并不是全然固定的，它作为一个直觉活动，同样是一个过渡运动。只是它处在运动中并不是由于它自己的缘故，"使得直觉行动是一个过渡运动的不是存在于直觉行动之中的任何东西，相反是从被

---

[1] J. G. Fichte, *Gesamtausgabe der Bayerischen Akademie der Wissenschaften* IV, 3, Hrsg. von Erich Fuchs, Reinhard Lauth, Ives Radrizzani, Peter K. Schneider und Günter Zöller, Stuttgart – Bad Cannstatt 2000, S. 361.

直觉的对象中衍生出的那个东西,在这个情况下,就是自由"①。因此,理想的活动的基础不在其自身之中,而是在它之外的现实之中。这个现实,在目前的关系中,只能被认为是通过实在的活动所建立起的领域。因此,实在的活动应该提供理想的活动的基础:"实在的活动存在于'机敏'之中,存在于到行动的过渡之中,并且在其自身之中包含它如此确定的存在的理由;因此它不是被固定的,而是自我确定着的。……实在的活动产生实在的某物——这是所有直觉的可能性条件。"②

按照这个分析,实在的活动对理想的活动的决定性作用表现在以下几个方面:第一,真实活动之结果——实在的某物,是直觉活动的可能性条件;第二,实在的活动之本质——自由,是理想的活动的对象,并且当理想活动的直觉对象是自由的时候,它才能够成为一个过渡运动。综合这两点,对理想活动与真实活动之间的关系一个总结就是:"理想的活动只是一个反射或者复制的行动,一个对生产的行动的观察行动。"③ 换个说法就是:"没有自我的实在的活动就不会有理想的活动。通过实在的活动自我才重新成为它一个对象。因此,没有真实的活动就不会有作为对象的自我的活动。理想的活动是时间能力的产物。"④

然而在另一方面,理想的活动与实在的活动只有通过对方才是可能的,实在的活动同样依赖于理想的活动。在费希特看来,实在的活动之真实,在于它是自我设定的,但是自我要设定自己,只能

---

① J. G. Fichte, *Gesamtausgabe der Bayerischen Akademie der Wissenschaften* IV, 3, Hrsg. von Erich Fuchs, Reinhard Lauth, Ives Radrizzani, Peter K. Schneider und Günter Zöller, Stuttgart – Bad Cannstatt 2000, S. 361.

② J. G. Fichte, *Gesamtausgabe der Bayerischen Akademie der Wissenschaften*, IV, 2, Hrsg. von Reinhard Lauth und Hans Gliwitzky, Stuttgart – Bad Cannstatt 1978, S. 44.

③ J. G. Fichte, *Gesamtausgabe der Bayerischen Akademie der Wissenschaften*, IV, 2, Hrsg. von Reinhard Lauth und Hans Gliwitzky, Stuttgart – Bad Cannstatt 1978, S. 44.

④ J. G. Fichte, *Gesamtausgabe der Bayerischen Akademie der Wissenschaften*, IV, 2, Hrsg. von Reinhard Lauth und Hans Gliwitzky, Stuttgart – Bad Cannstatt 1978, S. 45.

通过理想的活动。因为就自我设定自己本身而言，它所能够获得的是直接的意识，直接的意识虽然被叫作意识，但它并没有实在的内容，从而并不能为自我提供一个对自己的意识，使自我意识到它是为了它自己而设定自己的。也就是说，实在的活动如果缺少了理想的活动——理智直觉，自我就不能意识到自己的设定是为自己的，也不能意识到它的活动的自由本性，从而就不能成立。

基于以上的分析，费希特认为他回答了一个对知识学至关重要的问题：自我为什么必须作为一个对象对自己出现。这个问题等同于自我为什么必须是实在的活动和理想的活动的统一，也等同于"自我如何超越直接的意识并在自身之中形成意识"[1]。对这些问题的回答如下：实在的活动只提供给自我一个空的直接的意识，只有通过理想的活动，使得自我成为自己的对象，意识才能够成为有内容的意识，直觉也才具有对象。这两个方面的综合才是费希特所说的自我"通过绝对自由设定自己为设定着"的那个开创性活动。自我正是通过这个开创性活动超越直接性意识并在自身之中形成意识。所有的问题和答案都指向绝对的自由。

在对第三要点的分析中我们曾获得这样的结论：自我在它的自由行动中变得是客观的，一个现实的（aktuell）意识得以形成。按照这个结论，通过自我之中的两种活动的综合，自我获得了一切意识以之为起点的真实的意识。按照已经建立起的分析，理想的活动和实在的活动的统一提供第一个有内容的意识，因此，这两个活动的统一的另一个结果，就是自我对其自身而言变得是客观的。这表示自我通过它自己的自由活动使得它的对象对其呈现，也就是说自我通过绝对自由设定自己的活动的同时，确定了作为主体的和作为客体（Objecte）的自我。这两个自我当然是同一个自我，但是只有

---

[1] J. G. Fichte, *Gesamtausgabe der Bayerischen Akademie der Wissenschaften IV*, 3, Hrsg. von Erich Fuchs, Reinhard Lauth, Ives Radrizzani, Peter K. Schneider und Günter Zöller, Stuttgart – Bad Cannstatt 2000, S. 361 – 362.

在这同一个活动中能够区分出作为主体的自我和作为客体的自我，以此为条件意识才具有实在的对象并得以展开。当我们说作为主体和作为客体的自我是同一个自我时，我们指的是我们必须将自我设想为一个主体—客体，即自我必须同时是这两者才能提供一个不能再往后退的基点。但是这种统一是如何实现的呢？如果说作为主体的自我是自我已经清晰表达出来的它的特性，那么作为客体的自我是如何形成的？

3. 主客统一的自我

在费希特看来，对客体自我的形成问题，教条主义者和唯心主义者的回答都不能被接受，无论说它是"被给予"的还是"被创造"的，最终都只是提供了一个空洞的词语而不是一个有效的概念。费希特坚持认为，对于客体的来源的回答只能是如下的："直觉的主体和生产的主体是且是同一个。"[①] 这表示意识的起点是一个主客统一的自我，这个统一自我之可能，在于自我本身同时是直觉的和生产的主体。通过这两个同时性的活动，自我生产出作为对象的自我并同时直觉到这个生产活动和自我，于是自我对其自身而言立即就是主客统一的。这个直接的主客统一被认为是哲学不能再超越的一个固定的点。"自我行动是因为自我行动。自我直接意识到自我是意识着的是因为自我意识到自我是意识着的。"[②] 被认为是哲学不能再往后追溯的这个点，本身是一个综合的结果，这个综合一方面是主体与客体的综合，另一方面是创造活动与直觉活动的综合。直觉伴随自我的所有行动，而创造活动生产出作为客体的自我，从而生产出自我本身。因此，自我原初地就是一个综合。这个综合如果作为

[①] J. G. Fichte, *Gesamtausgabe der Bayerischen Akademie der Wissenschaften IV*, 3, Hrsg. von Erich Fuchs, Reinhard Lauth, Ives Radrizzani, Peter K. Schneider und Günter Zöller, Stuttgart – Bad Cannstatt 2000, S. 361.

[②] J. G. Fichte, *Gesamtausgabe der Bayerischen Akademie der Wissenschaften*, IV, 2, Hrsg. von Reinhard Lauth und Hans Gliwitzky, Stuttgart – Bad Cannstatt 1978, S. 46.

一个行动,那么它只能是自由的结果,"在自由的行动之前,一无所有"①。这表示这个原初的综合要么是自由的行动本身,要么是自由的行动的结果,然而,如果它能够被进一步地追溯,那么它就不能担负作为原点的角色。因此,这个综合只能被设想为是自由的行动本身。

"理想的活动和实在的活动的结果是作为对象的自我",这个结论在另一方面表示自我变成了"某物",变成了一个具有确定性的概念。概念是行动的向导,因此通过这个观念,自我的一个不同于设定自身的行动获得了可能性。但这个行动具体是什么还没有得到说明。在自我变成某物之后,由此引导出的活动不能等同于自我设定自己的活动,否则自我所演的就是一场独角戏,并且不具有任何实在的内容;相应地,意识也只会停留在直接的意识这一个点上,而不具备丰富性和多样性。但如果通过自我的原初设定的活动所产生的关于自我作为某物的概念能够引导一个不同的行动,那么意识就不再是原地踏步而是向背离自我的方向前进。因此,这个关于作为"某物"的自我概念的产生,标志着意识的内容的产生。无中生有的活动是自由的特性,也是意识的可能性条件,因此,这个概念必然是自由的产物,也是实践力量的产物。但是实践力量不能单凭自身就将自我设定为一个特定的某物,也就是说,自我作为某物是自我的确定性的表达,而这个特定的确定性需要借助一个"目标的概念"才能够设定:"实践力量的这个操作,通过它被确立的东西变成为一个自我,预设了一个目标的概念,它是实践力量在它能够从事实在的活动之前必须为自我构建东西。因此实践力量的主体转变为一种概念的力量。"② 实践的力量只有在一个目标的概念的指导下才能够

---

① J. G. Fichte, *Gesamtausgabe der Bayerischen Akademie der Wissenschaften* IV, 3, Hrsg. von Erich Fuchs, Reinhard Lauth, Ives Radrizzani, Peter K. Schneider und Günter Zöller, Stuttgart – Bad Cannstatt 2000, S. 363.

② J. G. Fichte, *Gesamtausgabe der Bayerischen Akademie der Wissenschaften*, IV, 2, Hrsg. von Reinhard Lauth und Hans Gliwitzky, Stuttgart – Bad Cannstatt 1978, S. 47 – 48.

将自我设定为确定的某物。于是，在实践力量的两端都具有一个概念，前一个概念是后一个概念得以产生的条件，作为某物的自我的概念是目标概念结合实践力量的产物。

目标概念在这个意义上能够被认为是生产出一个对象的实践活动的先导，同时它也必然是每一个自由行动的基础，因为作为某物的自我就是自我通过它的自由行动所应该达到的结果。[1] 于是从自由行动之发生追溯到了一个目标概念。但是一个具有特殊指向的自由行动如何能够被称为是自由的呢？即一个带有目标的自我行动如何是自由的？可能的解释是，这个目标的概念对于自我而言并不是一种强制而是相反："在事实上的行动主体是绝对自由的，它不能是任何其他事物的结果，但它必须用绝对的自由为自己构建一个概念，这个概念就是'一个目标的概念'或'一个理念'。"[2] 因此，在目标的概念上统一了实践与自由，并且一个行动的主体必然以一个理念为向导。"没有人声称有什么东西符合这样一个概念，相反，只能声称由于它的缘故有些东西应该被制造出来。我们能够思考一个自由行动的例子的唯一方式就是将它思考为因为一个自由的被构造的行动概念而产生的行动，当我们以这种方式思考它时，我们将理智归属给了实践力量。自由不能够脱离理智被思考；自由不能脱离意识而存在。"[3] 因此，目标概念充当了理智与实践的综合的中介，通过这个概念，自由的行动具有了一个实际的形态，即作为一个具体的例子呈现。这个实际例子的产生全是凭借实践的力量，因此它本身就是一个实践。

---

[1] J. G. Fichte, *Gesamtausgabe der Bayerischen Akademie der Wissenschaften*, IV, 2, Hrsg. von Reinhard Lauth und Hans Gliwitzky, Stuttgart – Bad Cannstatt 1978, S. 48.

[2] J. G. Fichte, *Gesamtausgabe der Bayerischen Akademie der Wissenschaften* IV, 3, Hrsg. von Erich Fuchs, Reinhard Lauth, Ives Radrizzani, Peter K. Schneider und Günter Zöller, Stuttgart – Bad Cannstatt 2000, S. 365.

[3] J. G. Fichte, *Gesamtausgabe der Bayerischen Akademie der Wissenschaften* IV, 3, Hrsg. von Erich Fuchs, Reinhard Lauth, Ives Radrizzani, Peter K. Schneider und Günter Zöller, Stuttgart – Bad Cannstatt 2000, S. 365.

于是，当我们说实践时，我们应该想到的是一个以目标概念为引导的一个自由的行动。既然它是由目标概念所引导的，那么它必然是对一个目标的实现。这个实现之结果就是作为某物的自我。在这里我们涉及了自我的二重性：它同时是理智的和自由的。"这个不可分的二重性恰恰是构成主客性或者意识的东西。它是唯一的、原初地以综合的方式被统一的东西。其他的任何东西只有通过它才综合地被统一。一个自我确定的存在是自为的，因此要将自由归属给理智。"① 自由与理智在意识中的统一是意识的最高综合，它是意识的基础，也是同时作为主体与客体的自我的基础。因此，理解这个综合之可能就是把握费希特的意识理论，也就是理解费希特的知识学。

意识的最高综合等同于统一主体与客体于自身的自我，也等同于统一理智与实践于自身的自我。这些综合本质上是一个综合，它们的差别在于它们所涉及的对象的不同。"'自我确定自己'与'自我为了自己而是，或者在与自己的关系中，一个理智意识到自己的实践力量'意味相同。相反，它与'没有意识或者理想的活动或者理智能够脱离开自由或实在的活动而被思考'的意思也是一样的。理智不能被与实践的力量相分离，相反理智本身必须是实践的。没有那种没有实在的自由的意识。理智与实践力量的统一是一个必需。意识是在理想的意义上（idealiter）设定自己的行动。而'理想的'这个术语仅指'一个设定行动'。所有的设定都是自我设定，都开始于自我设定并且为它所中介。"② 在这里，费希特指明了被统一的双方的内涵以及它们之间的关系。理智与实践相统一，理想的活动与

---

① J. G. Fichte, *Gesamtausgabe der Bayerischen Akademie der Wissenschaften IV*, 3, Hrsg. von Erich Fuchs, Reinhard Lauth, Ives Radrizzani, Peter K. Schneider und Günter Zöller, Stuttgart – Bad Cannstatt 2000, S. 365.

② J. G. Fichte, *Gesamtausgabe der Bayerischen Akademie der Wissenschaften IV*, 3, Hrsg. von Erich Fuchs, Reinhard Lauth, Ives Radrizzani, Peter K. Schneider und Günter Zöller, Stuttgart – Bad Cannstatt 2000, S. 365.

实在的活动相统一。所有这些都源于自我的自由设定活动，这个设定是所有活动的开始，所有的活动都是设定活动。一个设定系列开始于自我对自己的自由设定。伴随这个活动的系列产生意识的系列。意识的系列并不是活动的系列的结果，相反，它们互为原因和结果。

4. 活动系列与意识系列的错位综合

依据上文的结果，意识的系列与活动的系列是不可分离地被综合起来的，但是它们的关系并不是依据步骤直接对等的。如果说 A 的系列往下是 a_1，a_2，a_3，相对应的 B 系列是 b_1，b_2，b_3，那么它们的关系就是两层的，第一层是 a_1 对 b_1，a_2 对 b_2，a_3 对 b_3；第二层则是 A 与 b_1 推出 a_1，或者 B 与 a_1 推出 b_1。也就是说，它们之间存在一个交叉推导的关系。对于第一层的关系，费希特自己在这一版的知识学开篇不久就已经指明了。他写道："我们已经看到，人类理智的整个机制是如何建立在设定某物对立于另一物的必要性之上的；但是这些对立的端项是且是同一个，只是从不同的方面被看待。处在被预期的东西的领域中的自我和处在被发现的领域中的非我是且是同一个。它们仅仅表示两个不可分离地联系在一起的方面或者看待同一个事物的方式，因为自我必须是一个主客统一体（Subject = Object）。所有的东西都来自这个最终的断言。从原初的直觉之中产生两个系列：主观的系列或者被预期的系列，客观的系列或者被发现的系列。这两个系列不能被分离，因为一方不能没有另一方而存在。说它们都是同一个事物的方面，即主观的和客观的系列'同时共存'，就是说它们不单是在反思中是不可分离地联系着的，同时它们是对同一个对象的反思。返回自身并且决定自身的活动就是可确定的活动。它们是且是同一个并且是不可分的。"[1] 费希特认为从作为主客统一的自我中可以衍生出

---

[1] J. G. Fichte, *Gesamtausgabe der Bayerischen Akademie der Wissenschaften IV*, 3, Hrsg. von Erich Fuchs, Reinhard Lauth, Ives Radrizzani, Peter K. Schneider und Günter Zöller, Stuttgart – Bad Cannstatt 2000, S. 356.

主观的和客观的两个系列。前者被称为被预期的东西，可以想见它与目标的概念是等同的；后者被称为被发现的东西，于是它是与作为对象的自我的产物相等同。这两个系列代表了两种从不同方面看待自我的方式。但这并不是它们不可分离的原因。这两个方面之所以不可分，是因为它们共同构成了自我的整体。虽然费希特认为它们产生于自我，但实际上是它们共同呈现了自我的本质。自我不是单一的主观的也不是单一的客观的。主观的与客观的统一才能全面而实在地表达自我。也就是说，以两个系列呈现自我并不单是一种可能，而是一种必需。由此，我们就能够理解为什么费希特在行文中不断强调自我的二重性，并在不同的活动阶段和意识阶段赋予它们相应的名称。

知识学的任务不是单纯地指出这个综合，而是论证这个综合。而这个论证的过程就是知识学的辩护过程和建立过程。基于这个任务我们就能理解两个系列对应关系的第二层。第二层关系的本质是建立层级之间的推导关系，并且这个推导是以融合对立的两个系列为目标的。从我们之前对知识学的要点的分析可以看出，整个推导的过程是离心的，这当然是不值得惊讶的。但是仔细观察要点的构成能够发现，在获得"一个自我之外的理性存在者"的概念之后，向外的推导暂时告一段落。即在以召唤概念为中介，自我确认在它之外的理性存在的存在之后，在接下来的一节中费希特返回到最初点，重新分析了自我的概念。之所以认为第十七节不同于同样以自我与非我为标题的第八节，在于后者的讨论是基于第七节的结论的。而第十七节则不同，它又回到了"自我设定自我"的原初活动，并重新梳理了到目前为止所建立起的关系。在要点的内容中暗示出来的这个不同，在展开的讨论中被清楚地呈现了出来。

既然知识学是要建立意识的结构、解释意识之产生，那么推演出对他者的意识能够被认为是获得了最重要的成果之一。毕竟一个创造性的主体在解释作为其产物的物的表象和意识时，能够被认为并没有遭遇到实在的异质。这里所说的异质，是指一个同样以自由为本质的意志主体，也就是"他者"。在 Breazealer 的译者导言里，他提到了费希特的一个哲学计划，费希特想要在完成这一版知识学之后执行一个任务，在提到这个任务时，费希特说："简言之，现在依旧缺少的是'理智世界的先验体系'，'理智世界'是康德对自由领域、道德主体的命名，这就是说'主体间的领域'。"[①] 按照这个说法，费希特似乎在未完成这一版知识学时就意识到了主体间性问题的重要性，并且将这个问题与自由和道德问题归为统一领域。既然主体间的问题本质是自由与道德领域的问题，那么当他推演到自我之外的另一个自由主体时，我们不能认为他自己没有意识到这个结果的重要性。直接证据就是他做出了如下断言："意识的开始……是意志，……召唤的概念不是第一个存在，而是意志。"[②] 这一点的侧面论据就是他在第十七节中重新梳理了到此为止的推导结果。这也是笔者将最为重要的问题留到在对这一节的梳理时提出来的原因。接下来我们将集中分析《知识学新方法》的第十七节，并试图在其中找到我们需要寻找的所有答案。

二 自我的综合的可能性条件——想象力

按照 Breazealer 的编辑，在第十七节的任务是根据规则总结意识的条件，并在我们的眼前构建意识。他认为："知识学必须获得它借以完成自己的东西，就此而言，体系一定包含两个部分：直到证明纯粹意志是意识的真正对象，借此应该被完成的东西才被查明。第二个部分从这里开始，我们现在才真正建构。我们已经得到了我们

[①] J. G. Fichte, *The Foundations of Transcendental Philosophy*, (Editor's Introduction), Ed. & Tran. by Daniel Breazeale, Cornell University Press 1992, p. 27.

[②] J. G. Fichte, *Gesamtausgabe der Bayerischen Akademie der Wissenschaften*, IV, 2, Hrsg. von Reinhard Lauth und Hans Gliwitzky, Stuttgart – Bad Cannstatt 1978, S. 189.

的领地和基础并且要去描绘和应用一个过程。"① 按照这个任务的划分，第十七节的前一个部分就是总结意识的条件，并表明单纯意志是意识的对象和其他事物的基础。第二部分就是基于第一部分的成果构建意识的过程。

1. 单纯意志与意识关系的澄清

基于之前的论述，我们已经能够总结出费希特理论中意识发生的条件和发展过程了。费希特认为对理想对象的纯粹认知是意识的起点。"然后我们又说这样的认知离开一个意志行动就是不可能的，即，没有被设定为被一个理性存在所意愿的某物，仅仅是一个表象，由此，某物就这样与第一个被描述之物联系起来；并且我们必须描述意识的一个持续的流动系列。那么应该被假定为处在我们之外的那个对象实际上是什么？我们在这里首先要考虑的是走出我们自己的一个行动；这里，我们必须严格地推理；因为我们之后必须确定那个已经建立起来的要点，即哪一个外在于我们的对象包含在之前描述的认知之中？"② 这个简要的总结不仅总结了意识发生的过程，还提出了一个费希特最想要解答的问题。这个问题能够按照费希特的术语以不同的方式被表达，但所有的表达都指向一个最为基本的问题，它关涉到费希特努力的核心：最高综合的统一是如何实现的。

事实上，对这个问题费希特早已明确地提供了答案："我们的问题可以表述如下：自我是如何能够行进到自我之外的？知识学的这个独特的特点在这个问题中得到揭示。在这里生产性想象力的原理获得了新的明晰性和确定性。整个感性世界都是按照生产性想象力

---

① J. G. Fichte, *Gesamtausgabe der Bayerischen Akademie der Wissenschaften IV*, 3, Hrsg. von Erich Fuchs, Reinhard Lauth, Ives Radrizzani, Peter K. Schneider und Günter Zöller, Stuttgart – Bad Cannstatt 2000, S. 470.

② J. G. Fichte, *Gesamtausgabe der Bayerischen Akademie der Wissenschaften IV*, 3, Hrsg. von Erich Fuchs, Reinhard Lauth, Ives Radrizzani, Peter K. Schneider und Günter Zöller, Stuttgart – Bad Cannstatt 2000, S. 470.

的特殊法则，由生产性想象力生产的。"① 费希特之所以在这里再一次提出类似的问题，是因为这个答案本身需要通过一个结构性分析来获得辩护。直接继承自康德的"生产性的想象力"概念在费希特的理论中扮演了更为重要的理论角色。康德一度认为想象力是连接感性和知性的中介，是连接具体事物和知性的中介，它作为先天的一种创造机能对知识的形成具有至关重要的作用。但是他在最后放弃了这个观念。按照古雷加的看法，康德似乎是抛弃了他最有潜力的一个概念，他在哲学中实现的决定性转折是在认识论中引入了想象力，但是康德没有彻底利用这个他本人发现的创造能力，用以解决他的二律背反。相反，费希特对想象力概念的坚持和发展使得他能够回答康德关于无限的二律背反问题。② 这不能不认为是康德的一个失误和遗憾。

费希特对康德建立的生产性想象力概念的发展，是对这个概念的功能的彻底化。想象力不仅是连接直观与知性的范畴、形象与概念的中介，用海德格尔的用语来形容就是它还是直观和知性的"根"。它使得所有认识得以可能，使得自我行进到自我之外，使得理论过渡到实践的自由本身。对想象力概念的作用的解释，也就是对费希特知识学的最高任务——解释自我如何走出自身——的回答，这个回答需要我们再一次回到"召唤"的概念。

通过召唤，一个在自我之外的理性存在者被设定起来。召唤概念表明自我在自我之外存在其他的理性存在者，这使得自我需要走出自身，以接受异己之物的态度来面对这个其他理性存在者。召唤的作用表明，召唤是自我的自由行动的一个先验条件，即对自我从事自由行动的召唤是自我在自身中依据理性做出确切抉择

---

① J. G. Fichte, *Gesamtausgabe der Bayerischen Akademie der Wissenschaften IV*, 3, Hrsg. von Erich Fuchs, Reinhard Lauth, Ives Radrizzani, Peter K. Schneider und Günter Zöller, Stuttgart – Bad Cannstatt 2000, S. 385.

② ［俄］古雷加：《德国古典哲学新论》，沈真、侯鸿勋译，中国社会科学出版社1993年版，第161、141页。

的原因。对自我从事自由活动的召唤在另一方面等同于自我限制自己的任务。这表示召唤所要求的是，自我在所有的可确定性中做出一个确定的选择。这个要求预设自我已然发现自我是自由地可确定的。自我自由地做出的确定性的选择，只有依照一个目标的概念才是可能的，而在一个目标的概念引导下的自由的行动等同于自我的一个自由的意志行动。因此，对自我从事自由行动的召唤，是对自我从事一个意志行动的召唤，它们同时等同于自我的一个具体的确定性。

"自我的个体性是从所有理性的全体中得出的；从这之中又出现了一个在单一时刻中的行动，这个个体性作为一个对自由地行动的召唤出现，个体性通过这个召唤被给予自我。个体性 = 对自由行动的召唤。"[1] 在这段话中，费希特并没有解释"所有理性的全体"，但按照之前的分析，它指的是自我的可确定性。自我的可确定性对于自我而言是理性的全体，它在其中依据自由所获得的确定性等同于自我在理性全体中作为个体呈现出来。于是，召唤对于自我的真实作用就是将个体性赋予自我。这个步骤所产生的结果就是，自我作为个体与其他所有理性个体所组成的理性全体相对立。

自我获得个体性并不是一种可能性的实现，相反，它是一种必然性。尽管获得个体性的自我同样是从可确定之物中突显出来的，个体性这个确定性只是可确定性这个集合中的一个对象，此外，"我们设定，可确定性仅仅被设定为可确定性，而不是任何其他东西……只有在这个条件下这一点才是可能的，即在意识中没有任何东西先在于它，由此整个意识被填满；在这个条件下，可确定性才

---

[1] J. G. Fichte, *Gesamtausgabe der Bayerischen Akademie der Wissenschaften IV*, 3, Hrsg. von Erich Fuchs, Reinhard Lauth, Ives Radrizzani, Peter K. Schneider und Günter Zöller, Stuttgart – Bad Cannstatt 2000, S. 470 – 471.

与召唤是同一的"①。就此，费希特认为通过召唤所确定的确定性或者说个体性构成意识的全部内容或意识的起点。召唤的概念为什么等同于自我的一个必然的确定性，并由这个确定性开始建立起意识的内容？或者退一步，我们暂且接受召唤的概念必然出现，那么在这个意识之后为何还会出现意识的系列，如果按照费希特所说的它构成意识的全部内容的话，"为什么除此之外还有其他东西被思考，为什么意识不应该是封闭的？"② 或者如继续追问的，"为什么我们要在这第一时刻之后继续行进而超越单纯的召唤，并设定其他的东西？为什么意识没有以这个召唤结束？"③ 费希特自己提出了问题，并认为对这些问题的回答能够为意识的起点以及后续的发展提供解释。而这正是知识学的根本任务之一。在继续费希特的推理之前，我们需要整理一下到目前为止的成果。

意识的起点到这里，被认为是通过召唤所建立的对自我的意识，这个意识的内容是一个关于自我被一个外在的理性存在召唤着自由地行动的概念。这个概念包含两点：一是自身在这个概念中被思考；二是自我的一个偶然属性，自我的自由行动。既然这个概念构成了自我的一个意识，那么自我必然获得了对它的理解，这意味着我"拥有这样的认识，即另外一个理性存在物持有的概念中我的某些行动被期待，并且如果这个概念如要能够产生因果性，一个确定的行动就应当通过自我而得以产生。这个其他理性存在物具有一个期待自我这一方某些行动的概念；即使如此，它

---

① J. G. Fichte, *Gesamtausgabe der Bayerischen Akademie der Wissenschaften IV*, 3, Hrsg. von Erich Fuchs, Reinhard Lauth, Ives Radrizzani, Peter K. Schneider und Günter Zöller, Stuttgart – Bad Cannstatt 2000, S. 471.

② J. G. Fichte, *Gesamtausgabe der Bayerischen Akademie der Wissenschaften IV*, 3, Hrsg. von Erich Fuchs, Reinhard Lauth, Ives Radrizzani, Peter K. Schneider und Günter Zöller, Stuttgart – Bad Cannstatt 2000, S. 472.

③ J. G. Fichte, *Gesamtausgabe der Bayerischen Akademie der Wissenschaften*, IV, 2, Hrsg. von Reinhard Lauth und Hans Gliwitzky, Stuttgart – Bad Cannstatt 1978, S. 181.

也不能将我当作某个物"①。可以说，召唤概念在自我与自我之外的理性存在之间建立了一个还未实现的因果性，自我之外的理性存在作为原因，对自我表达了一个期待。如果这个因果性真实地被建立起来，那么结果就是自我以一个特定的方式行动以满足这个期待。但是这个关系并不同时预设自我在其中呈现为物的形态。即使自我可能遵循这个期待行动，它也不是一个被动的某物，而是积极的活动主体。既然自我依照召唤对自己所做的设定活动是积极的，那么它必然具有将这个可能性转化为现实性的力量。或者说，我们可以期待通过对召唤概念的理解，自我意识到自己同时具有真正采取这个行动的力量。

通过召唤的概念"自我发现自己"，这预设了自我对自我性（Ichheit）的认知。"自我性存在于理想之物和真实之物的绝对统一。"② 于是这个统一是如何形成的问题就间接地回答了召唤概念是如何对自我产生作用的问题。对自我性的认知，等同于自我在其自身之中发现理想之物与真实之物的统一，这个统一在自我之中就是思维与存在的统一："通过思维一个存在在思维中对我出现，通过存在一个思维对自我出现。"③ 思维行动与存在之间的依存关系构成了一个系列或者说一个不断的链条。但是这个链条之间事实上还存在另外一个环节，这个环节使得思维与存在构成的延伸朝向一个特定的方向。这个环节就是"意志"：意志"的确只是一个单纯的思维"，"思维在意志之中通过思维的存在的这个综合将自己转变为一

---

① J. G. Fichte, *Gesamtausgabe der Bayerischen Akademie der Wissenschaften* IV, 3, Hrsg. von Erich Fuchs, Reinhard Lauth, Ives Radrizzani, Peter K. Schneider und Günter Zöller, Stuttgart – Bad Cannstatt 2000, S. 472.

② J. G. Fichte, *Gesamtausgabe der Bayerischen Akademie der Wissenschaften*, IV, 2, Hrsg. von Reinhard Lauth und Hans Gliwitzky, Stuttgart – Bad Cannstatt 1978, S. 181.

③ J. G. Fichte, *Gesamtausgabe der Bayerischen Akademie der Wissenschaften* IV, 3, Hrsg. von Erich Fuchs, Reinhard Lauth, Ives Radrizzani, Peter K. Schneider und Günter Zöller, Stuttgart – Bad Cannstatt 2000, S. 473.

个意志的表象"①。也就是说，产生存在的那个思维并不是任意的，它是自我之中的一种特定的思维；在意志的思维产生意志的表象。表象预设空间中的物的存在。

意志与思维和存在的统一的关系，是我们之前提到过的意识系列的第二层关系。如果将思维与存在的统一作为最高的点 O，在这个点上还未区分出意识的两个系列，那么意志概念就能够被认为是这个统一中的一个点，但它不是思维，所以它不是 A，而只是 a_1；存在——尽管在这里还未指明这个存在具体是什么——就是 B，在存在的链条上会有与 a_1 对应的 b_1。按照上面提到的关于意志的命题，从 O 区分出 A 与 B，O 与 A 共同产生 a_1，a_1 与 O 产生表象。也就是说，最高综合并不是在区分出 A 与 B 之后就一劳永逸了。区分出的系列需要不断地再返回到这个综合，并借助综合再往前推进。另一个值得注意的点是，尽管在 O 中已经包含了 B 的要素，但 B 的产生却是 O 与 A 共同作用的结果。这表示，存在的系列在意识的展开中首先需要借助最初的思维。正是在这个意义上，费希特在许多场合强调思维对于存在的优先性。

意志作为一个思维行动是对一个目标概念的思维行动，这表示意志的思维行动是"对从可确定性到确定性的过渡运动的思考。可确定性的思考是一个在相互对立设定起来的多样性（mannigfaltigen）反思要素之间的摆荡"②。这说明，一个意志概念的本质是在反思的多样性中依据目标概念选择一个确定性并将注意力集中在这个确定性上。通过意志活动，意识不再处于摆荡的状态，而是获得了一个据点。而既然它是从摆荡的状态中作出的选择，那么它应该是思维

---

① J. G. Fichte, *Gesamtausgabe der Bayerischen Akademie der Wissenschaften IV*, 3, Hrsg. von Erich Fuchs, Reinhard Lauth, Ives Radrizzani, Peter K. Schneider und Günter Zöller, Stuttgart – Bad Cannstatt 2000, S. 473.

② J. G. Fichte, *Gesamtausgabe der Bayerischen Akademie der Wissenschaften IV*, 3, Hrsg. von Erich Fuchs, Reinhard Lauth, Ives Radrizzani, Peter K. Schneider und Günter Zöller, Stuttgart – Bad Cannstatt 2000, S. 473.

的一个自由行动，因为自由在这里意味着选择的多样性和自发性。也就是说，按照目标概念在多样性中作出的选择并不是出于一个外在的理由和强迫。可确定性之被确定是被自我的思维活动所确定的。于是，意志活动就是自我在可确定性中作出选择的自由的思维活动。通过意志活动，思维不再是摆荡的状态，摆荡通过意志活动得以停止并集中在一个点上。当自我的所有自由的力量被集中在一个点上，自我在这个点上就显得是被限制的，而一个对被限制的自我的思维就是一个"客观的思维"。因此，"客观"是相对于自我的摆荡状态也就是自由状态而言的。思维的客观表明思维活动具有确定性，是对一个确定的自我活动的思维。同时，当通过意志自我被限制在一个点上时就产生了这个点被感性直觉所扩展的可能。这个扩展涉及"时间"概念。

时间概念在康德的认识论中被认为是知性的一种形式，是表象被知性整合所依据的范畴。费希特的时间观念与康德的观念具有一致性。费希特认为"时间仅仅是我们的直观形式"①，"那么时间从何而来？仅仅是因为我不能一下子就想到被引起的事物的原因，我先想到一个原因，然后想到另一个原因，我从一个另一个，所以很明显，时间只能通过我的思考的直观，即对原因和结果的思考的直观才存在。时间是并且一直是直观的形式"②。依据这些论断，时间在费希特这里同样是一种直观形式，它与经验相关，是意识在经验中得以区分的条件。于是意志活动将自我的自由集中在一个点上这一点，在客观上为经验的产生奠定了基础。然而由意志活动的限制活动而被集中的点是如何通过感觉与时间产生关系并形成经验的呢？费希特已经申明过，自我的所有行动都伴随一个对这个行动的直觉，因此，对一个目标概念的思维活动同样是一个伴随着对它的意识的

---

① J. G. Fichte, *Gesamtausgabe der Bayerischen Akademie der Wissenschaften*, IV, 2, Hrsg. von Reinhard Lauth und Hans Gliwitzky, Stuttgart – Bad Cannstatt 1978, S. 187.

② J. G. Fichte, *Gesamtausgabe der Bayerischen Akademie der Wissenschaften*, IV, 2, Hrsg. von Reinhard Lauth und Hans Gliwitzky, Stuttgart – Bad Cannstatt 1978, S. 188.

思维行动，在这同一个行动中，它同时是一个目标和一个对象，"没有对象，目标就是不可能存在的并且没有目标，对象就不可能存在"①。这是说，一个思维活动本身就是一个综合，是对思维的对象和意识的综合。

对费希特来说，这个综合格外重要，因为自我在这个综合所构成的思维中表达了它的全部本质，"自我是对它自己而言的自我。在这里我们有一个对对象的思考和对目标的思考，尽管这两个思维活动是彼此完全不同的，但它们必然在一个单一的意识中一起出现，后者，被叫作'综合的思维'"②。借助这个"综合的思维"我们知道，对目标概念的单一意识事实上是对这个思维行动的两个方面的意识，一个是对目标本身，另一个则是对一个对象，并且这个对象由对目标概念的直觉所构成。尽管它们是两个方面，但综合的思维本身并不能被认为是由两个部分构成的，相反对对象的思维与对目标的思维所构成的这个思维是一个理智直觉，因为它是在意识的单一瞬间所把握的。"这种思维因此是一种理智直觉，被思考的某物通过思考本是理智的东西，由此，它属于单纯的思维。"③ 这个综合的思维之所以能够综合两个方面并同时作为一个思维行动，是因为它本身就是理智直觉。这不仅是就它的形式而言的，而且是就内容而言的。它被把握的方式是它的形式方面，它的内容，即单纯活动的一个确定，同样也是智性的东西。形式和内容都是智性的表明这个综合的思维通过其自身得以形成和被把握。由此形成的意识，就是原初的意识。如此这个推导关系预设意识在其起点就包含两方面于

---

① J. G. Fichte, *Gesamtausgabe der Bayerischen Akademie der Wissenschaften*, IV, 2, Hrsg. von Reinhard Lauth und Hans Gliwitzky, Stuttgart – Bad Cannstatt 1978, S. 185.

② J. G. Fichte, *Gesamtausgabe der Bayerischen Akademie der Wissenschaften* IV, 3, Hrsg. von Erich Fuchs, Reinhard Lauth, Ives Radrizzani, Peter K. Schneider und Günter Zöller, Stuttgart – Bad Cannstatt 2000, S. 474.

③ J. G. Fichte, *Gesamtausgabe der Bayerischen Akademie der Wissenschaften* IV, 3, Hrsg. von Erich Fuchs, Reinhard Lauth, Ives Radrizzani, Peter K. Schneider und Günter Zöller, Stuttgart – Bad Cannstatt 2000, S. 474.

其自身，这样，从中发展出来的意识的两个系列也就有其存在论的根据。"在自我之中有一个第一的原初的意识＝A，作为理智的双重性的一个结果，这个原初的意识被看作双重的某物＝B＋C。……A 就是思维的整个总体，即综合。"① 这个观念表明，意识原初地具有双重性，它本身就是一个综合。这个综合的构成 B 和 C 分别是"对我自己的思维的思维行动"和"对自我所意识的东西的思维行动"，由此构成的 A 就是自我在一个思维行动中思维到自身的思维行动。意识本身就是一个反思，因此它并不是最高的综合，在它之中的这个区分来源于"主客体的原初二重性"②。因此，B 与 C 对应的是自我的主客体二重性的两个方面。就 C 而言，它自己本身又是双重的，它的两个方面分别是对目标的理想的思维行动和对对象的实在的思维行动。费希特将这两个方面分别用字母 X 与 Y 指代。于是，意识作为综合的思维的结构就得到了分析——这也表明原初的意识同样是分析性的——它所包含的两个层面分别都包含有一个综合，正是被综合的各个方面使得意识原初地呈现出多样性。基于意识的结构，"自我就被设定为在被综合的两方面之间进行着统一的"③。这个断言的另一方面指明，意识的这些方面的连接的可能"基于自由"，因为它们之间的连接方式与可确定之物与确定之物的连接是相同的，后者的连接是通过自我自由的行动。但与后者不同，意识的这个连接产生的是一个连续的时间系列，"因此，通过这个在瞬间中的分析的思考，时间才得以出现；我们看到时间是如何出现的，并且看到

---

① J. G. Fichte, *Gesamtausgabe der Bayerischen Akademie der Wissenschaften IV*, 3, Hrsg. von Erich Fuchs, Reinhard Lauth, Ives Radrizzani, Peter K. Schneider und Günter Zöller, Stuttgart – Bad Cannstatt 2000, S. 475.

② J. G. Fichte, *Gesamtausgabe der Bayerischen Akademie der Wissenschaften IV*, 3, Hrsg. von Erich Fuchs, Reinhard Lauth, Ives Radrizzani, Peter K. Schneider und Günter Zöller, Stuttgart – Bad Cannstatt 2000, S. 475.

③ J. G. Fichte, *Gesamtausgabe der Bayerischen Akademie der Wissenschaften IV*, 3, Hrsg. von Erich Fuchs, Reinhard Lauth, Ives Radrizzani, Peter K. Schneider und Günter Zöller, Stuttgart – Bad Cannstatt 2000, S. 475.

它是理想的"①。

从意志概念，经由原初的意识的综合，我们理解了时间的起源和本质。时间是在对意识的原初综合的分析所产生的序列中呈现的，或者说，它是意识序列的形式。但是时间作为一个形式不是自我要得以存在所依赖的要素，相反正是通过自我时间才得以出现。"自我自己并不在时间之中，是通过思维活动自我才第一次将自己在时间中延续，也正是用这个方式自我产生了时间。"② 因此，时间是主体的产物，主体并不是首先在时间之中出现；时间作为形式，是自我考察它的对象时赋予对象的形式。费希特将时间比喻为一副眼镜，主体通过这副眼镜来观看时间中的事物，但主体本身并不在时间之中。费希特的时间概念的这个性质与康德理论中对时间的描述是类似的。时间首先不是实存，其次时间只是主体借以考察经验的一个属性或者工具。通过时间，经验被整合为主体所能把握的对象。

虽然主体是超经验的，但是主体本身对自己的考察也必须通过时间这副眼镜。"那个通过这副眼镜去看的这个人并不在时间之中，而是超感性的某物，虽然它同时只能通过这副眼镜观察自己，因此发现自己是在时间之中的。在这个点上所有的思维活动都是发生在时间之中的这一点就清楚了，通过它自我构建自己的思维行动也包括在内。"③ 时间通过主体才得以产生，但反过来主体同样依赖于时间，但是这个依赖不是在主体的第一个层面上的。这是说，依赖时间的主体是被反思的主体或者说在意识之中的主体。在这里需要区分反思与直觉。直觉是自我对自己的行动的瞬间活动，它无须通过

---

① J. G. Fichte, *Gesamtausgabe der Bayerischen Akademie der Wissenschaften IV*, 3, Hrsg. von Erich Fuchs, Reinhard Lauth, Ives Radrizzani, Peter K. Schneider und Günter Zöller, Stuttgart – Bad Cannstatt 2000, S. 475.

② J. G. Fichte, *Gesamtausgabe der Bayerischen Akademie der Wissenschaften*, IV, 2, Hrsg. von Reinhard Lauth und Hans Gliwitzky, Stuttgart – Bad Cannstatt 1978, S. 187.

③ J. G. Fichte, *Gesamtausgabe der Bayerischen Akademie der Wissenschaften*, IV, 2, Hrsg. von Reinhard Lauth und Hans Gliwitzky, Stuttgart – Bad Cannstatt 1978, S. 187.

中介就能获得对自己的行动的概念。而反思不同，反思是对自我的活动的一个主动的积极考察，将自我当作思考活动的对象，细致分析它的发生步骤与步骤之间的关系。因此，反思是时间性的，而直觉是脱离时间的。反思获得的是一门科学，而直觉只提供一个作为结论的认识。因此，知识学所考察的必然是在时间之中的意识发展过程。但是这个考察并不能脱离开直觉。因为直觉伴随自我的原初的行动并且伴随自我的所有行动，是意识活动和时间得以产生的前提条件。"那么，我们拥有的时间是从哪里来的，来自于这里：因为我们没有办法同时思考已经完成的事情和导致它的原因，我们只能从一个到另一个，在这里思考给出了时间；甚至连这也不是，而是思考的原初直觉，对制定出的概念的分析，提供了时间关系。"①

时间是直觉行动与思维行动的结果，这表明，对时间的分析应该要往上追溯到对原初行动直觉。这个关系是如何建立起来的呢？按照费希特的推演路径，时间被认为是主体观看事物的一个特定方式，它的产生首先在于意识获得一个对象。意识原初是一个综合，通过这个综合所形成的是对自我意识到自己的思维活动并且对其进行思考。因此，意识的原初综合提供的是一个具有特定的确定性的自我，即自我的一个确定的状态。这个对象的出现意味着此时从事观看的自我是一个特定的思维行动。特定的思维行动预设目标的概念。目标的概念的形成意味着对一个特定的某物的意愿或者意志。从事观察的主体因此同时是一个意志主体，从事一个意志行动。意志行动之所以能够成为意志行动又是"通过将存在与思维联系起来而达到的综合，反之亦然"②。从另一个方面说，自我要成为一个意

---

① J. G. Fichte, *Gesamtausgabe der Bayerischen Akademie der Wissenschaften IV*, 3, Hrsg. von Erich Fuchs, Reinhard Lauth, Ives Radrizzani, Peter K. Schneider und Günter Zöller, Stuttgart – Bad Cannstatt 2000, S. 476.

② J. G. Fichte, *Gesamtausgabe der Bayerischen Akademie der Wissenschaften IV*, 3, Hrsg. von Erich Fuchs, Reinhard Lauth, Ives Radrizzani, Peter K. Schneider und Günter Zöller, Stuttgart – Bad Cannstatt 2000, S. 476.

志主体，必然是它意识到它通过自己的自由对自己进行了限制，也就是自己赋予了自身以确定性。这就是自我从可确定之物到确定之物的过渡。通过这个过渡自我发现自己将自己设定为设定着的。自我自己发现自己意味着"自我性"的形成。"自我性"，上文已经提到，存在于一个主观的思维活动和一个客观的思维活动在同一个思维活动中的出现，也就是思维活动和意志活动在自我之中的综合，也就是意识的原初综合。

于是，无论从哪个方面看，意志活动要得以发生都以意识的原初综合之可能为条件，而后者又以自我的主客体综合为基础。如果将这个追溯看作对意志活动发生的内在于自我的原因的探究，那么意志活动的发生还具有一个不能忽视的外在动因——召唤。召唤之所以被认为是外在的，是因为它只是一个要求，它对自我提出要求，但并不赋予自我实现这个要求的力。自我之中所有被意识考察的环节的发生依靠的都是自我自身的力量。召唤在这个过程中远远地提供行动的指导。因此，费希特所试图回答的"自我如何走出自身"的问题，现在需要通过对两个问题的回答得到阐明：第一，在建立起时间的关系之后，也就是建立起经验的序列之后，一个外在的世界是如何在经验之中被获得的，也就是，当意志活动在经验中被表达为物理的力之后，感性世界是如何通过这个物理的力得以产生的；第二，意识的原初综合依赖作为主客体的自我，这种依赖关系是如何建立起来的，并且主客体的原初统一是如何达到的。如果能通过对这两个问题的证明，并建立起它们与意志活动的一贯的逻辑关系，那么从自我到感性世界的路径就被贯通了。尽管这两个问题针对的似乎是不同的领域，但对它们的回答却都指向同一个概念——生产性的想象力。

2. 想象力作为单纯思维与感性世界之间的中介

在之前，我们追随费希特的推演，从自我之外的理性存在对自我的召唤这个预设，行进到了自我限制自己，将自由的力量集中在一个点上，在时间的序列中构成一个具有起点性质的物理能量

(Physische Kraft)（要点十二）这样一种关系。费希特将这个结果总结为："我在对对象的思考中直接直觉我的物理能力的规定，但是这个物理能力就它只能通过目的概念才能够被看到而言，仅仅是我自己的。"[1] 因此，对于自我而言，物理能力只是自我的一个单纯的思维的行动，它是目标概念的产物。如果这个物理能力是走出自我的最后一步，那么要回答的问题就是："单纯思维是如何被感性化为一种感性的力量的范例的，这就是第一个感性化的行动。"[2] 因此，一旦这个感性化可能得到证明，那么单纯的思维活动与感性物体之间的关系就建立起来了。

一个对目标概念的理想的思维行动与对一个对象的实在的思维行动作为被综合的两个方面共同构成原初的意识的一个方面：思维自我意识到的东西的行动。这就是我们在之前提到的原初的意识的C。构成 C 的这个综合因为同时包含对目标的理想的思维和对对象的真实思维，所以构成了实在的某物和理想的某物的综合。在费希特看来，"理想的"和"实在的"这样的术语只具有相对的有效性，它们不表示绝对对立的两个方面或者领域，在这两个概念的中间领域中有一个理想的和实在的中间环节，将它看作理性的还是现实的，"这取决于是将它们与之后的某物联系起来，还是与它们之前的某物联系起来"[3]。这表示，"理想的"与"实在的"只是相对的，除了理智的东西和僵死的物质，所有的其他能够被认为是理想的东西也能够被认为是实在的。这种相对性表明，任何在意识之中的认知都

---

[1] J. G. Fichte, *Gesamtausgabe der Bayerischen Akademie der Wissenschaften IV*, 3, Hrsg. von Erich Fuchs, Reinhard Lauth, Ives Radrizzani, Peter K. Schneider und Günter Zöller, Stuttgart – Bad Cannstatt 2000, S. 486.

[2] J. G. Fichte, *Gesamtausgabe der Bayerischen Akademie der Wissenschaften IV*, 3, Hrsg. von Erich Fuchs, Reinhard Lauth, Ives Radrizzani, Peter K. Schneider und Günter Zöller, Stuttgart – Bad Cannstatt 2000, S. 486.

[3] J. G. Fichte, *Gesamtausgabe der Bayerischen Akademie der Wissenschaften IV*, 3, Hrsg. von Erich Fuchs, Reinhard Lauth, Ives Radrizzani, Peter K. Schneider und Günter Zöller, Stuttgart – Bad Cannstatt 2000, S. 486.

是通过与他物的关系来确定的，任何一个意识都是通过对两个对象的综合所获的。没有任何一个单一的要素能够自己构成意识的对象。

基于这个认识我们再来分析意志的概念。意志的活动现在能够被直接称为物理能力在其中被确定的活动，这个活动同时是构建一个目标概念的活动。因此它们构成一个综合的两个方面，作为综合，它能够被理解为："建设性的、活动着的（主体），就它与理智相对而言，它的是活动着的感性的能力；具有真正的目标概念的确定之物。"[1] 在这个关系中，前者是理想的或者主观的，后者则是实在的或者客观的。前者表示自我是一个单纯地从事思维的主体，后者则表示自我是一个感觉的主体。"因此，我们在这里涉及的综合是对思维和感觉的综合。"[2] 就思维的主体来看，它表达的是这样一个命题，即"自我发现自己从事于确定目标概念的行动"。这表示目标的概念并不是被给予自我的，而是自我通过自己的活动构造出来的，自我不仅生产出目标的概念，它还同时意识到自己的这个生产行动。这个意识是自我的直接意识，也就是不需要通过其他的中介就获得的意识。虽然这个意识被认为是直接获得的，但是这个对自我的活动的直接领会是凭借什么而得以发生的呢？在之前的分析中，我们认为自我具有一种理智直觉，它提供对自身设定活动的直接把握。但是费希特在这里再度提出了这个问题："这个机敏（Agilitaet）是如何被领会到的是最主要的问题。"[3]

这个问题在这里提出时，涉及了感官的东西（sinnliche）。费希特在这里用感官的东西指代"构建目标的行动"，因此对问题的表述

---

[1] J. G. Fichte, *Gesamtausgabe der Bayerischen Akademie der Wissenschaften* IV, 3, Hrsg. von Erich Fuchs, Reinhard Lauth, Ives Radrizzani, Peter K. Schneider und Günter Zöller, Stuttgart – Bad Cannstatt 2000, S. 487.

[2] J. G. Fichte, *Gesamtausgabe der Bayerischen Akademie der Wissenschaften*, IV, 2, Hrsg. von Reinhard Lauth und Hans Gliwitzky, Stuttgart – Bad Cannstatt 1978, S. 210.

[3] J. G. Fichte, *Gesamtausgabe der Bayerischen Akademie der Wissenschaften*, IV, 2, Hrsg. von Reinhard Lauth und Hans Gliwitzky, Stuttgart – Bad Cannstatt 1978, S. 210.

就转换为"在建构目标概念的行动意识到自我的活动本身,并且是作为这同一个活动的条件,这如何是可能的?"① 如果将问题的表述对应起来,那么对目标概念的构建只是自我的一个具体行动,一个感性的某物,这个具体行动以自我的活动本身为条件。然而,自我是在前一个感性的行动中意识到自我的活动本身的,同时在这个意识之前,自我还建立起了活动本身与感性行动之间的关系。于是对它的再度追问就能够被理解了。从这个结论来看,这个意识并不是对一个事实的意识,它在两个分离的事件之间建立起了关系,它本身构成了一个综合行动。此外,如果构造目标概念的行动确实是感官性的元素的话——这个综合实际上完成了从感官要素到纯粹智性的某物的跨越——自我对自己的活动的意识只能是智性的并且是纯粹智性的,它只能通过理智直觉获得。

现在要回答的问题是流动的运动是如何可能的。按照费希特的说法,运动的本质——从一个端点到另一个端点的过渡——并不是要穿越端点之间无限的空间或者点,而是穿越由端点之间构成的线段。因此,运动之可能就是把握线段的可能。"但每一个孩子都能产生运动;这是可能的并且首要的原因是,我们可能以不同于思考的方式发现运动的概念;因为在其中人们思考的不是点而是线,由此产生了一种不是思考点而是同时思考一条线的可能性。"② 线段的确是无限可分的,但是线段的无限可分性并不阻碍线段被把握。线段之为线段,表示构成它的无限的点之间彼此联系。在其中,正是想象力提供把握处在相互联系关系中的无限多样性构成的有限领域的能力。而就线段本身而言,它也构成一个综合,有限的与无限的综合。想象力是能够把握这样一种综合的能力,并且是在一个单一的

---

① J. G. Fichte, *Gesamtausgabe der Bayerischen Akademie der Wissenschaften*, IV, 2, Hrsg. von Reinhard Lauth und Hans Gliwitzky, Stuttgart – Bad Cannstatt 1978, S. 210.

② J. G. Fichte, *Gesamtausgabe der Bayerischen Akademie der Wissenschaften* IV, 3, Hrsg. von Erich Fuchs, Reinhard Lauth, Ives Radrizzani, Peter K. Schneider und Günter Zöller, Stuttgart – Bad Cannstatt 2000, S. 488.

行动中。这个推理结果当然首先回答了运动是如何可能的问题，但它具有更为深刻的意义。"智性具有在一个行动中领会这种无限的、绝对对设其对立的东西的能力。这个能力就是想象力，而这个行动就是通过想象力对多样性进行的综合，就是统一绝对差异性的东西的行动。"① 在这里，费希特明确指出智性之所以能够把握无限在于想象力。想象力作为智性的能力，通过其行动将由无限对立所组成的复合体综合为一。这是智性把握无限的机制，也是运动得以可能的机制。

既然想象力是把握无限、使得运动得以可能的要素，那么同样地，它也是从可确定之物到确定之物的过渡的可能性要素。按照费希特的描述，从可确定之物到确定之物的过渡，本质上是自我在一个由可确定之物组成的多样性中进行选择的行动。既然这个选择的行动要能够被认为是自我的自由的选择，那么这个选择必定建立在自我已然把握所有被选择项的基础上。所有盲目的选择都不是自由的选择。正是在这个意义上，行动以认识为先决条件。但这个认识并不是一种反思性认识，而是一种"领会"，它直接提供给自我关于它将要从事的行动以及行动的作用对象的非反思性认识。这个认识只有通过想象力才能获得。通过想象力，自我瞬间领会到它所要在其中作出选择的可确定之物，并据此作出一个依其意愿而产生的行动，从而成为一个确定之物。因此，与运动的发生一样，过渡得以可能的关键在于对可确定之物的瞬间领会。但是在这里作为运动的过渡并不是发生在空间或时间中的过渡，它是思维之中一个不同状态之间的变换。确切地说，是思维从无具体指向到获得目标的过渡，是思维行动自身的发生。"它（可确定之物）只能通过我们上面所描述的想象力被领会，通过领会彼此绝对对立的事物的能力所领会；我们这里所说的不是一种在空间中或者时间中彼此对立的东西，而

---

① J. G. Fichte, *Gesamtausgabe der Bayerischen Akademie der Wissenschaften*, IV, 2, Hrsg. von Reinhard Lauth und Hans Gliwitzky, Stuttgart – Bad Cannstatt 1978, S. 212.

是在单纯思维活动之中的，即单纯是不同的行动方式之间的对立。"① 因此可以认为，自我对自己的设定，也就是自我从可确定之物到确定之物的过渡——在其中一个确定的行动得以产生——依赖于想象力预先提供的对所有行动的可能性的领会。

但是，要接受这个观念，还需要建立对想象力概念的更为细致的认识。如已经多次重复过的，想象力是一种摆荡，它"居无定所，也没有一个固定的点，因为只有它在综合的必要性和不可能性的运动才使得这个综合自己被执行得以可能"②。通过摆荡或者翱翔，它提供对无限的领会。这种领会既然是对自我所有行动的可能性的把握，那么它与自我的理智直觉之间存在什么关系？按照费希特第一节展示的要点，理智直觉提供自我对自己的原初意识，自我通过理智直觉直接意识到自己是自我设定着的。这个设定过程等同于自我从可确定之物到确定之物的过渡。或者用费希特自己的话说，"我们在这里推演出来的行动与之前的行动是同一个；我们只是更好地认识了它而已"③。于是自我的最初行动至少伴随两种非反思性的认识，一种由理智直觉提供，另一种由想象力提供。虽然这二者都关涉自我的"事实行动"，但它们之间必然存在差别，尽管这种差别初看起来十分细小。

然而，如果不将定义归为语言表达上的差异，那么我们能够发现，从叩确定之物到确定之物的过渡与自我设定自己之间并不能完全等同。尽管就活动而言，它们是同一个活动，但当活动所处的环境不同，活动所表现出来的特质就不同。这就好比有一个勤劳和善

---

① J. G. Fichte, *Gesamtausgabe der Bayerischen Akademie der Wissenschaften IV*, 3, Hrsg. von Erich Fuchs, Reinhard Lauth, Ives Radrizzani, Peter K. Schneider und Günter Zöller, Stuttgart – Bad Cannstatt 2000, S. 488.

② Reinhard Look, Schwebende Einbildungskraft, *Konzeptionen theoretischer Freiheit in der Philosophie Kants, Fichtes und Schellings*, Königshausen & Neumann 2007, p. 188.

③ J. G. Fichte, *Gesamtausgabe der Bayerischen Akademie der Wissenschaften IV*, 3, Hrsg. von Erich Fuchs, Reinhard Lauth, Ives Radrizzani, Peter K. Schneider und Günter Zöller, Stuttgart – Bad Cannstatt 2000, S. 353.

良的人，勤劳和善良都是他的品质，都是通过他的活动表现出来的。但在一次救人的情境中，更多地展现的是善良；而在种植活动中表现出来的当然就是勤劳。现在我们想要梳理的两种被认为本质上是一个行动的活动，对于这个人来说，就像是他要在倒塌的房屋中救出一个人。要救出这个人他需要先清理挡在他前面的障碍，但他的这个行动的目的是要救出这个人。因此，在这个行动中，我们认为更为本质的是他的善良，而不是勤劳。因此，在同一个活动中也存在区分行动的层次的可能。费希特已然指出，从可确定之物到确定之物的过渡，以想象力在其单一行动中把握无限的能力为条件，这表明即使领会活动和过渡活动是同一个活动，在逻辑上想象力提供的领会较行动而言是先在的。

在"自我设定自我是设定着的"这个活动中，理智直觉提供的是对自我的这个行动的直接意识。自我意识到自己将自己设定为设定着的。活动与理智直觉当然也是同一个瞬间完成的，但是在逻辑上应该是行动优先。按照这个关系，想象力的行动在层次上就应该高于理智直觉，后者在严格意义上是依赖前者的。这一关系在费希特的推理过程中已经被证明。自我对自己设定自己的直觉，也就是对自我对自己的确定活动的直觉。费希特指出，对自我的设定活动必然涉及一个目标的概念，也就是说，自我对自己的设定并不是一个任意的选择，而是基于目标概念的一个积极活动。一个目标的概念，按照费希特的用语，是一个自由地被构建的概念，是使得自我成为"某物"的那个概念。而自我只有获得了确定性成为某物之后，才是可直觉的。[①] 因此，理智直觉所发现的自我并不是处于可确定的状态之中的某个自我，而是一个确定的自我，它是通过一个目标概念实现的。在另一方面，自我的活动要变得是可直觉的，需要借助

[①] J. G. Fichte, *Gesamtausgabe der Bayerischen Akademie der Wissenschaften IV*, 3, Hrsg. von Erich Fuchs, Reinhard Lauth, Ives Radrizzani, Peter K. Schneider und Günter Zöller, Stuttgart – Bad Cannstatt 2000, S. 366.

对抗性的综合，这个综合在最初是可确定之物和确定之物之间的综合，在涉及这个综合时，费希特曾指出，在单独涉及确定的某物时，"（被直觉的行动）仅仅是可能的，它是通过在被对设起来的东西之间摆荡着的理智被设定起来的"①。费希特的意思是，只有当可确定之物与确定之物之间的过渡关系被建立起来了，一个抵抗的活动被建立起来了，自我的活动才能够是被直觉的。而一个抵抗的活动要建立起来，首先需要"摆荡的理智"设定起众多的确定之物以构成可确定之物的整体。摆荡的理智的这个设定，只能是想象力对可确定之物的瞬间领会。因此，直觉行动与想象力的行动之间的关系就被澄清了。

直觉行动既然是通过想象力的摆荡才得以可能，那么必定会与直觉相统一的纯粹的思考与想象力又是什么关系呢？按照费希特的说法，"思考与直觉必然地彼此相连"②，它们是人类理智的两大力量。直觉提供关于自我及其行动的非反思性意识，思考则提供关于思考对象的一个主动性的认识。因此，思考活动是对确定的某物的领会活动。就此而言，费希特认为单纯的思维活动是想象力的对立："想象力的对立物是对确定之物的领会，是对思考的领会。"③ 对于一个领会可确定之物的整体或者说多样性的行动而言，不与一个领会确定某物行动的活动相对立，它的领会就没有出路；而领会确定某物的行动之可能依赖理智对可确定之物的先在领会。因此，想象力与单纯思考之间构成一个综合，这个综合保证对自我的一

---

① J. G. Fichte, *Gesamtausgabe der Bayerischen Akademie der Wissenschaften IV*, 3, Hrsg. von Erich Fuchs, Reinhard Lauth, Ives Radrizzani, Peter K. Schneider und Günter Zöller, Stuttgart – Bad Cannstatt 2000, S. 373.

② J. G. Fichte, *Gesamtausgabe der Bayerischen Akademie der Wissenschaften IV*, 3, Hrsg. von Erich Fuchs, Reinhard Lauth, Ives Radrizzani, Peter K. Schneider und Günter Zöller, Stuttgart – Bad Cannstatt 2000, S. 453.

③ J. G. Fichte, *Gesamtausgabe der Bayerischen Akademie der Wissenschaften IV*, 3, Hrsg. von Erich Fuchs, Reinhard Lauth, Ives Radrizzani, Peter K. Schneider und Günter Zöller, Stuttgart – Bad Cannstatt 2000, S. 489.

个确定的认识得以产生。然而这个综合并不表示它们发生的同时性。在确定的自我发生之前，想象力必然已经先在发生，并构成后一个发生得以可能的条件。"在这个情况下，可确定之物并不以某种方式在想象力的能力之前存在，相反，可确定之物恰恰，并且只有通过想象力才得以形成，只有从这个最高综合开始才能够说：'自我将自己直觉为从事想象的，并以这种方式自我将自己看作可确定的某物'。"① 于是，想象力与单纯的思想之间的层级关系就被确定起来。

在这段话中，还涉及一个至关重要的关系，即可确定之物通过想象力得以形成（entstehen）。这个"形成"是指想象力的生产性（producirend）。在康德那里，想象力通过自己的生产性能力制造出原始的表象。原始的表象不同于经验的表象，它不是来自经验，相反它为经验提供条件。想象力所产生的原始表象构成了意识和经验表象的先验条件。在费希特这里，想象力同样具有生产性。但它所生产的不是表象，而是被表象的东西，即作为可确定之物的自我本身。只有在这个基础上，想象力才能被认为是原始表象的生产者，即作为自我观察自身的中介。在这个对自己的"看待"中自我获得关于自己的原初表象，获得意识的内容。在想象力的同一个被区分的活动中，它既是生产者又是产物。这个区分并不是想象力活动本身的区分，相反它只是对这同一个生产活动的不同观看方式产生的不同效果。因此，费希特总结说："有实体，它们与我们的纯粹思维无异，它们是以客观的方式被考虑的；有物质，它与我们以客观的方式被考虑的想象力无异。"② 所以物质只是被以客观的方式看待的想象力，实体也只是客观地被看待的纯粹的思想。在思想与实体、

---

① J. G. Fichte, *Gesamtausgabe der Bayerischen Akademie der Wissenschaften* IV, 3, Hrsg. von Erich Fuchs, Reinhard Lauth, Ives Radrizzani, Peter K. Schneider und Günter Zöller, Stuttgart – Bad Cannstatt 2000, S. 489.

② J. G. Fichte, *Gesamtausgabe der Bayerischen Akademie der Wissenschaften*, IV, 2, Hrsg. von Reinhard Lauth und Hans Gliwitzky, Stuttgart – Bad Cannstatt 1978, S. 215.

想象力与物质之间并不存在质的差异。

基于以上推理，费希特指出："想象力的对象是可确定之物，（只有通过它，向作为一个确定活动的过渡运动是可能的，因此）所有在从事确定的行动中的活动都以想象力为条件，尽管这些活动只被归属为了自我（理智）。"① 既然是想象力使得自我从可确定之物到确定之物的过渡得以可能，是想象力从事了被归为自我的那个决定自我本质的活动，那么想象力无疑是站在一个高于从事过渡活动的自我的位置的。自我以想象力为先在条件这一点在对想象力与单纯思想的关系的阐述时已经说明了一部分。没有被说明的一部分涉及想象力与判断力的关系。

费希特将判断力定义为一种抓住简单的东西的能力，也就是分析那些被想象力结合起来的彼此绝对对立的要素的能力。② 从这个定义可以看出，想象力与判断力是彼此依赖相互作用的关系。对费希特而言，简单的东西与复杂的东西只有以对方为依据才成立。它们都是只有在对立中才能够被理解的概念。既然判断力作为想象力的对立，是与被分离开来的各种要素打交道的，那么在这个对立的关系中，想象力所关涉的就应该是能够被划分为简单东西的一个复合体。依据上文，想象力的对象是可确定之物，它本身就是无限的可能的集合。因此，判断力所要抓住的或者说所要理解的，就是可确定之物之中的一种特定的确定性。结合自我的本质是从可确定之物到确定之物的过渡这一点，可以说，想象力与判断力的综合统一的结果同样是自我作为个体出现。但这只是结果之一。费希特说，判

---

① J. G. Fichte, *Gesamtausgabe der Bayerischen Akademie der Wissenschaften*, IV, 2, Hrsg. von Reinhard Lauth und HansGliwitzky, Stuttgart – Bad Cannstatt 1978, S. 215. & J. G. Fichte, *Gesamtausgabe der Bayerischen Akademie der Wissenschaften* IV, 3, Hrsg. von Erich Fuchs, Reinhard Lauth, Ives Radrizzani, Peter K. Schneider und Günter Zöller, Stuttgart – Bad Cannstatt 2000, S. 489.

② Sehe J. G. Fichte, *Gesamtausgabe der Bayerischen Akademie der Wissenschaften* IV, 3, Hrsg. von Erich Fuchs, Reinhard Lauth, Ives Radrizzani, Peter K. Schneider und Günter Zöller, Stuttgart – Bad Cannstatt 2000, S. 489.

断力所把握的是无限可分的整体中的简单之物，但是作为想象力的对象的可确定之物是复合的。想象力本身并不会对可确定之物进行划分，因此判断力所把握的是它自己对可分的可确定之物进行划分之后的要素，从事划分活动本身的是判断力而不是想象力："简单来说就是，被想象力提供的东西之后为判断力所分割；至少它被设定为是（通过判断力）来进行的。"①

想象力提供可确定之物，它赋予这个可确定之物以可划分性，但划分的行动并不由它执行，真正采取划分行动的是判断力。所以，可确定之物到确定之物的过渡的实现离不开判断力。换句话说，任何实在的、真实的行动的发生都有判断力参与其中。但是光有判断力并不够，要真正在被划分的无数要素中选择出一个，还需要意志力的作用。意志力在确定之物的产生的过程中一直伴随判断力发生作用，在判断力将可确定之物进行划分之时，意志力就已经在活动中呈现，尽管在此时它并不以任何一个特殊的对象为意志。这意味着，自我的任何一个活动的发生都不是单独的，更为确切地说是，自我的过渡是一个由多种活动共同构成的连续过程。每时每刻自我本身都构成一个多重综合。在这里，判断力将可确定之物划分为多个简单之物，意志力伴随判断力的发生并在其中起指引的作用。只有当这两个活动共同作用，一个确定的要素才能够被选择出来，成为意志的对象。

当然，单凭意志力也不能获得一个确定的自我，在意志力发挥效用的同时，思维活动伴随发生。这种伴随性保证意志活动是理性活动的结果。任何时刻自我都是在知与行之间来回"摆荡"："想象力从来不停息，它总是从一个事物行进到另一个事物。总是这样，一个确定的行为完成了，另一个又开始了，这贯穿于沉思的整个状

---

① J. G. Fichte, *Gesamtausgabe der Bayerischen Akademie der Wissenschaften IV*, 3, Hrsg. von Erich Fuchs, Reinhard Lauth, Ives Radrizzani, Peter K. Schneider und Günter Zöller, Stuttgart – Bad Cannstatt 2000, S. 489.

态，在沉思的状态之中，确定性和未确定性不停息地彼此统一。"①确定性与可确定性之间通过想象力的连接作为根本原因或者说动力导致了可确定之物的产生。这个过程又被费希特称为"感性化"（Versinnlichung）②，其结果是自我在一种被感性化了的形式中直觉自己的活动。这意味着从现在开始，被直觉的自我被赋予了一种感性的形式，一个对象的概念在自我的过渡活动中出现。对象的概念是与意志力的作用直接相关的，因为通过意志力在自我中产生一个目标的概念，一个目标的概念与自我的感性化过程共同作用的结果就是作为对象的自我。对象自我构成的是实体的概念，实体不同于本体，前者是感性化了的后者，也就是说实体是自我的感性化了的对象，是持续的、坚实的和固定的，是一种时间上的持续。③对费希特而言，时间仅仅表示不同的瞬间在思维中被当作连续的序列，因此实体本身也是一个过程性的存在。但是在经过感性化之后，这个持续性的存在成为一个确定的存在（Bestimmtsein）④，通过这个确定的存在，自我就能够在感性世界中观察一个产物。

费希特的这个说法暗示，自我的感性化是通向感性世界的中介，那么需要回答的问题就是感性化是如何实现的。费希特认为，感性化发生在最初的综合——单纯的思考活动与一个目标的单纯概念的综合之中，这个综合是最初的但不是最高的。按照综合所构成的两个方面，在它之中实际发生的能够被区分为两个步骤："它首先是一

---

① J. G. Fichte, *Gesamtausgabe der Bayerischen Akademie der Wissenschaften*, IV, 2, Hrsg. von Reinhard Lauth und Hans Gliwitzky, Stuttgart – Bad Cannstatt 1978, S. 218.

② J. G. Fichte, *Gesamtausgabe der Bayerischen Akademie der Wissenschaften*, IV, 2, Hrsg. von Reinhard Lauth und HansGliwitzky, Stuttgart – Bad Cannstatt 1978, S. 219.

③ J. G. Fichte, *Gesamtausgabe der Bayerischen Akademie der Wissenschaften* IV, 3, Hrsg. von Erich Fuchs, Reinhard Lauth, Ives Radrizzani, Peter K. Schneider und Günter Zöller, Stuttgart – Bad Cannstatt 2000, S. 492.

④ J. G. Fichte, *Gesamtausgabe der Bayerischen Akademie der Wissenschaften* IV, 3, Hrsg. von Erich Fuchs, Reinhard Lauth, Ives Radrizzani, Peter K. Schneider und Günter Zöller, Stuttgart – Bad Cannstatt 2000, S. 495.

个自己确定自己的单纯思考，它在综合之中通过想象力被彻底查看，并且自身被感性化；在这个感性化的过程中，单纯的、纯粹的目标概念变成一种感性力的确定性，由此被产生的东西本身就是一个感性的对象。"[1] 可以看出，想象力参与了感性化的过程，感性化的本质就是单纯的思考行动的感性化，伴随这个过程，目标的概念也被感性化了，从而产生了感性的对象。对费希特而言，哲学家的任务就是揭示一个有限理智的单纯概念是如何通过一种特定的思维方式被转变为物质实存的，即转变为一个对这个理智而言的感性世界。在这里，这个任务能够被认为是达成了，因为费希特指出了这种转变的机制以及其中最为关键的要素。

"理智的概念以被描述过的方式被改变，因为我们是通过想象力来看待它的，通过想象力我们获得对自己本身的一种感性的确定，借助于这个确定并且按照上面所指明的规则，我们获得一个确定的对象。这是这个综合的二重性中的第一个方面。第二个环节是，通过纯粹的思维观看想象力。这样，可确定的东西自身成为确定的东西，成为一个整体、一个体系。"[2] 可以看出，从理智的概念过渡到对象的概念是以想象力的中介为依托的。这个简单的陈述略过了一个关键环节——想象力在其中的具体作用。这个作用在之后身体与感性世界的出现过程中得到暗示。是想象力被单纯的思考所考察才使得可确定之物转变为了确定的某物，这就是说，想象力的被固定是确定之物产生的条件。对于思考活动我们无须做过多解释，但是结合思考活动对想象力的限制作用的结果我们可以推测，单纯的思考将想象力所代表的无数可能性整合为了一个整体，这个过程可以说是感性化的第一步。这个整体与从

---

[1] J. G. Fichte, *Gesamtausgabe der Bayerischen Akademie der Wissenschaften* Ⅳ, 3, Hrsg. von Erich Fuchs, Reinhard Lauth, Ives Radrizzani, Peter K. Schneider und Günter Zöller, Stuttgart – Bad Cannstatt 2000, S. 495.

[2] J. G. Fichte, *Gesamtausgabe der Bayerischen Akademie der Wissenschaften*, Ⅳ, 2, Hrsg. von Reinhard Lauth und Hans Gliwitzky, Stuttgart – Bad Cannstatt 1978, S. 227.

事确定活动的主体相联系的结果是"身体"的产生,那么从事确定活动的主体将作为整体的可确定之物进行了私有化和个体化。这表示,身体概念是与从事具体活动的主体相关的,没有主体就没有身体。在另一方面,被思维活动所整合的整体可以不通过任何自我而成为确定之物,其结果是"感性世界"。[1] 从这里可以看出,身体与感性世界之间的差别仅在于它是否被个体化,没有被个体化的身体就是感性世界,它们的本质都是被思维活动所整合的想象力与确定之物相联系的结果。

身体和感性世界代表的实存世界只有在想象力被固定之后,也就是可确定之物被想象力整合为体系之后才得以产生,这可以被认为是想象力在理智与实存之间的中介过程的总结。但是在这个过程中还隐藏了一个看似空间小却质量大的疑问——想象力对可确定之物的整合是如何发生的。我们已经知道这个过程费希特称之为感性化,因为它的结果是感性的身体和世界的出现,但是想象力作为一种"摆荡"如何使得无数的可能性被整合为对象的可能性?感性化的过程涉及最初的综合,也就是目标的概念和单纯的思维活动,因此我们可以设想,想象力的固定本质是单纯的思维将一个目标的概念赋予想象力,使之朝向一个特定的方向运动。当想象力与目标概念结合,并构成可确定之物的具体限制,一个可被确定的体系就被呈现出来,之后这个体系是否通过自我与确定之物相联系就决定了它是作为身体还是作为感性世界出现。到这里,我们几乎就澄清了如何通过想象力的中介建立起从单纯思维到感性世界的过渡的。

3. 想象力对自我所具有的优先性

正如我们已经指出的,费希特自己也承认的:"知识学首先设置

---

[1] J. G. Fichte, *Gesamtausgabe der Bayerischen Akademie der Wissenschaften IV*, 3, Hrsg. von Erich Fuchs, Reinhard Lauth, Ives Radrizzani, Peter K. Schneider und Günter Zöller, Stuttgart – Bad Cannstatt 2000, S. 496.

一个自我，但它不去分析这个自我，因为这样会产生一种空洞的哲学，相反，知识学允许这个自我按照它自己的法则去行动，并由此创造出一个世界，这不是分析，而是不断地前进的综合。"① 在《知识学新方法中》，自我的含义已经从一个单纯的设定活动转变为了一个本原性的、内容生成性的综合。从我们上面的展开分析可以看出，不断地综合才是自我的本质，而且针对不同的理论问题，在其内部具有不同层级的综合。将综合的这些层次与自我的不同层面对应起来将有助于更好地理解这二者。

按照费希特的说法，自我同时是理念的（ideel）和实践的（praktisch），它是这两个方面的综合。理念的方面是指感觉，而且是元层面上的对感觉的感觉；实践的方面是指直觉，这个直觉同样也是元层面上的，即对直觉的直觉。根据这个最高的综合及其两个方面，衍生出了包括最初的综合在内的其他一些列的综合，正是通过这些综合，知识学可以展开并获得其实在的内容。这个说法很容易让人联想到黑格尔关于精神及其外化的主张。无疑，其中的辩证推演方式和逻辑的确是一致的，但在一个根本的信念上费希特区别于黑格尔，从而使得我们能够将费希特甄选出来，即费希特并不认为感性世界是精神的一种外化，毋宁说它本身就是自我的内容，只是以一种感性的方式被看待和考察。

对自我之内的多重综合我们已经进行了考察，在我们的考察中已经隐约展露了想象力与自我之间的复杂关系，但这个关系值得我们专门列出来再进行彻底的说明，因为它关系到体系的真正基础或者说一门自由的理论的拱顶石的问题。费希特已经指出，自我中最高的综合是理念和实践的综合，也就是知与行的综合。基于我们已经做出的分析可以看出，这个综合真正实现于单纯意志概念之上，

---

① J. G. Fichte, *Gesamtausgabe der Bayerischen Akademie der Wissenschaften IV*, 3, Hrsg. von Erich Fuchs, Reinhard Lauth, Ives Radrizzani, Peter K. Schneider und Günter Zöller, Stuttgart – Bad Cannstatt 2000, S. 344.

意志"是不能不能进一步被推导的、直接的和第一性的东西"①，意志是绝对原始的东西，是就它的形式而言不以任何其他东西为条件的东西，因此意志是最高的和最原始的。也因此意志在知识学中应该占据一个制高点。但单纯意志本身也是一个综合，它同时是认知的客体又具有效用性；它单纯是智性的，却能够通过"应当"的感觉表达自己；它单纯是意志，但在与限制的关系中成为多样性的。只有当这些综合能够实现的时候，意志才能够实现其自由的本质："单纯意志是所有意识和所有反思的直接对象；然而反思是推理的：因此，单纯意志必须是一个具有多样性的东西；它并不是原初地是多样性的，但通过与它的限制性的关系，它第一次成为多样性的，借此意志出现在绝对自由的反思本身之中，而意志的自由和整个本质恰恰在于这个关系。"② 从这个描述可以看出，意志与反思之间是一种交互的关系，这种交互关系的发生是必然的，因为无论意志是被描述为自我的核心还是自我过渡活动的一个环节，它依据自我的本质，必然处于一个被综合的状态。也就是说，尽管意志已经代表了自我自由的最高形态，但就它本身而言，还是有所依赖的。因此，尽管费希特不断提及单纯意志的原初性，它也只是制高点而非至高点。

问题是，既然单纯意志已经是自我自由的最高形态了，而这个形态还需要被综合，那么能够使这个综合得以发生的就是一个超越自我的自由形态。但同时它又必须在自我之内，从而保证自我作为知识学之基础的地位不被动摇。这个条件所要求的是一个能够同时在自我之上和自我之内的概念。在自我之上，它是自我之自由的可

---

① J. G. Fichte, *Gesamtausgabe der Bayerischen Akademie der Wissenschaften* IV, 3, Hrsg. von Erich Fuchs, Reinhard Lauth, Ives Radrizzani, Peter K. Schneider und Günter Zöller, Stuttgart – Bad Cannstatt 2000, S. 423.

② J. G. Fichte, *Gesamtausgabe der Bayerischen Akademie der Wissenschaften* IV, 3, Hrsg. von Erich Fuchs, Reinhard Lauth, Ives Radrizzani, Peter K. Schneider und Günter Zöller, Stuttgart – Bad Cannstatt 2000, S. 458.

能性条件；在自我之内，它是自我的原初综合的一个方面。因此，在自我所构建的概念体系中，它并不占据一个固定的位置，而是在概念之间穿梭和运行。在自我展开的运动过程中，它随时参与不同层级之间的综合与推演。这种不固定性才是真正的自由的实现与表达，这个形式下的运动才是真正自由的运动。如我们已知的，这个不固定的翱翔的概念在费希特的体系中是"想象力"。它的"翱翔"意味着自由和生产性。但既然费希特已经指出，知识学中的产物无非是自我之内原本存在的东西，那么想象力的生产性能够被认为是一种超越整体的把握能力。这种超越整体之上的把握恰恰是它的自由的表现："可是有一个把握对立之物的特殊的力：想象力"；"人可以借助理解力无限地区分，但它仍然能够领会；就此而言想象力是生产性的"；"它（想象力）是领会可确定之物的那种能力，这是思维做不到的事情，因为思维是单纯推理的。"[①]；"自然就它的整体而言是想象力的产物"[②]。从这些断言中我们能够确认，正是想象力是自我的可能性条件，而不是相反。

对于费希特的知识学而言，自我之可能在于自我能够实现从可确定之物到确定之物的过渡，这个过程的本质就是说明意识之可能。如果意识只是在自我之内的，这个说明就无须费尽周折。然而知识学更大的野心基于一个不同的信念，即意识还包括对自我之外的存在的意识，所以知识学的任务更大程度在于解释对自我之外的存在的意识如何是可能的和得到辩护的，用费希特自己的话说就是，"我们的问题可以表述如下：自我是如何能够行进到自我之外的？这个问题事实上澄清了知识学的特点。我们应该如何从仅仅是主观的某种东西——感觉过渡到客观的、能够在自我行动的时候阻碍自我的

[①] J. G. Fichte, *Gesamtausgabe der Bayerischen Akademie der Wissenschaften IV*, 3, Hrsg. von Erich Fuchs, Reinhard Lauth, Ives Radrizzani, Peter K. Schneider und Günter Zöller, Stuttgart – Bad Cannstatt 2000, S. 488.

[②] J. G. Fichte, *Gesamtausgabe der Bayerischen Akademie der Wissenschaften*, IV, 2, Hrsg. von Reinhard Lauth und Hans Gliwitzky, Stuttgart – Bad Cannstatt 1978, S. 227.

活动某物？答案：通过生产性的想象力，它同时是自由的和为法则所限制的，由于那些法则，它的行动的概念同时也是必要的。在这里生产性想象力理论获得了新的明晰性和确定性。整个可感的世界都是由生产性想象力按照它的特殊的法则所产生"①。基于费希特的回答，我们能够认为，生产性的想象力概念是知识学中较自我更为根本的概念，它的根本性来自它的生产性，来自它真正无所依赖的自由本性。

---

① J. G. Fichte, *Gesamtausgabe der Bayerischen Akademie der Wissenschaften*, IV, 2, Hrsg. von Reinhard Lauth und HansGliwitzky, Stuttgart – Bad Cannstatt 1978, S. 70. J. G. Fichte, *Gesamtausgabe der Bayerischen Akademie der Wissenschaften IV*, 3, Hrsg. von Erich Fuchs, Reinhard Lauth, Ives Radrizzani, Peter K. Schneider und Günter Zöller, Stuttgart – Bad Cannstatt 2000, S. 385.

第 五 章

从费希特到马克思

  费希特的哲学理论在短时间内获得了大批拥趸，其中最为著名的是谢林。正如费希特的哲学本身快速地经历了从被推崇到被批判，谢林对费希特的态度从支持到批判的转变也十分迅速，甚至可以说，谢林的批判是费希特哲学如此快速地没落的一大原因。1794年，他出版了一本阐述费希特思想的文章《论一种绝对形式的哲学可能性》(*Über die Möglichkeiteiner Form der Philosophie überhaupt*, *On the Possibility of an Absolute Form of Philosophy*)，费希特本人认同了这篇文章的阐释，并将谢林当作自己的知音。然而，在新一版"知识学"《知识学新方法》出现之前，也就是1798年，谢林就写出了他的《先验唯心论体系》，他很快成为浪漫派的领袖，开始反对费希特，并指责费希特的理论晦涩难懂。谢林对费希特的批判并不仅仅停留在这个指责之上，他最为有力的指责是费希特的绝对自我理论忽视了自然的重要性，由此谢林在他的哲学中引入了自然的概念，并将其与精神对等，基于此发展了一种统一了自然与精神两个方面的统一哲学，并最终走向了一种启示哲学。自然在谢林的哲学中占据一个相较于费希特更为显要的位置，对自然的强调的态度表达了谢林对费希特的自由理论及其体系原则的批判。

  对费希特的理论原则的指责同样发生在黑格尔的理论中，然而与谢林不同，黑格尔的指责指向费希特的原则中暗含的二元论的倾向，与之相适应，他的理论策略是更进一步地提高主体性的绝对性，将客体性纳入精神的绝对能力之中。黑格尔对精神的绝对化的理论成果并没有被青年黑格尔派所接受，相反，他们选取了精神发展的自我意识环节，将其作为发展黑格尔理论中的革命要素的基础，并在此之上展开了以宗教批判为主的理论批判。青年黑格尔派时期的马克思同样以自我意识为基本原则，在吸收其他成员，特别是费尔巴哈的感性论思想的基础上，撰写了他的第一部哲学著作《德谟克利特的自然哲学和伊壁鸠鲁的自然哲学的差别》。在这部著作中，已经出现了日后他与青年黑格尔派分离的要素。

第一节　谢林的自由理论

如果说浪漫主义在康德所处的时代还不成气候，那么到谢林时期它已经成为思想界的主流运动。这一运动对谢林的影响表现在他对理性明显较康德消极的态度，以及他的哲学理论中明显的神秘主义色彩。但这种差别并不影响他在自由问题上与康德及其他理性主义者具有相同的认识，他同样认为自由"必定是一个科学体系的主导性的中心"①。这个认识，在谢林于1809年撰写的《对人类自由的本质及其相关对象的哲学研究》（以下简称《自由论文》）中得到印证——它被海德格尔认为是谢林最大的成绩、德国哲学甚至是西方哲学最为深刻的著作之一。在这部著作中，谢林试图完成以下两个任务：第一，从自由的感觉和关于自由的独特事实出发探讨关于自由的正确的概念和认识；第二，在第一个任务的基础上，说明自由与整全的哲学体系的关系，说明自由在一个哲学体系中应该处在的位置。由这两个任务可以得知，谢林对自由问题的探讨，将落脚

---

① ［德］海德格尔：《谢林：论人类自由的本质》，薛华译，辽宁教育出版社1999年版，第258页。

在自由与体系性哲学的兼容性问题上。这同一个问题被认为是康德哲学试图解决但没有真正解决的问题,康德试图用自由作为拱顶石建立起他的批判哲学体系,但他的尝试遗留了自由与必然的二律背反。谢林认为康德并没有解决这一对二律背反,他与康德的直接对话也表明他并不认为费希特解决了康德遗留的这个问题。于是,谢林对自由与必然的二律背反的解决的尝试,同时是对康德和费希特的理论的批判。

一 自由与必然

在谢林看来,康德对他自己提出的自由与必然的二律背反的问题的解答并不是很令人满意。因为康德在道德领域中引入的只是形式自由,它不具有任何经验的内容,而在道德的实践领域,行动必须遵守道德律,这意味着人的行动仍然是必然性的,不是自由的。所以要真正为自由辩护,就需要考虑自由的真实的、生动的内容。这个内容来自善也来自恶。用谢林自己的话说,就是"作为实在和有生命的概念,自由据称是一种善和恶的能力(capacity for good and evil)"[①]。因此,自由与必然的对立就转换成了善与恶的对立。或者更为具体地说,恶之可能的问题。只有当恶是可能的,恶才能够作为善的对立面被建立起来,从而使得在这二者所构成的领域中行动的自由得以可能。

"恶"在哲学史上并不是一个鲜见的概念。中西方的哲学史中都有性恶论的支持者,如中国的荀子、英国的霍布斯。在极端的性恶论之外,还有一些哲学家认为恶的确存在,但人性本身并无善恶,比如康德。康德认为人类有趋善或趋恶两种倾向,善的倾向由学习获得,而恶的倾向则由个人招致。在行为上,人人都有趋恶的倾向,而学习能够对抗这种倾向。康德关于善恶的观念一部分为谢林所接

---

① [德]谢林:《对人类自由的本质及其相关对象的哲学研究》,邓安庆译,商务印书馆2008年版,第65页。

受，比如恶的确存在，恶与善处于一种动态的关系之中。但在谢林的观念中，善与恶的关系更为紧密，甚至于善就是恶："善即是恶，这个命题所要说的不过就是：恶没有通过自己本身而去存在的能力，在它之中存在着的是（自在自为地被看待的）善。"① 从这个命题来看，谢林认为，恶是通过善而得以可能的，善是恶的存在基础。这种善与恶等同的观念，是谢林从他所理解的统一律中得出的。他认为，统一律中通过系词被等同起来的主语和宾语表达的并不是二者的完全等同，相反，它们之间的关系应该是一种生成性的对立，即主语先于宾语而存在，并给予宾语以根据。谢林的这个观念包含了他的哲学的一个关键概念——"生成"。不理解"生成"在谢林哲学中的意义就无法理解谢林的体系。

谢林认为，统一律所表达的生成关系可以追溯到古希腊："古代逻辑学意味深长地把主语和谓语区别为先前发生的东西和随后出现的东西（antecedens et consequens），并因此表达出统一律的实在意义。……一种较古老的［对统一律之］含义的说明，根据这种说明，主语和谓语被作为内涵者和外延者（enfolded and unfolded, implicitum et explicitum）被对立起来。"② 这种生成包括两点：逻辑上的先后出现和内涵上的包含与被包含。所以，如果 S 与 P 符合统一律，那么 P 在逻辑上是后于 S 出现的，并且它应该包含在 S 之中，是 S 的外延。综合这两点，P 就是由 S 所生成的，并且是统一的。这个统一并不是说二者完全一致，因为生成所表达的是一个动态的关系，它们的统一只在于它们有一个共同的根据。而内涵与外延之间的差异是由生成活动所产生的，这使得它们能够被对立起来。

"生成"概念的引入被认为是对费希特思想的吸收。费希特将他的唯心论体系建立在自我概念之上，并认为自我是一个不断为自己

---

① ［德］谢林：《对人类自由的本质及其相关对象的哲学研究》，邓安庆译，商务印书馆 2008 年版，第 53 页。
② ［德］谢林：《对人类自由的本质及其相关对象的哲学研究》，邓安庆译，商务印书馆 2008 年版，第 54 页。

设定对立的非我，通过对对立的克服而不断生成的过程。这一理论举措对费希特的体系而言无疑具有根本性意义，它使得自我具有了无穷的动力与活力，使得自我成为自因。同时通过这种不断生成的过程为意识的多样性与真实性提供根据，事实上就将理论与实践的关系重置到康德对之的划分之前。而谢林对费希特"生成"概念的继承，同样使得他的理论站在了一个前划分的点上。恶不仅是与善统一的，还是由善生成的，这就意味着在它们之间存在一个逻辑上的节点，在这个节点之上，它们是不被区分的。可以说，"生成"概念赋予了理论一种往前回溯的能力，一种行动的动力，这就为建立一种生动的统一体系用以对抗决定论的、二元论的哲学理论设立了基点。然而，不断往前追溯的策略最终必须到一个无可回溯的点为止，否则就会陷入无限倒退的境地，对谢林而言，这个作为回溯的终点，自由之可能的起点的，就是上帝。

二　上帝与自由

谢林通过对统一律的重新解释和对"生成"概念的吸收，将自由与必然的对立转换成了善与恶的对立，并将上帝作为恶从善中产生的最终原因。往后推理的逻辑最终回归到上帝。但是谢林的自由理论的目的，是用生动的、实在的自由，取代康德的形式自由，从而与必然论相抗衡。生动的自由如果是从对善与恶的选择中得出的，那么上帝概念的引入就需要解释恶的产生。问题在于，上帝为什么是导致恶产生的原因呢？尽管西方文明之源的两希文明给西方哲学提供了不同形象的两个上帝，但无论哪一个上帝都不是恶的生产者。来自古希腊文明的"哲学家的上帝"是理性的上帝，是纯粹思想性的，他凭借自己的理性推动世界运转而自身不动；来自希伯来文明的上帝作为造物主拥有绝对的自由，在历史中向人启示自身。所以，这两个上帝的形象都不与谢林的上帝概念完全相符合。

在谢林看来，上帝并不是黑格尔的"泛神论"的上帝，因为当黑格尔将上帝与存在、上帝的活动与存在的辩证活动等同起来时，上帝的自由就成了一种必然，从而上帝就不是自由的。要克服这一理论结论，就需要将上帝也理解为"生成着的"。上帝的生成使上帝避免成为僵死的存在，而"生成"对上帝而言，就是不断克服在祂之中的混沌、黑暗，克服本不应该属于上帝的东西。谢林这种认为上帝原本就是黑暗与光明、混沌与理性的复合物的观念，被认为是受波墨的影响产生的。"波墨（1575—1624）是第一个德国哲学家。他的哲学思想内容是真正德国气派的。波墨哲学中最值得注意的最优秀的东西就是上述的新教原则，即把神灵世界纳入自己固有的心灵，在自己的自我意识里直观、认识、感觉过去被放在彼岸的一切。事实上，也是由于有了他，德国才出现了具有独特风格的哲学。"[①]黑格尔在这里所说的独特风格，主要是指神秘主义与路德新教神学的结合在哲学理论中的表达。这在谢林哲学中的具体表现则是，谢林接受了波墨的神是自我离异的并且是恶的来源的观点。因为上帝在其自身中有其需要克服的东西，并且它必须通过分裂和脱离自己才能克服这种东西，所以上帝在自身之内就发起了与自己的斗争：上帝之内的自然与精神，上帝自身与作为上帝之根据和上帝一同存在的东西的斗争。

　　对于谢林来说，这种二元性的、与自己斗争着的上帝，才是真正的活的自然与活的上帝。同时在上帝之内的这种在时间之前的、必然而自由的统一，蕴含了能够"生成"的所有可能性。相统一的对立双方经过善与恶的分化，经过自然、精神、爱这三个级次（Potenz）的发展，最终使得上帝拥有神的理智和意志，从而真正作为上帝而不断存在着。正因为自由的本质就是一种善与恶的能力，而在上帝之内原初地就存在着善与恶的斗争，甚至说可以说，这种斗争或者能力的起点就是上帝，所以上帝既是自由之可能，也同时是自由本身。

　　[①] ［德］黑格尔：《哲学史讲演录》（第4卷），贺麟、王太庆译，商务印书馆1978年版，第34页。

当然，将恶的可能性追溯到上帝原始的混沌状态并不能完全为一种生动的自由概念作出辩护，正如康德已经区分过的，恶应该被区分为可能性与现实性。在谢林这里，恶的可能性由上帝得到验证，因为它不仅构成了上帝的生成活动的动力的一个方面，同时也证成了人类自由的可能性。正是恶的可能性构成了上帝的自由的实在性，而上帝的自由的实在性是人类自由的根据。但这个根据仅仅是一种可能性原则，只有当上帝的自由在人类之中启示出来，人类的自由才具有实在性。因此，单凭恶的可能性，我们只能获得一个类似康德的先验自由的概念，而不是生动的自由。在谢林这里，生动的自由的获得需要借助恶的现实性来实现。

恶的现实性也就是恶的普遍活动，即"恶作为一种确实无误的普遍的东西……如何能从受造物中爆发出来"[①]。谢林所说的爆发，是指恶的精神随着与善的分离而呈现出来，这个分离的过程，就是上帝的启示的发生过程，也就是上帝的人格化。"更高的精神之光同样也出现在个人的、人类的形象中，以期在最高的阶梯上重新建立与上帝的联系。因为只有人格的东西才能拯救人格，上帝必须变成人。"[②] 更高的精神的下降，同时就是善与恶的分离，也就是善对恶的抵抗。这种抵抗是发生在人的层面上的，同时因为它是抵抗，所以它是被选择的结果，是自由行动的结果。"自由的行为来自人的灵智（the intelligible aspect of man）……灵智的本质确实是完全自由地和绝对地行动……只有这种绝对必然性也才是绝对自由。"因此，"内在的必然性恰恰是自由本身；从本质上说，人的本质就是他自己的行动。必然和自由相互内在，并作为一个本质，只是从各种不同的方面来看，这个统一的本质才表现为这一个或另一个，自在的自

---

① ［德］谢林：《对人类自由的本质及其相关对象的哲学研究》，邓安庆译，商务印书馆 2008 年版，第 88 页。

② ［德］谢林：《对人类自由的本质及其相关对象的哲学研究》，邓安庆译，商务印书馆 2008 年版，第 95 页。

由，形式上就是必然。"① 可以看出，谢林同样是以行动的必然性来调和自由与必然之间的冲突，然而与他的前辈费希特相比，谢林的"行动"是发生在两个层面上的。第一个层面是上帝的行动，或者说是上帝的生成。第二个层面则是人的行动。自由与必然之间的冲突仅仅发生在第二个层面上。

按照谢林的说法，恶的现实性只发生在被造物的层面，也就是说，只有在人的层面上，通过自由的行动来对抗恶的活动才会发生，也只有在人的层面上恶才是确实的和普遍的。这个推论所产生的结果就是，真实的、生动的自由发生在人的层面上，人的自由不同于上帝的自由。尽管在上帝之中同样存在善与恶的两种倾向，但在上帝之中，恶仅仅具有可能性，本质上对上帝而言，善与恶的原则是绝对同一的。而在上帝的下一个层级之上，善与恶的原则必然会分离，这使得鲜活的自由在从善的行动中得以发生和实现。然而，正是因为在人的层面恶是真实的原则，从事善的行动的自由就面临着真实的对抗，所以人的自由就是有限的。正如谢地坤所总结的："每个存在者本身是自由的，但他们还必须受到其他存在者的制约和规定，从这点来看，人并非是完全自由的，还必须服从命运的安排，即遵循必然性，所以，自由与必然相互存在于对方之中，没有自由就没有必然，没有必然也无所谓自由，真正的自由就是遵守必然。"②

当然，说生动的自由发生在人的层面上，并不是说所具有的自由就是虚幻的。相反，只有当上帝所具有的自由是绝对的，它才能够作为有限的人的自由的根据，引导人的向善的行动。所以在另一方面，下降到人的层面的自由又终将以上帝的自由为目标，向上巡游再次回到上帝的绝对自由之中。

---

① ［德］谢林：《对人类自由的本质及其相关对象的哲学研究》，邓安庆译，商务印书馆 2008 年版，第 100—101 页。

② 谢地坤：《绝对与人类自由——谢林〈自由论〉探析》，《现代哲学》2004 年第 1 期。

三 小结

从以上的分析可以看出，谢林的自由理论具有几个鲜明的特色。首先，谢林在他的自由理论中引入了与善相对立的恶的概念，并将它作为上帝本身所具有的两大原则之一。上帝本身以这两大原则为根据不断地生成自己。这样，自由的本性就被规定为在善与恶之间进行选择的能力，自由之实现就是以善为依据的行动。这一理论举措所带来的优势无疑是明显的。因为当行动的要素原初地就包含在自由之中时，实践自由的动力就得到了辩护。另一个优势则体现在为解释实践中的作恶提供了依据。在上帝之中原本就包含恶的原则，所以在现实实践中的不道德的行为能够在最根本的原则中找到依据，同时对它的定义也就能够被归为对普遍意志的不服从，从而导致善与恶的原则的分离。

其次，对立范畴的引入并没有导致理论的分裂，相反，将理论的最高点——上帝设定为一个本身以两个对立原则为行动依据的生成过程，是以最为圆融的方式避免了分裂，并同时将不同的理论走向的可能包含在了其中，从而扩展了理论的涵盖范围。也就是说，在上帝之中设定的原则的对立是以先在的方式回避了以单一原点为起点会面临的理论与实践的分离问题。与此同时，以一个复合的起点作为一个统一体系的最高点，既保持了体系的贯穿性，又增加了理论的解释维度。当然，这也使得谢林的哲学被认为是二元论的。

最后，与康德用横向划分理性的不同领域来说明不同形式的自由不同，谢林建立起了一个纵向的流动的自由层级。以恶的可能性与现实性为依据，将上帝定为自由的最高层级，也就是绝对的自由，将在上帝之下的人所属的层级定为有限的自由。这两个层级之间并不是断然分离的，相反，它是连续的。因为低层级的自由仅仅是高层级的上帝在该层级上的启示。同时，低层级的自由以同一个善的原则为导向能够向上回溯到上帝。因此，自由从未被划分，从而也无须再进行连接的工作。这是体系哲学所带来的另一个优势。不能忽略的还有谢林理论中浓烈的神秘主义色彩。相较于康德理性主义的致思方式和策略，对波墨的神秘主义的吸收无疑更加符合他的泛神论的、运动性的体系哲学。

对比费希特的理论，这几个相对于康德而言的特点并没有很鲜明的色彩。因为无论是善与恶的二元对立和统一，还是以"生成"表达的生动的自由以及自由之实现的过程性，都能从中看出费希特理论的要素。费希特在以行动为本质的、以与非我的对立为推演动力的自我概念之上建立起一个基于单一原则的哲学体系的尝试，事实上是为谢林所继承的，谢林同样认为，要跨越康德在存在与思维之间划下的界限，只能通过一个具有单一出发点和最高原则的统一的哲学体系。但是他并不认为费希特的自我概念能够充当这个出发点和原则，在谢林看来，按照费希特的原则，自我对非我的设定意味着客观自然通过费希特的自我原则，被设定为了自我的产物，成为人类的材料。

这种对客观自然的忽视意味着自我与非我之间并没有达成真正的统一，因为当非我指代客观自然时，它应该具有独立的、与精神——费希特的自我——平等的地位，而不是自我的产物。于是，费希特的理论本质上并没有真正统一起精神与自然，他只是将自然吸收进精神之中，事实上排除了客观自然。针对这个认识，谢林提出了一个他认为是更高的精神实体的"上帝"，用以取代费希特的"自我"。在上帝的统一性里，"自我"和"非我"、主体和客体、思维和存在都合而为一，没有任何差别；这种状态就是原始的无差别的统一，是真正的绝对。

谢林对费希特的指责并不是很公允，或者更多地说是一种误解。毕竟在他转变对费希特的态度之前，费希特的知识学理论还未完善。而从我们对费希特理论的分析来看，费希特并不认为自然是被构造的精神的产物，并没有将自然内化进精神之中。但不能否认的是，费希特的确没有从一开始就站在自然的角度之上声明，他承认客观自然具有独立地位，并不是理论或者说精神的衍生。这个或许能够被称为"失误"的理论措施是由费希特的理论任务决定的，他的侧重是从自我出发说明认识之可能，基于此证成自由之可能，实现理论与实践的统一。从谢林最终获得的结论来看，谢林的理论更为"唯心"，他的理论的最终归宿是上帝，这事实上并没有为人的实践和自由留下更多的空间。但在另一方面，谢林对客观自然的强调表明以下要求，即必然的要素在一个统一的哲学体系中的地位和作用应该得到更为详尽的论述、更为清晰的说明，以便避免它所能造成的破坏。黑格尔对费希特的批判遵从了这个要求，并将其落实在他自己的自由理论之中。

第二节 黑格尔的自由理论

黑格尔对费希特哲学的兴趣跟他对谢林的哲学的兴趣紧密相关，他的第一部哲学著作就是对二者的哲学体系的比较。在这本名为《费希特与谢林哲学体系的差别》的小册子中，他清楚地划分了费希特和谢林的哲学体系，认为费希特的对立统一的原则和谢林的绝对统一的原则有着根本的区别。与谢林相一致，黑格尔同样认为费希特"没有达到理性的理念，也就是没有达到主体与客体或自我与非我之完备的、真实的统一；他的这种统一，象在康德那里那样，只是一个应当，一个目标，一个信仰……关于绝对统一的知识被他理解为对于一个道德秩序的信仰"[1]。之所以造成这种结果，在于费希特用来建立他的体系的原理本身预设了自我与非我的二元对立。基于这种对原则的批判，黑格尔指出了费希特理论的三个缺点，同时这个批判也暗示了黑格尔自己的自由理论的构成要素。

---

[1] ［德］黑格尔：《哲学史讲演录》（第4卷），贺麟、王太庆译，商务印书馆1978年版，第329页。

一 对费希特理论的批判

尽管黑格尔非常推崇费希特在哲学上的成就，认为费希特"不像康德那样作了一些列举［范畴］的工作，因为他从自我开始；这是他的伟大之处"，同时"他要求从自我中推出、构成各种思维规定，并且试图完成这项工作"，就此而言"费希特前进了一步，这是他的功绩"①。但在另一方面，他认为费希特以绝对自我的设定为基础的知识学体系包含三个缺点，这三个缺点意味着费希特"仍然没有免除二元论的缺点"②。

按照黑格尔的说法，费希特哲学的第一个缺点在于"自我一直保有一个别的、现实的自我意识的意义，与共相、绝对精神（自我本身只是其中的一个环节）相反对，因为个别的自我意识正是这个对他物始终采取旁观态度的东西"③。黑格尔这里所说的个别的、现实的自我，是指总是处于与非我对立状态中的自我，按照费希特的说法，一旦自我与非我处于对立之中，自我就是有限的。尽管自我总是试图克服与非我的对立，并且正是在不断的对立中自我才逐步实现它的构造，但是非我本身也是无限的，因此对立在费希特的理论中就是一个无限的过程，这表示自我总是处于一种有限的状态。这种有限的状态在黑格尔看来，意味着自我脱离了绝对，脱离了绝对精神，成为一种个别性的、现实的自我。

黑格尔的这个观念来自对自我的多重区分，他指出"自我在设定着，所以我眼前老是有个自我"④。这个回溯性的对自我活动的追

---

① ［德］黑格尔：《哲学史讲演录》（第4卷），贺麟、王太庆译，商务印书馆1978年版，第313—314页。
② ［德］黑格尔：《哲学史讲演录》（第4卷），贺麟、王太庆译，商务印书馆1978年版，第320页。
③ ［德］黑格尔：《哲学史讲演录》（第4卷），贺麟、王太庆译，商务印书馆1978年版，第329页。
④ ［德］黑格尔：《哲学史讲演录》（第4卷），贺麟、王太庆译，商务印书馆1978年版，第325页。

查是一种无限倒退，它不仅适用于费希特的"自我"命题，也适用于笛卡尔的"我思"命题。对笛卡尔的"我思故我在"命题的最为经典的批判就是，我思的自我与我在的自我并不是同一个层面上的自我，造成这种情况的原因在于反思是一个不断向后的活动，"我思"是对自我的反思，在这个活动中可以区分出从事反思活动的自我和被反思的自我。而从事反思的自我本身同时又是一种基质，对之可以进一步反思。这个问题在康德理论中的解决是通过取消作为基质的自我，将反思抽象为一种能力。这个做法似乎避免了反思活动与主体之间不断的奠基的问题，但其代价是"物自体"的产生，也就是精神与物质的二元对立。尽管费希特提出了绝对自我的设定用以解决康德的二元论，但依据黑格尔，费希特的解决并不成功："主观的形式在对立中永远存在。自我总是有个物自体永远与它对立。于是这个二元论就不能得到解除。人们所认识的并不是自在自为的真理，而乃是有对待的东西，因为自我是有限制的，并不是绝对的，像自我的概念所要求的那样。在这里理智并没有被看成精神，精神是自由的。自我并不能前进多远，因为它永远必须对付那同样的无穷的阻力。"[①]

从黑格尔的这个论述中可以看出，黑格尔认为费希特的自我是主观性的，与它对立的——也就是自我限制性的原因——非我如同康德的物自体概念，始终消解着自我的绝对性。一旦自我的绝对性被取消，那么具有绝对性的就是自我与非我的对立。处在对立中的自我于黑格尔而言，只是整个精神的发展的一个阶段，而不是精神本身，因此也就没有自由。之所以造成这种结果，是因为费希特承认非我所代表的事物是无条件的、自在的，他指出"一旦承认对方为无条件的、自在的东西，这种返回就不能实现

[①] ［德］黑格尔：《哲学史讲演录》（第 4 卷），贺麟、王太庆译，商务印书馆 1978 年版，第 326 页。

了。自我的彼岸被他规定为属于实践的自我「的范围」"①。黑格尔很清楚费希特的理论构造的模式，指出费希特希望依靠实践理性解决自我与非我的二元对立，"实践理性据说是就是上述的对立可以得到解决的地方"②。但黑格尔并不认同费希特解决方式，在他看来，费希特通过实践理性对终极统一的追求最终只会落在虚空的概念之上，成为一种"应当"。而这个概念的本质依然是外在的和无法达到的。费希特依据实践理性的原则提出"努力"的概念用来表明自我对界限的超越，对最高综合的不断追求，但这只表明了自我的一种意图，其结果依然是一种"不能"："努力是一个未完成的行动，或本身受到限制的行动。实践本身是受到一种对立物牵制的东西，是对他物或对方的否定。自我的活动所指向的这个非我，诚然具有一切由于自我的活动而来的规定，但是仍然给自我留下一个纯粹的彼岸，这是一个无穷的阻力：它只有非我的意义，没有积极的自在的规定。"③

努力是未完成的行动，实践本身受对立的限制，费希特所依赖的概念本身就是有限的，自我要借之克服自我的有限性而达到最高的综合的目的必然落空。由此，黑格尔认为费希特的理论的第二个缺点就是没有达到自我与非我的完备的、真实的统一，没有达到理性的理念。④ 黑格尔的这个指向费希特的基本原则和理论之最终目的指责落在一个点上，即无论是在理论理性方面还是实践理性方面，自我对非我的设定并不能将具有绝对性和独立性的外在之物吸收在自我之中，从而克服主体与客体的二元对立。因为自我与非我的真

---

① ［德］黑格尔：《哲学史讲演录》（第 4 卷），贺麟、王太庆译，商务印书馆 1978 年版，第 319—320 页。
② ［德］黑格尔：《哲学史讲演录》（第 4 卷），贺麟、王太庆译，商务印书馆 1978 年版，第 326 页。
③ ［德］黑格尔：《哲学史讲演录》（第 4 卷），贺麟、王太庆译，商务印书馆 1978 年版，第 328 页。
④ ［德］黑格尔：《哲学史讲演录》（第 4 卷），贺麟、王太庆译，商务印书馆 1978 年版，第 329 页。

实关系是建立在限制性的基础上的，因此，即使是生产性想象力亦无法实现最终统一，相反，在费希特的理论中，生产性想象力应该以绝对对立为可能性条件，因此它只表达了自我的理论的能力，无法超越对立①。

黑格尔指责费希特的哲学只认识到有限的精神而没有达到无限的、作为普遍思维的精神，是形式的，② 因为他认为费希特的基本原则和推理方式只是从精神发展的一个方面出发的。"自我设定自我"本身就是一个有偏颇的原则，它使得"知识学的内容的全部进程是从自我这一极端出发"③，正因为它只设定了自我作为起点，所以理论本质上就只能是一个放射性线条的状态；也就是说，绝对起点决定了理论运行的方向和形态是唯一的，它只能不断向前而无法返回自身，这个必然性导致费希特不得不设定一个非我作为永远的外在之物，作为努力的动力。所以，按照黑格尔的理解，费希特的知识学体系是"成也自我设定，败也自我设定"，自我设定是活动，是动力，是不息的斗争，它同时也是费希特"没有讲到静静地自身发展着的概念的统一性"④ 的原因，是费希特的推演无法返回自我、实现最终统一的原因。

从对费希特的批判的具体内容来看，黑格尔无疑是基于费希特《全部知识学的基础》这一著作的。正如我们已经分析过的，费希特的这一著作依赖的原则在《知识学新方法》中已然发生改变，最为重要的是在后者中，自我被定义为一个过渡活动，这表示黑格尔指出的费希特的自我是一种朝向单一方向的斗争在后一版知识学中已

---

① ［德］黑格尔：《费希特与谢林哲学体系的差别》，宋祖良、程志民译，商务印书馆1994年版，第40页。
② ［德］黑格尔：《哲学史讲演录》（第4卷），贺麟、王太庆译，商务印书馆1978年版，第329页。
③ ［德］黑格尔：《哲学史讲演录》（第4卷），贺麟、王太庆译，商务印书馆1978年版，第331页。
④ ［德］黑格尔：《哲学史讲演录》（第4卷），贺麟、王太庆译，商务印书馆1978年版，第331页。

经不能适用。这种主动的纠正并没有以放弃自我所具有的积极主动的活动性为代价，这意味着，在《知识学新方法》中，费希特不仅改变了会导致黑格尔的尖锐批判的理论要素，而且保留了黑格尔所赞赏的要素，它们共同为费希特的自由的体系进行了辩护。可以说，费希特在后一版的知识学中积极地回应了黑格尔的指责和批判，并且这种回应是以一种类似黑格尔所暗示的方式修改了理论，那么问题就是，在这种情况下费希特与黑格尔的理论之间的差异表现在哪里？对于这个问题，只能通过回到黑格尔的自由理论才能够得到回答。

二 黑格尔的自由理论

从黑格尔对费希特的批判可以看出，黑格尔的自由意指一个特定的对象，即精神。与自我不同，必然不存在一个与精神相对立的、无条件的、自在的东西，只有这样才能避免重蹈费希特二元论的覆辙。因此，在黑格尔的理论中，唯有精神是绝对的、无条件的自在，精神是唯一主体，即真正自由的主体。依据黑格尔，自由通过精神的运动得以展开，通过精神的实现得以实现。自由与精神的关系用黑格尔自己的话说就是精神是"正式的自由，这种自由只属于'精神'"[①]。对黑格尔而言，精神无疑是其哲学的核心概念，他的《精神现象学》《精神哲学》直接以精神为研究对象，其他著作如《哲学全书》和《逻辑学》中关于精神的论述也占据重要篇幅。可以说，理解了黑格尔的精神概念就把握住了黑格尔哲学的本质，也就把握了黑格尔的自由理论。

按照黑格尔在《精神哲学》中的划分，精神可以细分为主观精神、客观精神和绝对精神，这种划分并不表示存在三种不同的精神，它们仅仅是精神发展的三个环节。如同费希特的自我概念，精神从

---

① ［德］黑格尔：《历史哲学》，王造时译，上海世纪出版集团2006年版，第26页。

来都不是静止的某物，相反，它处在不断运动和实现自己的过程中，"精神不是一个静止的东西，而宁可是绝对不静止的东西、纯粹的活动、一切不变的知性规定的否定或观念性，——不是抽象单纯的，而是一个在其单纯性中同时自己与自己本身相区别着的东西；不是一个在其显现以前就已经完成了的、躲藏在重重现象之后的本质，而是只有通过其必然自我显示的种种确定的形态才真正是现实的，而且不是（如理性心理学臆想的那样）一个只与身体处于外在联系中的灵魂物，而是由于概念的统一性而与身体内在地连接在一起的"①。黑格尔对精神的这个定义表明，精神是运动着的，在这个运动中，它与自身相区别，以各种不同形态实现自身，并且与身体内相联系。可以说，精神在运动中获得自身的实现，用《精神现象学》中的一个更为简单的说法就是，"精神从来没有停止不动，它永远是在前进运动着"②。

运动可以说是精神的唯一存在形态，但运动并不是精神的本质。精神之所以呈现为运动的形态，在于精神具有实现自身的目的。因此，精神的运动并不是单纯的运动，而是具有方向性的，是前进的，是一种发展。但是对精神而言，发展指什么呢？这需要回到黑格尔对精神的定义。在黑格尔的《精神哲学》中，黑格尔将精神定义为"知着自己本身的现实的理念"③。这个看似简单的定义包含两个方面。第一个方面，精神是"知着自己本身的"。这意味着，精神具有对自己的认知。按照"自识"的逻辑，我们可以预见，精神对自己的认知应该是先验的。第二个方面，精神是"现实的理念"。"现实的"暗示了精神的"潜在"状态，同时也暗示了精神的运动或者说

---

① ［德］黑格尔：《精神哲学——哲学全科学百科全书Ⅲ》，杨祖陶译，人民出版社2015年版，第4页。
② ［德］黑格尔：《精神现象学》（上卷），贺麟、王玖兴译，商务印书馆1979年版，第8页。
③ ［德］黑格尔：《精神哲学——哲学全科学百科全书Ⅲ》，杨祖陶译，人民出版社2015年版，第9页。

实现，是从潜在向现实的发展。对于精神而言，自识与现实是其缺一不可的两个方面，精神的自识是它能够以自己为目的的唯一条件，也是它的运动的动力之所在。对于黑格尔而言，一方面，精神并不是一个空洞的概念，它的运动是概念的运动，也就是知识的运动，因此，精神的运动必然基于一种知识，并且这种知识只能是关于自己的知识。另一方面，精神如果不能以现实的形态呈现，而只是潜在的，那么精神就还处在未完成的状态，不能被认识。于是，按照黑格尔的这个定义，精神是一种不断地现实化自己，并在现实化的过程中认识自己的理念。精神的运动的本质是精神的现实化和精神的自识。这与黑格尔将哲学定义为"对于事物的思维着的考察"①是一致的。

一旦我们将精神的运动归结为精神的自识，那么自识的内容就只能是精神的现实化的具体呈现。对黑格尔而言，精神的现实化就是精神的外化和具体化，也就是精神的展开。这个过程属于精神发展的三段论的"否定"阶段，在这个阶段之中，精神的自我认识表现为这样的状态："它自己好像并不活动，却眼看着规定及规定的具体生命在其自以为是在进行自我保持和追求特殊兴趣的时候，适得其反，成了一种瓦解或消溶其自身的行动，成了一种把自己变为全体的环节的行动。"② 在黑格尔看来，精神的否定阶段表现为精神以一种静止的、对象化的状态出现，它不再是认识自身的活动本身，相反，它外化为了一个对象、一个环节，取消了活动本身。需要注意的是，精神的外化只是精神发展的一个步骤，只有当外化后的精神再次返回自身，一个整体的精神发展的环节才能够被看作是完整的。

也就是说，作为被认识的对象的精神是由不同的阶段或者说环节组成的。在环节与环节之间，精神需要返回自身，确认自身，

---

① ［德］黑格尔：《小逻辑》，贺麟译，商务印书馆1982年版，第38页。
② ［德］黑格尔：《精神现象学》（上卷），贺麟、王玖兴译，商务印书馆1979年版，第37页。

然后再前进到另一个环节。但如果是这样，就存在一个问题，即静态的环节是如何过渡到另一个环节，从而使精神的发展构成一个动态的、发展的整体的？这个问题的本质是亚里士多德曾指出的动力因。任何一个处在运动中的物体，必然有一个使其运动的原因，如果这个原因是外在的，那么被推动的运动就不是本原性的，因为它是有所依赖的。按照这个逻辑，黑格尔的精神的运动的展开，或者说在不同的环节之间的过渡所依赖的，只能是自己的力量，这种力量对于精神而言，就是它的自由本质："精神的实体是自由，就是说，对于他物的不依赖性，自己与自己本身相联系。精神是自为存在着的、以自己本身为对象的实现了的概念。精神的真理和自由就在于这个在它里面存在着的概念和客观性的统一。"① 从这个说明可以看出，无论是精神的自识还是精神的客观化运动，都以它自己的自由本性为依据，正因为精神是自由的，它才是运动的，才能够在运动的过程中不断返回到自己本身，始终保持与自己的联系。

这也正是黑格尔对自由的定义，即"自由正是在他物中即是在自己本身中、自己依赖自己、自己是自己的决定者"②。对黑格尔而言，自由不是避免做什么，不是不去做什么的消极自由，相反，他的自由是自由地去做、去从事的积极自由。因此它就是精神运动的动力，同时也是精神的最后目的。我们已经说过，黑格尔将精神定义为一种处在不断地自识过程中的理念，而理念的发展需要不断经历外化、具体化然后再回到自身。以自由为本质，精神的自由运动就能够被归结为扬弃异在、从理念的他物回复到自身的一种自我活动："精神的一切活动都无非是外在东西回复到内在性的不同方式，而这种内在性就是精神本身，并且只有通过

---

① ［德］黑格尔：《精神哲学——哲学全科学百科全书Ⅲ》，杨祖陶译，人民出版社2015年版，第17页。

② ［德］黑格尔：《小逻辑》，贺麟译，商务印书馆1982年版，第83页。

这种回复，通过这种外在东西的观念化或同化，精神才成为而且是精神。"① 如果借用费希特的理论，黑格尔以精神为主体的自由运动的本质，就是自由的精神不断克服精神的非我，最后返回精神本身，从而达成一个具有内容的、绝对统一的精神。基于这个总结，我们能够理解黑格尔对自由的以下定义："自由的真义在于没有绝对的外物与我对立，而依赖一种'内容'，这内容就是我自己。"② 这个定义很容易使我们将黑格尔的"精神"与费希特的"自我"等同看待，特别是《知识学新方法》中自我从可确定之物到确定之物的过渡。绝对自我需要离开自己，经历外在化的过程，才能够获得内容，才真正成为自我。然而，这整个过程事实上是自我本身，它的本质是对自我的确认。在这个过程中，自由之实现就表达为可确定之物与确定之物的统一。

在黑格尔这里，描述这个过程的理论是有所改变的。黑格尔指出，自由的精神之本质是一个统一的总体："自由精神，如我们已看到的，按照它的概念，是主观东西和客观东西、形式和内容的完全统一，因而是绝对的总体，并因而是无限的、永恒的。"③ 这个说法表明，在精神的运动之中，存在主观事物与客观事物的区分，存在形式和内容的区分，这种区分正如自我对非我的依赖一样，是必要的。只有当这种区分出现之后，统一才能够发生，精神的自由才能够被认为得到了实现。对精神而言之所以必须经历这个过程，是因为精神需要在发现异在、克服异在，再回到自身的过程中，自识到自己决定自己的本性，自识到自己本身是自由的。换句话说，自由涉及的首要关系是自由主体与他物的关系，在与他物的关系中保持自己本身，这同时也是自由从抽象中被拯救的过程："自由最初也是

---

① ［德］黑格尔：《精神哲学——哲学全科学百科全书Ⅲ》，杨祖陶译，人民出版社2015年版，第12页。
② ［德］黑格尔：《小逻辑》，贺麟译，商务印书馆1982年版，第115页。
③ ［德］黑格尔：《精神哲学——哲学全科学百科全书Ⅲ》，杨祖陶译，人民出版社2015年版，第212页。

抽象的，而这种抽象的自由只有通过放弃自己存在的情况和所保有的东西，才可以得到拯救。"①

由是，我们就涉及到了一个更为核心的问题，即自由的实现。按照上面的分析，自由的实现同样是过程性的，精神需要与自身相分离，需要达到客观的东西、达到其内容，需要最终统一主观和客观、形式和内容，只有这样，自由才不是抽象的，而是实在的。那么精神的最终统一的形态，自由的实现的形态是什么呢？在黑格尔看来，这个形态就是国家。

三 自由与国家

依据黑格尔对精神的定义，即从事自识活动的现实的理念，精神需要经历一个走出自身的直接性、克服外在性或者说精神的外化，最终回到自身，实现自识和现实的过程。对黑格尔而言，这个过程并不是一个抽象的、理论性的过程，相反，它是真实的历史的发生。对黑格尔而言，"理性投射外在物的无限性在历史中找到了生存地，或者说历史是主体创造的博物馆。历史保留了理性的客观化和外化，它允许理性通过观察自身的客观化和外化来了解自身，因此历史是理性的自我实现。"② 既然历史是理性的实现，而理性的本质又是自由，那么历史就是自由的实现，或者像黑格尔说的，自由的观念是"'精神'的本性和历史的绝对的最后的目的"③。自由、历史与理性的关系在黑格尔的理论中并不复杂。按照自由是否实现，能够区分出抽象的自由和实现了的自由，与之相对应的，是理性和历史。理性是未展开的历史，历史是现实的理性，在这个意义上，历史与精神等同。

---

① ［德］黑格尔：《小逻辑》，贺麟译，商务印书馆1982年版，第105页。
② ［美］诺曼·莱文：《马克思与黑格尔：精神现象学和价值理论的起源》，王欢译，《社会科学家》2017年第1期。
③ ［德］黑格尔：《历史哲学》，王造时译，上海世纪出版集团2006年版，第23页。

但是，依据黑格尔对费希特的批判，作为精神的外化的内容的历史必然与精神本身相区分。对应费希特的术语，精神相当于自我，而历史则对应于非我。历史产生于精神，是精神的真实的内容，但历史并不能具有与精神同等的地位。无论何时，在黑格尔的理论中都需要强调精神的绝对性，这是他用来抵抗潜在的二元论进攻的武器。当然，精神的绝对化并没有使得黑格尔远离解释现实世界的问题。在这样的情境下，历史在黑格尔的理论中所代表的就是理智世界的对立——感性世界。而从精神与历史的关系中可以看出，黑格尔对待感性世界的方式是十分"唯心主义"的，即感性世界是理智世界的产物，它依赖于感性世界并最终复归理智世界。

同时，黑格尔又赋予了历史独立的地位。我们知道，无论是历史、理性或是精神，都具有过程性的特点，然而，依据阿伦特的考察，历史的过程性特质是由黑格尔引入的。在古希腊时期，历史事件被记录并不是为了获得一个关于事件之间的过程性的关系的认识，相反，事件的记录被认为是永恒的，因此也是单个的。当历史被作为过程来看待，就意味着事件之间存在先后关系，历史具有了时间连续维度，具有了发展的特性，历史是有指向的、有目的的，用黑格尔的话说，是上升的。

历史的这种上升的特性，来源于自由。自由是寻求实现的，它以自己为目标，这既构成了历史发展的目的，也构成了历史形成的动力。这种双重性之可能，在于黑格尔赋予了自由双重属性，一方面自由是绝对的，是最后的目的；另一方面，自由通过其运动和展开实现自身。自由的这两个属性对黑格尔而言意味着，历史将会呈现为一个完成了的形态，作为对这双重属性的统一。这个形态，黑格尔认为是国家。在《法哲学原理》中，黑格尔这样定义国家，"国家是伦理理念的现实——是作为显示出来的、自知的实体性意志的伦理精神，这种伦理精神思考自身和知道自身，并完成一切它所知道的，而且只是完成它所知道的"①。这个定义与黑格尔对精神的定义相一致，二者都是自识与对所识之完成。然而，国家与精神之间具有一个不能被忽视的差别，黑格尔认为精神是不断的运动，国家却是一种完成了的形态。对黑格尔而言，国家是在地上行走的神，"神自身在地上的行进，这就是国家。国家的根据就是作为意志而实现自己的理性的力量"②。这个差别来自精神与历史的差别。尽管绝对精神本身"作为一种以前进的方式自我外化和内化的精神，它自身就是历史的"③，但精神只是"历史的"，而历史作为精神在地上的显现，则是具体化的，是由事件以及事件之间的关系构成。这就意味着，国家以一个具体的形态表达自由的实现，它作为神在地上的形态，是现实的、具体的、实现了的自由，而不是一种先验的自由。

对黑格尔而言，自由的确是一种理念，但这种理念的本质是寻求实现，因此，并不存在原始的、天然的自由观念，自由最终将是实体性的，统一内在与外在、主观与客观、普遍和特殊的。正是自由的这个要求，使得国家成为其完成的形态。黑格尔指出，"在国家中，一切系于普遍性和特殊性的统一"④。因为国家统一这些对立于一身，所以黑格尔的国家概念具有双重属性。一方面，国家具有普遍性，它展示的是它所具有的"神性"方面，也就是自由的绝对性。"国家是自在自为的东西"，它"是精神为自己所创造的世界……国家高高地站在自然生命之上，正好比精神是高高地站在自然界之上

---

① [德]黑格尔：《法哲学原理》，范杨、张企泰译，商务印书馆1961年版，第253页。

② [德]黑格尔：《法哲学原理》，范杨、张企泰译，商务印书馆1961年版，第259页。

③ [德]洛维特：《从黑格尔到尼采》，李秋零译，生活·读书·新知三联书店2006年版，第40页。

④ [德]黑格尔：《法哲学原理》，范杨、张企泰译，商务印书馆1961年版，第263页。

一样。因此，人们必须崇敬国家，把它看做地上的神物"①。国家的这种普遍性或者说它所代表的自由的绝对性，意味着它是伦理理念的现实，具有对国家之中的个人的最高权力。

另一方面，国家以一种特殊的形态表达自由的实现，它是处在尘世之中的，因此它带有直接的现实性。这意味着，"在现实中的国家本质上是个别国家，不仅如此，它是特殊国家"②。国家的个别性表示一个现实的国家本身是国家理念的一个环节，它的特殊性则表示它在国家的历史之中区别于其他的国家，是历史性的。因此，任何一个具体的国家形态都是精神的完成，都是现实的理念。

统一了普遍性与现实性于自身的国家，在黑格尔这里，意味着精神、自由能够在现世生活中追求和达到，而不是一种类似康德和费希特的"应当"：只能不断地寻求，以实现更多的希望。这种"可实现性"不仅是对宏观的精神而言，也是对国家之中微观的个人而言。"国家是具体自由的实现；但具体自由在于，个人的单一性及其特殊利益不但获得它们的完全发展，以及它们的权利获得明白承认（如在家庭和市民社会的领域中那样），而且一方面通过自身过渡到普遍物的利益，另一方面它们认识和希求普遍物，甚至承认普遍物作为它们自己实体性的精神，并把普遍物作为它们的最终目的而进行活动。其结果，普遍物既不能没有特殊利益、知识和意志而发生效力并得以完成，人也不仅作为私人和为了本身目的而生活，因为人没有不同时对普遍物和为普遍物而希求，没有不自觉地为达成这一普遍物的目的而活动。现代国家的原则具有这样一种惊人的力量和深度，即它使主观性的原则完美起来，成为独立的个人特殊性的极端，而同时又使它回复到实体性的统一，于是在主观性的原则

---

① ［德］黑格尔：《法哲学原理》，范杨、张企泰译，商务印书馆1961年版，第285页。
② ［德］黑格尔：《法哲学原理》，范杨、张企泰译，商务印书馆1961年版，第259页。

本身中保存着这个统一。"① 就国家本身而言，它是普遍与特殊的统一，是实体性的统一；在国家中的个人，同时也统一主观性与特殊性于自身，作为特殊个体而追求普遍物的达成。

因此，在两个层面上，国家都是普遍与特殊之间的中介。一个层面上，国家是普遍精神与精神的特殊化、现实化的中介；另一个层面上，国家是对个体而言的普遍利益与个体利益的中介。国家是特殊个体达成普遍物的中介，通过作为国家的成员，个体成为普遍精神的代表。如果说第一个层面上的中介是一种从精神到精神的外化的下降过程，那么第二个层面上的中介则是就个体而言的上升过程。特殊个体正是在这个以国家为中介的上升过程中实现其自由。但是，国家作为精神的实现、具体自由的实现，无论是它的出现还是它的制度构成，都带有必然性。对于黑格尔而言，自由与必然并不是一对不可调和的矛盾。事实上，单就国家而言，它本身就是自由与必然的统一。国家的本质是精神，是自由，然而作为精神的现实化，它的出现是必然，这种必然性来自精神发展的必然逻辑。

按照黑格尔的辩证逻辑，精神的发展需要经历肯定、否定以及否定之否定三个阶段。肯定阶段对应主观精神、否定阶段对应客观精神，否定之否定则是绝对精神。要实现绝对精神，精神必须从主观精神离开，进入客观精神。客观精神作为对精神的前一个阶段的否定，对精神整体而言，是内容的构成。因此，经历过客观精神阶段之后，精神才获得其现实的内容，当它再次返回自身时，它就是丰富的、实现了的，由此区别于主观精神。基于黑格尔的这种精神发展的逻辑再来看他的国家概念就会发现，"国家"作为精神的现实的实现，是精神完成了的跨越运动的最终结果。对比费希特，精神的自由运动就是自我从可确定之物向确定之物的过渡，费希特通过这种过渡意图实现从理智世界向感性世界的跨越，并且借助想象力

---

① ［德］黑格尔：《法哲学原理》，范杨、张企泰译，商务印书馆1961年版，第260页。

的自由本性建立了主体在两个世界之间的摆荡状态。在黑格尔这里，精神的自由运动预设了精神对两个世界的超越或者说跨越。精神依据其自由的本性，必然从自身出离，对象化为感性世界，并最终以其本性返回精神世界。如果其呈现落实在"国家"之上，那么我们能够认为国家概念对黑格尔而言，是精神的跨越活动的结果。它以实体性的、现实的存在验证了精神对自身的否定与复归，也验证了感性世界对黑格尔而言是真实的存在。精神概念与费希特的自我概念一样。自我并不生产感性世界，它要做的是解释感性世界如何出现在精神之中，并与精神的认识相一致。用黑格尔自己的话说就是："回复到最初实体性的这种精神，就是从无限对立那里返回的精神，它产生和认识它的这种真理，即思想和合乎规律的现实世界。"①

在这个意义上，我们再看黑格尔关于国家的以下说法就能理解国家如何能够仅仅是一种实存："国家是现实的，它的现实性在于，整体的利益是在特殊目的中成为实在的。现实性始终是普遍性与特殊性的统一，其中普遍性支分为特殊性，虽然这些特殊性看来是独立的，其实它们都包含在整体中，并且只有在整体中才得到维持。如果这种统一不存在，那种东西就不是现实的，即使它达到实存也好。"② 对黑格尔而言，一个坏的国家是可以存在的，然而一个坏的国家仅仅是一种实存，而不是一种现实。因此，"国家"的概念在黑格尔的理论中指的是"好的国家"，它是实存与精神的统一，是特殊与普遍的统一，是现实而不是实存。"真实的现实性就是必然性，凡是现实的东西，在其自身中是必然的。"③ 这表示国家是必然的，同时国家作为精神的实现又是自由的，所以国家是自由与必然的统一，

---

① ［德］黑格尔：《法哲学原理》，范杨、张企泰译，商务印书馆1961年版，第357页。
② ［德］黑格尔：《法哲学原理》，范杨、张企泰译，商务印书馆1961年版，第280页。
③ ［德］黑格尔：《法哲学原理》，范杨、张企泰译，商务印书馆1961年版，第280页。

是自由的实现。

四 小结

从以上我们对黑格尔的自由理论的分析可以看出，尽管黑格尔没有将费希特的"自我"当作他的理论主体（主语），而采用了更为抽象的"精神"，但在内核上，这两个概念之间有许多根本性的相似。二者都以自由为本性，都通过辩证运动实现自己。同样地，在这个运动中，二者都需要经历与一个对立物的矛盾以及对矛盾的克服。二者都在这个过程中达到自己的丰富的内容，从而实现自由。

尽管如此，这种相似性不能掩盖费希特与黑格尔之间的差别。我们基于自我与精神的运动，将费希特与黑格尔都看作试图通过从主体开始的运动实现对精神世界和感性世界之间的连接的哲学家，这是一种形式上的相似。而在内容上，二者之间的差别影响亦为深远。我们知道，在费希特的知识学中，自我达至感性世界凭借的是自我的努力，努力作为自我实现自己自由的一种冲力，促使自我走出自身。这种冲力按照黑格尔的说法只构成自我的"应当"，而不表示一种实现了的现实。因此真正在感性世界和精神世界之间实现连接的，是一种超越性的视角，费希特称它为"想象力"，是一种摆荡。也就是说，在费希特的知识学中，对两个世界之间的跨越并不必然落实在一个现实的存在上。

在黑格尔那里情况则不同。对黑格尔而言，精神或者说自由的实现是一种必然，他强调的是精神在当世中的显示，精神在尘世中的现实。因此，国家作为这个现实对黑格尔而言格外重要。它代表的是精神世界与感性世界之间的具有现实性的连接，它是精神的外化和对象化的实现的活生生的例子。以现实的国家作为自由的实现的实例相比较费希特的"想象力"，无疑是更为"唯物主义"的。如果说费希特是试图以感性世界和精神世界为双脚试图去行走，那么黑格尔以其国家理论可以被认为是迈出了第一步。

但是，国家在黑格尔理论中所具有的这个地位，事实上表明了黑格尔绝对精神理论的内在矛盾。按照黑格尔的理论，唯一自在的、无条件的只有精神，并且精神是不断地辩证运动着的。这个条件之下，事实上并不允许存在一个现实的国家作为精神的完成。正如"凡是现实的都是合理的"这个断言的另一种表达"凡是合理的必然都是现实的"，没有任何一个国家在理念上和实践上能够永存，因此国家不会是自由的保证和实现。这个情况恰恰就是黑格尔断言他所处的国家是精神的完成，是最为完善的国家形态，而历史的发展在实践上证伪了这个命题。

第三节　青年黑格尔派的自我意识理论[①]

黑格尔逝世之后，黑格尔的哲学体系迅速解体。从黑格尔主义中迅速分流出三个学派：右派，即老年黑格尔派，该学派试图使黑格尔主义与福音派正教和保守政策相向协调，他们的主张基于黑格尔体系中的保守要素；中间派，主张按起源意义诠释黑格尔体系；青年黑格尔派，主张依据黑格尔理论中的革命要素，对宗教和政治展开批判。导致黑格尔学派分化的根本原因是黑格尔体系所具有的矛盾的要素，马克思就曾指出："在黑格尔的体现中有三个要素：斯宾诺莎的实体，费希特的自我意识以及前两个要素在黑格尔那里的必然的矛盾的统一，即绝对精神。第一个要素是形而上学地改了装的、与人分离的自然。第二个要素是形而上学地改了装的、同自然分离的精神。第三个要素是形而上学地改了装的以上两个要素的统

---

① 本节主要部分已经发表，参见《马克思对布鲁诺·鲍威尔的扬弃：从自我意识理论出发》(《山东社会科学》2020年第3期)、《行动哲学视域中的费希特和赫斯关系研究》(《马克思主义与现实》2019年第6期) 和《马克思哲学视域中现实主体的生成：从欲望到需要》(《哲学研究》2019年第9期)。

一，即现实的人和现实的人类。"① 按照马克思的这个看法，黑格尔的理论试图以绝对精神统一实体与自我意识，实现对二元论的克服和超越。但黑格尔学派的分裂表明了这个理论任务的失败。

科尔纽指出，青年黑格尔派"代表了商业和工业的迅速发展而增强的资产阶级在政治和社会方面的意愿。……但德国资产阶级的半保守的倾向，使青年黑格尔派得不到任何实际的支持。象在他们之前的浪漫主义哲学家一样，青年黑格尔派的行动基本上只局限于精神领域。"② 尽管都被划归为了精神领域，但在学派内部，学派成员之间的具体理论指向与依持不相一致。费尔巴哈以"感性"为基点，通过"使唯物主义重新登上王座"③ 确立了感性的人的地位；赫斯则试图以行动哲学践行政治革命；鲍威尔的理论主张基于黑格尔理论中的"自我意识"要素。不同的理论依持代表了青年黑格尔派成员不同的努力，这些最终失败了，不同的努力最终都构成了马克思的思想来源，构成了德国观念论向马克思的实践哲学的过渡。

一 黑格尔之后的人格问题

尽管青年黑格尔派哲学的首要来源是黑格尔哲学，但它本身并不是对黑格尔哲学的一种简单借用。哈贝马斯认为："青年黑格尔派与黑格尔及其哲学保持着一定的距离，并导致了一种意识结构的形成。"④ 马利宁和申卡鲁克也在其著作《黑格尔左派批判分析》中指出："如果认为黑格尔左派作为一种哲学流派的存在仅仅依赖于黑格尔的思想遗产，或认为只有在哲学传统的范围内才能说明它的特点，

---

① 《马克思恩格斯文集》（第1卷），人民出版社2009年版，第342页。
② ［法］科尔纽：《马克思的思想起源》，王瑾译，中国人民大学出版社1987年版，第48页。
③ 《马克思恩格斯文集》（第4卷），人民出版社2009年版，第275页。
④ ［德］哈贝马斯：《现代性的哲学话语》，曹卫东译，译林出版社2008年版，第55页。

那无疑是一种错觉。"① 这些观点表明,青年黑格尔派的哲学理论之产生及在19世纪40年代成为德国文化界的话语主流并不单因为黑格尔的哲学观点在当时取得了统治地位,也因为其理论对那个时代的哲学、宗教和政治问题做出了回应。这些问题以及相关争论折射了德国尤其是普鲁士当时的一般思想状况,一个合适的对所有问题进行梳理和建立纲要的概念将是"人格",特别是上帝的人格。卡尔·路德维希·米希勒在1841年指出:"关于上帝之人格的讨论已经主导了最近十年哲学史的发展。"② 黑格尔也曾表示,"现在的一个重大问题,这便是关于认识上帝的可能性的问题"③。

对于19世纪40年代的德国而言,"人们可以将那个时期的人生观描述为个人主义"④。当时个人主义盛行的原因是多方面的,"数十年革命的剧烈震荡、反拿破仑战争期间爱国情绪的高涨、共和主义的失败以及1815年席卷欧洲大陆的君主制的复辟,使许多人感觉到家庭就是个人自我实现的理想场所"⑤。人们将信赖从上帝身上收回而放置在家庭之中,这种转变导致关于上帝及其本质、人及其本质的争论自然地开展起来。施特劳斯在《耶稣传》中关于福音书中耶稣的描述指出,作为人类典范的耶稣形象并不是历史人物耶稣,而只是早期基督教团体无意识创作的产物。但如果上帝的完美人格仅仅是精神和意识的创造物,那么基督教是否能够承担提供伦理生

---

① [苏]马利宁、[苏]申卡鲁克:《黑格尔左派批判分析》,曾盛林译,社会科学文献出版社1987年版,第1页。

② Karl Ludwig Michelet, *Vorlesungen über die Persönlichkeit Gottes und Unsterblichkeit Seele*, Berlin, 1841, S.7.

③ [德]黑格尔:《历史哲学》,王造时译,上海书店出版社2001年版,第14页。

④ Max Wundt, "*die Philosophie in der Zeit des Biedermeiers*", Deutsche Vierteljahrsschrift, I, xiii (1935), S.136. 转引自[美]沃伦·布雷克曼:《废黜自我:马克思、青年黑格尔派及激进社会理论的起源》,李佃来译,北京师范大学出版社2013年版,第24页。

⑤ [美]沃伦·布雷克曼:《废黜自我:马克思、青年黑格尔派及激进社会理论的起源》,李佃来译,北京师范大学出版社2017年版,第23页。

活的现实基础这一任务？这一问题关涉黑格尔本人对基督教以及耶稣基督的观念。

按照布雷克曼的分析，"黑格尔始终向基督教执迷于讨论耶稣基督这个神人的特殊身份发起挑战，进而强调人与耶稣基督共有的本质"①。这意味着，在黑格尔看来，耶稣基督所具有的神人本质是为人所共享的，因此，基督拥有的是一种普遍的人格，其本质就是精神。基于这种普遍的人格观念，黑格尔反对基督教的个人主义，并提倡和构建一种人神交叉的概念。也就是说，基督教的人格神之所以能作为伦理生活和道德的现实基础，并不依赖于它的单一性和独特性，恰恰相反，其作为伦理和道德生活的指导的正当性来自它为现实的人所共有的人格普遍性。基于此，布雷克曼指出："正如将宗教哲学重新界定为他的绝对主体性理论的组成部分那样，黑格尔与其他唯心主义哲学家相比更执著于复兴上帝的人格概念。"②

黑格尔对基督教个人主义的反对和对普遍人格复兴的努力，在青年黑格尔派的自我意识理论中得到继承。比如，施特劳斯在《耶稣传》中否认上帝在单个人身上显现的可能性。鲍威尔沿着施特劳斯的道路展开了对黑格尔思想的世界化尝试。在鲍威尔看来，施特劳斯的著作具有一定的历史意义，它指出了现实的理念化是如何发生的，神学的意识是如何被建立起来的；但是施特劳斯的批判也并非没有问题。他认为，福音书并不能被理解为各个部分都具有同等地位的集体意识的产物，相反，它们是某些天才的"艺术家"或者"骗子手"在相应的人类发展阶段上对他们出色的个人的自我意识的表达，其中的主体性色彩被巧妙地掩饰，后被基督徒当作了神的启示。因此，福音书仅仅是自我意识的不断创造，不同的福音书反映了不同阶段的自我意识的发展。而且，自我意识的发展也并非一帆

---

① ［美］沃伦·布雷克曼：《废黜自我：马克思、青年黑格尔派及激进社会理论的起源》，李佃来译，北京师范大学出版社2017年版，第36页。

② ［美］沃伦·布雷克曼：《废黜自我：马克思、青年黑格尔派及激进社会理论的起源》，李佃来译，北京师范大学出版社2017年版，第36页。

风顺，毋宁说它不断经历肯定又否定自己的历程："自我成了一切而又一无所有，它成了普遍的力量而又在世界的毁灭面前感到恐慌，由于失去了什么而感到失望；这个空虚而又吞噬一切的自我害怕它自己，它不敢想象自己就是一切和普遍的力量，就是说它还是一个宗教的精神，并且完成了自己的异化，因为它把自己的普遍力量作为一种异己的力量与自己相对立，并且在这个力量面前为求保佑和赐福而战战兢兢地工作。它把弥赛亚看作使它得以存在的保证，而弥赛亚实际上不过代表了它自己的过去，那是一种普遍的力量，不过这种普遍的力量就是过去的它自己，在这种普遍的力量中，一切自然的感觉，家庭、民族和国家生活的伦理规则，以及艺术感都消失了。"[1]

从鲍威尔对基督教自我意识发展历程的描述中可以看出，自我意识的发展就是它对自己作为普遍力量的不断认可，宗教及作为宗教特定形态的基督教，都是自我意识的异化。对基督教的此种认识与当时德国或者说普鲁士的泛神论的争论密切相关。海涅在1832年曾论断"泛神论是德国的公开的秘密"[2]。在青年黑格尔派的内部也出现了与之相关的意见分歧和争论，"人们开始在问，黑格尔是否真的不是泛神论者"[3]。对于这个问题，皮平的论述可以作为参考。按照皮平的说法，在黑格尔那里，理性将自身策划为"根本不被经验所决定、不以形而上学为根基的事物的秩序和结构。这个构成思辨哲学内容的问题，在某种意义上讲述的是一种特殊的自反性，即一种自我关系。这种自我关系的结果不会简单地决定主体能力的局限，

---

[1] Bruno Bauer, *Kritik der evangelischen Geschichte der Synoptiker*, Band 3, Leipzig, 1841, S. 310.

[2] Heinrich Heine, *Religion and Philosophy in Germany*, trans. John Snodgrass (Albany, 1986), p. 79.

[3] [英]戴维·麦克莱伦：《青年黑格尔派与马克思》，夏威仪等译，商务印书馆1982年版，第3页。

但绝对会决定何物在场"①。这意味着，尽管理性是一种特殊的自我关系，但它并不以内在性、隔绝性、自我内化的单一自我为发展结果，相反它构成主体的历史、社会和群体的能力，即主体是通过它的自反关系来建构与他物同在的准入条件和可能性。当自我能够决定何物在场时，一个开放的主体场域就向所有可能的、具有同等能力的对象敞开了。因此，黑格尔的主体能力必然不是个人主义的，而是一种普遍的人格象征与结构。

这种普遍的人格结构被青年黑格尔派识别为人类共有的本质。无论是在费尔巴哈的类存在理论、施蒂纳的"现实的人"的观念中，还是在赫斯的共产主义理论中，都表现出了基于一种普遍的人格观念来统一人的个体的自我意识独特性与类的完整性的理论倾向。对黑格尔的普遍人格的此种应用，与泛神论的结构形成对照。泛神论问题的肇始者斯宾诺莎认为，无限宇宙的本质是理性，理性具有普遍性，它渗透在每一件独特的事物中，因此就理性而言，所有事物都分享上帝的神性：Ominia sunt plena Jovis（万物都充满了朱庇特，万物都充满了神性）。斯宾诺莎的泛神论取消了人格上帝的单一视角，以理性的弥散性将普遍与特殊、整体与个体统一起来，从而提供了一种统一抽象人格和具体人格的思路。此种思路在黑格尔对精神的论述中得到了贯彻。黑格尔认为，人类主体性的发展是有限精神通过世界参与绝对精神的自我实现的过程，人类的自我意识就是上帝的自我意识。这表明，人与上帝的自我意识必然统一，并由此产生一种与二者皆不同的自我意识——绝对精神，它"既然是实体，而且是普遍的、自身统一的、永恒不变的本质，那么它就是一切个人的行动的不可动摇和不可消除的根据地和出发点"②。由此可以说，绝对精神本质上统一了抽象人格和具体人格，上帝之个体人格

---

① Robert Pippin, *Hegel's Idealism: The Satisfactions of Self-Consciousness*, Cambridge University Press, 1989, p. 69.

② ［德］黑格尔：《精神现象学》（下卷），贺麟、王玖兴译，商务印书馆1981年版，第2页。

在绝对精神中被克服。虔敬派神学家由此批判黑格尔忽视了个体的神的存在，但对青年黑格尔派而言，对宗教和政治的批判力量正是从中产生的。可以说，在黑格尔之后，青年黑格尔派抓住其体系的自我意识要素来展开他的宗教批判就能够很好地被理解：黑格尔统一哲学中统一思维与存在的自我意识结构，为一个结合了普遍与特殊的现实个体人格的出场做好了准备。青年黑格尔派正是在这个基础上，展开了他们的理论批判。

二 鲍威尔的自我意识理论

鲍威尔的自我意识理论产生于19世纪40年代后黑格尔人格问题争论的背景之中，它基于黑格尔所认同的普遍人格的信念，批判基督教为自我意识发展的异化阶段，主张对宗教发动彻底的革命。他认为对宗教的革命将在国家中、以政治的方式，通过实现人类的自由来完成。他不仅从"自我意识"角度理解福音书，还希望以自我意识的彻底批判贯彻黑格尔的历史意识，使其在未来理性化。鲍威尔对自我意识的坚持，恰恰符合哈贝马斯的如下论断，即青年黑格尔派试图把历史上积累起来并等着释放的理性潜能动员起来。同时，鲍威尔对自我意识的发展和创造性论述，也影响了马克思对自我意识问题的关注及其理论的后续发展。

1. 自我意识的宗教批判

麦克莱伦认为鲍威尔并没如古塔夫·迈耶尔所说的那样巧妙地掌握了黑格尔的辩证法，其理由之一是，鲍威尔仅仅赋予人类主体的思维以首要的地位。[1] 但该看法基于的是如下信念，即"诚然黑格尔有时说自我意识是受实体即独立于精神的物质的制约的，但是他的体系本身纠正了这种观点。从他自己的那些原理中必然得出实

---

[1] ［英］戴维·麦克莱伦：《青年黑格尔派与马克思》，夏威仪等译，商务印书馆1982年版，第52—54页。

体是自我意识的自由创造和不断更新的产物的结论"①。这个观念事实上忽略了黑格尔"将思辨哲学的抽象概念转换为伦理生活的具体原则"② 的意图与尝试，从而单方面强调了自我意识的抽象性或者说"唯心主义"的色彩。而在这种转换之中，自我意识已经从单纯的主观领域拓展到了现实领域，个体自认为是处在与他人的关系之中："正是在吸收他者与被他者所吸收的过程中产生出的有说服力的人格维度，构成人格的真正本质。"③ 这表明在黑格尔的理论中，人格之所以为人格，在于面对一个无法化约的现实他者，因此，自我意识理论必须考虑到这个现实的维度以及由此带来的限制。在这个前提下，就不能简单地认为鲍威尔将自我意识认作唯一永存的东西是对黑格尔主观精神的单方面坚持，并指认他的自我意识的宗教批判脱离政治与社会。

鲍威尔在1841年的《对无神论者和反基督者黑格尔的末日审判的号角：一个最后通牒》中指出，"把宗教看作仅仅是自我意识对自身的关系这样一种宗教观"④ 是危险的。他认为，宗教特别是基督教，与当下对应的政治关系、市民关系紧密相关。"在鲍威尔看来，这种'不幸意识'是基督教的真正基础。他们的个人主义在城邦世界解体的时候，把人们从一切社会纽带中解脱出来，从而为基督教的普遍统治铺平了道路。"⑤ 麦克莱伦这里指出的鲍威尔对基督教产

---

① ［英］戴维·麦克莱伦：《青年黑格尔派与马克思》，夏威仪等译，商务印书馆1982年版，第55页。

② ［美］沃伦·布雷克曼：《废黜自我：马克思、青年黑格尔派及激进社会理论的起源》，李佃来译，北京师范大学出版社2017年版，第51页。

③ G. W. F. Hegel, *Lectures on the Philosophy of Religion*. Vol. 3, trans. E. B. Speirs and J. Burdon Sanderson (London, 1962), p. 24.

④ Bruno Bauer, *Die Posaune des jüngsten Gerichts über Hegel, den Atheisten und Antichristen. Ein Ultimatum*, Leipzig 1841. Reprinted in *Hegelsche Linke*, Stuttgart - Bad Cannstatt, 1962, S. 151.

⑤ ［英］戴维·麦克莱伦：《青年黑格尔派与马克思》，夏威仪等译，商务印书馆1982年版，第57页。

生背景的论述，隐约包含特定的政治与社会环境决定基督教的产生与发展的观点。鲍威尔的分析指出，罗马皇帝将一切权力和利益集中于一身的做法，决定了当时的政治形势和市民社会关系，瓦解了将各个公民联系起来的纽带。这个纽带曾经一度是由城邦的民主性提供的。而在罗马世界奠定了个体性的原则之后，罗马皇帝的集权却在实质上剥夺了个体无论是政治上的还是伦理上的自主性。由此，人们丧失了对自己的信心，并怀疑自己享受正当的政治生活的能力。就是说，当皇帝将所有的权力集中于一身，并以自己的权威分派给公民个人有限的行为范围和能力时，个体本质上就不具备真正意义上的自主性和权利了。鲍威尔就此得出结论说，基督教在此时获得其统治地位是"对这种无信仰状态的宗教的表达……和政治关系、市民关系瓦解的一种奇妙的反映"[①]，由此，鲍威尔认为宗教及其特殊形态基督教都只在历史的特定阶段出现。

在鲍威尔看来，历史就是人类自我意识的辩证发展，这一观念无疑脱胎于黑格尔。在黑格尔看来，历史的本质就是精神的发展过程，通过肯定、否定和否定之否定的三阶段辩证法，意识从一个混沌的状态逐渐意识到自身，并不断克服外化与异化阶段，将自己实现为绝对。在黑格尔的精神发展过程中，它所经历的外化和异化就是它的现实化和客观化，呈现为国家、宗教、法和市民社会等具体的社会组织与结构。正因为宗教、国家和法仅仅是精神发展的一个个外化的阶段，最终会被克服，所以鲍威尔认为黑格尔的"理论是普遍化的、极具破坏性的严酷的实践。它本身就是革命"[②]。基于这种革命的观念，鲍威尔将历史分为两个时期：从古代到鲍威尔所处时代的史前期——异化的历史阶段和真正的人的历史时期——克服了异化的时期。在第一个阶段，暴政和宗教在政治上和精神上对人

[①] Bruno Bauer, *Die Judenfrage*, Brunswick, 1843, S. 47.

[②] Bruno Bauer, *Die Posaune des jüngsten Gerichts über Hegel, den Atheisten und Antichristen. Ein Ultimatum*, Leipzig 1841. Reprinted in *Hegelsche Linke*, Stuttgart – Bad Cannstatt, 1962, S. 171.

的压制，使得它们成为革命的对象，并为第二个阶段创造了可能性条件。通过启蒙运动和批判不断走向完美，人回到自身，意识成为自由的意识，真正的人的历史时期得以开启。因此，历史也可以被认为是人的力量的斗争史："历史本身能奋斗吗？自私、弱点、恐惧、屈从精神可以为所欲为，它们还在抗争，如果人们采取适当的措施，它们甚至会进行压制；但这对受自我意识指导并把自己看作是普遍力量的人类又有什么关系呢？人类已进入一个新的时代；在认识到它的一切力量都是它本身的创造之后，人类已第一次了解了自己。现在人类正向新的方向发展，而这一切只有人类自己才可以控制。"①

自我意识作为一种普遍力量推进人类历史之斗争的首要也是最重要的对象是宗教，而鲍威尔所处时代的最后斗争对象是基督教和基督教国家："基督教是人类在这一特定阶段对它自身及其总的使命的一种幻觉"②，而"纯粹的基督教国家是神学法则占统治地位的国家。当这种法则通过与鸦片类似的作用使全体人类处于麻木不仁的状态时，它就达到真正权力或绝对权力的地步"③。对鲍威尔而言，基督教作为特定阶段的自我意识的异化，疏远甚至否定了人的本质，它使得精神的注意力不再集中于自身，而是转向一个外在的、幻想的领域。当基督教将所有原本属于人类的创造力与能力收归于自身，并将自身当作高于人类并给予人类有限能力的力量之源后，它就建立起了对人类的统治。这种统治意味着它在本质上是敌视科学和艺术的。科学与艺术是人类真正的创造物，在科学与艺术之中，人类

---

① [德] 布鲁诺·鲍威尔：《西奥多·克利福思的基督教史引论》，第 141 页，转引自 [波] 兹维·罗森：《布鲁诺·鲍威尔和卡尔·马克思》，王谨等译，中国人民大学出版社 1984 年版，第 128 页。

② Bruno Bauer, *Das entdeckte Christentum*, Neuausgabe, Zürich, Winterthur, 1984, S. 141.

③ Bruno Bauer, *Der christliche Staat und unsere Zeit*, HJ Leipzig 1841, Reprinted in *Feldzüge der reinen Kritik*, Frankfurt/M, 1968, S. 9 – 10.

认识自然世界、认识人的世界,从而拒斥一种非理性的、对灵魂的拯救和来世生活的信念。可以说:"基督教中所包含的种种人为的矛盾,即人与上帝的矛盾、支配与自由的矛盾等,同人的本质是完全抵触的,最终使人陷入自相矛盾的境地,并把自己看作是某个幻想的异己实体的奴隶;而这个幻想的异己的实体只不过是他本身的精神和感情活动的产物。"①

鲍威尔将基督教看作自我意识之异化的观念可与费尔巴哈的观点进行类比。他们二人都认为宗教是人的创造物。但费尔巴哈认为上帝与人本身没有区别,是同一个实体,上帝彰显的是普遍人格,体现的是人与人的普遍关系。② 鲍威尔则认为,尽管宗教中的上帝是人将自己的属性、情感和愿望移植于其上而产生的,但它仍然是另外一个实体,并且是丧失了人的本质的实体:"人本身在宗教中成了一个非人的实体,并崇拜这个实体,虽然这个实体没有人的本质——人性。"③ 因此要克服宗教的异化,就需要对宗教发动彻底的革命而不是单纯地承认宗教的人本主义性质并以人取代上帝:"批判不知道什么教条主义,它的口号是:要么是人类要么不是人类,要么是死要么是生,要么是一切要么什么也不是。"④

鲍威尔极端的宗教批判态度彰显了他的斗争姿态。在他看来,他对宗教发动的斗争,是为了"人类的幸福、为自由战胜奴役,为真理战胜荒谬"⑤。但是要实现这个目的,仅仅依赖宗教批判还不

---

① [波]兹维·罗森:《布鲁诺·鲍威尔和卡尔·马克思》,王谨等译,中国人民大学出版社1984年版,第113页。

② [德]费尔巴哈:《费尔巴哈哲学著作选集》下卷,生活·读书·新知三联书店1962年版,第85、129、315页等相关论述。

③ Bruno Bauer, *Das entdeckte Christentum*, Neuausgabe, Zürich, Winterthur, 1984, S. 129.

④ Bruno Bauer, *Kritik der evangelischen Geschichte der Synoptiker*, band 3, Leipzig, 1841, S. 312.

⑤ Bruno Bauer, *Die gute Sache der Freiheit und Meine eigene Angelegenheit*, Berlin, 1842, S. 82.

够。基督教尽管是宗教依赖其原则发展的顶端,但它并不是以自我意识为原则的历史发展的终点。因为自我意识的自由不仅是宗教的自由,更是政治的自由。政治自由的实现,需要通过政治批判与革命才有可能,鲍威尔寄希望于普鲁士国家的革命,并认为"问题……将在普鲁士国家获得解决"①。

2. 自我意识的政治批判

对鲍威尔而言,对异化的斗争将在国家之中进行并得到完成,因为国家通过普遍的自我意识使得个人得以联合,这种联合是消灭教会和宗教的有效方式:"我们正行进在国家的土地上,也就是说,正行进在用以消灭有形教会形态的精神生活结构的土地上,更确切地说,它是被联合所取消的……联合是国家的产物,而且只是由于国家,这种联合才能得以实现。这个方案的成功实施就是在国家范围内取消有形教会的最好证明。"② 国家作为联合之所以能够取消有形的教会,在于它是历史上道德和理性观念实现的顶点,是自由和人性的高度表现。③ 鲍威尔将国家认作自由的与人性的,因为国家能够体现理性本性。或者说,鲍威尔试图实现一种理性国家,并将之作为启蒙与科学发展的必然结果与表现:"在青年黑格尔派中,为实现理性国家的本质而提出科学作用这一问题的主要是鲍威尔。他认为自弗里德里希二世以来,普鲁士一直是自由科学的故乡。但是,教会却想使人们怀疑科学,想糟蹋科学,并正煽动国家起来反对科学。以理性力量为一方,而以教会为另一方的冲突是无法避免了,鲍威尔呼吁国家参加这场斗争,支持理性和科学思想的利益,归根

---

① Bruno Bauer, *Der christliche Staat und unsere Zeit*, HJ Leipzig 1841, Reprinted in *Feldzüge der reinen Kritik*, Frankfurt/M, 1968, S. 37.

② Bruno Bauer, Die evangelische Landeskirche Preussens und die Wissenschaft, Leipzig 1840, S. 65.

③ [波] 兹维·罗森:《布鲁诺·鲍威尔和卡尔·马克思》,王谨等译,中国人民大学出版社1984年版,第132页。

到底，也就是支持它自己的利益。"①

鲍威尔理性国家的信念与黑格尔的思想密不可分。黑格尔主张，国家是绝对精神的客观化形态，它以理性精神为其本质。就此而言它不单是实现公民自由和价值的手段，它自身同时就是价值和目的，是自由的表现。国家的制度和法律并不体现统治者的个人意志，相反它展现普遍理性，由此它具有对公民的范导性和规范性。对于理性国家，黑格尔认为："国家作为实体意志的现实性，是它在被提升到它的普遍性中的、作为自在自为的合理性东西的特殊自我意识所具有的现实性。这个实体性的统一是绝对的、不动的目的自身，在这个目的的自身中，自由达到它的最高权利，正如这个最终目的对单个人具有最高权利一样，单个人的最高义务就是成为国家的成员。"② 个体结合为国家去过普遍的生活是个体的目的和使命，个体在国家中的所有活动都依赖于国家这个实体的普遍有效性。

继承了黑格尔国家的本质是普遍精神的思想，鲍威尔进一步强调国家作为联合体所具有的对人类的解放性质："未来属于人民。真理是大众的，因为它是公开的、无懈可击的，也是无所畏惧的。它将和人民共命运，或者更确切地说，人民和真理是一回事，本身都是未来的全能统治者。监护的方式已不再为人民所理解，他们需要真实、勇敢和质朴的方式，仅仅要求能为他们所理解的那种方式。"③ 正是人民的理性本质，要求国家以符合和顺应理性的方式建立对人民的监护。在此种与国家的关系中，国家与人民的关系不是奴役与被奴役，而是相互承认和认可。换言之，只有符合理性的真

---

① ［波］兹维·罗森：《布鲁诺·鲍威尔和卡尔·马克思》，王谨等译，中国人民大学出版社1984年版，第137页。
② ［德］黑格尔：《黑格尔著作集》第7卷，张世英主编，邓安庆译，人民出版社2017年版，第382—383页。
③ ［德］鲍威尔：《阿蒙博士：从现有资料看耶稣生平的历史》第2卷，第185页。转引自［波］兹维·罗森：《布鲁诺·鲍威尔和卡尔·马克思》王谨等译，中国人民大学出版社1984年版，第140—141页。

理规律的国家，才能建立起人与人之间的联系，建立起一个真正的共同体。在其中，人类的本性得到表现，自由得到实现。"对鲍威尔来说，'真正的自由'可能构成人类历史发展的目标和推动力。只有在真正自由的环境中，人类的本性才能充分表现出来，历史的进程可以看作人类自我实现的过程。真正的自由要求个体理解并承认人类的共性。一个真正自由的社会不仅承认人性的'相通性'，还会在社会和政治制度中体现这一点。"①

要在社会和政治制度中体现的真正自由，首先要求在这样一个国家中没有类似宗教曾经获得的特权。"鲍威尔眼中的共同体是一个只有权利而没有特权的国家，在这样的国家中政治是所有人的事。鲍威尔认为，只有在不存在宗教的国家，这些才是可能的。"② 建立共同体不仅需要消灭国家中的宗教特权，满足政治层面的条件；就个体方面而言，个体也需要放弃宗教信仰，并确立对全人类的认同。这一点符合鲍威尔在普遍而非个体的意义上探讨自我意识的理论意图，也与黑格尔及其之后的普遍人格理念探讨相一致。在这个意义上，诺曼·莱文的如下主张就有失偏颇了："对于鲍威尔来说，个体性的自由是首要的，当自我意识批判任何理论立场的时候，这种自由就会被践行出来，这种观点是基于这样一种假设：批判将使个体从错误的哲学原则中解放出来，因而这种批判将扩大个体自由的领域。"③ 诺曼·莱文的批判指出，鲍威尔的自由是个体性的自由，这种自由不在一个普遍的层面上申明全体人类的自由，因此，鲍威尔所主张的解放仅仅是个体的解放和自由活动。然而，正如我们已经指出的，鲍威尔尽管以"自我意识"批判福音书，将自我意识当作历史前进的动力，但"自我意识"并非某一主体的、单属于个体自

---

① ［英］利奥波德：《青年马克思：德国哲学、当代政治与人类繁荣》，刘同舫、万小磊译，中山大学出版社2017年版，第99页。
② Siehe Bruno Bauer, *Die Judenfrage*, Brunswick, 1843, S. 88.
③ ［美］诺曼·莱文：《马克思与黑格尔的对话》，周阳等译，中国人民大学出版社2016年版，第270页。

我的意识，而是黑格尔意义上的"绝对精神"，因此它是一种普遍的精神，它代表一种普遍的人格。只有在这个基础上，我们才能够理解鲍威尔对犹太教的排他性、对基督教的异化性的宗教批判，也才能够理解他基于联合来建立当代国家的政治主张。

在鲍威尔看来，当代国家的一个可参考形态是法国。在法国，民权与政治权利同宗教信仰无关，这使它呈现为一个中立的国家："七月革命废除了法国的国教，使它摆脱了教士的影响，使民权和政治权利独立于宗教而存在。"① 只要将宗教从国家中清除出去，使宗教和教会与国家相分离，宗教就会失去其合法权利："教会只能存在于国家之中，因为在国家之外它没有存在的合法权利。"② 因此，取消教会在国家中的地位和特权之后，个人对宗教信仰的放弃就会是必然结果。当个体放弃了宗教信仰，并在国家中获得与他人平等的权利，在政治上实现其自由，那么个人的自由也就得到了实现。

尽管鲍威尔推崇和欣赏法国的革命实践，但他本人的宗教批判和政治批判都显得太过理论而不够实际。导致这样一个状况的原因在于，鲍威尔更多的是强调从精神的奴役状态中解放出来，亦即从宗教以及宗教化的国家精神权威中获得解放。而对宗教和宗教化国家的斗争，是自我意识发展规律必然导向的阶段和过程，因此斗争首先应该在意识和精神领域之内完成。而这印证了马克思在《德意志意识形态》中的批判，即它还是一种批判的武器而不是武器的批判。鲍威尔本人也将理论看成是"强大的实践"，认为应首先完善理论，从而轻视了真实的社会革命，对他来说"哲学就是对现存事物的批判"③。

---

① Siehe Bruno Bauer, *Die Judenfrage*, Brunswick, 1843, S. 64 – 65.
② Bruno Bauer, *Die evangelische Landeskirche Preussens und die Wissenschaft*, Leipzig 1840, S. 100.
③ Bruno Bauer, *Die Posaune des jüngsten Gerichts über Hegel, den Atheisten und Antichristen. Ein Ultimatum*, Leipzig 1841, Reprinted in *Hegelsche Linke*, Stuttgart – Bad Cannstatt, 1962, S. 172.

3. 马克思对鲍威尔理论的扬弃

鲍威尔的自我意识批判理论在马克思的思想历程中经历了两个阶段：第一个阶段表现为马克思对鲍威尔宗教批判理论的接受，这种接受主要体现在马克思的博士论文中；第二阶段是马克思对鲍威尔自我意识理论的批判扬弃，主要表现在《论犹太人问题》《神圣家族》等文本中。这种扬弃的前提是马克思对鲍威尔思想的认同。马克思的博士论文的选题与见解受到鲍威尔的影响几乎是公认的。在这一文本中，马克思探讨了后亚里士多德的自我意识哲学家，他在为博士论文新写的序言草稿中写道："只是现在，伊壁鸠鲁、斯多亚派和怀疑派体系为人们所理解的时代才算到来了。他们是自我意识的哲学家。"[①] 将那个时代认作是自我意识哲学家的时代，无疑是对鲍威尔哲学及其影响的回应。鲍威尔将基督教认作是古典精神的产物，古典精神的本质一方面在于希腊思想中作为精神的神的概念，另一方面在于罗马哲学对自我意识的重要性的认同。这两种思想的结合产生的后果，就是基督教把人与上帝的关系看作绝对自我意识的统一。因此，从希腊到罗马再到基督教在近代世界占据统治地位，精神的运动都是自我意识推动的结果。鲍威尔的宗教批判正是基于这一点展开的。

马克思此时明确地表达了他对鲍威尔宗教批判的赞同。他指出："对神的存在的证明不外是对人的本质的自我意识存在的证明，对自我意识存在的逻辑说明，例如，本体论的证明。当我们思索存在的时候，什么存在是直接的呢？自我意识。"[②] 神仅仅是自我意识的异化的产物，因此对神的存在的证明本身是对神的不存在的证明，是对有关神的观念的驳斥。[③] 因此，宗教和神学批判的本质，就是

[①] 《马克思恩格斯全集》（第1卷），人民出版社1995年版，第103页。
[②] 《马克思恩格斯全集》（第1卷），人民出版社1995年版，第101页。
[③] 《马克思恩格斯全集》（第1卷），人民出版社1995年版，第101页。

"反对不承认人的自我意识是最高神性的一切天上的和地上的神"①。通过赋予自我意识最高的神性地位,马克思对异化的宗教的批判展开为以下几点:宗教是被歪曲了的自我意识,是颠倒了的世界的总的理论;宗教是反理性的,依照宗教的原则,人不能过真正的生活;宗教体现了人们幻想的幸福,是人民的鸦片,在宗教中只能寻找到非人,而非真正的人。

总的来说,马克思认为宗教是人民的鸦片——这个概括性的观念来自鲍威尔:"布鲁诺·鲍威尔是第一个把宗教比作鸦片的人"②,认为宗教尤其是基督教,建立在剥削与压迫之上,是实现阶级解放与普遍人的解放巨大障碍:"基督教的社会原则宣扬阶级存在的必要性,它们对被压迫阶级只有一个虔诚的愿望,希望他们能得到统治阶级的恩典。基督教的社会原则把国教顾问答应对一切已使人受害的弊端的补偿搬到天上,从而为这些弊端的继续在地上存在进行辩护。"③ 打破阶级、挣脱阶级压迫的首要任务就是破除为统治阶级服务的宗教原则,彻底消灭宗教,这是克服自我意识的异化,重新占有人的本质这一斗争的重要甚至是首要环节,马克思就曾指出:"对宗教的批判是其他一切批判的前提。"④

然而,随着马克思思想的发展,他对鲍威尔思想的态度也由认同转变为了批判。按照诺曼·莱文的说法:"马克思对鲍威尔的批判,主要就在于唯物主义问题。对马克思来说,批判首先并不指向艺术、宗教、哲学,而在于生活的物质决定要素。对马克思来说,自由的胜利并不在于证明黑格尔的思辨哲学束缚了个体性,而在于改变劳动的条件,只有那样产业工人的工资才能让他的家庭得以合乎人道地生存。如果仅仅局限于理论领域,批判将被终结;批判只

---

① 《马克思恩格斯全集》(第1卷),人民出版社1995年版,第12页。
② [波]兹维·罗森:《布鲁诺·鲍威尔和卡尔·马克思》,王谨等译,中国人民大学出版社1984年版,第168页。
③ 《马克思恩格斯全集》(第4卷),人民出版社1956年版,第218页。
④ 《马克思恩格斯文集》(第1卷),人民出版社2009年版,第3页。

有在实践领域才能实现。"① 诺曼·莱文指出了鲍威尔与马克思之间最为关键的差别。鲍威尔的批判只停留在精神之中，而马克思却将批判的矛头直接指向了现实的社会领域，试图通过社会革命实现人的解放和自由："鲍威尔的批判是理论性的。由于不承认唯物主义的重要性，鲍威尔的批判的唯一目标也就只能是理论性的。因为，按照鲍威尔的说法，支配人类的是理论，也只有通过理论的批判才能扩大个体自由的王国。"②

对于鲍威尔而言，他的批判的确"从未迎合过群众"③，他也并不认为应当通过参与政治生活来把自我意识的观点变成现实。"由于群众处于宗教狂热状态、受到意识形态的支配和安于现状，所以鲍威尔对他们深感失望；他对激进主义的幻想也破灭了，因为激进主义已从一只狼变成了一只温顺的、自我满足的羔羊；他反对共产主义为实行教条式的统治和实施比旧的保守主义原则还要糟的意识形态原则而同群众进行合作。"④ 在他看来，纯自我意识在其中包含了所有生存的形式，任何现实化的打算只有在纯自我意识中才能求得生存。因此，实践不能超越自我意识的范围，批判也仅仅在自我意识领域内起作用，并与现实保持距离。

但对革命实践方面的保守态度并不为莱文的以下观念辩护，即"鲍威尔将批判局限于个体的自我意识……对于鲍威尔来说，自由就等同于个体性，而批判就致力于实现最大限度的自由……马克思拒绝了鲍威尔对个体自律的依赖。1845—1846 年，马克思仍然受费尔

---

① ［美］诺曼·莱文：《马克思与黑格尔的对话》，周阳等译，中国人民大学出版社 2016 年版，第 272 页。

② ［美］诺曼·莱文：《马克思与黑格尔的对话》，周阳等译，中国人民大学出版社 2016 年版，第 277 页。

③ Bruno Bauer, *Was ist jetzt Gegenstand der Kritik*, in *Hinrichs Politische Vorlesungen* Vol. II (Review), Charlottenburg 1844. Reprinted in *Feldzüge der reinen Kritik*, Frankfurt/M. 1968, S. 18.

④ ［波］兹维·罗森：《布鲁诺·鲍威尔和卡尔·马克思》，王谨等译，中国人民大学出版社 1984 年版，第 278 页。

巴哈'类存在'概念的影响，他将人类视为天然的社会存在。人类并不是自律的主体性，而是一个阶级、一个团体、一个共同体，它们由社会环境决定。社会学的条件作用是马克思的批判的主要原则"①。莱文认为，一方面，鲍威尔的自我意识是个体性的，他所强调的自由是个体的自由，马克思在后期拒斥了鲍威尔的个体的自我意识理论，并将其普遍化为一种共同体的意识。在另一方面，莱文还指出，马克思将解放的层面从鲍威尔的政治领域扩大为政治和社会两个层面，由此提出人的解放将通过对资产阶级的"市民社会"的克服来实现："在《论犹太人问题》这篇回应鲍威尔的文章中，马克思批判鲍威尔没有理解只有通过政治和社会两个层面的解放，或者说对资产阶级'市民社会'的克服，才能实现人的全面解放。"②

然而，正如我们已经指出的，鲍威尔的理论基础是普遍的自我意识，通过把自由个体的自我意识运用到普遍意识进程中，鲍威尔的理论才能够将历史指认为有规律的发展历程。他的宗教批判与基于宗教批判的政治批判由此才得以展开和进行。"至于普遍性原则（这是马克思关于自由的和创造性的自我意识概念含义的基础），其中倒的确可以看到鲍威尔的特色，它们几乎把鲍威尔和马克思形同的思想都包括进去了。"③ 所以说，马克思对具有普遍性的阶级人格的关注能够从鲍威尔的自我意识理论中梳理出一条线索。

鲍威尔对黑格尔体系中精神要素方面的自我意识的倚重，内在于后黑格尔泛神论人格问题争论的背景。基督教的原则建立起的个体人格的上帝观念，是一种单一的完美人格，它一方面通过其抽象

---

① ［美］诺曼·莱文：《马克思与黑格尔的对话》，周阳等译，中国人民大学出版社2016年版，第271页。

② ［美］诺曼·莱文：《马克思与黑格尔的对话》，周阳等译，中国人民大学出版社2016年版，第284页。

③ ［美］诺曼·莱文：《马克思与黑格尔的对话》，周阳等译，中国人民大学出版社2016年版，第184页。

性否认了真实的人格，另一方面凭借其完美性获得相对于人民的崇高地位与特权，由此实施对人民的统治。此种模式在政治领域的平移类推，就是国王具有绝对统治权的政治体制与结构。因此，通过消解具有特权的个人人格、建立普遍人格以展开对宗教以及借由宗教得到辩护的政治制度的批判，符合理论的发展逻辑。在黑格尔的体系之中，人与上帝的自我意识的统一被称为绝对精神，鲍威尔在其理论中弃用了该术语，但并没有更改它的内涵与本质。在这个意义上，不能认为鲍威尔的自我意识理论是向费希特的自我意识理论的"倒退"。

鲍威尔用自我意识确立了一种普遍的人格概念，这种人格以弥散的方式为每个个体所拥有，由此，一个以人格为基础的共同体、联合体或群体就具有了现实的可能性甚至必要性。人格的普遍性与个体的现实性之间存在张力：普遍的人格观念将使得主体在权利与自由的关系中成为一个空的承载者，权利与自由对于他而言仅仅是一种许诺；只有在社会中的个体人格才具有可信度，并真正承担起权利与自由以及由此带来的义务，从而将自由切实化。因此，权利与自由的空场的消除依赖于社会中普遍人格与个体人格之间的和解。从鲍威尔的政治批判看出，他还并没有完全意识到普遍人格只有在社会中才能够得到确实的落实。但马克思是看到了这一点的，莱文指出："马克思不再关注个体自由，而关心阶级自由。因为人类天生就是社会性的，自由也只有以社会的方式才能定义。只有社会总体的全部生产力被社会中的每一分子所共同管理时，只有当自然也成为人类身体的另一种物质代谢时，人类才能自由。"[①]

以阶级为依托，马克思分离出了一个特殊的群体。它应当一方面具有明显的群体特性，该特性将作为完整统一的人格与人性的目标和模板。在另一方面，个体在群体之中充分发挥它所具有的创造

[①] ［美］诺曼·莱文：《马克思与黑格尔的对话》，周阳等译，中国人民大学出版社2016年版，第271页。

性与生产力，以推动群体特征的实现并同时获得自身的解放和完善。这个群体马克思认为是无产阶级：它的人格在普遍性和个体性上都被剥夺了，这种绝对异化赋予了他们最为强有力的革命动力和能量。通过无产阶级革命，最终被恢复的将是在类上和个体上都是真正的人的完善的个体自我。在这个意义上，自我并非如布雷克曼所认为的，经由青年黑格尔派被废黜了①，而是相反，真正的自我以鲍威尔为中介最终将在马克思的理论中被建立起来。

三 费尔巴哈的感性理论

"自从黑格尔逝世后，这（费尔巴哈《基督教的本质》出版——笔者著）在德国是最重要的哲学事件。它同时标志着青年黑格尔主义潮流以及从运动内部反黑格尔的反作用力的顶点。在接下来那年，费尔巴哈出版了《关于哲学改造的临时纲要》，以及在1843年出版了另一部重要著作《未来哲学原理》。这些著作在黑格尔哲学的自我意识世界中产生了极大的骚动。"②费尔巴哈对黑格尔哲学的批判，在黑格尔的辩证法被看作"死狗"这个变化上，负有很大的责任（马克思语）。费尔巴哈的《基督教的本质》这部著作的一个中心任务，就是使得"被基督教信仰扭曲的政治的、市民的和社会的生活得到解放"③，而他实现这个任务的方式就是分离基督教和"人"。在费尔巴哈看来，人应该是"基于自然的真正的人"，他的本质性特点在于他的感性。

1. 费尔巴哈的感性批判

当然，费尔巴哈批判的直接对象——黑格尔——并非没有讨论

---

① [美] 沃伦·布雷克曼：《废黜自我：马克思、青年黑格尔派及激进社会理论的起源》，李佃来译，北京师范大学出版社2013年版，第21页以及相关论述。

② [美] 罗伯特·C. 塔克：《卡尔·马克思的哲学与神话》，刘钰森、陈开华译，天津人民出版社2018年版，第71页。

③ [美] 沃伦·布雷克曼：《废黜自我：马克思、青年黑格尔派及激进社会理论的起源》，李佃来译，北京师范大学出版社2013年版，第98页。

过感性，但是黑格尔只是在《精神现象学》的开端处论及感性，并且他将感性的确定性作为第一个也是最初级的意识形态来扬弃。黑格尔认为感性能够提供确定性，它"显得好像是最丰富的知识，甚至是一种无限丰富的知识"[1]，但事实上却是"最抽象、最贫乏的真理"[2]。因此，感性确定性的真理性指向普遍的东西，它必定要被更加普遍的东西扬弃。从而，欲望主体作为精神发展的一个阶段，仅仅是抽象的自我的抽象活动。然而马克思却认为需要把对象世界归还给人，认识到"感性意识不是抽象的感性意识，而是人的感性意识"[3]，因此要承认感性，并从感性入手承认人的现实性。这个观念无疑是来自费尔巴哈的影响。青年马克思赞赏费尔巴哈对黑格尔辩证法的解读，认为他"论证了要从肯定的东西即从感觉确定的东西出发"[4] 的原则，从而奠定了唯物论和科学的基础。

对在黑格尔那里一出场便立即被扬弃的感性的坚持，正是费尔巴哈批判黑格尔的一个绝佳切入点。费尔巴哈指出："可是这难道是对感性意识的实在性的一个辩证的反驳吗？难道这样一来普遍的东西便被证明为实在的东西吗？对于预先已经确认普遍的东西为真实的东西的人来说，诚然可以这样说；但是对于感性意识，对于我们来说，却不能这样说，我们是站在这个立场上，或者采取这个立场，并且愿意相信感性存在是不实在、而思想是实在的！……感性的、个别的存在的实在性，对于我们来说，是一个用我们的鲜血来打图章担保的真理。在感觉领域内，可说是：以眼还眼，以牙还牙。"[5] 普遍的东西无法否定感性的、个别的存在，"约翰·阿道尔夫"这个

---

[1] ［德］黑格尔：《精神现象学》（上卷），贺麟、王玖兴译，商务印书馆2011年版，第71页。

[2] ［德］黑格尔：《精神现象学》（上卷），贺麟、王玖兴译，商务印书馆2011年版，第71页。

[3] 《马克思恩格斯文集》（第1卷），人民出版社2009年版，第204页。

[4] 《马克思恩格斯文集》（第1卷），人民出版社2009年版，第200页。

[5] ［德］费尔巴哈：《费尔巴哈哲学著作选集》上卷，商务印书馆1984年版，第68页。

普遍的名称并不能否定一个名叫"约翰·阿道尔夫"的人的真实性。因此,黑格尔以感性所应该指向的普遍性对感性存在的否定在费尔巴哈看来不能成立。

对费尔巴哈而言,感性才提供真正的认识:"只有那种不需要任何证明的东西,只有那种直接通过自身而确证的,直接为自己辩护的,直接根据自身而肯定自己,绝对无可怀疑,绝对明确的东西,才是真实的和神圣的。但是只有感性的事物才是绝对明确的;只有在感性开始的地方,一切怀疑和争论才停止。直接认识的秘密就是感性。"① 与黑格尔的精神相对,费尔巴哈的"感性"落脚在被黑格尔轻视的自然与人。费尔巴哈指出,"哲学是关于真实的、整个的现实界的科学;而现实的总和就是自然(普遍意义的自然)。最深奥的秘密就在最简单的自然物里面,这些自然物,渴望彼岸的幻象的思辨者是踩在脚底下的。只有回到自然,才是幸福的源泉"②。哲学是关于自然的科学,同时"哲学上最高的东西是人的本质。……一切想要超出自然和人类的思辨都是浮夸"③,所以,哲学是关于人的本质的理论,人并不是思辨精神的一个环节,而是从感性中获得真理、在自然中存在的感觉着的人。

在《论"哲学的开端"》一文中,他深刻地写道:"但是,如果你的眼睛瞎了,耳朵聋了,味觉和嗅觉也不灵了,你不会在肉体上和精神上感到最大的软弱和不幸吗?难道你不会在一天里面成千遍地悲痛并叫喊:噢,归还给我,我的感觉?!你不是因此就等于公然承认并宣布:你的感觉是你的自我的财产;你,在我说来的你,——你自身,而不仅是你的身体,——如果没有感觉或只有不

---

① [德] 费尔巴哈:《费尔巴哈哲学著作选集》上卷,商务印书馆1984年版,第170页。
② [德] 费尔巴哈:《费尔巴哈哲学著作选集》上卷,商务印书馆1984年版,第83页。
③ [德] 费尔巴哈:《费尔巴哈哲学著作选集》上卷,商务印书馆1984年版,第84页。

完善的感觉,就将是可怜的残废者?难道,这些因失掉这些感觉而变得残缺不全的自我,——例如,你的自我或者,至少,我的自我,——作为一个承认因失掉自己身体的一部分而失掉自我的一部分的诚实的人,还算是一个思辨的自我吗?"① 感觉,不仅是抽象意义上的自我的感觉——黑格尔意义上的感觉,更是属于身体的感觉,人的味觉、嗅觉和听觉等。所以,作为哲学的本质的人,具有有形的身体并且通过感觉定义他自身。这是对黑格尔以来的哲学的颠覆,用马克思的话说就是:"费尔巴哈这样解释了黑格尔的辩证法……他扬弃了无限的东西,设定了现实的、感性的、实在的、有限的、特殊的东西。"②

然而,对马克思来说,费尔巴哈对感性的、现实的人的承认并不足以使他成为一个新唯物主义者。在《关于费尔巴哈的提纲》中,马克思就对费尔巴哈所代表的唯物主义的思维方式进行了批判,他指出:"从前的一切唯物主义——包括费尔巴哈的唯物主义——的主要缺点是:对事物、现实、感性,只是从客体的或者直观的形式去理解,而不是把他们当做人的感性活动,当做实践去理解,不是从主体方面去理解。"③ 在马克思看来,尽管之前的唯物主义,包括费尔巴哈的唯物主义以该名自称,但他们事实上并没有超脱出理论的领域,没有看到现实存在着的、活动的人:"诚然,费尔巴哈与'纯粹的'唯物主义者相比有很大的优点:他承认人也是'感性对象'。但是,他把人只看作是'感性对象',而不是'感性活动',因为他在这里也仍然停留在理论领域,没有从人们现有的社会联系,从那些使人们成为现在这种样子的周围生活条件来观察人们——这一点且不说,他还从来没有看到现实存在着的、活动的人。"④ "活动"

---

① [德]费尔巴哈:《费尔巴哈哲学著作选集》上卷,商务印书馆1984年版,第170页。
② 《马克思恩格斯文集》(第1卷),人民出版社2009年版,第200页。
③ 《马克思恩格斯文集》(第1卷),人民出版社2009年版,第503页。
④ 《马克思恩格斯文集》(第1卷),人民出版社2009年版,第530页。

及其所代表的创造性和生产性才是感性存在的人的活生生的本质，在这个语境下，社会以及社会关系才成为人的实践对象。

因此，马克思说："这里所说的个人不是他们自己或别人想象中的那种个人，而是现实中的个人，也就是说，这些个人是从事活动的，进行物质生产的，因而是在一定的物质的、不受他们任意支配的界限、前提和条件下活动着的。"[①] 然而，以这样一种活动着的人的概念来批判费尔巴哈的人的仅仅是"感性的对象"是否完全恰适呢？的确，费尔巴哈强调"人的存在只归功于感性"，认为"生就是活着，感觉着，表露着感觉"[②]，但对人的感性存在的肯定，并没有使其忽视人的活动维度，或者说，费尔巴哈的感性概念在其本身就具有相当的能动性。

2. 费尔巴哈的感性欲望主体

吴晓明在《形而上学的没落》一书中指出，费尔巴哈所说的感性应该从以下四点获得提示。第一，感性意味着有痛苦，能够感受到痛苦的；第二，感性意味着时间和空间，意味着在时间和空间内的存在；第三，感性意味着生命，意味着生命的不可分割性；第四，感性意味着爱，意味着在爱之中。[③] 这在费尔巴哈以下文字中得到印证："没有限制、没有时间、没有痛苦的地方，也就没有性质、没有力量、没有精神、没有热情、没有爱。只有感到痛苦的实体才是必然的实体。没有需要的存在是多余的存在。什么需要都没有的东西，也就没有存在的需要。存在或者不存在是一样的——对于它自己是一样的，对于其他的人也是一样的。没有痛苦的实体是一种没有根据的实体。只有能感到痛苦的东西才值得存在。只有具有丰富的惨痛经验的实体才是神圣的实体。没有痛苦的实体是一种没有实体的

---

① 《马克思恩格斯文集》（第1卷），人民出版社2009年版，第524页。
② ［德］费尔巴哈：《费尔巴哈哲学著作选集》上卷，商务印书馆1984年版，第213、208页。
③ 吴晓明：《形而上学的没落》，北京师范大学出版社2017年版，第327—332页。

实体。没有痛苦的实体不是别的，仅仅是一种无感觉、无物质的实体。"①"痛苦"作为人的感性表征，指向人在有物缺乏状态下的感受，它一方面确证痛苦这一感觉之承担者的感性实体，另一方面预设了需求得到满足的欲求状态，在这个状态之中，主体才是真正的感性主体。因此，费尔巴哈说："上帝具有一切人的欲望而没有欲望，爱而不爱，怒而不怒。"②

费尔巴哈这里道出了"缺乏"或"所欲"以及由它所表示的有限性对于存在的本质意义。正因为有所欲，欲望才是欲望；爱之对象在自身之外，爱才是爱。对象或者说"相对"、有物所对的结构是欲望、爱和愤怒的基本构成，无对象则无与之相对的感情和概念，由此，事物是在时间之中的、有朝向性的、感性的运动，而不是抽象的命题。所欲之结构，构成了感性存在的真正本质，这种本质指向"需要"和"生成"。这一理论信念，可以追溯到神秘主义者波墨。

波墨认为有七种永恒自然的本质和特性，它们分别是：欲望；欲望和运动或吸引力；感受性；作为永兴自然之形式的"精神之火"；爱情的火；声音、声响或理解；本质。在这七种特性中，精神之火的痛苦和燃烧产生于前三种特性所具有的毁灭性，它构成通过"神的呼吸而形成的'涌出的意志'，也构成统一"③。欲望反向的对主体之缺乏的确证，在主体身上不仅造成痛苦的感受，也激发主体向外的欲求。在这个基础上再去理解费尔巴哈的以下批判就不是盲目的："斯宾诺莎虽然将物质当作实体的一种属性，却没有将物质当作感受痛苦的原则，这正是因为物质并不感受痛苦，因为物质是单

---

① ［德］费尔巴哈：《费尔巴哈哲学著作选集》上卷，商务印书馆1984年版，第110页。
② ［德］费尔巴哈：《费尔巴哈哲学著作选集》上卷，商务印书馆1984年版，第110页。
③ ［德］费尔巴哈：《费尔巴哈哲学著作选集》上卷，商务印书馆1984年版，第328页。

一的、不可分的、无限的，因为物质和与它相对立的思维属性具有相同的特质，简言之，因为物质是一种抽象的物质，是一种无物质的物质，正如黑格尔逻辑学的本质是人和自然的本质，但是却没有本质、没有自然，没有人一样。""没有痛苦的实体不是别的，仅仅是一种无感觉、无物质的实体。"①

这说明，在费尔巴哈看来，痛苦是人的感觉的深刻表达，它产生于欲望的结构，而欲望的动态过程就是人和哲学的生成和实现过程。他说："人的最内秘的本质不表现在'我思故我在'的命题中，而表现在'我欲故我在'的命题中"②；以及"只有从思维的否定中，从对象的确定中，从欲望中，从一切快乐和烦恼的来源中，才能创造出真实的、客观的思想，真实的、客观的哲学"③。被马克思认作"感性的对象"的费尔巴哈的人，是生成性的和创造性的，这种创造性从根本上来说不是来源于感性，而是来源于欲望。正是欲望具有对主体的生成和建构，使得感性的人超出确定的存在，从事创作和生产。

可以看出，相较于黑格尔非常明确地指出欲望在精神发展过程具有对主体的生成作用，费尔巴哈更多的是从感性存在的必然性中倒推出欲望对感性存在的本质意义以及主体由此所具有的创造性能。然而，这种理论展开方式上的差异并不意味着欲望概念在二者理论中具有相异的结构，相反，在费尔巴哈这里，与在黑格尔那里一样，欲望都是以"有对"的结构出现的：即欲望的存在必须有其对象，对象的外在性，以及由此表明欲望主体的"缺乏"促使主体运动以便达到对象，实现完

---

① [德] 费尔巴哈：《费尔巴哈哲学著作选集》上卷，商务印书馆1984年版，第110—111页。

② [德] 费尔巴哈：《费尔巴哈哲学著作选集》上卷，商务印书馆1984年版，第591页。

③ [德] 费尔巴哈：《费尔巴哈哲学著作选集》上卷，商务印书馆1984年版，第111页。

满。在这个过程中，欲望的结构呈现为两个要素：能动性与感性。在黑格尔那里，被强调的是欲望的能动性，它被用来当作自我意识向前推进的动力，但是对感性存在、欲望对象的轻视使得欲望仅仅沦为自我的一种精神活动，这种精神化消解了欲望的对象维度，从而也就放弃了欲望主体所具有的对感性世界的生产潜力。在费尔巴哈这里，情况有所不同。费尔巴哈更侧重感性对象及其存在，也就是强调欲望主体的感性本体维度，对主体由欲望推动对自身的生成以及对外在的感性世界的构建极少提及。这使得他在马克思那里被归结为一般唯物主义的一个实例。马克思对费尔巴哈理论中能动的实践方面的批判和期待，预示了一门充分发挥了欲望结构的双重要素的理论。能动的欲望主体不单自我生成，同时凭借在意识之外的感性的现实存在，具有对感性世界的改造和生产的能力。在马克思那里，作为感性世界的一部分的主体与世界不断地积极互动，最终与世界共同构成一个以需要为导向的有机整体。

3. 马克思对费尔巴哈"感性主体"的扬弃

马克思对费尔巴哈的批判集中在人的概念之上，认为他仅仅将人当作感性的存在，忽视了人的能动的活动方面。这正如罗伯特·C. 塔克所说的："费尔巴哈通常在类的（generic）或者集合的意义上使用'人'这个词。他的人类主体是人类的种、类。这种类（species）是真正的存在，个体的人只是类生活的一个个别例子。"[①]对马克思而言，费尔巴哈的"人"还是抽象的人，他的"感性"也是抽象的概念，还没有达到活生生的人。虽然马克思也从类的方面基于阶级的特性考察人类，但他的人的概念并没有停留在这里，在马克思那里，"全部人类历史的第一个前提无疑是有生命的个人的存

---

① ［美］罗伯特·C. 塔克：《卡尔·马克思的哲学与神话》，刘钰森、陈开华译，天津人民出版社2018年版，第78页。

在"①。人是具有生命力的，是能动的、具有欲望的感性存在："人作为自然存在物，而且作为有生命力的自然存在物，一方面具有自然力、生命力，是能动的自然存在物；这些力量作为天赋和才能、作为欲望存在于人身上；另一方面，人作为自然的、肉体的、感性的、对象性的存在物，同动植物一样，是受动的、受制约的和受限制的存在物，就是说，他的欲望对象是作为不依赖于他的对象而存在于他之外的；但是，这些对象是他的需要的对象；是表现和确证他的本质力量所不可缺少的、重要的对象。"②

马克思的定义表明他认为人是能动和受动的综合。人具有生命力、自然力，这是它的能动方面，通过欲望表现出来。对人而言，欲望不是某种负面的追求，它是积极的天赋和才能，推动人去活动，是一种推力。在另一方面，人是受动的、有限的，这种受动表现在感性的人的欲望对象在他之外，构成人的需求对象。没有欲求对象，欲望无法实现，欲求对象确证欲求能力和人的本质；没有欲望，欲求对象就只是在人之外的一种存在，并不与人发生关系。欲望与欲求对象是一体的，或者说，"人作为一种源于自然的存在物，在其身上潜藏着自然赐予的种种天赋能力，使这些能力得到发展和实现，就构成了人的需要和目的。这些需要从最基本的生命存在的需要到人的全部天赋能力的全面而自由的发展，构成了一个需要的体系，因而意识也就构成了一个目的的体系"③。

在马克思这里，感性主体不仅通过自己的欲求能力定义自己——类似黑格尔意义上主体对自己的生成，而且通过需要体系建立主体在世界和历史中的坐标。这种转变之可能性前提之一，是马克思在理论中接受了费尔巴哈所揭示出来的事实，即人也是感性的、在感性世界中的存在。但同时，他也推进了费尔巴哈的观念，即指

---

① 《马克思恩格斯文集》（第 1 卷），人民出版社 2009 年版，第 519 页。
② 《马克思恩格斯文集》（第 1 卷），人民出版社 2009 年版，第 209 页。
③ 陈晏清、王南湜、李淑梅：《现代唯物主义导论》，北京师范大学出版社 2017 年版，第 243 页。

出人自己的完善不单是向内的、内化的，也是向外的、面向感性世界的；不仅是对自己的生成，也是历史的生产："人们之所以有历史，是因为他们必须生产自己的生命。"① 人与历史彼此满足，相互促进。从抽象的意义上说，从欲望到需要的发展伴随的是人的劳动的一般化与客观化，需要具有一个外化的结构。于是，需要具有相对于欲望在劳动中、由对象所决定和要求的规范性与普遍性，是具有持续动力的欲望及其满足。因此，尽管马克思从来没有明确地给出一个需求的定义，但可以看出马克思"更倾向于把需要作为一个非经济的、历史哲学的、人类学的价值范畴来看待的"②。

马克思对费尔巴哈感性理论的扬弃还有一个具有十足重要性的理论基点，这个基点就是马克思关于费尔巴哈的第十一个论题所表达的："哲学家们只是用不同的方式解释世界，问题在于改变世界。"③ 而这一点指向的，是青年黑格尔派的另一个重要人物，被科尔纽指认为是社会激进主义的莫泽斯·赫斯。

四　赫斯的行动哲学

莫泽斯·赫斯既是马克思主义思想发展史上非常重要，也是马克思主义研究中被忽视的人物。尽管如此，由赫斯理论导致的争论在马克思哲学研究中却具有十足的重要性。广松涉主张赫斯作为恩格斯与马克思结盟的第三人，对马克思具有压倒性的影响。④ 张一兵认为广松涉的观念过分夸大了赫斯对马克思的影响。⑤ 在兹维·罗森看来，赫斯先于马克思恩格斯系统地诠释了共产主义意识，并厘定

---

① 《马克思恩格斯文集》（第1卷），人民出版社2009年版，第533页。
② Agnes Heller, *The Theory of Need in Marx*, New York: ST. Martin's Press, 1976, p. 27.
③ 《马克思恩格斯文集》（第1卷），人民出版社2009年版，第502页。
④ ［日］广松涉：《早期马克思像的批判的再构成》，载于［德］赫斯：《赫斯精粹》，邓习议编译，南京大学出版社2010年版，附录。
⑤ 张一兵：《赫斯：一个马克思恩格斯的重要思想先行者和同路人》，载于［德］赫斯：《赫斯精粹》，邓习议编译，南京大学出版社2010年版，代译序。

了实践哲学。① 科尔纽坚持赫斯在马克思恩格斯之前作出了建立社会主义理论的尝试，但他失败了的观点。② 以赛亚·伯林则极端地认为赫斯没有独创性的思想，只是个满腔热情的马克思主义者。③ 这些不同甚至对立的观点表明，对赫斯理论及其思想来源的澄清，既关涉他与马克思理论的关系定位问题，又关涉共产主义理论的历史问题。卢卡奇认为赫斯作为离马克思最近的德国唯心主义哲学家，时常退回到费希特的立场来阐述他对辩证法的理解④。基于赫斯理论中鲜明的费希特要素和立场，科尔纽认为费希特理论是赫斯思想的基石之一⑤。这意味着，对赫斯行动哲学及其与费希特哲学的关系的澄清，对于理顺从费希特到马克思的哲学脉络的发展具有十足的重要性，这无疑也构成了本书的一个理论支撑。

1. 行动哲学及其基本原则

赫斯的哲学以"行动哲学"之名为人所知，1840年以降，赫斯逐渐形成以行动哲学为基础的共产主义思想。在1841年发表的《欧洲三头政治》中，赫斯批判黑格尔绝对精神的哲学体系的划分"潜伏诸多的虚荣和恣意""满是玄学味"⑥，指责黑格尔哲学停留于单纯的理念，将真实的行动抛却在体系之外。他指出，尽管黑格尔深信自己超越于绝对的精神哲学的东西，并且已经涵盖了行动，但

---

① ［波］兹维·罗森：《赫斯对法国社会主义的慧识及他与马恩合作的〈社会主义作家文从〉计划》，《湖州师专学报》1994年第1期。
② Siehe Auguste Cornu und W. Moeke, "Einleitung", in *Moses Hess. Philosophische und Sozialistische S–chriften*, 1837—1850, Berlin: Akademie–Verlag, 1961, S. XXII.
③ ［英］伯林：《卡尔·马克思：生存与环境》，李寅译，译林出版社2018年版，第80页。
④ Siehe G. Lukacs, *Moses Hess und die Probleme in der idealistischen Dialektik*, Leipzig, 1926, S. 21.
⑤ Siehe Auguste Cornu und W. Moeke, "Einleitung", in *Moses Hess. Philosophische und Sozialistische S–chriften*, 1837—1850, Berlin: Akademie–Verlag, 1961, S. XXXV.
⑥ ［德］赫斯：《赫斯精粹》，邓习议编译，南京大学出版社2010年版，第13页。

"黑格尔的哲学是绝对的精神的行动中的更为出色的主观的精神的行动"[1]。因此，黑格尔的绝对精神并不是真正的世界精神，而真正的世界精神是从内向外的一贯行动，它提出从精神自由出发过渡到行动的要求。赫斯认为这种过渡在他之前的一些哲学家的著作中已经得到一定程度的论述，这其中就包括费希特。赫斯把行动当作自己哲学的最高原则[2]的思想在 1843 年发表的《行动哲学》中得到深化。科尔纽指出，通过回溯到费希特的哲学，这部著作解决了黑格尔理论中主体与客体统一的问题，并将意志与世界对设起来。[3] 在该文一开篇，赫斯就提出"一切在于行动而不是存在"[4]，以行动的"我思"取代静止的"我在"，并认为精神活动是主体承认的第一个事物。

赫斯将行动作为第一原则与费希特以本原行动作为人类知识绝对第一、全然无条件的原理（费希特耶拿早期的知识学著作《全部知识学的基础》的第一原理）采用了同一个理论原点。行动的第一性及其创造性是事物被创造和被认识的前提条件。基于与费希特相同的行动的基本原理，赫斯用活动定义"主体"，并认为自我是思维主客体的统一。在他看来，思维主客体之间的差异并不是现实的内容，相反，正是二者的统一构成了一个有内容的自我命题，一个经过论证的我。思维主体一旦离开思维客体，就是一种没有内容的、空洞的轻信，因此"我是我"这样的命题并不提供任何关于自我的知识，只有"我思"——作为一种以自我意识为对象的认识活动，才证实自己与自己的等同性和统一性。就此，赫斯将哲学的出发点

---

[1] ［德］赫斯：《赫斯精粹》，邓习议编译，南京大学出版社 2010 年版，第 13 页。

[2] ［英］麦克莱伦：《青年黑格尔派与马克思》，商务印书馆 1982 年版，第 148 页。

[3] Siehe Auguste Cornu und W. Moeke, "Einleitung", in *Moses Hess. Philosophische und Sozialistische S‐chriften*, 1837—1850, Berlin: Akademie‐Verlag, 1961, S. XVIII.

[4] ［德］赫斯：《赫斯精粹》，邓习议编译，南京大学出版社 2010 年版，第 83 页。

规定为一个"自觉的我",一个通过思维活动完成的行为:"生命的运动对于自己本身表现为另一回事,或者说表现为区别于自身但在这种自我他者化或自我区别中承认与自身的统一性。"① 赫斯的这个对自我的第一行动的描述可以区分为一个包含三个要素的过程。生命的运动从一个对自身的还未具有自我意识的精神实体状态,通过自身的一种他者化获得一个他者意识,从而建立起一个与自身相对的"他者",将其作为思维的客体。

通过主体他者化以使主体获得客体的模式也是费希特《全部知识学的基础》中的知识学第二原理——反设原理——表达的自我获得其表象内容的机制。费希特指出"相对于自我,直截了当地对设起来一个非我"同样是确实的、能够被无条件地承认的。② 在自我之内对设起一个非我,就为自我建立起了一个对立面,由此构成对自我的否定和限制。通过对这种限制性的克服,自我重新回到自身,在这个过程中它获得丰富的内容。③ 自我的他者化是自我获得内容的机制。内容是在自我之内、由自我建立起的一个障碍,它能够被自我克服并再度返回到自身。通过这个离开——返回的过程,自我获得自身的统一性:思维主客体的统一。

尽管这个自我获得的行动被赫斯形容为是"自我""在镜子里发现它自己的生命之后,又回到自身"④,类似于德国古典哲学中自身反思的自识模式,但赫斯并不认为这是一种"反思"。在他看来,反思是静止的,而自我通过思维获得的自我统一却是一种不断变化的、永恒的运动,像是一种生命。这种精神行为(Geist – That)作为一种非反思的直接行动,完全凭借自我、通过自我并且是为自我

---

① [德] 赫斯:《赫斯精粹》,邓习议编译,南京大学出版社2010年版,第85页。
② [德] 费希特:《费希特文集》(第1卷),商务印书馆2014年版,第514页。
③ [德] 费希特:《费希特文集》(第1卷),商务印书馆2014年版,第631页。
④ [德] 赫斯:《赫斯精粹》,邓习议编译,南京大学出版社2010年版,第83页。

而直接地发生和进行,因此是自我决定的和自我限制的:"也就是说,'我'自我决定、自我限制,'我'在这个自我分化和自我限制中,认识到'我'固有的统一性或自由的自我决定。撇开这个行为,就没有真正的'我',也没有统一性。"①

赫斯主张的自我活动的辩证性,与费希特知识学的根据原理具有相似的内核。根据原理在费希特《全部知识学的基础》中被称为知识学的第三原理,其内容是:"自我在自我之中与可分割的自我相对立,对设一个可分割的非我。"② 自我对非我的对设是自我的行动,并且是在自我之内发生,因此,在意识之内主体与客体的对立之克服和统一并不依赖某种外在的强力的作用,同时这种统一内在地必然发生。

可以看出,科尔纽指认赫斯的行动理论回到费希特,不单在于赫斯明显地使用了费希特的术语与推演结构,还在于赫斯指认费希特的哲学是真正的行动哲学。赫斯认为,"生命就是活动。活动就是通过设定与扬弃生活的对立面的统一性的回复,就是通过打破了自我与非我的活动界限而创造一种生活的统一性和自我的统一性。一句话,活动就是自我创造,精神通过自身的自我创造而认识到这个活动的规律"③。一方面,生命的动态过程由自我与非我之间界限的克服来推进。自我与非我之对立与克服正是费希特理论的基本结构。另一方面,活动是自我对自身的创造和认识,它具有斯宾诺莎的实体所不具有的能动性和生产性。这种生产性就是马克思在评价黑格尔的哲学时指出的费希特要素——"自我意识"。进一步,赫斯认为费希特哲学在践行精神哲学的任务上更为积极:"精神哲学的任务在于成为行动的哲学……在这方面,费

---

① [德]赫斯:《赫斯精粹》,邓习议编译,南京大学出版社2010年版,第85页。

② [德]费希特:《费希特文集》(第1卷),商务印书馆2014年版,第521页。

③ [德]赫斯:《赫斯精粹》,邓习议编译,南京大学出版社2010年版,第85页。

希特比新的哲学走得远得多。"①

2. 现实个体及其自由

赫斯对费希特的理论认识表明，他精到地看出了费希特超出唯心主义体系的理论自觉和企图。费希特在总结知识学时指出："生命和意识的原则，生命和意识所以可能的根据，当然都是包含在自我之中的，然而……在知识学看来，一切现实的最终根据，对自我而言，是自我同它之外的某种东西之间的一种原始交互作用。……知识学是属于实在论的。"② 就是说，费希特认为理论主体与现实世界之间的对立具有外在性，现实个体通过实践在二者之间进行中介。按照费希特，理论主体与现实生活相对立，并原初地与其具有交互作用，通过这种作用，主体感觉到它的存在，并进而将之意识化。这种意识化可以被看作现实实践对理念的介入和对其自身圆成的打破。因此，从一开始费希特就自觉区分了作为自我演化之历程的理论与现实个体的实践，前者是类似黑格尔的概念自我圆成的发展史，后者则是人类实践性存在的创造史，二者处于相互介入和作用的关系之中。

理论主体与现实个体之间的嵌入关系，正如我们已经指出的，在后黑格尔理论争辩中表现为"人格"观念。19世纪早期德国基督教文化的知识分子围绕自我展开的关于人格的本质的辩论关涉到宗教、政治和社会各个方面。关于上帝之人格的讨论、普鲁士国家中君主对于国家的个人统治权的问题、人格观念作为市民社会的重要基础的问题构成了德国的政治神学在20世纪30年代之后的政治重建时期的核心争论。布雷克曼认为这种以人格为中心的理论建构是

---

① [德]赫斯：《赫斯精粹》，邓习议编译，南京大学出版社2010年版，第96页。
② [德]费希特：《费希特文集》（第1卷），商务印书馆2014年版，第696—697页。

一种特殊的、强有力的"三位一体"的结合。① 在此文化背景之下，赫斯批判宗教和政治："它们让一种抽象、让一种除了在个体本身中决不真实的'普遍'去吞并现实的生活、现实的个体的生活。"② 这表明，赫斯认为宗教和政治的统治方式是以其虚假的普遍性建立起一个抽象的共同利益来联系彼此对立的个体。共同利益对个体而言是外在的，不是出于其自身的自由选择，因此无法实现其统合个体的目的，并最终成为对个体而言的异化统治。因此，对抗宗教和政治导致的奴役状态和专制政治，需要摆脱抽象的唯物论和抽象的唯心论，建立共同利益与实践个体之间的真实连接，其方式是通过个体自由的交往建立起一个社会主义社会。③

更早于赫斯，费希特被认为是德国第一个社会主义者，发表了第一部社会主义性质的著作《闭锁的商业国》。在这部著作中，费希特提出，要在共同生活的范围内合乎目的地建立某种东西，以限制每个人的为所欲为导致的冲突和破坏，只有一条出路，那就是人们彼此订立契约。根据这个契约产生出每个人专有的权利——首先是财产权，国家是基于这个契约、以保护财产为职能而建立起来的组织。因此，与黑格尔认为国家是出于理性的必然性而建立，是伦理观念的实现不同，费希特对国家的认识更倾向于黑格尔所批判的契约理论。但是国家并不由于是人的契约的产物而缺乏普遍性原则，因为"人的任何活动都以能够生活为目的。所有被大自然赋予生命的人都有同样的权利，谋求这种生活的可能性"④。费希特这一观念与康德的道德目的论具有类似性。按照博格的说法，"道德关怀是就

---

① [美] 布雷克曼:《马克思、青年黑格尔派与激进社会理论的起源》，李佃来译，北京师范大学出版社2018年版，第12页。
② [德] 赫斯:《赫斯精粹》，邓习议编译，南京大学出版社2010年版，第91页。
③ [德] 赫斯:《赫斯精粹》，邓习议编译，南京大学出版社2010年版，第92页及之后。
④ [德] 费希特:《费希特文集》（第4卷），商务印书馆2014年版，第15页。

人而言的，而人有自由行动和依据道德行动的能力，有不受制于自然本能去独立确定目的的能力。"而"目的世界的规定是：追求自己的实质目的的每个成员，不能利用、阻止或者漠视他人对可被允许的实质目的的追求"①。

也就是说，在费希特看来，人对自己的自由活动的限制是自己自觉的、主动的精神和实践行动，是人实现自己自由的手段："在他的财产理论中，一种宽泛的财产观伴随着对如下事实的承认，即财产权可能限制人的自由，同时也是一种实现自由的手段。"② 个体以财产为中介实现自身的自由预设了主体间的交往关系，"费希特把财产权看作具有一种本质上的主体间性……费希特主张，在一个人独自居住在荒岛上的情况下根本没法谈论财产"③。财产本质上的社会性、交往性将个体主体的自由转变为了一种通过由社会承认给予的、作为集体目标的自由。这种向现实的行动自由的转变，包含了道德之可能的规范性条件，即共同体成员依据能力之不同在财产上存在差别，这种差别导致的对平等的追求只有通过共同体才能内在地得以实现。

赫斯的社会主义理论表达了相似的自由平等观念。在《欧洲三头政治》中，赫斯指出，"思辨的意识不甘于精神的自由，而不得不从中走出向着自由的行动，即伦理的自由前进"④。伦理的自由之实现又依赖于通过共同体建立起的秩序，"只有最好的秩序才能有最充

---

① ［美］博格：《康德、罗尔斯与全球正义》，刘莘、徐向东译，上海译文出版社2010年版，第21、26页。

② ［南非］詹姆斯：《财产与德性——费希特的社会与政治哲学》，张东辉、柳波译，知识产权出版社2016年版，第22页。

③ ［南非］詹姆斯：《财产与德性——费希特的社会与政治哲学》，张东辉、柳波译，知识产权出版社2016年版，第53页。

④ ［德］赫斯：《赫斯精粹》，邓习议编译，南京大学出版社2010年版，第36页。

分的自由"①。通过共同体的中介将会实现"类"的自由。类的自由是社会中自由与平等的统一,"人格的自由或绝对精神的自由的人格这种主体的无限权利,和赋予与此同样权利的客观世界的规律,即社会中一切个人的绝对平等,已经不再对立,而成为一切生活的绝对统一这种统一的原理的两个相辅相成的因素"②。赫斯认为,个体交往结成的社会组织模式,结合了法国的绝对平等和德国的绝对自由,前者指向法国的共产主义,后者则指向德国的无神论。与其相对的理论持有者前者是巴贝夫,后者则是费希特。③

这些理论形态使得赫斯指认当下的共产主义仍然具有傅里叶的理念,即把劳动组织建立在一切个性最全面自由的运动的基础上,在其中内含平等的原则。也就是说,自由的实现必须确保社会中的平等,因为社会自由内在地要求以一切人的共同性为准则,而不是个人的所有性,因此,"任何占有物,只要在普遍性上并非人的普遍的财富,就不是能够促进我的个人自由的东西"④。这种关于财富与自由协同关系的观念,与费希特在《闭锁的商业国》中的以下表述具有本质性的相似性:"凭借自己的劳动和由劳动挣得货币,公民有权要求得到天然力量或人的技能在大商业共同体的任何地方所惠予的一切东西。"⑤ 所以,货币作为公民由劳动换取的财富之象征具有普遍性,这种普遍性表征一种在商业国中公民的平等性——公民具有对共同体的所有关涉人之生存的普遍权利。

---

① [德] 赫斯:《罗马与耶路撒冷》,莱比锡1899年版,第156页。转引自[英]麦克莱伦:《青年黑格尔派与马克思》,夏威仪译,商务印书馆1982年版,第150页。
② [德] 赫斯:《赫斯精粹》,邓习议编译,南京大学出版社2010年版,第113页。
③ [德] 赫斯:《赫斯精粹》,邓习议编译,南京大学出版社2010年版,第99页。
④ [德] 赫斯:《赫斯精粹》,邓习议编译,南京大学出版社2010年版,第114页。
⑤ [德] 费希特:《费希特文集》(第4卷),商务印书馆2014年版,第89页。

费希特与赫斯一致，认为自由与平等在社会结构中以财富为实体有机地结合起来，这种结合之可能在于商业国是为了保证个体的自由以被限制的方式得到实现而建立起来的。它是所有人以让渡自由为前提构成的社会组织，由此赋予公民普遍平等的权利，这种权利首要地表现为公民普遍的财产权。自由与平等的结合在生活中的这种现实化，借用赫斯的话来说，就是人格的自由和社会的平等成为现实的真理。对赫斯而言，这种真理的社会化形式是真正的社会主义，对费希特而言，是一种以道德为目标组织起来的共同体。

3. 社会组织及其道德

在赫斯看来，自由和平等的原则以及取得这种平等和自由的方法只有在这样一种共同体中才能实现：在其中劳动与享受的对立被消灭。劳动与享受的分裂导致人的分离状态，而在共产主义之中，每个人都出于自愿而活动，人们自己限制自己，不受并非他们同意的任何事情的限制。基于绝对的自由，社会和劳动就不以外在的方式组织起来，而是一种自行组织，在其中，人基于个性和自由从事多样的活动："从自由的人类性格和活动的多样性，产生的不是自由的人类社会的工作的死的既成组织，而是生气勃勃的永远年轻的组织。这种自由的人的工作，在这里，'劳动'停止了，变成了毋宁说与'享受'完全相同的东西。"[1] 赫斯认为，在共产主义中，人基于绝对的自由从事劳动，劳动同时带来他的享受，劳动与愉快是统一的。

共同体中劳动与愉快的统一赋予了它一个理性的目的——共同体中的"至善"，成员的个体实践就是对至善的现实化："共同体的状态，是认识自由的活动中真实的唯一的享受，是认识所谓的至善

---

[1] ［德］赫斯：《赫斯精粹》，邓习议编译，南京大学出版社 2010 年版，第 121—122 页。

的哲学伦理学的实践的现实化。"① 共同体是精神自由的行动之结果，也就是对至善的实践，因此，共产主义是现实中应有之物，"已成为实践的伦理学"②。共产主义通过它的道德观念被证明，"没有这种道德，人们不能想象任何共同体；另一方面，没有共同体，也无法想象任何道德"③。

赫斯共产主义思想带有的浓厚的道德目的论色彩也显示了他与费希特思想的亲近。费希特认为人具有一般的道德本性或伦理本性，"在人心中会表现出一种驱迫感……这样一种驱迫感在他心中必然要表现出来而言，我们把人的这种性状称为他的一般道德本性或伦理本性"④。人不仅通过自我观察认识道德本性，同时还将这种道德本性导致的驱使感设想为他的最高使命，并依据这种信仰去实践。由道德驱使感导致的意愿并不是由外部原因导致的，是自己对自己的规定，所以它表征人的自由。道德本性同时就是人的自由本性，这种自由不单是一种理智自由，同时是一种实践自由、行动自由。费希特将这种关系表达为如下课题："自我按照公设，将那种达到绝对活动的趋势直观为其自身，因而就将其自身设定为自由的，即设定为一种以单纯概念为依据的因果性的能力。"⑤ 自由的观念必定导致自由的行动，真正的精神自由必定同时是一种行动自由。赫斯的行动哲学理论是对这个观念的重要回应。

自由的行动只有在共同体中才是可能的，而共同体之构成依赖于以自由与平等的统一为目的的先验的法权观念。按照费希特的说法，在共同体中所有的人本身都依法有其权利，这种权利以任何一

---

① ［德］赫斯：《赫斯精粹》，邓习议编译，南京大学出版社2010年版，第118页。
② ［德］赫斯：《赫斯精粹》，邓习议编译，南京大学出版社2010年版，第118页。
③ ［德］赫斯：《赫斯精粹》，邓习议编译，南京大学出版社2010年版，第104页。
④ ［德］费希特：《费希特文集》（第3卷），商务印书馆2014年版，第16页。
⑤ ［德］费希特：《费希特文集》（第3卷），商务印书馆2014年版，第40页。

种方式都不能被剥夺。或者说，承认他人具有与自身相等同的自由，是个体进入共同体的准入条件，否则共同体无法结成。每一个个体依据这种认识自愿地对自己的限制和对他人的承认，构成对成员在共同体中的平等地位的承认。无论个体在行为上如何违法地对待他人，他都无法否认在法权上他人所具有的权利。

然而在观念上对他人权利的无法否认并不必然导致在实践中不侵犯他人的权利，法权概念本身并不带有任何实践上的强制力量。信念与实践的这种张力必然导向伦理概念。伦理概念被认为是设想人类自由的唯一可能的方式，因为伦理原则不仅仅是一种理论原则，它还应当提供规律的特定内容，并作为实践原则提供规律的形式和命令。① 也就是说，相对于法权概念，伦理概念以实践命令的形式来保证它在实践中被施行："你要永远按照对于你的职责的最佳信念去行动，或者说，你要按照你的良心去行动。"② 这个命令被称为行为的道德性形式条件或者道德性。通过道德性，个体的行动被赋予了实践上的强制性。这种强制性表达为如下两条规律："你要力求确信那种在任何时候都是你的职责的事情……你要做你现在依据信念能够视为职责的事情，而你之所以要做这种事情，仅仅是因为你已经确信它是职责。"③ 在所有的职责之中，与他人结为一个国家是绝对的道德职责："与其他人结为一个国家，是绝对的道德职责。"④ 由此，建立国家构成了道德实践的首要条件，换句话说，道德实践只有在国家之中才能够被实行，个体自由只有在国家中才能够得到实现。于是，国家作为人类自由之实现的共同体依托，被赋予了道德的先验性。

按照贝克的理解，费希特主张一种集体主义的人类自我实现方

---

① ［德］费希特：《费希特文集》（第3卷），商务印书馆2014年版，第72—73页。
② ［德］费希特：《费希特文集》（第3卷），商务印书馆2014年版，第161页。
③ ［德］费希特：《费希特文集》（第3卷），商务印书馆2014年版，第168页。
④ ［德］费希特：《费希特文集》（第3卷），商务印书馆2014年版，第248页。

案，即他倾向于将人类自由等同于社会承认和对集体目标的追求。个体以集体目标为目标和行为准则，在集体目标的实现中同时实现个体的发展和完善："理性的自我规定意味着服从道德法则"，但"理性文化超出了个体的人类知识和意识，不能为单一个体把握，更不用说通过单一个体来实现，而只能集体性地和在历史中把握和实现。"① 单一个体的有限性意味着他只能通过交付一部分权利给国家，以与他人相互关联的方式、通过与他人的合作来取得进步。个体的原初权利是对普遍意志的假设性权利的意愿，只能经由国家代为主张和实施。因此，费希特是从普遍理性出发建构了一套从国家到个体的伦理体系。这个体系中既有作为集体目标的道德，又有具体的职责作为个体的行为规范，它既以自由的实现为目标，又保证个体成员的平等权利。

可以看出，赫斯行动的共产主义与费希特建构主义的理论模式极为相似。对赫斯来说，共产主义的本质是个体（活动的自由）和普遍（财产的平等）的统一，这种统一以类所表征的至善构成共产主义成员的集体目标。个体在共同体中的行动一方面是对精神自由的实践，由此是现实自由的获得，另一方面也是对其作为共同体成员以其有限自由所表达的对他者平等的财产权利的承认。基于这种相似，赫斯认为："社会主义的目的与唯心主义的目的没有差别"②，可以被理解为他对他的理论与费希特的唯心主义理论之间共性的认同。

4. 马克思对赫斯的批判与超越

从行动哲学及其原则出发对赫斯与费希特理论关系的比较，一方面证实了畑孝一的如下主张："赫斯首先把费希特的自我意识的结

---

① ［英］贝克：《费希特和康德论自由、权利和法律》，黄涛译，商务印书馆2015年版，第246页。

② ［德］赫斯：《赫斯精粹》，邓习议编译，南京大学出版社2010年版，第95—96页。

构作为自己的《行动的哲学》的基础。这是通过认识思维的主体从自身把自己区别为他者，……实际上是主体的自我规定、自我限制，在主体将他律性转化为自律性的同时，并不满足及安于自己创造的客体，而总是面向对此的超越及其新的创造，这样一种人的活动的理论。……赫斯的《行动的哲学》的本质，不外是费希特式的。"[①] 另一方面驳斥了卢卡奇和科尔纽的如下主张，即赫斯的行动哲学实现了从思维领域到实践领域的连接，而费希特的理论则没有；同时由于使用费希特的方法来把握客体所具有的客观性，赫斯的实践概念无法解决现实的问题。[②]

就驳斥的前一观点而言，上文的分析表明费希特试图在实践领域贯彻他的知识学原则，"理论知识学证明了实践知识学的必要性及其优先性"[③]。在具体的实践领域，个体让渡自由以建立共同体、通过财产权利的平等以实现个体自由的观念，已经具有共产主义的意味。"费希特拒绝洛克式的个人所有权观点及其认为个体才干和能力并非个体的正当财产，而是社会性地构成的和被界定之善，不是根据个体的偏好、本能或为了私人得失使用的，而是为社会大多数人的目标使用的，是根据社会的目的和需要使用的，都可以视为马克思意义上的共产主义的前身。"[④] 基于此，可以合理地推断，费希特的财产观念同样为赫斯所知并对他产生了一定的影响。

就所驳斥的后一观点而言，该观念基于的基本认识是，"赫斯所

[①] ［日］畑孝一:《赫斯与马克思》，载于［德］赫斯《赫斯精粹》，邓习议编译，南京大学出版社 2010 年版，第 275—293 页。原载于日文版《早期社会主义论集》，山中隆次、畑孝一译，未来社 1970 年版，第 183—208 页。

[②] Siehe Auguste Cornu und W. Moeke, "*Einleitung*", in Moses Hess, *Philosophische und Sozialistische S-chriften*, 1837—1850, Berlin: Akademie-Verlag, 1961. & G. Lukacs, *Moses Hess und die Probleme in der idealistischen Dialektik*, Leipzig, 1926.

[③] ［德］海德格尔:《德国观念论与当前哲学的困境》，庄振华、李华译，西北大学出版社 2016 年版，第 215 页。

[④] ［英］贝克:《费希特和康德论自由、权利和法律》，黄涛译，商务印书馆 2015 年版，第 253 页。

理解的'人的本质的展开过程'的历史，归根结底，不过是'本质上独立的哲学范畴的展开'这种费希特式的思辨的历史构成"①。然而，正如已经指明的，费希特的哲学体系所包含的实践哲学的构成是对自我"思辨的历史"在现实中、通过现实的行动使其具有实在性的尝试，这在原则上是不能否定的。尽管在理论形态上，费希特的伦理学与赫斯的共产主义理论都通过道德信念规范行动，从而显得实践具有脆弱性、由此展开的历史具有主观性。

然而，如果以柄谷行人考察马克思及其《资本论》的方式来考虑费希特和赫斯以行动哲学建立的理论与实践的关系，就会发现对这些指责可以有另一种理解。柄谷行人认为，先行发展着的历史事件能够介入或者中介概念在逻辑上的"自我实现"，因此要从"事前"与"事后"双重视角去把握对象。双重视角意味着要区分"当事人的日常观念"和"科学分析"，前者对应于实践，后者对应于理论。② 在费希特与赫斯的理论中，后者对应自我的思辨历史的发展历程，前者对应现实的道德实践行动。基于这种理论视角，"世界并非是全然决定论的，是可改变的，那么，行动的规范就不仅是必要的，也是可能的"③。道德信念的先验性并不取消主体当下行动的自由性，而当事人的实践对概念发展的自我圆成的介入打破了概念发展的内在性从而使其获得现实性。因此，实践与历史依据各自的原则展开和实现，并相互作用。

就此而言，费希特尤其是赫斯的共产主义理论兼容道德规范的尝试，对建构马克思的正义理论具有借鉴意义。马克思与赫斯在理

---

① ［日］畑孝一：《赫斯与马克思》，载于［德］赫斯《赫斯精粹》，邓习议编译，南京大学出版社2010年版，第275—293页。原载于日文版《早期社会主义论集》，山中隆次、畑孝一译，未来社1970年版，第183—208页。

② ［日］柄谷行人：《跨越性批判——康德与马克思》，赵京华译，中央编译出版社2011年版，第120—125页。

③ 王南湜：《马克思的正义理论：一种可能的建构》，《哲学研究》2018年第5期。

论关系上一度十分密切。在《1844年经济学哲学手稿》中马克思承认他对私有财产的批判得益于赫斯，而《德意志意识形态》这部著作赫斯更是参与了撰写工作。在这两部著作之中，马克思认为"人的自由即自我实现是可以实现于生产劳动领域之中的"①，从而社会组织之目的与个人之目的是内在地嵌合的。这一观念的具体表述也显示了与赫斯"劳动和享受统一"观念的接近："任何人都没有特殊的活动范围，而是都可以在任何部门内发展，社会调节着整个生产，因而使我有可能随自己的兴趣今天干这事，明天干那事，上午打猎，下午捕鱼，傍晚从事畜牧，晚饭后从事批判，这样就不会使我老是一个猎人、渔夫、牧人或批判者。"② 劳动是人出于自己的爱好和意愿所从事的活动，在其中人全面占有自己的本质。当人类社会发展到这样一种状态，就是共产主义的实现，在共产主义中，人和自然之间、人与人之间的矛盾得到真正的解决，存在和本质、对象化和自我确证、自由和必然、个体和类之间的斗争得到真正的解决。③ 可以看出，赫斯意义上的"至善"内含在早期马克思的思想之中。

从《德意志意识形态》撰写的后期开始，赫斯回到了由他创始的形式的社会主义，与马克思渐行渐远。在麦克莱伦看来，赫斯与马克思共产主义理论的差异在于前者"真正的社会主义"的中心思想及其道德预设。④ 赫斯的理论以来自费尔巴哈的人性或"类"的概念为核心，它以促进类的实现为目的。这种抽象的、思辨的对人之本质及其活动的认识，与马克思逐渐增强的经验实证研究兴趣之间的差别不断扩大，最终为马克思本人所批判。

---

① 王南湜：《马克思的正义理论：一种可能的建构》，《哲学研究》2018年第5期。
② 《马克思恩格斯文集》（第1卷），第537页。
③ 《马克思恩格斯文集》（第1卷），第185页。
④ ［英］麦克莱伦：《青年黑格尔派与马克思》，夏威仪等译，商务印书馆1982年版，第168页。

五 小结

从以上的分析可以看出，青年黑格尔派的理论呈现出以单一自我意识为原则、以人格概念为核心的特色。这种特色一般被认为是青年黑格尔派向费希特理论的靠近：无论是鲍威尔直接基于自我意识展开的对宗教和政治批判，还是费尔巴哈以"类"为核心的感性理论，抑或是赫斯建立在抽象的自由平等之上的共产主义理论。这种看法当然并不能被认为是错误的，但做出该判断的理由，却并不是全面而令人信服的。以往普遍认为，在《全部知识学的基础》中，以自我的设定活动为第一原理的知识学的确给人以费希特将理论建立在唯心主义的自我之上，认为世界不过是自我自己设定的产物而否定感性世界的存在。但是正如我们在前面的分析已经表明的，这种认识并不是能立住脚的。相反，费希特承认感性世界的存在，并试图将理智世界与感性世界以一种实践的方式统一起来。在这一点上，费希特与马克思的相似性是大于黑格尔的。

但是这种相似性并没有被发掘，也更不可能被马克思本人所认可了。在这个意义上，马克思对思辨唯心主义的以下指责——"在德国，对真正的人道主义来说，没有比唯灵论即思辨唯物主义更危险的敌人了。它用'自我意识'即'精神'代替现实的个体的人，并且同福音传播者一道教诲说：'精神创造众生，肉体则软弱无能。'显而易见，这种超脱肉体的精神只是在自己的想象中才具有精神力量。"[1]——就不是一种精确打击，其对象事实上涵盖了包括费希特、黑格尔以及青年黑格尔派在内的所有被认为是思辨唯心主义的理论。当然其直接对象是青年黑格尔派的成员，特别是鲍威尔。在马克思看来，青年黑格尔派对充满矛盾的现代资本主义社会的忽视，对现时代实际状况的忽视，使得他们的理论在内容上停留在抽象与思辨之中，在方法上片面地以黑格尔哲学中的个别要素为理论基础。

---

[1] 马克思、恩格斯：《神圣家族》，人民出版社1958年版，第7页。

从马克思对青年黑格尔派的批判可以看出，他认为青年黑格尔派试图通过发展黑格尔精神理论中的"自我意识"环节来实现其最初的革命目标是不可能的，全部社会生活在本质上是实践的，哲学应该改变世界而不仅仅是解释世界。这种转变，就像马克思自己所说的："我从理想主义——顺便提一下，我曾拿它同康德和费希特的理想主义作比较，并从中吸取营养——转而向现实本身去寻求观念。如果说神先前是超脱尘世的，那么现在它们已经成为尘世的中心。"[①]

---

① 《马克思恩格斯全集》（第47卷），人民出版社2004年版，第12—13页。

第 六 章

马克思思想发展中的费希特元素

吴晓明在《马克思早期思想的逻辑发展》一书中指出，在马克思最初的作品中有一种理想主义，这种理想主义更接近康德和费希特的唯心主义。它的形式表现为应有与现有的分离和无限对立，而这"特别地属于费希特的'实践自我'的东西"①。对于马克思而言："康德和费希特喜欢在太空遨游，寻找一个遥远的未知国度；而我只求能真正领悟在街头巷尾遇到的日常事物！"② 在马克思看来，他从理想主义的康德和费希特理论中汲取了营养，但他最后转向现实本身去寻求思想。这也决定了他与青年黑格尔派其他成员的不同，也决定了他之后的整个理论路径。

第一节 青年黑格尔派时期的马克思

尽管整体而言，马克思对青年黑格尔派持批判的态度，但不能否认的是，他本人曾短暂地是该学派中的一员。在这个时期，马克

---

① 吴晓明：《马克思早期思想的逻辑发展》，上海人民出版社2016年版，第88页。
② 《马克思恩格斯全集》（第1卷），人民出版社1995年版，第736页。

不是个别性，一切真正的和现实的科学当然就被取消了。可是，一切对于人的意识来说是超验的东西，因而属于理想的理智的东西，也就全都破灭了。相反，如果把那只在抽象的普遍性的形式下表现其自身的自我意识提升为绝对的原则，那么这就会为迷信的和不自由的神秘主义大开方便之门。抽象的普遍的自我意识本身具有一种在事物自身中肯定自己的欲望，而这种自我意识要在事物中得到肯定，就只有同时否定事物。"① 在伊壁鸠鲁那里，个别性的自我意识作为绝对原则会导致真正的和现实的科学被取消，但至少不再有迷信的和不自由的神秘主义。但在德谟克利特的抽象的普遍原则之下，神秘主义的逻辑得到肯定，而事物本身就被否定了，这导致的更为严重的就是人的自由的丧失。

在《马克思传》中，梅林提纲挈领地指出："马克思通过一系列辉煌的研究阐述了'德谟克利特的自然哲学和伊壁鸠鲁的自然哲学的差别'。马克思解释说，德谟克利特注重的是原子的物质存在，而伊壁鸠鲁则还说明了原子的概念本身——它的质料和形式，以及它的存在和本质。他不仅把原子看作现象世界的物质基础，而且也看作孤立的个体的象征，抽象个别性的自我意识的形式原则。德谟克利特从原子的垂直降落得出了一切存在物都是必然的这个结论；伊壁鸠鲁则认为原子的降落稍许偏离直线，因为否则就会像卢克莱茨（伊壁鸠鲁哲学的最优秀的解释者）在他的教育诗中所提出的那样：哪里还会有自由意志，不受命运摆布的、生物的意志？作为现象的原子和作为本质的原子之间的这种矛盾，贯穿着伊壁鸠鲁的全部哲学，并造成了在古代就传为笑柄的对物理现象的极端牵强的解释。伊壁鸠鲁的自然哲学的一切矛盾只是在天体中才得到解决，然而天体的普遍而永恒的存在又破坏了抽象个别性的自我意识的原则。因此，伊壁鸠鲁摒弃了一切物质的假面，而作为一位像马克思所称的'最伟大的希腊启蒙者'，他对那从天空高处以凶恶的目光恫吓人

---

① 《马克思恩格斯全集》（第1卷），人民出版社1995年版，第63页。

类的宗教进行斗争。"①

在阐述了伊壁鸠鲁和德谟克利特的一般性的对立之后,马克思更为细致地分析了二者原子论中的具体差别。在具体的差别中,马克思此时的自我意识思想得到了更为详尽的展现。

二 伊壁鸠鲁与德谟克利特哲学的具体差别

马克思对伊壁鸠鲁和德谟克利特哲学的具体差别的对比分析分为以下五点：关于原子的运动的"原子脱离直线而偏斜","原子的质",讨论原子与现象的关系的"不可分的本原和不可分的元素",在原子概念中抽掉的"时间"以及现实的原子即"天象"。关于原子的运动的对比分析所关涉的是自由与必然的问题。无论具体差别为何,原子论都坚持一个核心观念,即原子和它存在的空间是世界的本原,原子在虚空中的运动形成现实的世界。因此,现实世界是由原子的运动形成的,而原子的运动主要的两种形式为：沿直线垂直下落和许多原子之间作为个体的相互排斥。原子运动的这两种形式为德谟克利特和伊壁鸠鲁所共同承认,但除此之外,伊壁鸠鲁还提出了另一种形式,即脱离直线的偏斜。他之所以提出这种新的原子运动的形式,一方面是因为他认为单单通过垂直下落,原子并不会相交和产生碰撞,因而也不会形成新的物质构成世界。另一方面,原子的垂直下落是遵从规定的必然性的,如果不发生偏斜,就无法逃避必然性,也就不会有自由。以上可以说是偏斜运动发生的必要性,其现实性则体现在原子运动的特性与环节上的对立上。原子的直线运动是必然的、绝对的,与其对立的就应该是对绝对的直线运动的否定。对直线运动的否定促使原子形成另一种运动的形式,按照空间角度的构成,这种否定的形式就是脱离直线发生的偏斜。马克思认为,"伊壁鸠鲁以原子的直线运动表述了原子的物质性,又以

---

① [德]弗·梅林：《马克思传》,樊集译,持平校,人民出版社1965年版,第41—42页。

脱离直线的偏斜实现了原子的形式规定，而这些对立的规定又被看成是直接对立的运动"①。

在马克思看来，"原子脱离直线运动"对伊壁鸠鲁而言不是特殊的和偶然出现的，因为伊壁鸠鲁指出的这个运动或者说运动的原因的要义在于"抽象的个别性"，也就是"它的形式规定、纯粹的自为存在、不依赖于直接定在的独立性、一切相对性的扬弃"②，这种个别性最终"以其最高的自由和独立性，以其总体性"③表现出来。所以，对伊壁鸠鲁而言，具有了物质性与形式规定的原子是原子的真正存在。它打破了必然性的束缚，否定了依照必然性建立起来了运动和关系，因而它是自由的，也是个别性的。正因为具有个别性的原子不再依赖先前的必然性的关系定义自己，所以原子之间的整体关系都发生了变化。一个原子运动形式和方向的变化，导致整个原子关系的改变，而进一步的改变产生更多的碰撞，世界就是在这个过程中被创造出来的。可以看出，无论是自由的实现还是世界的产生，都依赖原子的个别性。按照孙伯鍨的说法，马克思"把个别自我意识了解为客观精神的主观形式，因而自我意识也必须具有精神所固有的一切环节，即普遍性、个别性和否定性"④。伊壁鸠鲁基于当时马其顿统治的严酷的社会现实，否定世界的合理发展与关于外在世界的知识，将自我满足的个别的自我意识当作世界的中心，以确立人的自由和独立为目的哲学观念和形态，恰好符合马克思此时对于自我意识认识与期待。

关于原子的质的对比分析关涉的是个体与总体的问题。按照马克思的分析，伊壁鸠鲁认为原子的质包括体积、形状和重力，德谟克利特则只认为原子的质包括前两种。伊壁鸠鲁认为，原子之间在

---

① 《马克思恩格斯全集》（第1卷），人民出版社1995年版，第33页。
② 《马克思恩格斯全集》（第1卷），人民出版社1995年版，第35页。
③ 《马克思恩格斯全集》（第1卷），人民出版社1995年版，第35页。
④ 张一兵主编：《马克思哲学思想发展史研究》（第3卷），中央编译出版社2018年版，第548页。

体积上是存在差别的,并且统一原子的体积在不同的时间段也是不一样的。原子之间的差别和统一原子的变化能够通过体积得到确认。但是他不认为原子是德谟克利特指出的是无限大的,否则就无法在体积上区分出各个不同的原子。原子之间在形状上也是不同的,但原子的形状并不是如德谟克利特所指出的是无限的,而是有限的。否则无限的形状对应无限的原子,形状就不能构成原子的一种质。最后,伊壁鸠鲁认为,原子作为物质本身具有重量,它们在感性中、运动中带有重力,重力是原子极其重要的质,因为它体现的是处于运动中的原子的个体性。从马克思对伊壁鸠鲁和德谟克利特关于原子的质的分析可以看出,马克思认为原子的总体性和单个原子的特殊性应该被兼顾,而不能为了维护前者而放弃后者。马克思指出:"我们在德谟克利特那里只看见一些用来解释现象世界的纯粹假设的规定,而伊壁鸠鲁则向我们说明了从原则本身得出来的结论。"① 结果是:"伊壁鸠鲁把原子概念中本质和存在的矛盾客观化了,因而提供了原子论科学,而在德谟克利特那里,原则本身却没有得到实现,只是坚持了物质的方面,并提出了一些经验所需要的假设。"②

造成二者对原子性质的不同认识的原因在于,伊壁鸠鲁对原则的考察侧重于伦理的行为,而德谟克利特则更重在于对自然的认识。伦理的行为指向的是个别的自我意识的绝对性和自由,而对自然的认识则更为热心于事物之间的因果性及其必然关系。

对德谟克利特和伊壁鸠鲁的原子论的具体对比的第三点是"不可分的本原和不可分的元素",它的本质是对原子与现象的关系的考察,这个考察旨在说明本质与现象之间的关系。既然伊壁鸠鲁认为原子是世界的本原,同时又认为由原子的运动所构成的世界是真实的、可信的,那么原子本身就应该具有不同的角度和层面。按照马克思的考察,伊壁鸠鲁在理论中思考过"本原"和"元素"之间关

---

① 《马克思恩格斯全集》(第1卷),人民出版社1995年版,第42页。
② 《马克思恩格斯全集》(第1卷),人民出版社1995年版,第44页。

系的问题。而他的处理方式是将一个概念分解为不同的规定，并将每一个规定都看作独立的存在。对应在原子论中就是，原子如同一个概念，这个概念是本原，而原子的不同规定就是元素，每一个规定都是孤立的个体。伊壁鸠鲁对"本原"与"元素"的区分很好地服务于对现象世界的解释。马克思指出："把作为'本原'即原则的原子同作为'元素'即基础的原子区别开来，这是伊壁鸠鲁的贡献。"① 原子的不同要素代表了原子的不同规定，这些规定复合成与总体、与其他原子不同的一个具有特殊性和个体性的原子。正是原子本身的丰富性，才使得碰撞、排斥和聚集等原子运动产生出一个丰富内容的现实世界。在另一方面，现实世界因为是以原子为基质的，通过原子的运动产生的，所以它是对原子的绝对、本质的形式的证实和体现。

更为重要的是，在马克思看来，"抽象的个别性是脱离定在的自由，而不是在定在中的自由。它不能在定在之光中发亮。定在是使得它失掉自己的性质而成为物质的东西的一个元素。因此，原子不会在现象领域中显现出来，或者在进入现象领域时会下降为物质的基础"②。抽象个别性作为本原性的东西，区别于物质性的存在，这意味着，自由在马克思那里也具有不同层次的区分，脱离定在的自由不等于在定在中的自由。但马克思在这里并没有具体地论述这种区分。

同时，伊壁鸠鲁对"本原"和"要素"的区分还有一个深刻意义。伊壁鸠鲁认为个体原子的偏离运动是自由的保证和实现。按照"本原"和"要素"的这个区分，个体的自由并不能脱离本原而存在，也就是说，个体自由始终带有一种必然性，由此产生的个体就是具有有限自由的个体。这个概念构成了马克思对人的基本认识和定义。

---

① 《马克思恩格斯全集》（第 1 卷），人民出版社 1995 年版，第 49 页。
② 《马克思恩格斯全集》（第 1 卷），人民出版社 1995 年版，第 50 页。

在原子论中考察时间维度是马克思具体对比的第四点，它是为了解决短暂与永恒之间的矛盾。原子论者在对待时间问题的态度上是一致的。时间所代表的流变性对原子的永恒和独立而言是一种威胁，因此他们都在理论的原子层面抽掉了时间的因素。但是马克思认为，德谟克利特和伊壁鸠鲁在对时间的理解上观点不一致，因此在对时间问题的处理上也是不同的。德谟克利特认为时间是对过程的计量，其本身就是流变的，只能被应用于现象世界，而不能用来解释永恒的原子。而伊壁鸠鲁则将时间看作现象世界之流变的永恒形式，通过它可以透视现象世界的状态与过程。对时间的这个理解与康德相类似。时间就是一个范畴，将盲目的自然界的运动整合为主体可以理解和把握的内容。或者说，时间是主体用以把握独立的原子运动的现实形式，只有通过它，主体才能够理解现实世界，从而理解原子运动的本质。但是主体的这种把握方式不是来自原子层面的，按照伊壁鸠鲁的定义，"当被感官所感知的物体的偶性被设想为偶性时，就产生了时间"①。也就是说，时间产生自人的感官，是人的感性知觉。或者用马克思的话说："人的感性就是形体化的时间，就是感性世界的存在着的自身反映。"② 由此马克思得出的结论是："正如原子不外是抽象的、个别的自我意识的自然形式一样，感性的自然也只是对象化了的、经验的、个别的自我意识，而这就是感性的自我意识。所以，感官是具体自然中的唯一标准，正如抽象的理性是原子世界的唯一标准一样。"③ 马克思的这个结论指向了感官的重要性，同时，它既是对主体的认识能力的承认，也是对人的有限性的承认，即人的感性知觉无法达至原子层面，因而人是有限的感性存在。

最后一个天象的问题与古希腊时期哲学家对天体系统的普遍认

---

① 《马克思恩格斯全集》（第1卷），人民出版社1995年版，第53页。
② 《马克思恩格斯全集》（第1卷），人民出版社1995年版，第53页。
③ 《马克思恩格斯全集》（第1卷），人民出版社1995年版，第54页。

识相关。在他们看来，天体系统不仅是自然存在，而且也是理性的模型和样态，是不变的、永恒的。因为人本身是理性的，所以人与天体系统在本质上是类似的。然而，天体系统是永恒的、几乎无变化的，这与人所生活的尘世世界的流变不同。这种差异之下，天体系统被认为是神或者是神性的。有限的、理性的人的追求应该以天体系统为目标。德谟克利特对天体系统的认识从属于这个范围，伊壁鸠鲁则不然。伊壁鸠鲁认为，人与天在愿望和行为上不同，人将自己与天体的比照会发现人的有限性，会引发对自己的怀疑与对神的恐惧，甚至也将人对幸福的追求强加在天体系统之上，所有这些对照和比附终将造成人内心的不平静。因此伊壁鸠鲁主张，天体运动并不是神的安排，而是天体的自主的行为，这些行为呈现为人所观察的现象，就是天象。天象概念的引入，是为了将天体系统从神性概念中解放出来，以避免天与人的矛盾。

按照马克思的分析，伊壁鸠鲁对天象概念的解释表明，对天象的认识其实不过是人的自我认识，其目的是人的心灵的宁静和幸福。他指出："不要认为，对天象的认识，无论就整体而言或就个别部分而言，除了和研究其余的自然科学一样能够获得心灵的宁静和坚定的信心之外，还能达到别的目的。"① 当天象不过是一种自然现象，如同原子世界所构成的现象世界一样，那么通过个体就能够获得关于天象的解释，并且获得关于天体系统的知识，也就是能够把握住天体系统。这样，借助知识，人就从对神的恐惧中解放出来，人的自我意识也就能够得到进一步的凸显。马克思认为，伊壁鸠鲁对天象的这种解释会导致一个二律背反。一方面，作为原子论者，对天象的这个解释事实上就是将天体与原子等同了起来。在另一方面，伊壁鸠鲁将天象当作物质性存在，连接天体和自我意识，但是天象呈现出来的运动对自我意识而言是造成人类的恐慌和迷乱的原因。天象与自我意识并不是兼容的。自我意识的绝对性和自由排斥仅仅

---

① 《马克思恩格斯全集》（第 1 卷），人民出版社 1995 年版，第 57 页。

是现象的天象，而一旦主体仅仅是通过天体实现自由，那么主体性就不是现实的。

马克思认为，他所指出的这个二律背反其实已经为伊壁鸠鲁所察觉，但伊壁鸠鲁并没有回避这个问题，而是有意识地说出了这一点，马克思认为"这正是他的体系所达到的最深刻的认识，最透彻的结论"①。之所以这么说是因为，通过这种表达，伊壁鸠鲁自然哲学中的矛盾得到了消除，其结果是："在原子世界里，就像在现象世界里一样，形式同物质进行斗争；一个规定取消另一个规定，正是在这种矛盾中，抽象的、个别的自我意识感觉到它的本性对象化了。但是现在，物质已经同形式和解并成为独立的东西，个别的自我意识便从它的蛹化中脱身而出，宣称它自己是真实的原则，并敌视那已经独立的自然。"② 换句话说，物质通过将个别性、形式纳入自身之中，而成为具体的个别性、普遍性了。而这种对形式与物质、抽象普遍的自我意识与抽象个别自我意识之间的矛盾的观念和认识已经表达了之后成熟的马克思的观念的萌芽。其发展如吴晓明所说："只有那经历了实体与自我意识的再度分裂，同时又充分掌握了绝对的统一性原理，并使之在新的基础上得以重建的哲学家，才有可能真正完成关于现实的人和现实的自然界的合理理解。"③

通过对德谟克利特和伊壁鸠鲁的这种梳理，马克思所表明的是他对哲学和哲学的任务的新观念。无论是德谟克利特还是伊壁鸠鲁的原子论，首先都是他们各自的时代精神的产物。这造成了二者之间的最基本的差别。德谟克利特的自然哲学是自由的希腊精神的展现与结果，它所抱持的是对知识的无限渴望与对知识的不懈追求。而对于伊壁鸠鲁而言，在严酷的现实之下，他只能逃往自己的内心，自我满足的个别自我意识才是能够依赖和追求的。因此，自我意识

---

① 《马克思恩格斯全集》（第1卷），人民出版社1995年版，第61页。
② 《马克思恩格斯全集》（第1卷），人民出版社1995年版，第61页。
③ 吴晓明：《马克思早期思想的逻辑发展》，上海人民出版社2016年版，第85页。

的绝对性和自由成为伊壁鸠鲁的原子论最重要的原则。尽管马克思认同伊壁鸠鲁通过原子论所指出的自我意识的自由的观点，但他并不赞同伊壁鸠鲁将自由理解为是对心灵的宁静的获得。对马克思而言，自由是具有实践的倾向的，是要在尘世中得到实现的，因此，自由问题的真正解决需要将人放置在与周围环境的关系和互动之中，"在自身中变得自由的理论精神成为实践力量，作为意志走出阿门塞斯冥国，面向那存在于理论精神之外的尘世的现实"[①]。

三 小结

可以看出，在青年黑格尔派时期，马克思的理论重点是个体的自我意识与自由，认为通过自我意识的活动，个体就能够实现其自由。但是在另一方面，马克思已经开始强调个体与感性世界的互动，个体作为感性存在的有限性，甚至个体的感性存在对于个体自由实现的重要作用。同时，对马克思而言，自由并不是抽象的，而是在个体与感性世界的关系中实现的。这个自由的概念就已经区别于青年黑格尔派，而更接近马克思自己后来的思想。

可以说，在马克思的博士论文中，就已经包含了后来马克思同青年黑格尔派分道扬镳的要素。孙伯鍨指出，青年马克思与青年黑格尔派的其他成员虽然都是从黑格尔出发转向自我意识哲学，但他们之间又有深刻的分歧。"因为鲍威尔等人在摆脱了黑格尔的体系之后，只是简单地恢复了费希特的主观唯心主义，把精神同现实对立起来并赋予自我意识以无限的创造力。而马克思则不同，他始终珍惜黑格尔哲学的积极内容，这就是把世界（思维和存在）看作一个有机联系的具体整体的辩证发展观。"[②] 这个说法既对又不对。一方面，青年黑格尔派整体，包括马克思在内，的确是更为依赖马克思

[①] 《马克思恩格斯全集》（第1卷），人民出版社1995年版，第75页。
[②] 张一兵主编：《马克思哲学思想发展史研究》（第3卷），中央编译出版社2018年版，第548页。

所指出的"自我意识"要素，也就是黑格尔理论中的费希特要素；同时马克思确实是相较于其他青年黑格尔派成员呈现出了对实践、行动方面，对存在方面的关注和重视。但另一方面，正如我们已经指出的，费希特的理论并不能简单地化约为黑格尔理论的一个方面或者要素。正如 T. 平卡德所辩护的"费希特看上去在宣称——是'自我'创造了对象，但是这并不是他真正想表达的"①。但对于青年马克思与其他青年黑格尔派成员之间的分歧，我们可以这么说，青年黑格尔派囿于理论批判，逐渐沦为了资产阶级的代言人，为资产阶级的自由主义所服务，逃避甚至恐惧真实的斗争和现实的改变。而马克思不满足于单纯的理论批判，关注现实问题、政治问题，逐渐意识到理论的批判根本不可能改变现实，转而希望通过实践改变现存的社会制度。这种社会制度并不是一个空泛的上层建筑，它应当落实在人之上。马克思在《论犹太人问题》中对基督教的人格主义的批判，很好地表明了他在以"人格"概念为核心的后黑格尔时代的理论争论中的立场："政治民主制之所以是基督教的，是因为在这里，人，不仅一个人，而且每一个人，是享有主权的，是最高的存在物，但这是具有无教养的非社会表现形式的人，是具有偶然存在形式的人，是本来样子的人，是由于我们整个社会组织而堕落了的人。"②

第二节　对黑格尔哲学及其
劳动概念的批判

从上文对青年黑格尔派，包括青年黑格尔派时期的马克思的分析可以看出，马克思一早就展现出了与其他青年黑格尔派成员的差

---

① ［德］平卡德：《观念论的遗产》，《世界哲学》2015 年第 5 期。
② 《马克思恩格斯文集》（第 1 卷），人民出版社 2009 年版，第 37 页。

别，这种差别一方面体现在马克思的哲学不向现实妥协、不以内心的宁静为终极目标，另一方面也体现在他对辩证法的注重。布雷克曼指出："只有通过预先假定这种辩证法的巧妙，马克思才能呼吁一种带有启示的期盼，他期盼实现从哲学与现实间最极端的分裂到二者完全和解的突然转变。这种向辩证法的转变使得他与自我意识哲学的关系复杂化了。"① 可以看到，这个论述又可以引向马克思对费希特的论述。的确，马克思在对辩证法的赞扬中，肯定了费希特的创造世界的自我，但他又同时提到了自我与世界之间不可化约的关系。

马克思向辩证法的转变，是对思维与存在的统一性问题的坚持、对哲学与现实的和解的追求，这种追求落实在人的解放与自由之可能的问题之上。而这也是费希特以知识学为名的理论体系的核心问题。基于各方的线索，我们可以说，尽管经过了黑格尔和青年黑格尔派的过渡，马克思的思想历程的确是受到了费希特的影响的。但他的思想的走向是否如他所表明的那样，完全抛弃了费希特呢？在他与青年黑格尔派决裂的过程中，是否完全清除了理论中的费希特的要素？在他对黑格尔哲学的颠倒中，他自觉到了与费希特的切近了吗？如果说，当费希特仅仅是他所认为的绝对的自我意识哲学，并在理论建构中明确保持与它的距离，那么如若费希特的理论不仅仅是他所认识的形象，而是具有鲜明的实践维度时（并且这一维度通过赫斯给予了他间接的影响），那么我们是否可以基于理论的逻辑，建立起马克思与费希特理论的真实联系，从而进一步清晰马克思与德国观念论之间的理论渊源？本章的主要内容就是基于这些问题，将马克思的理论分为明显受费希特哲学影响的前期与影响并不明晰的后期，来尝试论证马克思思想发展中的费希特的要素，阐明费希特哲学与马克思哲学的相关性。

---

① ［美］沃伦·布雷克曼：《废黜自我：马克思、青年黑格尔派及激进社会理论的起源》，李佃来译，北京师范大学出版社2013年版，第295页。

在经历了青年黑格尔派时期之后,马克思的思想在一些基本概念上发生了显著的改变。这种改变明确地从他对黑格尔的批判中表现出来。对马克思而言,黑格尔的哲学"头足倒立",他要将之颠倒过来。要撬动黑格尔的庞大的体系,需要一个有力的支点,马克思认为,这个支点就是黑格尔的劳动概念。

一 对黑格尔辩证法的批判

马克思黑格尔哲学的批判主要出现在《1844年经济学哲学手稿》的第三手稿中,该手稿以"对黑格尔的辩证法和整个哲学的批判"为题。在这部著作中,马克思并没有单刀直入黑格尔的哲学,相反他从批判青年黑格尔派的理论开始,在借鉴了费尔巴哈的理论的基础上批判黑格尔的辩证法和整个哲学。

马克思认为,青年黑格尔派代表人物无论是大卫·施特劳斯还是布鲁诺·鲍威尔都只抓住了黑格尔哲学体系中的三个要素中的一个,精神性的实体、自我意识或者绝对精神来反对黑格尔的体系或者对方所坚持那个要素,这意味着他们没有跳出黑格尔的哲学立场并且仅仅片面地理解了黑格尔。这种片面性同时表现在青年黑格尔派以一种非批判的态度继承了黑格尔唯心主义的辩证法。这种非批判的态度使得青年黑格尔派不能正确认识黑格尔辩证法的唯心主义性质,也不能正确地将它当作其体系的"本质",因而青年黑格尔派对黑格尔的辩证法"完全缺乏认识"。基于青年黑格尔派的这种片面认识,马克思并不期望他们能够提出批评和改造黑格尔的辩证法和哲学体系的任务。基于对青年黑格尔派的缺陷的揭露,马克思确立了自己哲学的批判任务。他认为,他不仅要认识黑格尔辩证法的真正本质,还要发展其中的能动的和批评的要素:"我们既要说明这一运动在黑格尔那里所采取的抽象形式,……或者更正确些说,要说明这一在黑格尔那里还是非批判的运动所具有的批判的形式。"[1] 从

---

[1] 《马克思恩格斯全集》(第3卷),人民出版社2002年版,第316页。

这个任务可以看出，马克思对黑格尔的发展以其辩证法中的批判要素为首要目的。在这个目的的引导下他对费尔巴哈的评价就更好理解了。

在马克思看来，费尔巴哈真正克服了黑格尔的唯心主义。这种克服一方面是他揭露了黑格尔唯心主义的实质，更为重要的另一方面是费尔巴哈将黑格尔唯心主义的体系中的主词和宾词的关系颠倒了过来。这种颠倒是就费尔巴哈将人与自然同黑格尔的绝对精神对立起来，从感觉确定的东西出发否定黑格尔的绝对精神的唯心主义而言的："他把基于自身并且积极地以自身为根据的肯定的东西同自称是绝对肯定的东西的那个否定的否定对立起来"①，费尔巴哈所确立的从"现实的、感性的、实在的、有限的、特殊的东西"出发，从"人和自然""人与人之间的社会关系"出发的原则被认为是真正建立起了实证的批判的基础。对马克思而言，尽管费尔巴哈提出建立的这个原则还不足以用来改造黑格尔的理论，但它已经接近马克思自己所认为的真正能够对抗黑格尔的唯心主义的原则了。

这个发展得益于费尔巴哈对黑格尔体系的严肃的批评态度，不仅是对黑格尔的唯心主义原则，也是对黑格尔的辩证法。费尔巴哈认为，黑格尔的三阶段的辩证法是抽象的思辨的和具有神秘性的，对它的改造应该从使它以现实的人和自然界为基础出发。也就是说，费尔巴哈所坚持的对黑格尔的批评就是在内涵上和方法上用现实的人与自然替代黑格尔的绝对精神。马克思是支持这个改造的方向的，因为费尔巴哈事实上已经抓住了黑格尔的脉门，但他并不认为费尔巴哈的改造是彻底的，至少就费尔巴哈对辩证法中的能动的积极的要素的同等否定而言，他对黑格尔的哲学体系的认识还是不全面的。

从马克思对青年黑格尔其他成员派和费尔巴哈的态度可以看出，马克思对黑格尔体系的批判将有两个重点，其一是黑格尔的唯心主义，其二是黑格尔的辩证法。相对于对唯心主义的全盘批判，对辩

---

① 《马克思恩格斯全集》（第3卷），人民出版社2002年版，第315页。

证法的批判更多的是一种扬弃,即抓住其中的积极的、批判的和革命的要素,以用来构建他的实践的唯物主义。在马克思看来,尽管黑格尔的体系同样是一种唯心主义,但因辩证法它呈现出了一种灵动的、能动的特点,而不是僵化的形而上学的色彩。这种灵动的特点当然不是黑格尔所独有的,事实上这种辩证推演在费希特的理论中同样显著,黑格尔的三段论式的辩证法正是继承费希特而来。辩证法的灵动对一门唯心主义的体系而言,意味着它是以主观的方式去理解"事实、现实和感性",将之抽象化作为理论的基础。这使得黑格尔哲学呈现为一种精神实践的存在方式。这是说,在黑格尔那里,实践的主体是精神,绝对精神是唯一肯定的东西,它的自我运动就是实践活动。基于这个认识,黑格尔唯一承认的劳动是精神的劳动。

马克思认为,黑格尔的精神实践的本质是以抽象的、辩证的、逻辑的方式表达了人的实践,精神的运动理应是人类历史的现实运动。黑格尔的抽象化的结果是他仅仅抽象地反映了人的现实状况,但这个抽象化并不是没有意义的,相反在马克思看来,黑格尔用绝对精神的运动统一了人、社会和自然,统一了思维和存在,精神的抽象运动事实上已经揭露了历史的发展进程并解决了精神与世界的抽象对立。恩格斯同样指出:"黑格尔第一次——这是他的巨大功绩——把整个自然的、历史的和精神的世界描写为一个过程,即把它描写为处在不断的运动、变化、转变和发展中,并企图揭示这种运动和发展的内在联系。"[①]黑格尔这个功绩的达成,或者说对精神与世界的统一的实现借助了一个异常重要的概念——劳动。

二 对黑格尔劳动概念的批判

黑格尔对劳动概念的论述主要集中在《精神现象学》的"自我意识"部分。在这个部分中,更为具体地说是在"意识自身确定性

[①]《马克思恩格斯全集》(第3卷),人民出版社1956年版,第63页。

的真理性"中，黑格尔指出，在自我意识经历了自我自身意识、生命和自我与欲望等环节之后，就发展到了"主人与奴隶"阶段。黑格尔著名的主奴辩证法就是在这个阶段展开的。斗争的双方是主人和奴隶，前者代表独立意识，其本质是自为存在；后者是依赖意识，其本质依赖主人而存在。斗争的展开——二者之间的辩证运动——以劳动为中介。劳动的主体是奴隶。通过劳动，奴隶将自己对象化为某种持存的他物，因为通过劳动，欲望的满足得到提升而获得持久的性质，欲望的满足不再是消逝性的，劳动对此进行了陶冶："劳动是受到限制或节制的欲望，亦即延迟了的满足的消逝，换句话说，劳动陶冶事物。对于对象的否定关系成为对象的形式并且成为一种有持久性的东西，这正因为对象对于那劳动者来说是有独立性的。这个否定的中介过程或陶冶的行动同时就是意识的个别性或意识的纯粹自为存在，这种意识现在在劳动中外在化自己进入到持久的状态。因此那劳动着的意识便达到了以独立存在为自己本身的直观。"[①] 可以看出，劳动对事物的陶冶是通过否定性起作用的。事物对于劳动者具有独立性，这种独立性是对二者之间的关系的否定，但这个否定并不是劳动所产生的否定。一方面，劳动所具有的否定正是对物所具有的独立性的否定，通过劳动对象被陶冶为劳动者的产物从而获得与劳动者之间的持久的关系。在另一方面，劳动者在劳动的过程中将对象认作自己的产物，这个过程等同于劳动者意识到自己的自为存在，亦即达到了对自己的直观。通过劳动所实现的对象化的过程，被认为是劳动者对对象的生产过程，以及对自己的实现过程。

马克思对黑格尔的这个理论操作十分推崇，他指出："黑格尔的《现象学》及其最后成果——辩证法，作为推动原则和创造原则的否定性——的伟大之处首先在于，黑格尔把人的自我产生看作一个过

[①] [德]黑格尔：《精神现象学》（上卷），贺麟、王玖兴译，商务印书馆1979年版，第148页。

程，把对象化看作非对象化，看作外化和这种外化的扬弃；可见，他抓住了劳动的本质，把对象性的人、现实的因而是真正的人理解为他自己的劳动的结果。"①正是因为劳动的本质是对劳动者自己的生产，作为劳动者的奴隶才能够在这个过程中与不从事劳动的主人一样发生意识的转化。在黑格尔看来，奴隶、主人与物之间的关系是多重的。就主人与物的关系而言，奴隶在其中起中介的作用。因为主人并不劳动，因此他与物之间没有形成直接的关系。就奴隶与物而言，尽管奴隶直接与物打交道，但物对于奴隶而言是一种独立的存在，因为它并不是用来满足奴隶的欲望的。相反，物的存在恰恰表明奴隶本身对主人的依赖，因而反过来说也是对奴隶本身的否定。当然更为直接的否定发生在主人对奴隶的关系上。奴隶对主人而言直接就是否定性的存在。奴隶是主人的附属，是主人豁免于劳动的工具，因此就劳动是实现本质的方式而言，奴隶也是对主人的否定。这个关系是主奴意识转化的直接条件。

奴隶从事劳动，通过劳动改造物使其成为可用的对象，在这个过程中，奴隶将自己的本质力量赋予了物，因此物就成为他的才能的表现，成为他的本质的凝结并以对象的方式呈现给他。物的独立性由此被剥夺，奴隶成为物的主人。同时通过这个对象化，奴隶回到了他自身："这样通过劳动奴隶的意识却回到了它自身。""正是在劳动里，奴隶通过自己再重新发现自己的过程，才意识到他自己固有的意向。"② 可以说，劳动作为中介连接一种双向的意识活动，离心的和向心的。在前者中，意识离开主体转向对象，尽管奴隶此时还没有对于自己的独立意识或者说对自己的意识还是潜在的；在后者中，意识从对象返回主体，并确认自己的独立意识，从而确认自己。因此，在劳动的过程中，意识事实上同样是处于一种运动的

---

① 《马克思恩格斯全集》（第3卷），人民出版社2002年版，第320页。
② [德]黑格尔：《精神现象学》（上卷），贺麟、王玖兴译，商务印书馆1979年版，第147—148页。

状态，劳动的过程等同于意识自身的运动。并且这个运动是不停息的，精神所具有的能动性使得它永远趋向意识的另一个阶段，运动的下一个环节。

意识运动所具有的动力来源于辩证法。以辩证推理推动概念的不断发展和运动并不是黑格尔的原创，在费希特以自我为基础的知识学中建立起来的是同一种辩证推理。在费希特那里，自我或者是通过与非我的对立统一建立起解释意识的路径，或者是将理论与实践的对立统一作为其最高综合展开意识的领域。肯定—否定—否定之否定的模式在费希特的知识学中已然成熟和完整，黑格尔对其在绝对精神的运动中的应用与费希特哲学一脉相承。当然黑格尔对费希特的继承并不单纯的是方法论上的辩证模式，更为深刻的继承是他对费希特以活动为方式使观念达至现实世界的哲学洞见的接受。辩证的推理模式服务于理论的最高目的：统一观念与现实世界。统一之可能在于观念的主体是能动的，它能够自由地发起走向现实世界的运动。观念与现实都不是僵死的，它们自身及之间的关系都处在不断的变化之中，因此主体的自由的且带有目的的运动会在这个过程中遭遇否定，但正因为主体同样处在变化之中，它能够自主地调节对自身的认识并调整与现实世界的关系，以保证其目的的实现。可以说，费希特的辩证法服务于说明自我的自由本性，后者是实现跨越的根本动力与保证。

在黑格尔的体系中，绝对精神取代了自我，但其核心并没有改变。意识发展的过程本质上同样是绝对精神验证其自由的过程。因为对于黑格尔来说，绝对精神的发展过程本质上就是它自己对自己的创造过程。而在主奴关系这一环节，奴隶的意识是通过劳动建立起来的，因此劳动担负着赋予对劳动者本身及其对象的生产的任务。就劳动与劳动者的关系而言，后者是前者的行为主体，但在行为主体意识到自己是行为主体并将劳动作为自身的劳动之前，我们不能将其认作为一个意识主体，可以说在此时它处于精神发展的否定环节。在通过劳动的陶冶之后，奴隶获得对自己的意识，因此是劳动生产了具有自我意识的劳动者，由此，精神的发展从否定转入肯定。就劳动与对象的关系而言，劳动产生了对象，但这种产生是就物作为劳动者本质的对象化而言的。劳动者的本质通过劳动对象化为物，对物的生产因此同时就是对劳动者的生产。可以说，劳动的本质是劳动者对自己和世界的生产，人的本质就在于劳动，并且正是通过劳动人才能够确认自己。劳动的过程就是人的产生过程。如果不考虑黑格尔所指的物同样是精神的产物，那么可以看出，劳动概念是连接主体、物和感性世界的最后一环。这种以动能实现在两个领域之间的跨越的模式与费希特理论中的模式是一样的。只是在费希特的理论中，这个概念是设定活动（setzen）或者说想象力。

　　精神的发展总是不断在肯定与否定之间转换，当奴隶的意识通过劳动进入肯定的状态之后，劳动的异化随之又将意识的发展带入否定的阶段。黑格尔指出，劳动是对象化的活动，但这个活动同时就是对象性的丧失，因为对象化之后劳动必须外化。外化意味着劳动对象脱离劳动者而成为独立的存在。物的独立存在使得它脱离了其生产者而成为满足其他人的需要的对象。这个劳动外化的结果由此导致劳动的异化，即劳动不再是作为对劳动者本质的实现，而是获得抽象的形式反过来控制劳动者，这个关系迫使劳动者扬弃劳动对象亦即劳动的对象化，并努力使得外化的对象复归到劳动者本身。

　　在马克思看来，虽然黑格尔正确地指出了劳动的本质，并根据意识的辩证法提出劳动的对象化、外化和异化的过程，但是黑格尔的劳动并不是感性的、现实的实践活动，而只是抽象的精神活动，因此劳动概念所具有的批判要素并没有在黑格尔的理论中得到彻底的发挥和应用："《现象学》是一种隐蔽的、自身还不清楚的、神秘化的批判；……所以它潜在地包含着批判的一切要素，而且这些要素往往已经以远远超过黑格尔观点的方式准备好和加过工了。"[1] 马克思之所以指认黑格尔并没有完全发挥劳动概念中的批判要素主要

---

[1] 《马克思恩格斯全集》（第3卷），人民出版社2002年版，第319页。

是基于以下几点原因。

马克思指出，尽管黑格尔把握到了劳动是创造自己的人的本质活动这一点，但在他那里，劳动仍然只是意识的内在的活动，它并没有真正跳出意识而达到感性的现实本身。"全部外化历史和外化的全部消除，不过是抽象的、绝对的思维的生产史，即逻辑的思辨的思维的生产史。因此，异化——它从而构成这种外化的以及这种外化之扬弃的真正意义——是自在和自为之间、意识和自我意识之间、客体和主体之间的对立，就是说，是抽象的思维同感性的现实或现实的感性在思想本身范围内的对立。"① 这就是说，黑格尔通过劳动的中介所达到的思维与存在的统一事实上仅仅是思维内部的游戏，所以统一起来的仅仅是思维运动的不同阶段，黑格尔并没有真正通过精神的运动达到感性的现实世界。在马克思看来，造成以上缺陷的原因在于，黑格尔颠倒了主语和谓语之间的关系，将"人"作为绝对精神发展的一个环节，而不是相反。因此在从绝对精神出发最后向绝对精神的复归中，人就不是以自己为目的，人的本质的异化只是自我精神的异化，通过劳动对人的本质的实现也仅仅是服务于绝对理念的达成。所以人、劳动、运动和变化都发生在意识领域之内，而与现实的感性世界没有关系、处于隔绝的状态："现实的人和现实的自然界不过成为这个隐蔽的非现实的人和这个非现实的自然界的谓语、象征。"② 黑格尔颠倒了现实与非现实之间的关系，使得现实的、具体的历史运动为抽象的思辨运动所替代。

对马克思而言，现实的、具体的历史运动，真正的、积极的劳动的主体是"当现实的、有形体的、站在稳固的地球上呼吸着一切自然力的人"，同"一个现实对象世界"发生关系的人。感性存在的人能同这个现实世界发生关系是因为人能通过劳动改变与现实世界的关系，正是在劳动改变现实世界使之成为人的对象的过程中，

---

① 《马克思恩格斯全集》（第 3 卷），人民出版社 2002 年版，第 318 页。
② 《马克思恩格斯全集》（第 3 卷），人民出版社 2002 年版，第 332 页。

人同时实现自己的本质。不难看出，马克思对黑格尔的批判集中在一点，即真实的劳动不是精神的运动，而是现实的感性的人的感性活动。马克思要再颠倒黑格尔的颠倒，针对这个理论目的，他提出了他自己的理论。

第三节　通过对象性活动建立起的关系结构

马克思对黑格尔的批判指出，抽象的主体和这个主体的抽象的劳动并不能建立起现实和精神之间的真实关系，真正能够承担这个建构任务的是感性的现实主体，而这个主体所从事的不是抽象的精神劳动，而是一种对象性活动。整体来说，对象性活动是马克思的劳动理论中的一个部分，完成的劳动理论的形态包括劳动的对象化、外化和异化等环节，也就是马克思的异化劳动理论。但是正如它的名字所揭示的，异化劳动理论因为关注劳动的整体过程，最终将落在劳动的"异化"之上，也就是劳动的消极方面之上。相对于这个状况，对象性活动作为劳动的积极生产环节，就更多地关注劳动的积极方面，也就是劳动的生产性能。在这个意义上，它类似于费希特理论中的"设定"。

按照马克思的定义，对象性活动是指感性的人所从事的活动，是"现实的、肉体的、站在坚实的呈圆形的地球上呼出和吸入的一切自然力的人通过自己的外化把自己现实的、对象性的本质力量设定为异己的对象时"[①] 所产生的结果。这个结果不是某个固定的产物，而是一种活动，是主体从事的活动。简而言之，对象性活动是感性的人实现自己所具有的对象性的本质力量的活动。如果将这个活动分解开来，就可以获得对象性活动的所有要素。

[①] 《马克思恩格斯全集》（第 3 卷），人民出版社 2002 年版，第 324 页。

一 对象性存在物与自然

与马克思对感性的人的定义相比，对象性存在物更为强调人与他的活动对象的关系。马克思认为，一个存在物只有在自身之外有对象的情况下，他才是对象性的存在物。因此，对象性存在物总是处在与他之外的对象的关系中，他既是对象之为对象的原因，也为对象所定义。这种与对象的双重关系决定对象性存在物必然具有双重的属性，他不仅是积极主动的存在物，也是受限的存在物。他的受限维度来自以下规定："人作为自然的、肉体的、感性的、对象性的存在物，同动植物一样，是受动的、受制约的和受限制的存在物。"[1] 可以看出，作为对象性存在物，人的受限的本质在于他对感性对象的依赖，如同动植物一样，需要从自然中获取它所赖以生存的东西，这些东西是外在于它的，是它的欲求对象和需要的对象。

同时，对于对象性存在物而言，他所依赖的对象反过来确证他作为对象性存在的本质力量。马克思指出的人所具有的本质力量，是指人所具有的自然力和生命力，是人所具有的能动性。对马克思而言，对象性存在物是从属于自然这个大领域之中的，自然所具有的生命性同样为人所分享，而且在人身上，这种生命力是一种天赋和才能，它构成人的欲望。正是欲望促使对象性存在物欲求他的对象。用马克思的话说就是，"说人是肉体的、有自然力的、有生命的、现实的、感性的、对象性的存在物，这就等于说，人有现实的、感性的对象作为自己本质的即自己生命表现的对象；或者说，人只有凭借现实的、感性的对象才能表现自己的生命"[2]。

因此，对象性存在物无论从主观方面还是客观方面都无法脱离自然界。他的对象性的本质力量来自他"直接地是自然存在物"的本质，而他的本质力量所欲求的对象，是外在于他的其他自然存在

---

[1] 《马克思恩格斯全集》（第3卷），人民出版社2002年版，第324页。
[2] 《马克思恩格斯全集》（第3卷），人民出版社2002年版，第324页。

物。正是这两个方面，构成了定义对象性存在物的对象性活动。基于这个关系，可以将自然看作对象性活动得以发生的大的背景，是绝对的存在，在它之中，有限的对象性存在物通过它的对象性活动作用于对象。

从这个结构来看，一方面，自然是对象性存在以及对象性活动发生的前提条件，"一个存在物如果在自身之外没有自己的自然界，就不是自然存在物，就不能参加自然界的生活"①。而通过对象性活动，就在自然中划分出了属于对象性存在物的自然界，以及在这个自然界之外的自然界。这个对象性存在之外的自然界事实上就构成了对象性存在物的对象。在另一方面，对象性存在物本身就是自然界中的一个存在物，因此它同时也应该是其他存在物的对象，"一个存在物如果本身不是第三者的对象，就没有任何存在物作为自己的对象，就是说，它没有对象性的关系，它的存在就不是对象性的存在"②。这表示，对象性关系是自然界的普遍结构，对象性存在者之间实际上互相构成对方的对象；这同时也意味着，对象性活动是普遍的。

基于以上分析，我们可以得出以下结论：自然是一种绝对存在，在它之中，存在一种普遍的活动形式，也就是对象性活动；对象性活动是对象性存在发起的，可能在于其作为自然存在物具有自然的生命力，它的这种本质力量促使对象性存在物向外欲求某个对象；这个对象既可以是一般意义上的某种感性欲求的对象，也可以是其他的对象性存在物。通过这个活动，自然就被有机地联系起来，构成了一个区别于原本状态的自然界。

自然是绝对的前提条件，但对人而言，它并不是唯一的限制。"人不仅仅是自然存在物，而且是人的自然存在物，就是说，是自为

---

① 《马克思恩格斯全集》（第3卷），人民出版社2002年版，第325页。
② 《马克思恩格斯全集》（第3卷），人民出版社2002年版，第325页。

的存在着的存在物,因而是类存在物。"① "类存在物"(Gattungswesen)这个概念源自费尔巴哈,对应着他那里的"类本质"(同一个德语词)。在费尔巴哈那里,人的类本质是指"一种内在的、无声的、把许多个人纯粹自然地联系起来的普遍性"②。马克思采用了这个概念用以表示人的共同属性。既然在《1844年经济学哲学手稿》中,人的共性表现在他的对象性活动,那么"类存在物"就应该是对象性活动的抽象表达。或者用马克思的话说,是一种人类"自己的知识",在这个知识之中,人必须确证并表现自身。对马克思而言,人的感性属性并不是人的单一属性,感性的直接性的确是人作为自然存在物的首要属性或者说基础属性,但它并不直接构成人的意识、人的知识。任何直接呈现出来的对象都不是人的对象,人和直接地客观地存在着的人的感觉,也不是人的感性、人的对象性。也就是说,事实上,人所具有的感觉性、人的对象,是通过意识所中介的。"意识的存在方式,以及对意识来说某个东西的存在方式,这就是知识。"③ 通过知识,自然界才与人的存在物相适应,这种相适应在人的角度上,就产生了历史,"历史对人来说是被认识到的历史,因而它作为形成过程是一种有意识地扬弃自身的形成过程。历史是人的真正的自然史"④。通过意识区分出来的历史构成了自然的另一个维度,即意识中的、与人相适应的自然。这个自然与绝对的自然一样,同样是一种产生活动,但它是抽象的,因而它构成了对总体自然的扬弃。

到目前为止,我们分析了《1844年经济学哲学手稿》中的活动主体以及它与自然之间的关系。可以看出,在二者之间存在不同的活动维度,它们之间彼此又存在相互制约和影响的关系。它们作为对象性活动的两端,由对象性活动连接起来,由此形成了人与自然

---

① 《马克思恩格斯全集》(第3卷),人民出版社2002年版,第326页。
② 《马克思恩格斯文集》(第1卷),人民出版社2009年版,第505页。
③ 《马克思恩格斯全集》(第3卷),人民出版社2002年版,第327页。
④ 《马克思恩格斯全集》(第3卷),人民出版社2002年版,第326页。

关系发展的三个阶段。在原始的社会形态中，自然对人而言是一种异己的、具有无限威力的力量。人的落后的生产力根本无法使人类与自然相抗衡，因此在这个阶段中人与自然的关系是一种原始的和谐状态，人崇拜自然，依附自然和顺应自然。和人与自然的这种关系相对应，人与人之间的关系是一种自然的、直接的关系，"人们对自然界的狭隘关系制约着他们之间的狭隘的关系，而他们之间的狭隘关系又制约着他们对自然界的狭隘的关系"①。人与自然的关系和人与人的关系之间的相互制约和限制在原始社会阶段就已经存在，这种关系反映的本质是在该时期劳动带来的人的解放的程度，也就是通过劳动人与自然的相互生成的程度。

人与自然关系的第二个阶段表现为人与自然的外在对立。生产力和分工的发展，直接导致人与自然关系的重大变化。人不再崇拜自然，相反通过对自然的改造的不断成功，人开始试图征服自然。最为显著的历史时期就是资本主义的工业化时期。在这个时期，自然对于人而言仅仅是可供利用的对象，"与这个社会阶段相比，一切以前的社会阶段都只表现为人类的地方性发展和对自然的崇拜。只有在资本主义制度下自然界才真正是人的对象，真正是有用物"②。对自然的"降格"仅仅是这个历史时期的一个特征之一，伴随人与自然关系的改变的还有人与人之间的从简单、自然的关系演变为彼此利用、互为手段。正如我们已知的，这些表现都应该归结为异化劳动的结果。

自然与人的关系的第三阶段是对一种和谐状态的再次回复。与在第二阶段中对自然的单纯利用不同，在这个阶段中，因为人类不再追求物质上的满足，第二阶段的物质财富积累使得在这一阶段中人从对物质追求中被解放，所以自然对人而言就不再是可利用之物。对于人类而言，自然依然是物质生活资料的来源，但自然与人之间

---

① 《马克思恩格斯全集》（第3卷），人民出版社1956年版，第35页。
② 《马克思恩格斯全集》（第30卷），人民出版社1995年版，第390页。

已经达成和解，这意味着，共产主义阶段的"按需分配"同样适用于自然，当然此时的"所需"不单纯是物质方面的，它还涉及人的个性自由。一个全面发展的人同时是猎人、渔夫和牧人，他对自然所要求的也就是相对于在担任各个角色之时所需要的成果。自然不再被掠夺，人本身也得到解放。由被解放的人所组成的社会中就是共产主义社会。因此，人与自然的和解也就是人同人本身的和解。而后者对于作为社会存在的个人而言就等同于人与社会的和解。

尽管在人与自然的关系中，感性的人表现出对自然所具有的生产性，但对象性活动按照马克思的说法并不是一种"创造对象"的活动，那么对象性活动对对象的"设定"到底意指什么呢？它与马克思对黑格尔的"劳动"概念的批判又有什么关系呢？这个问题将通过对比对象性活动与劳动来得到回答。

二 对象性活动与劳动

马克思对黑格尔劳动概念的批判可以用他在《1844年经济学哲学手稿》中的以下论述来总结："我们看到，理论的对立本身的解决，只有通过实践方式，只有借助于人的实践力量，才是可能的；因此，这种对立的解决绝对不只是认识的任务，而是现实生活的任务，而哲学未能解决这个任务，正是因为哲学把这仅仅看作理论的任务。"[1] 黑格尔的劳动概念在马克思看来，就是试图在精神中解决主观与客观、唯灵和唯物、活动与受动的对立，但是这些对立只有在社会状态之中才会消除，因此，实践才是矛盾的真正解决之道。

在提出这个论点之后，马克思指出，"工业的历史和工业的已经生成的对象性的存在，是一本打开了的关于人的本质力量的书"[2]，因此，工业活动应该表达实践概念的内容，但是在工业社

---

[1] 《马克思恩格斯全集》（第3卷），人民出版社2002年版，第306页。
[2] 《马克思恩格斯全集》（第3卷），人民出版社2002年版，第306页。

会之中，实践呈现为异化的形式，"全部人的活动迄今为止都是劳动，也就是工业，就是同自身相异化的活动"①。从《1844年经济学哲学手稿》的构成来看，马克思对劳动概念的分析是通过异化劳动表现出来的。这与他认为当时代的实践主要是异化劳动的观念是相符合的。

在马克思看来，劳动作为一个活动涉及劳动者和劳动对象。一个对象被劳动改造表明该物能够为人所用，被劳动所作用的过程就是它的被造过程。在这个过程中，劳动者花费时间创造一个劳动产品。这个产品就是劳动对象，而整个过程就是马克思称之为劳动的对象化的过程："劳动的产品是固定在某个对象中的、物化的劳动，这就是劳动的对象化。劳动的现实化就是劳动的对象化。"② 可以看出，劳动以物的形式表达其完成的状态，劳动的物化产生的劳动产品集中表现了劳动的对象化。因此，对于劳动产品首先应该将之作为劳动主体实践的结果，实践主体是通过劳动与物打交道的，劳动是连接主体与物的中介："当物按人的方式同人发生关系时，我才能在实践上按人的方式同物发生关系。"③ 这表示"人"与"物"之间的关系是由人所主导的，这个关系同时确定作为个体的我同物发生的关系。而人所确定的物与人之间的关系就是人通过劳动产生对象化的物作为劳动产品。劳动产品因此是现实的、感性的存在，它是人的劳动结果的凝结，因此对人而言是真实的存在。

真实的劳动对象的产生，对劳动者而言，是其本质力量的外化。按照马克思的定义，外化指在劳动的过程中，劳动者将其本质力量、内在的观念和智慧等外化在劳动过程和产品中。这是一个从内向外的过程，即内在的东西以劳动为终结呈现为实在的产物，在这个过

---

① 《马克思恩格斯全集》（第3卷），人民出版社2002年版，第306—307页。
② 《马克思恩格斯全集》（第3卷），人民出版社2002年版，第267—268页。
③ 《马克思恩格斯全集》（第3卷），人民出版社2002年版，第304页。

程中有两个方面发生了外化,一个是劳动的产品,另一个则是劳动本身。即马克思所说的:"如果劳动的产品是外化,那么生产本身就必然是能动的外化,活动的外化,外化的活动。"① 劳动产品的外化很好理解,因为劳动者通过劳动产生物作为其劳动的凝结,这个物,或者在更大的层面上说自然,作为劳动外化的产物是以具体的、静止的形态表达的。需要进一步澄清的是劳动本身的外化。

按照马克思的解释,劳动的外化是指劳动的本质力量脱离开劳动者而外化进劳动对象之中,也就是劳动者赋予他的劳动对象以类似自己的力量,赋予它独立的力量以及反过来反对劳动者的力量。因为当劳动者的本质力量已经脱离开劳动者本身,而被设定在劳动对象之中时,劳动对象事实上就占据了劳动者应该占据的位置,二者的关系被颠倒了。当劳动者丧失了他赖以生存的本质力量而置于劳动对象的力量之下时,异化劳动就会发生。

异化劳动是这样一种劳动:"首先,劳动对工人说来是外在的东西,也就是说,不属于他的本质;因此,他在自己的劳动中不是肯定自己,而是否定自己,不是感到幸福,而是感到不幸,不是自由地发挥自己的体力和智力,而是使自己的肉体受折磨、精神遭摧残。因此,工人只有在劳动之外才感到自在,而在劳动中则感到不自在,他在不劳动时觉得舒畅,而在劳动时就觉得不舒畅。因此,他的劳动不是自愿的劳动,而是被迫的强制劳动。……外在的劳动,人在其中使自己外化的劳动,是一种自我牺牲、自我折磨的劳动。"② 劳动的异化是对劳动的否定,在异化的劳动中,不仅劳动者的本质被否定,劳动本身以及劳动的对象都成为反对劳动者的存在。

劳动本身的异化就是异化劳动。在黑格尔那里,异化与外化之间并没有差异,二者都是作为对主体的否定,是主体必经的环节。但是在马克思这里,异化具有更为现实的意义。异化简单来说就

---

① 《马克思恩格斯全集》(第3卷),人民出版社2002年版,第270页。
② 《马克思恩格斯全集》(第3卷),人民出版社2002年版,第270—271页。

作为产物的客体反过来统治了主体,因此异化劳动就是劳动作为劳动者本质的体现,反过来剥夺了劳动者的本质,使得劳动者成为工具。依据这个定义,马克思将异化劳动划分为了四种形式:劳动过程与劳动者的异化,劳动产品与劳动者的异化,劳动者作为人与人的本质的异化,以及劳动者本人与他人关系的异化。异化劳动的这四个形式能够被认为是异化发生过程中的四个阶段。劳动与劳动者的异化是劳动产品脱离劳动者成为劳动的异化的对象的原因。劳动者被迫参与劳动,在这个过程中他所生产的产品并不是其自由本质的凝结,因此劳动的产物要么不属于劳动者本身,要么不足以满足劳动者生存的需要,无论哪种情形,产品都反过来控制劳动者;当劳动的产物成为劳动者的统治者时,劳动者就丧失了其积极的、能动的、自由的本性,而成为机器化生产中的一个固定的环节。当劳动成为生产过程中的一个固定的环节的时候,劳动者对他人的考察就是"按照他自己作为工人所具有的那种尺度和关系"[1]的,因此他也不是将他人看作积极的劳动主体而只是作为与工人相对应的某种存在来看待。这必然导致他与他者关系的异化:他们之间不再是现实的感性的人之间的关系而是工人与工人或者工人与非工人之间的关系。

尽管异化劳动会造成如此严重的后果,但它并不是无用的和能够避免的,相反,工业生产所代表的异化形式,正是真正的、人本学的自然界得以形成的原因。[2] 对异化劳动的批判并不等于对它的存在的必然性的否定,这是对黑格尔的辩证法的继承和运用。对异化劳动在人类历史中的重要地位的承认表明,人作为主体的能力其实是有限的,他的活动以及活动的结果是与他所处的环境密切相关的,人类学的自然界,也就是人类的历史,它既是有限的人的活动的阶段性结果的累积,又反过来构成人的劳动的限制性条件。在这个意

---

[1] 《马克思恩格斯全集》(第3卷),人民出版社2002年版,第275页。
[2] 《马克思恩格斯全集》(第3卷),人民出版社2002年版,第307页。

义上，作为对象性存在物的人，与他所创造的人化自然也具有双重的关系。

在一个方向上，他是通过对象性活动从总体自然中被设定出来的。无论人类学的自然界在经过对象性活动之后呈现出了什么样的人化特色，具有多么鲜明的人类色彩，他都是总体自然界中的一部分。这既是因为感性的人本身就是自然界的一部分，无论是在物质方面还是在精神方面，也是因为人的对象性活动的产物是自然界的一部分。正如马克思所言，设定并不是从纯粹活动中创造对象。

在相反的方向上，人化自然构成对总体自然的否定。按照人类通过劳动所创造的历史，人类学的自然界之形成在事实上必然要经历异化的阶段。对从事对象性活动的感性的人而言，异化及其结果是对其所从事的活动的否定，也是对其本质的否定，但是这种否定构成了人重新认识自己的本质力量的条件。这种认识对劳动者而言，就是发现他当下所处的自然界与他本人并不适应，他的对象并不能证实他的活动，因而他重新调整自己的活动的对象，以便使得他的活动的结果与自己不相对立。

这个过程马克思称之为"扬弃"："扬弃是使外化返回到自身的、对象性的运动。——这是在异化的范围内表现出来的关于通过扬弃对象性的本质的异化来占有对象性本质的见解；这是异化的见解，它主张人的现实的对象化，主张人通过消灭对象世界的异化的规定、通过在对象世界的异化存在中扬弃对象世界而现实地占有自己的对象性本质"。[①] 马克思将异化的扬弃看作黑格尔辩证法的积极的环节。这个积极的环节表明，在经历异化之后，人的对象性本质能够被人重新占有。这种重新占有意味着对象性活动不再产生与人的本质力量相左的产物，对象不再是对活动主体的否定，对象性存在与对象达成和解，这也同时意味着人化自然与总体自然的和解。

---

① 《马克思恩格斯全集》（第3卷），人民出版社2002年版，第174页。

三 对象性活动与自由

在经历扬弃阶段之后，对象性的存在物事实上就通过劳动实现了其本质，获得了自由。对于马克思而言，"我的劳动是自由的生命表现，因此是生活的乐趣。""我在劳动中肯定了自己的个人生命，从而也就肯定了我的个性的特点。劳动是我真正的、活动的财产"①。因此，对对象性存在而言，劳动应该以其本身为目的，而不应该成为一种手段。只有以此为前提，我们从事劳动才是对自我的实现，才是对本质的实现。

一方面，人的本质是感性的对象性存在，因此在劳动中实现自由，就是人在与自然的实践关系中获得自由。在与自然的直接关系中获得自由的原因，按照马克思的说法，在于依照"美的规律"以劳动为形态生产。马克思在《1844年经济学哲学手稿》中区分动物和人的生产活动时指出："动物只是按照它所属的那个种的尺度和需要来建造，而人却懂得按照任何一种的尺度来进行生产，并且懂得怎样处处都把内在的尺度运用到对象上去；因此，人也按照美的规律来构造。"② 人按照美的规律进行生产表明人的劳动事实上是超越单纯的必然性的。因为美的规律并不是自然科学意义上的规律，它不统治物质世界的物质形态的转换，而是规定劳动的主体也就是劳动者应该如何行动。当劳动者以美的规律为准则从事劳动时，他的生产活动就不单是为了满足生存需要，还同时应该促进人自身的发展。

在这个准则之下，自然对于人而言，既不是原初的限制，也不作为产品与人对立，相反，自然与人之间达成和解。"人和自然界的实在性，即人对人来说作为自然界的存在以及自然界对人来说作为人的存在，已经成为实际的、可以通过感觉直观的，所以，关于某

---

① 《马克思恩格斯全集》（第3卷），人民出版社2002年版，第38页。
② 《马克思恩格斯全集》（第3卷），人民出版社2002年版，第97页。

种异己的存在物、关于凌驾于自然界和人之上的存在物的问题，即包含着对自然界的和人的非实在性的承认的问题，实际上已经成为不可能的了。"①

在另一方面，人是一种类存在物，劳动是一种"类活动"："人是类存在物。不仅因为人在实践上和理论上都把类——他自身的类以及其他物的类——当作自己的对象；而且因为——这只是同一种事物的另一种说法——人把自身当作现有的、有生命的类来对待，因为人把自身当作普遍的因而也是自由的存在物来对待。"② 在这个时期，劳动者是以类存在的，劳动者的生产生活也是类生活，因此个人所具有的特性是从类的特性而来的，"自由自觉的活动恰恰就是人的类的特性"，因此劳动者的自由的本性是通过类的自由得到保证。

当将劳动当作一种类活动，将个人当作类中的个体再来考察个体对自由的实现时，就需要将个体放置在一种与他人和社会的关系中。因此，个体自由的实现需要同时兼顾他人的自由与人类整体的自由的实现。在这个关系中，他人不应该与自己相对立，他人不能单单作为自己的手段，相反他人应该作为自己的目的，彼此成就。这种关系应该在异化的扬弃过程中得到呈现："我们已经看到，在被积极扬弃的私有财产的前提下，人如何生产人——他自己和别人；直接体现他的个性的对象如何是他自己为别人的存在，同时是这个别人的存在，而且也是这个别人为他的存在。"③ 以现在的哲学眼光看马克思的这个论述，无疑可以得出一种关于马克思的主体间性思想的观点。但是在这里，马克思着重的并不是作为个体的人如何与他人具有等同的、平等的关系，而是强调在类的统摄下，个人如何无差别地通过劳动产生出自己与他人。

---

① 《马克思恩格斯全集》（第3卷），人民出版社2002年版，第310—311页。
② 《马克思恩格斯全集》（第3卷），人民出版社2002年版，第272页。
③ 《马克思恩格斯全集》（第3卷），人民出版社2002年版，第298页。

他人的存在是个人存在的佐证和条件，因为只有他人与自己同时存在，一个类的概念才能够得以成立，个体也才能够成立。所以马克思指出："因为他自己的感性，只有通过别人，才对他本身来说是人的感性。"①也正是因为个人与他人之间的这种互相产生的关系，社会反过来也同样是人创造物："正像社会本身生产作为人的人一样，社会也是由人生产的……社会是人同自然界的完成了的本质的统一，是自然界的真正复活，是人的实现了的自然主义和自然界的实现了的人道主义。"② 按照这个说法，作为人的产物的社会应该同时带有自然主义与人本主义的特征，应该统一作为物的世界和作为自由的世界。社会于是应该是人的实现了的本质的共同体，从而是一个自由的共同体，一个自由个性的共同体。

因此，劳动的实现同时是对世界的创造，对自然和社会的创造。在这个意义上，马克思所说的人的解放就不是单纯从劳动中被解放。按照马克思的观念，劳动在自由王国中的废除并不是解放的标准，真正的解放是人同时作为类和个人存在，同时作为自然人和公民存在，同时具有自然能力和社会能力，即人成为具有自由个性的存在，对这个存在而言，人与自然的矛盾、人与人之间的矛盾，存在和本质、对象化和自我确证、自由和必然以及个体和类的斗争，即所有对立、矛盾和斗争的完全解决。③ 在这样一种状态中，人才能够称得上是获得了自由：从物质生产所依赖的自然必然性的束缚中解放出来，从类对个体的抽象束缚中解放出来，从社会关系对个人无形的束缚中解放出来。

四 小结

从我们对马克思的《1844年经济学哲学手稿》的分析可以看

---

① 《马克思恩格斯全集》（第3卷），人民出版社2002年版，第308页。
② 《马克思恩格斯全集》（第3卷），人民出版社2002年版，第301页。
③ 《马克思恩格斯全集》（第3卷），人民出版社2002年版，第297页。

出，马克思在这个阶段在继承了费尔巴哈的感性论的基础上，发展了感性的人的能动能力，强调人的对象性活动对对象的"设定"作用、在总体自然中对自然的改造。这种对象性活动在工业社会中以劳动为基本形式，因此，劳动在当下社会所发生的过程，无论是外化还是异化都是对象性活动的具体呈现，是对象性活动的过程，而不仅仅是精神的运动。从马克思劳动概念的分析也可以看出，感性的人的活动是在人与自然、人与人之间建立关系，通过这个活动，人不仅确认自己的感性属性，而且也证实了自己的本质力量和能动性，并通过发挥和实现这种力量，实现自己的自由。由此，自然与人通过对象性活动建立起双重关系。感性的人作为对象性活动的主体，是自然中的一部分；通过对象性活动，自然被改造得与人相适应。由此区分出了原初的自然与人化的自然。而人化的自然作为原初的自然的对立物，同时也是对象性存在的对立物。

于是，以对象性活动为中心，马克思建立起了以总体自然、人化自然和对象性存在为端项的多对双重关系。这个结构则与费希特在《全部知识学的基础》中以设定行动为中心建立起的包括自我、非我以及设定之结果之间的关系结构相类似。

第四节　费希特与马克思的共性

马克思和费希特的共性，按照我们以上的分析，是结构性的。这种结构在费希特的理论中以设定为核心，在马克思的理论中以对象性活动为核心，这构成了费希特对青年马克思的影响的直接证明。我们对费希特理论的分析已经指出，他以绝对主体为设定活动的承担者的理论框架在新一版的知识学中发生了一定的改变，依据现有文献我们不能认为这一版的知识学为马克思所知，因此，也不能贸然将马克思在后期，比如《资本论》中表现出来的与费希特后一版知识学中的相似的框架结构归属为是受费希特的影响。但是，对于这种相似性我们可以做一个简要的概括，以为之后对二者理论的整体性结构对比研究做个铺垫。

一 青年费希特与青年马克思的共性

马克思通过对象性活动建立起的多重关系我们已经在上文中指出，我们可以再次对照费希特理论中自我的设定行动的结构，并对二者关系进行总结。按照费希特的定义，自我通过设定行动在自己的绝对领域中设定一个归属给非我的部分，由此，绝对自我下降为有限自我，并与非我处在对立的关系中。自我与非我的对立是自我绝对的设定活动中不可避免并且是必要和必须的环节。但正是因为这个对立本身就是自我凭借其自由本性设定起来的，因此它能够也应当被克服。对它的克服的结果，是自我与非我的统一。在这个统一中，自我不再是空虚的、绝对的，而是丰富的、限定性的。对照马克思的对象性活动，自然处在绝对自我的位置，需要借助对象性活动被生产为对象性存在物。在这个过程中，人化自然就如同非我，既是对自然的否定，也是最后自然需要统一起来的内容。

基于这种结构的共性来比较结构中的相关要素，就可以发现费希特理论对青年马克思的思想影响的具体表现。在《1844年经济学哲学手稿》中，如果对象性活动是结构得以建立起来的核心概念，那么感性的人就是关键概念。对于马克思而言，唯物主义的维度和历史的维度统一于人。"人"在哲学史上并不是一个被忽略的概念，在唯心论中也是如此。康德就将"人之所是"当作一个最为重要的论题。但是，对于康德而言，人之所是并不是人之感性存在，而是它作为认知活动和认知能力的承担者。因此对康德而言，人的问题就被归结为了认识的问题：认知活动和认知经验之可能。就此而言，洛克莫尔认为康德不能阐释一门统一主体的理论。[1] 洛克莫尔这里所

---

[1] Tom Rockmore: "Is Marx a Fichtean", *Phillosophy & Social Criticism*, vol 36, No. 1, pp. 93–104.

说的主体理论指的是承认主体的感性存在，并将主体认作积极的、行动着的存在，也就是马克思意义上的主体。对马克思而言，人首先是感性的存在，是自然的存在，人的感性构成是人之所以能够作为现实的生产者与自然打交道的原因。如果说康德的主体仅仅是一种能力与活动，那么马克思强调这种能力与活动需要一个现实的、实存的载体。

马克思对人的现实存在的肯定，等同于对自然世界的肯定，他并不认为自然只是观念的产物，如黑格尔所认为的那样。相反，作为一种坚定的物质性存在，它构成一个不可被观念所化约的与观念世界对等的、甚至在一定意义上对立的世界。同时在与观念的关系上，感性的人与自然是观念的基础而不是相反。这是哲学史上著名的对黑格尔哲学的颠倒。然而，对黑格尔的这个颠倒并不能如洛莫尔认为的，同时表明了马克思对费希特的拒斥。在《全部知识学的基础》中，费希特集中论述的确实是自我的主动性、积极性，以一个能动的自我所具有的构造能力来说明人的意识何以产生，而没有分出很多笔墨给对自我的感性存在、对感性自然的论述。但对费希特而言，承认感性世界与理智世界的真实关系与他哲学家的身份并不相矛盾，因为对他而言他对认识之可能的辩护，并不遵从一种唯物主义或者唯心主义。在他看来，这两种主义中的任何一方都没有真实地、不偏倚地对待人和世界的两个方面，这两个方面在这两种体系之中都是没有被统一的："唯物主义否定精神的东西，而［非批判］的唯心主义否定物质的东西。"[①]

基于此，费希特将自己的理论称为"批判的唯心主义"，它不是独断论也不是唯物主义，它不仅解释康德的哲学，同时还通过探究康德所忽略的自我的非我部分，为康德建立的批判哲学提供一个更

[①] J. G. Fichte, *Gesamtausgabe der Bayerischen Akademie der Wissenschaften IV*, 3, Hrsg. von Erich Fuchs, Reinhard Lauth, Ives Radrizzani, Peter K. Schneider und Günter Zöller, Stuttgart – Bad Cannstatt 2000, S. 372.

深的基础。费希特所自认的理论形态已经表明了他对否认感性世界的存在的拒斥，从他将他的"批判的唯心主义"规定为从对物质和精神的相互作用和绝对统一出发，以不偏废物质和精神的任何一方面的方式解释物质如何作用于主体以产生意识的理论而言，费希特的理论与马克思的理论在形态上就已经十分一致了。

马克思在《1844年经济学哲学手稿》中曾写道："彻底的自然主义或人道主义，既不同于唯心主义，也不同于唯物主义，同时又是把这二者结合起来的真理。"[1] 马克思的这个超越的视角同样是建立在对物质和精神两方面并重的基础上的，在他看来，意识对人而言应该成为一种知识，"意识的存在方式，以及对意识说来某个东西的存在方式，这就是知识。知识是意识的惟一的行动"[2]。知识同样是人作为自然存在物和类存在物所拥有的或者说存在的方式，人必须在他自己的知识中确认自身，"他必须既在自己的存在中也在自己的知识中确证并表现自身"[3]。也就是说，感性存在的人要真正实现其类本质不能缺少意识的方面，在意识中对自己的确证和表现构成他之为人的另一个方面。

马克思与费希特的这种相似性，洛克莫尔在他的论文《马克思是一个费希特主义者吗？》中已经指出。按照他的说法，马克思对于有限人类的理解与费希特观点之间有显著的相似性[4]，有限的人类对于二者而言都是统一了感性的、物质存在和知识、精神的真实的人类。这个"人类"的概念意味着马克思和费希特没有将理论与理论产生所依赖的各种客观条件分离开，理论从来都不是空中楼阁，它需要建立在坚实的基础上，这个基础就是人及人的全部实践。人本身就是物质性存在，我们的身体作为会消逝的物质，是我们得以作

---

[1] 《马克思恩格斯全集》（第3卷），人民出版社2002年版，第324页。
[2] 《马克思恩格斯全集》（第3卷），人民出版社2002年版，第327页。
[3] 《马克思恩格斯全集》（第3卷），人民出版社2002年版，第326页。
[4] ［美］洛克莫尔：《马克思是一个费希特主义者吗？》，张梅译，《马克思主义与现实》2010年第4期。

绝对宏观与微观之间的矛盾在马克思看来却能够形成和解，这种和解的达成当然凭借的是劳动概念。劳动正如费希特中的想象力概念一样，穿梭在不同的关系之中，并将这些关系以一种特定的逻辑联系起来。

当然，这种结构性的对照揭示出来了相似，也表明了费希特和马克思之间的差异。最为显著的就是马克思用自然取代了费希特的自我。这个差异同样可以看作马克思的一种颠倒。尽管费希特本人并不否认感性的自然界的存在，但自然从未处在自我的位置，对费希特而言，自然也不可能处在马克思的理论所处的位置。究其原因，是因为费希特所承担的还是康德哲学所遗留下来的观念论的任务：他要从主体性出发解释世界，解释认识之可能。或者如平卡德所总结的："让我们从自我知识、自发性，和我思出发，来看看如果'我思'不是在虚空中打转的话，那么它必然会为其自身设定些怎样的限制。这就摆脱了原先由时间和空间的先天直观所带来的对思想的限制，那是一种在思想之外对思想的限制。"[①] 马克思则要改变世界，他需要一个更为实践的、更有行动力量的落点。在对象性活动之后，马克思的异化劳动理论、实践概念作为理论的进一步深发，也验证了这一点。

从这可以看出，马克思的"实践"概念或者说域，包括对象性活动、劳动，与费希特的"设定"概念并不完全相一致。费希特的确同样承认感性世界和人的有限性，但"设定"概念的提出并不是为了解释它们的实存，而是用来解释它们是如何被给予我们，我们如何在理论中把握它们的实存的。从这个认识论的任务出发，费希特的理论尽管的确带有实践色彩，但如果以马克思的实践理论为标志，它则并不是一种严格的实践理论。费希特以"行动"为内核的理论更多地以认识世界为指向。于是在马克思那里，劳动如果是

---

① [美] T. 平卡德·R. 马肖：《观念论的遗产》，陆凯华译《世界哲学》2015年第5期。

"一种自由的、自我实现的改造世界的活动"①，那么费希特的"设定"就是一种自由的、自我实现的认识世界的活动。

当然，这并不是说，马克思和费希特由此就应该被划分到唯心主义和唯物主义两种理论形态之中，而是说马克思和费希特虽然同样是以一种自由的理论体系—哲学理论唯物主义和唯心主义这两种理论形态中的基本要素，但在理论所展示的形态上依然有不同的侧重。费希特对认识方面的侧重无疑是对他所处的时代的主流哲学问题的回应，对马克思而言，以实践改造世界则是对当时代社会问题的一个更好的回答。正如伯尔基在他的著作《马克思主义的起源》中总结的："由于人拥有真正行动的能力——是创造性的并有积极的情感——他们应该并且将超越这个世界并走向社会主义的实现。"②

二　后期马克思思想与费希特理论的结构性相似

我们对费希特的分析已经指出，费希特在《知识学新方法》中着力于想象力概念，将想象力所代表的自由当作自我从可确定之物到确定之物的过渡的整个领域。在其中，自我和非我都是想象力的摆荡的端项。在端项之间，是自由的实现。也就是说，以想象力概念为最高点，自我和非我都是有限的。但是对自我而言，因为摆荡是它所从事的活动，所以它本身集有限和自由于一身。这种双重角色构成了自我在绝对层面和有限层面来回穿梭的可能，并最终形成了自我对整个事件的大全把握。当哲学家以自己的身份替换到这个运动的过程中时，哲学家就获得了一种"跨越性的视角"。

这种结构，按照柄谷行人的解读，在马克思后期的理论，特别

---

① ［德］洛维特：《从黑格尔到尼采》，李秋零译，生活·读书·新知三联书店 2006 年版，第 129 页。
② ［美］伯尔基：《马克思主义的起源》，伍庆、王文扬译，华东师范大学出版社 2007 年版，第 135 页。

是《资本论》之中是显著存在的。① 在柄谷行人看来,古典经济学从劳动的角度考察商品的价值,认为"货币"仅仅是表示商品的内在价值的尺度,是单纯的流通手段的观点,与新古典主义经济学拒绝劳动价值论的观念构成一种康德意义上的二律背反。这个背反由以下两个方面构成:一方面,商品的价值是在生产的过程中产生的,因此价值是生产的产物;另一方面,商品的价值只有通过流通才能实现,因此价值是交换的产物。因为这两个方面分属两个领域,所以在"商品"和"货币"之间存在一个断裂。

柄谷行人认为,这个断裂之所以在马克思那里以使用价值和交换价值的关系表现出来,是因为马克思是从"事前的视角"看待二者之间的关系的,基于这种视角,从商品到货币之间就存在一个跳跃,如果这个"惊险的跳跃"不成功,那么商品就无法进入流通阶段实现其价值而只能被废弃,由此商品的生产者会遭受损失。因此,在"事前的视角"之下,使用价值和交换价值的统一还是值得怀疑的。但是这种怀疑的态度并不意味着马克思否认从商品到货币之间的跳跃的可能性。事实上将二者认作是等同的并不困难,真正困难的是揭示这个跳跃是如何实现的。而马克思"要做资产阶级经济学从来没有打算做的事情:指明这种货币形式的起源,就是说,探讨商品价值关系中包含的价值表现,怎样从最简单的最不显眼的样子一直发展到炫目的货币形式"②。可以看出,马克思在《资本论》中所承担的任务,是一种基于"事前的视角"揭露"商品"向"货币"的跳跃,揭露这种跳跃及其可能的机制。

按照柄谷行人的说法,马克思借助双重视角揭示了资本主义社会中隐藏的统治结构。一方面,在资本主义经济体系中,商品与货币的交换建立起的并不是一种对称的关系,因为货币可以与一切商

---

① [日] 柄谷行人:《跨越性批判——康德与马克思》,赵京华译,中央编译出版社 2011 年版,导论。

② 马克思:《资本论》(第 1 卷),人民出版社 2004 年版,第 62 页。

品交换，所以货币持有者就占据主动、积极的地位，同时商品持有者只能被动地被货币持有者所选择，处于被动地位。这种不对称造成了资本家在经济过程中追求以货币代表的权利，以获得使资本增值的前提条件这一结果。处于统一的关系中的商品持有者则除了劳动力之外一无所有，而只能以出卖劳动的形式谋生。

在另一方面，当资本家通过货币的持有累积了大量资本之后，他需要以卖者的形式进入交换关系以取得剩余价值。然而因为此时处于买的立场上的商品持有者也就是劳动者并没有相应的对资本的购买力，因此在对资本的出售中又形成了不对称的关系。这种角色的倒置被认为是类似于从商品到货币之间的"惊险的一跳"，资本主义经济的危机就隐藏在这一跳之中。尽管资本的逻辑预示了危机发生的必然性，但是在一定程度上避免或者延缓危机的到来也是可能的。经济危机的发生在于资本无法完成出售，那么以"信用"的方式在观念上卖出资本，先发行期票再进行结算的方式，就能够在 $G-W-G'$ 这一过程结束前开始新一轮的投资。借助信用制度资本的运转就可以一直得到保持，但毕竟资本不能一直如此运转，总会有结算的一天，结算一旦不能被执行，信用机制就会坍塌，危机就在此时发生。因此"结算"就如同一个幽灵盘旋在资本主义经济体制之上。

基于资本逻辑的信用本质以及从中发现的危机，马克思从"事后的视角"以一种科学的态度对资本主义经济进行了批判。他指出，在商品社会中，劳动者所从事的是对商品的生产，商品所具有的交换属性意味着劳动者是将商品看作一种价值、以物的形式去换取一种非物的形式的产品，在这个过程中，劳动者的私人劳动被当作等同的人类劳动。也就是说，个体性的劳动上升为普遍性的劳动，这个跳跃所产生的结果是，抽象的货币、资本和信用如同一种宗教统治着人类，这种统治表达在信仰中，就是对抽象的宗教的信仰。"对于这种社会来说，崇拜抽象人的基督教，特别是资产阶级发展阶段的基督教，如新教、自然神教等等，是最适当的宗教形式。"① 柄谷行人指出，马克思在这里提出的批判，是一种德国唯心论意义上的批判，他借用了黑格尔的辩证法用以描述资本占据主导的"虔诚的幻觉"或"精神错乱"的世界。②

虽然马克思是从"事前的视角"发现危机之所在，以危机考察资本主义的，但他的批判立场是建立在两种视角之间的穿梭的，他的考察同样基于"事后的视角"，正如他自己所说，"对人类生活形式的思索，从而对这些形式的科学分析，总是采取同实际发展相反的道路。这种思索是从事后开始的，就是说，是人发展过程的完成的结果开始的"③。"事后的视角"是一种整全的、普遍的把握，"事前的视角"则以劳动的方式深入过程，从而为真正批判的立场之确立提供可能。这种来回穿梭和转换的视角构成了马克思思想的精髓："如果缺乏这种立场的敏捷移动，不管抬出马克思怎样的思考——他的话语因语境而多有相反的含义——都是无济于事的。试图到马克思那里去寻求一个原理的做法是错误的。如果没有这种不断的移动与回转，马克思的思想是不存在的。"④

依照柄谷行人的分析，马克思在《资本论》中建立起的双重视角，是他之所以能够揭露资本主义危机之所在，并提出解决危机的办法的原因。这个视角结构提供给了研究者在事件发生过程中以及在事件发生之后来回穿梭的能力，以及"行动者"和"旁观者"的双重身份。马克思后期理论所具有的批判和实践的力量，正是来源于这一结构，它使得理论能够在对细节有充分的把握的基础上，超越细节和理论本身。这个结构，或者说它所代表的方法论，按照我

---

① 马克思：《资本论》（第1卷），人民出版社2004年版，第97页。
② ［日］柄谷行人：《跨越性批判——康德与马克思》，赵京华译，中央编译出版社2011年版，第103页。
③ 马克思：《资本论》（第1卷），人民出版社2004年版，第93页。
④ ［日］柄谷行人：《跨越性批判——康德与马克思》，赵京华译，中央编译出版社2011年版，第125页。

们的观点，是为费希特和马克思所共享的。当然，这种共性并不必然是影响和被影响的关系，然而，如果按照费希特在《全部知识学的基础》中已经显露的这种倾向，马克思早期对费希特思想的吸收，以及"事前的视角"所构成的要素和过程，我们也并不能排除有些许理论影响发生的可能。但这是一个需要更多和更为深刻的研究来支持或者否定的问题，笔者目前只能暂且搁置。

结 束 语

理论之限度与超越

在哲学的历史中，人的理性能力问题总是处于核心地位，它总是被推崇，很少甚至从未被低估。之所以出现这样的情况，当然是因为理性能力是我们作为人，相较其他物种更为高级的地方。由此造成的结果是，理论——理性能力的总结——是哲学的唯一形态。这当然是符合逻辑的，并且是一种必然的逻辑。然而作为理性代言人的哲学家却似乎太过于沉迷于对理性的探索，而没有跳出理论，以"人"、感性存在的人的视角来看待从事理论活动这一事件本身。正因为他们的忽视和偏心是故意的，所以哲学家们并不都是诚实的。他们没有诚实地对待自己的感性存在，他们也没有诚实地对待周围世界，这些要素构成了理论的限度，同时也构成了对理论的批判和对哲学家本人的批判。

浪漫主义是对这种"不诚实"的理论的批判，然而它又走入了另一个极端。这使得同时从属于浪漫主义和唯心论的费希特在整个理性和非理性的斗争中显得格外突出。费希特必然对理性是有信仰的，但是他的信仰是有节制的。他很好地摆正了他作为哲学家的角色，即哲学家既是从事理论的人，也是感性的人。这种双重角色一方面可以认为是对理性和哲学家本人的有限性的承认，另一方面恰恰构成了对哲学理论、对以往哲学的超越的条件。因为它使得哲学家可以跳出理论视角的限制，用人的生动的力量突破已经建立起来的话语体系。人所具有的可以与理性抗衡的要素——行动和想象力——被引入，由此出现了新的理论形态——行动的理论。

这样的态度以及由此呈现出来的形态，可以被认为是真正的辩证法。当然，现今在说到辩证法时，我们首先想到的是黑格尔。然而，在黑格尔那里，感性世界或者说人类的生存世界才是衍生之物，是精神的附属品。就此而言，甚至可以说，在哲学的历史上，黑格尔是对待真实的人类处境最为偏颇的哲学家。马克思作为黑格尔的学生，承接了黑格尔的辩证法，但也对它进行了改变。这种改变，或者说对辩证法的原本形态的回归，在"双重视角"下或"移动的视界"中才得以呈现。这是重新理解马克思辩证法的可能性之所在。这种转变着的视角的可能基于对人类处境的真实、深刻的理解。人类从来都不是单纯的精神生活，不是只站在世界之外，对世界进行旁观、总结；相反，人类首先是自然而然地去经验世界、与世界打交道的存在。如果人类只在一种状态之中，那么要么就无法回到现实的世界，陷入形而上学的妄想，要么就只在世界中存在，而无法超越现实。在后一种情况之中，哲学，特别是形而上学就处在生活的视野之外了。这种生存悖论事实上就是以康德哲学为代表的德国观念论所表达和试图解决的。在康德之后，费希特试图用他的行动哲学中来解决这个悖论。然而遗憾的是，我们看到，对费希特一贯的误解、片面的认识，使得他的哲学努力没有发挥它应有的价值。在费希特之后，马克思再一次抓住了问题的核心，用他关于实践的理论把握住了人类的生存处境，并为人类的发展指出了方向。

当然，关于行动的、实践的理论同样是一门理论，但它提供的是另一种希望：用人的行动的力量改变世界、改善世界，实现人的自由和解放。就此而言，我们可以认为它是对以往哲学尝试的有限性的克服和超越。费希特曾说，哲学家所选择的理论是由哲学家本人的灵魂所决定的，按照这个说法，费希特和马克思的灵魂应该是相似的。他们都具有诚实的灵魂，他们都真诚地以自己的理论和行动试图去改变世界。以一个"跨越"时间的视角来看,他们二者是同行者。

参考文献

一 中文参考文献

(一) 马克思恩格斯著作

《马克思恩格斯全集》（第1卷），人民出版社1995年版。
《马克思恩格斯全集》（第3卷），人民出版社1956年版。
《马克思恩格斯全集》（第3卷），人民出版社2002年版。
《马克思恩格斯全集》（第4卷），人民出版社1956年版。
《马克思恩格斯全集》（第26卷），人民出版社2014年版。
《马克思恩格斯全集》（第30卷），人民出版社1995年版。
《马克思恩格斯文集》（第1—9卷），人民出版社2009年版。
《马克思恩格斯选集》（第1—4卷），人民出版社1995年版。
马克思、恩格斯：《神圣家族》，人民出版社1958年版。
马克思：《资本论》（第1卷），人民出版社2004年版。

(二) 费希特著作

［德］费希特：《论学者的使命》，梁志学、沈真译，商务印书馆1980年版。

［德］费希特：《全部知识学的基础》，王玖兴译，商务印书馆1986年版。

［德］费希特：《费希特书信选》，洪汉鼎、倪梁康译，中华工商联合出版社2018年版。

［德］费希特:《费希特文集》(第1—5卷),梁志学主编,商务印书馆2014年版。

［德］费希特:《费希特著作选集》(第1—5卷),梁志学主编,商务印书馆1990年版。

(三) 其他著作

［美］阿利森:《康德的自由理论》,陈虎平译,辽宁教育出版社2001年版。

［德］阿伦特:《马克思与西方政治思想传统》,孙传钊译,江苏人民出版社2007年版。

［德］阿伦特:《人的境况》,王寅丽,上海人民出版社2009年版。

［美］奥尔曼:《辩证法的舞蹈》,田世锭、何霜梅译,高等教育出版社2006年版。

［美］白璧德:《卢梭与浪漫主义》,孙宜学译,商务印书馆2016年版。

［古希腊］柏拉图:《理想国》,商务印书馆1986年版。

北京大学哲学系外国哲学史教研室:《西方哲学原著选读》(下册),商务印书馆1982年版。

［英］贝克:《费希特和康德论自由、权利和法律》,黄涛译,商务印书馆2015年版。

［日］柄谷行人:《跨越性批判——康德与马克思》,赵京华译,中央编译出版社2011年版。

［英］伯尔基:《马克思主义的起源》,伍庆、王文扬译,华东师范大学出版社2007年版。

［英］伯林:《卡尔·马克思:生平与环境》,李寅译,译林出版社2018年版。

［英］伯林:《浪漫主义的根源》,吕梁、洪丽娟、孙译译,译林出版社2008年版。

［美］博格:《康德、罗尔斯与全球正义》,刘莘、徐向东译,上海译文出版社2010年版。

［德］布伯：《我与你》，陈维纲译，生活·读书·新知三联书店1986年版。

［美］布雷克曼：《废黜自我：马克思、青年黑格尔派及激进社会理论的起源》，李佃来译，北京师范大学出版社2017年版。

［美］布雷克曼：《马克思、青年黑格尔派与激进社会理论的起源》，李佃来译，北京师范大学出版社2018年版。

［德］策勒：《阅读费希特》，周黄正蜜译，上海人民出版社2019年版。

程志民：《绝对主体的建构——费希特的哲学》，湖南教育出版社1990年版。

邓晓芒：《冥河的摆渡者——康德的〈判断力批判〉》，云南人民出版社1997年版。

［法］笛卡尔：《第一哲学沉思集》，商务印书馆1986年版。

［德］费尔巴哈：《费尔巴哈哲学著作选集》，生活·读书·新知三联书店1959年版。

［德］费尔巴哈：《费尔巴哈哲学著作选集》上卷，荣震华、李金山等译，商务印书馆1984年版。

［德］弗兰克：《个体的不可消逝性》，先刚译，华夏出版社2001年版。

宫睿：《康德的想象力理论》，中国政法大学出版社2012年版。

［美］古尔德：《马克思的社会本体论》，王虎学译，北京师范大学出版社2009年版。

［俄］古雷加：《德国古典哲学新论》，沈真、侯鸿勋译，中国社会科学出版社1993年版。

郭大为：《费希特伦理学思想研究》，中国社会科学出版社2003年版。

［德］哈贝马斯：《现代性的哲学话语》，曹卫东译，译林出版社2008年版。

［德］海德格尔：《德国观念论与当前哲学的困境》，庄振华、李华

译，西北大学出版社 2016 年版。
［德］海德格尔:《谢林论人类自由的本质》，薛华译，辽宁教育出版社 1999 年版。
［美］海尔布隆纳:《资本主义的本质与逻辑》，马林梅译，东方出版社 2013 年版。
［德］赫斯:《赫斯精粹》，邓习议编译，南京大学出版社 2010 年版。
［美］赫希曼:《欲望与利益——资本主义走向胜利前的政治争论》，李新华、朱进东译，上海文艺出版社 2003 年版。
［德］黑格尔:《法哲学原理》，范扬、张企泰译，商务印书馆 1961 年版。
［德］黑格尔:《费希特与谢林哲学体系的差别》，商务印书馆 1994 年版。
［德］黑格尔:《黑格尔著作集》第 7 卷，张世英主编，邓安庆译，人民出版社 2017 年版。
［德］黑格尔:《精神现象学》上卷，贺麟、王久兴译，商务印书馆 2011 年版。
［德］黑格尔:《精神现象学》下卷，贺麟、王玖兴译，商务印书馆 1981 年版。
［德］黑格尔:《精神哲学》，杨祖陶译，人民出版社 2006 年版。
［德］黑格尔:《历史哲学》，王造时译，世纪出版集团 2001 年版。
［德］黑格尔:《逻辑学》（下），杨一之译，商务印书馆 2017 年版。
［德］黑格尔:《小逻辑》，贺麟译，商务印书馆 1980 年版。
［德］黑格尔:《哲学史讲演录》第 1—4 卷，贺麟、王太庆译，商务印书馆 1959 年版。
［德］亨利希:《在康德与黑格尔之间》，乐小军译，商务印书馆 2013 年版。
［德］亨利希:《康德与黑格尔之间》，彭文本译，台北：商周出版社 2006 年版。

［德］霍耐特：《为承认而斗争》，胡继华译，上海人民出版社 2005 年版。

［俄］加比托娃：《德国浪漫哲学》，王念宁译，中央编译出版社 2007 年版。

［德］康德：《纯粹理性批判》，邓晓芒译，人民出版社 2004 年版。

［德］康德：《判断力批判》，邓晓芒译，人民出版社 2002 年版。

［德］康德：《实践理性批判》，邓晓芒译，人民出版社 2003 年版。

［德］康德：《未来形而上学导论》，庞景仁译，商务印书馆 1982 年版。

［法］科尔纽：《马克思的思想起源》，王瑾译，中国人民大学出版社 1987 年版。

［法］科耶夫：《黑格尔导读》，姜志辉译，译林出版社 2005 年版。

［美］莱文：《马克思与黑格尔的对话》，周阳等译，中国人民大学出版社 2016 年版。

赖贤宗：《康德、费希特和青年黑格尔论伦理神学》，桂冠图书股份有限公司 1998 年版。

赖贤宗：《实践与诠释——费希特、黑格尔与诠释学论康德伦理学》，人民出版社 2017 年版。

李志：《马克思的个人概念》，人民出版社 2014 年版。

［英］利奥波德：《青年马克思：德国哲学、当代政治与人类繁荣》，刘同舫、万小磊译，中山大学出版社 2017 年版。

梁志学：《费希特柏林时期的体系演变》，中国社会科学出版社 2003 年版。

梁志学：《费希特青年时期的哲学创作》，中国社会科学出版社 1991 年版。

梁志学：《费希特耶拿时期的思想体系》，中国社会科学出版社 1995 年版。

［匈］卢卡奇：《历史与阶级意识》，商务印书馆 1996 年版。

［波］罗森：《布鲁诺·鲍威尔和卡尔·马克思》，中国人民大学出

版社 1984 年版。

［美］洛克莫尔：《费希特、马克思和德国哲学传统》，夏莹译，北京师范大学出版社 2018 年版。

［德］洛维特：《从黑格尔到尼采》，李秋零译，生活·读书·新知三联书店 2006 年版。

［苏］马利宁、［苏］申卡鲁克：《黑格尔左派批判分析》，曾盛林译，社会科学文献出版社 1987 年版。

［英］麦克莱伦：《马克思以后的马克思主义》，李智译，中国人民大学出版社 2016 年版。

［英］麦克莱伦：《青年黑格尔派与马克思》，夏威仪等译，商务印书馆 1982 年版。

［法］梅洛-庞蒂：《知觉现象学》，姜志辉译，商务印书馆 2001 年版。

［意］奈格里：《〈大纲〉超越马克思的马克思》，张梧等译，北京师范大学出版社 2011 年版。

倪梁康：《自识与反思》，商务印书馆 2002 年版。

［美］平卡德：《德国哲学 1760—1860 观念论的遗产》，侯振武译，中国人民大学出版社 2019 年版。

［斯洛文尼亚］齐泽克：《视差之见》，薛羽译，大象出版社 2006 年版。

［法］萨特：《存在与虚无》，杜小真译，生活·读书·新知三联书店 2007 年版。

［德］施特劳斯：《耶稣转》（上卷），吴永泉译，商务印书馆 1981 年版。

［美］斯蒂瓦尔：《德勒兹：关键概念》，田延译，重庆大学出版社 2018 年版。

［美］塔克：《卡尔·马克思的哲学与神话》，刘钰森、陈开华译，天津人民出版社 2018 年版。

王南湜：《人类活动论：马克思的哲学革命》，北京师范的大学出版社2017年版。

［法］维耶曼：《康德的遗产与哥白尼式革命》，安靖译，中国人民大学出版社2020年版。

温纯如：《康德和费希特的自我学说》，社会科学文献出版社1995年版。

［德］文德尔班：《哲学史教程》，罗达仁译，商务印书馆1997年版。

吴晓明：《马克思早期思想的逻辑发展》，上海人民出版社2016年版。

吴晓明：《形而上学的没落》，北京师范大学出版社2017年版。

谢地坤：《费希特的宗教哲学》，中国社会科学出版社1993年版。

［德］谢林：《论人类自由的本质及相关对象》，北京大学出版社2019年版。

［古希腊］亚里士多德：《形而上学》，商务印书馆1959年版。

衣俊卿：《20世纪的新马克思主义》，中央编译出版社2001年版。

［南非］詹姆斯：《财产与德性——费希特的社会与政治哲学》，张东辉、柳波译，知识产权出版社2016年版。

张东辉：《费希特的法权哲学》，中国社会科学出版社2010年版。

张志伟：《康德的道德自由观》，人民大学出版社1995年版。

（四）学术论文

崔文奎：《费希特的实践概念对马克思构建唯物史观的影响》，《哲学研究》2010年第5期。

崔文奎：《费希特政治哲学对马克思政治哲学的影响》，《政治哲学研究》2010年第2期。

邓晓芒：《康德时间观的困境和启示》，《学灯》第4期。

邓晓芒：《康德自由概念的三个层次》，《复旦学报》（社会科学版），2004年第2期。

［日］广松涉：《早期马克思像的批判的再构成》，载于［德］赫斯：《赫斯精粹》，邓习议编译，南京大学出版社2010年版附录。

黄涛：《走向相互承认的法权——论费希特的自由概念奇迹基础上的法权演绎学说》，《西南民族大学学报》2018 年第 7 期。

黄毅：《康德、雅克比与泛神论之争》，《南昌大学学报》2015 年第 1 期。

［联邦德国］H. 霍尔茨：《费希特研究报告》，傅海健译，《哲学研究》1989 年第 10 期。

［德］霍奈特：《主体间性的先验必然性》，谢永康译，未发表。

贾江鸿：《从三个原初概念看笛卡尔哲学》，《南开学报》2007 年第 1 期。

贾江鸿：《重新梳理和思考笛卡尔的身心问题》，《自然辩证法研究》2011 年第 3 期。

姜海波：《马克思和赫斯的思想关系》，《哲学动态》2014 年第 5 期。

［美］诺曼·莱文：《马克思与黑格尔：精神现象学和价值理论的起源》，王欢译，《社会科学家》2017 年第 1 期。

［德］R. 劳特：《费希特"知识学"在二次大战后的形象》，《德国哲学》第三辑。

［德］R. 劳特：《费希特的社会概念——社会经验的先验构成》，《哲学译从》1989 年第 4 期。

李淑梅：《马克思博士论文的政治旨趣》，《马克思主义与现实》2009 年第 3 期。

刘森林：《从"劳动"到"实践"》，《学术月刊》2009 年第 5 期。

刘哲：《康德还是费希特——两种作为自律的自由概念》，《哲学门》2010 年第 1 期。

罗久：《纯粹理性的虚无主义》，《西南大学学报》2015 年第 4 期。

［波］兹维·罗森：《赫斯对法国社会主义的慧识及他与马恩合作的〈社会主义作家文从〉计划》，《湖州师专学报》1994 年版第 1 期。

［美］洛克莫尔：《费希特在马克思思想中的影响》，张伯霖译，坡才校，《形而上学与道德评论》1980 年第 1 期。

[美]洛克莫尔:《费希特的唯心主义与马克思的唯物主义》,司强译,《当代马克思主义评论》2011年第9期。

[美]洛克莫尔:《马克思是一个费希特主义者吗?》,张梅译,《马克思主义与现实》2010年第4期。

[美]洛克莫尔:《马克思主义之后的马克思主义:卢卡奇的重新发现》,孟丹译,《现代哲学》2011年第4期。

[美]马丁:《从康德到费希特——后康德哲学语境下重新审视费希特早期知识学》,晋运锋译,《世界哲学》2015年第4期。

[日]内田弘:《对称的〈资本论〉——博士论文确立了马克思的终身主题》,姜国敏译,《当代国外马克思主义评论》2015年。

倪逸偲:《探求意识实在性的终极根据:费希特与谢林早期先验哲学的平行演进(1794—1797)》,《哲学研究》2012年第1期。

聂锦芳:《〈德意志意识形态〉研究中的"赫斯问题"》,《学习与探索》2006年第5期。

[美]T. 平卡德·R. 马肖:《观念论的遗产》,陆凯华译,《世界哲学》2015年第5期。

沈真、梁志学:《费希特与马克思》,《中国社会科学》1995年第6期。

孙伯鍨、张一兵、陈胜云:《从"实践"转向"物质生产"的逻辑过渡》,《江苏社会科学》1997年第1期。

王南湜:《交往与主客体关系的社会历史规定性》,《哲学研究》1992年第4期。

王南湜:《马克思的正义理论:一种可能的建构》,《哲学研究》2018年第5期。

王南湜:《马克思哲学的近康德阐释(上)——其意谓与必要性》,《社会科学辑刊》2014年第4期。

王南湜:《马克思哲学的近康德阐释(下)——其可能性与限度》,《社会科学辑刊》2014年第5期。

夏莹:《自由与历史:黑格尔与马克思的自由观之比较》,《吉林大学社会科学学报》2015年第2期。

先刚：《试析早期谢林与费希特的"绝对自我"观的差异》，《云南大学学报》（社会科学版）2019年第4期。

谢地坤：《绝对与人类自由——谢林〈自由论〉探析》，《现代哲学》2004年第1期。

仰海峰：《马克思接受社会主义思想的中介人》，《南京政治学院学报》2000年第2期。

俞吾金：《从"道德评价优先"到"历史评价优先"——马克思异化理论发展中的视角转换》，《中国社会科学》2003年第2期。

俞吾金：《论马克思的"劳动辩证法"》，《复旦学报年第社会科学版期》2011年第4期。

张东辉：《费希特的劳动思想及其在国民经济学中的运用——兼论对马克思的影响》，《北京社会科学》2019年第7期。

张荣：《费希特实践知识学中的实践观》，《河北学刊》1988年第2期。

张荣：《费希特与马克思的实践唯物主义》，《中国人民大学学报》1998年第2期。

张荣：《试论费希特的"想象力"理论》，《河北师范大学学报》1991年第3期。

张一兵：《赫斯：一个马克思恩格斯的重要思想先行者和同路人》，载于［德］赫斯：《赫斯精粹》，邓习议编译，南京大学出版社2010年版代译序。

二 外文参考文献

（一）费希特著作

J. G. Fichte, "Fichte an Heinrich Stephani", Zürich, December 1793, ed. Reinhard Lauthand Hans Jacob, in *Gesamtausgabe der Bayerischen Akademie der Wissenschaften*, III, 2, 1970.

J. G. Fcihte & F. W. J. Schelling, *The Philosophical Rupture between Fich-*

te and Schelling: *Selected Texts and Correspondence* (1800—1802), tran. & ed. Michael G. Vater and David W. Wood, State University of New York Press, 2012.

J. G. Fichte, "Eigne Meditationen über Elementar Philosophie" (1793—1794), in*Nachgelassene Schriften.* 1793—1795. First publishedas*Johann Gottlieb Fichtes nachgelassene Werke*. Ed. Immanuel Hermann Fichte, Berlin: Veit & Comp. , 1834—1835.

J. G. Fichte, *Briefe*, Herausgegeben von Manfred Buhr, Verlag Philipp Reclam jun. Leipzig, 1986.

J. G. Fichte, *Gesamtausgabe der Bayerischen Akademie der Wissenschaften.* I, 4, Hrsg. v. Reinhard Lauth, Stuttgart – Bad Cannstatt: Frommann – Holzboog, 1970.

J. G. Fichte, *The Foundations of Transcendental Philosophy*, Ed. & Tran. by Daniel Breazeale, Cornell University Press, 1992.

J. G. Fichte, *Wissenschaftslehre novamethodo WS1798/99*, in *Gesamtausgabe der Bayerischen Akademie der Wissenschaften. IV*, 3, ed. Reinhard Lauth, Hans Jacob, and Hans Gliwitzky, Stuttgart – Bad Cannstatt: Frommann – Holzboog, 2000.

J. G. Fichte, *Wissenschaftslehre novamethodo*, in *Gesamtausgabe der Bayerischen Akademie der Wissenschaften*, *IV*, 2, Hrsg. von Reinhard Lauth und HansGliwitzky. Stuttgart – Bad Cannstatt: Frommann – Holzboog, 1978.

J. G. Fichte, *Grundlage der gesammten Wissenschaftslehre*, in *Gesamtausgabe der Bayerischen Akademie der Wissenschaften*, *I*, 2, Hrsg. von Reinhard Lauth und Hans Jacob, Stuttgart – Bad Cannstatt: Friedrich Frommann Verlag, 1965.

（二）其他著作

Karl Ameriks, *Kant and the Fate of Autonomy: Problems in the Appropriation of the Critical Philosophy*, Cambridge University Press, 2000.

Shlomo Aveineri, *The Social and Political Thought of Karl Marx*, Cambridge University Press, 1968.

Bruno Bauer, *Das entdeckte Christentum*, Neuausgabe, Zürich, Winterthur, 1984.

Bruno Bauer, *Der christliche Staat und unsere Zeit*, HJ Leipzig 1841, Reprinted in *Feldzüge der reinen Kritik*, Frankfurt/M, 1968.

Bruno Bauer, *Die evangelische Landeskirche Preussens und die Wissenschaft*, Leipzig, 1840.

Bruno Bauer, *Die gute Sache der Freiheit und Meine eigene Angelegenheit*, Berlin, 1842.

Bruno Bauer, *Die Judenfrage*, Brunswick, 1843.

Bruno Bauer, *Die Posaune des jüngsten Gerichts über Hegel, den Atheisten und Antichristen. Ein Ultimatum*, Leipzig, 1841. Reprinted in *Hegelsche Linke*, Stuttgart – Bad Cannstatt, 1962.

Bruno Bauer, *Kritik der evangelischen Geschichte der Synoptiker*, Band 3, Leipzig, 1841.

Bruno Bauer, *Was ist jetzt Gegenstand der Kritik*, in *Hinrichs Politische Vorlesungen*, Vol. II (Review), Charlottenburg 1844. Reprinted in *Feldzüge der reinen Kritik*, Frankfurt/M. 1968.

Michael Baur and Daniel O. Dahlstrom ed., *The Emergence of German Idealism*, The Catholic University of America Press, 1999.

Frederick C. Beiser, *The Fate of Reason: German Philosophy from Kant to Fichte*, Harvard University Press, 1993.

Daniel Breazeale and Tom Lockmore eds., *New Essays in Fichte's Foundation of the Entire Doctrine of Scientific Knowledge*, Humanity Books, 2001.

Daniel Breazeale and Tom Rockmore, *Fichte, German Idealism, and Early Romanticism*, Fichte – Studien – Supplementa Band 24, Amsterdam – New York, NY2010.

Daniel Breazeale, *Thinking through the Wissenschaftslehre: Themes from Fichte's early philosophy*, Oxford University Press, 2013.

Manfred Buhr. *Briefe/Johann Gottlieb Fichte*. Leipzig: Reclam, 1986.

Judith Butler, *Subjects of Desire: Hegelian Reflections in Twentieth Century France*, New York: Columbia University Press, 1987.

Ulrich Claesges, *Geschichte des Selbstbewusstseins: Der Ursprung des Spekulativen Problems in Fichtes Wissenschaftslehre von 1794—1795*, Springer, 1974.

James Van Cleve, *Problems from Kant*, Oxford University Press, 1999.

Gilles Deleuze and Felix Guattar, *Anti-Oedipus: Cappotalism and Schizophrenia*, trans. R. Hurley, M. Seem and H. R. Lane, Minneapolis, MN: University of Minnesota Press, 1983.

Manfred Frank, *Der unendliche Mangel an Sein: Schellings Hegelkritik und die Anfänge der Marxschen Dialektik*, Wilhelm Fink Verlag, 1992.

Paul W. Franks, *All or Nothing: Systematicity, Transchendental Arguments and Skepticism in German Idealism*, Cambridge: Harvard University Press, 2005.

Roger Frie, *Subjectivity and Intersubjectivity in Modern Philosophy and Psychoanalysis*, Lanham: Rowman & Littlefied Publishers Inc, 1997.

Erich Fuchs, *J. G. Fichte im Gespräch: Berichte der Zeitgenossen*. Stuttgart - Bad Cannstatt: Frommann - Holzboog, 1978.

Hans - Georg Gadamer, *Hegel's Dialetic: Five Hermeneutical Studies*, trans. Christopher Smith, Yale University Press, 1976.

Allen Gillespie, *Nihilism before Nietzsche*, the University of Chicago Press, 1995. Micheal

Carol C. Gould, *Marx's Social Ontology: Individuality and Community in Marx's Theory of Socail Reality*, The MIT Press, 1978.

Espen Hammer ed. , *German Idealism: Contemporary Perspectives*, Rout-

客体 9，35，49，50，52，55—57，59，61，65，86—88，90，93，98，103—105，108—110，112—114，117，121，125，127—133，137，141，191，243，245，254，255，257，287，291，299，300，303，340，348，349，359，368，387，396

空间 4，136，137，142，153，164，184，194—201，205，218，225，231，232，235，237，240，244，275，276，341，370，407

L

劳动 18，20，333，346，355，382—388，392—401，406，407，410

力量 23，24，38，95，98，111，117，118，120，122，125，129，133，146，174—176，201，211，238，249，255，265，273，279，308，321，323，326，345，354，389，392，393，395，407，413

历史 7，9，11—13，16，143，144，148，294，310—313，317，319，320，322，323，325，326，330，335，345，360，382，391，406，414

领会 149—154，156，193，195，274，276—279，288

N

努力 100，109—116，119—124，128，130，131，199—203，205，210，214，215，235，303，316

Q

确定性 12，42，55，140，171，172，174，177，181，193，194，198，203，205，212，216，217，221，222，226，232，234，236，237，249，251，255，262—264，266，267，271，272，278，281—284，289，338，382

R

人格 141，296，318—320，322—324，327，330，331，335—337，351，354，355，362，378

S

上帝 25，42，43，58，177，186，220，241，244，294—299，319，320，322，327，332，351

身体 6，23，150，152—155，184，215，217，235，238，239，285，306，339，340，404，405

审美 25，36—40

时间 4，41，56，92，118，136，137，142—143，157，164，173，211，220，225—227，231，252，267，269—272，283，295，311，370，374

实践 17，18，28，30，40，45，107，115—117，123，125，130，135，138，147—149，160，161，164，173，176，178—180，182，185—187，190，198，199，202，203，205，207，215，238，251，255—257，286，294，298，303，325，331，351，352，355—360，368，378，382，393，394，405，407，411，414

实体 21，46，87—91，135，141，154，155，181，280，283，299，308，317，318，322，323，327，329，341—343，349，350，355，366，368，376，380

实在性 14，46，62，63，65，68—71，75—77，79，85，86，90，91，101，115，116，119，124，128，131，176，179—181，227，296，338，360，398

T

体系 19，20，31，42，44，46—51，55，58，96，99，165，201，261，293，305，317，323，382，385，403，406

W

外化 80，133，184，226，231，235，286，307，310—312，314，325，346，384，386，388，394，395，401

唯物主义 7，10，16，18，22，316，333，334，340，344，362，382，402，403，406，408

唯心主义　4—6，16，18，19，63，85，86，105，128，130，138，140，191，219，240，254，311，320，324，347，351，358，362，364，366，377，380—382，403—405，408

X

现实性　116—118，141，265，296—298，313，315，316，329，336，338，360，368，370

限制　28，43，46，48，56，62，67，69，70，72，73，75，78，79，92—95，102，105—107，111—113，115，116，121，122，125—128，130—133，137，140，142，156—158，180，183，189—193，200—203，205，206，208，210，211，214—216，218，219，221—225，235，262，267，272，295，303，324，340，352，353，355—357，383，392，398，407

想象力　12，13，17，19，20，35—40，92，95—100，134—140，142—144，146，148—160，198，209—212，230—233，240，241，260，262，272，275—286，288，289，304，314，316，386，407，408

效用　29，30，71，75，79，176，203—205，209，210，212—215，217，218，225，227，229，235，238，240，282，287

行动　5，10，17—19，23，24，26，31，34，35，39，43，45—47，52，55—57，65，66，71，73，74，78，79，82，88，89，96，97，108，109，127，140，141，168—170，174—176，179，181，182，184—190，195，196，207，214—219，220，222—225，228—232，237，239，240，242—245，247，250—252，255—257，261，263—265，267，270，271，273—279，281，282，284，286，288，289，292，294，296—299，303，318，322，346—350，353，356—358，360，378，383，398，401—403，405—407，414，415

Y

异化　321，325—328，331—333，337，386—388，392，394—397，399，407

意志　23，110，123，174，179—185，204—209，211—218，222，224，228，229，234—237，260，265—267，271，274，282，286，287，312，329，348，358，369，377，406

因果性　27，29，30，55，57，104，113，120—122，125，210，211，232，265，372

原理　4，48，50，51，53—56，63，64，67—69，72，73—76，91，99，348，350，354，368，376，411

原子　24，369—377

Z

召唤　184，222—225，227，236—239，259，262—265，272

知性　27，34，36—40，43，46，104，155—158，262，267，306

直观　34，36，37，43，56，57，66，67，142，157，211，225

直觉　12，48，167—170，172，175，176，178，184—188，191—193，196，203，204，207，211，215—222，228，230—233，242—247，250，251，253，254，258，270，271，277—279，286

自我意识　12，14，46，52，61，141，178，181，183，236，237，243，253，254，265，271，273，278，291，295，301，317，318，320—337，344，348—350，358，361—363，365—372，374—380，382，383，386，387

自由　13，16，19—34，36，37，39，41，45—47，52，58—60，64，65，67，70，78，87，98—100，105，111，123，124，126，131，137—143，147，159，160，174—183，186，187，189—202，204，206—210，215，216，222—229，233—235，237—239，247，250，251，253—258，260，262—264，267，269，272，276，278，

286—292,294—300,302,305,308,310—312,314,316,317,323,326—328,336,353,355,356,362,367,373,393,395,398,414

宗教　25,41,317,319,321,323,325—328,330,331,333—336,351,352,362,366,369,410

致　　谢

　　本书是在我的博士毕业论文的基础上修改而成的。此致谢为博士论文致谢，未经删改，惟因感恩之心，不曾改变。

　　入学南开已经十年有余，细思起来，只觉得空度了岁月，虚长了年岁。从2013年开始的博士阶段占据了将近一半的南开时光，其以"实体"表现出来的结果就是这一篇博士论文。它冠我之名，却不独是我的劳动的成果。

　　我的导师王南湜教授接纳我作为他的学生，是博士阶段得以开始的直接原因。在这段充满自我怀疑的时间中，我总是自忖，老师是出于多大的信任和责任才接纳了这个总是拖延、不主动汇报研究进展的我。然而，无论多么怠惰、多么不积极，老师总是以极大的耐心待我。正是因为老师的慈爱与宽容，使得我总是可以自我安慰，让自己相信自己并不是很差，从而能够坚持将论文完成。

　　同时也是因为老师的推荐，我才能够获得汉斯－赛德尔基金的资助名额，有机会在德国哈勒大学进行交流。在德国两年的时间里，Juergen Stolzenberg教授对我的研究进行了指导，使我获益匪浅。同样重要的是，Stolzenberg教授给我提供了一个机会，使得我能够在另一个国家经历学术生活，感受学术氛围，这对我而言是十分重要的无形资产。

　　南开十年是学术训练的十年，十年前领我进门的是当时的班导师谢永康教授。他在大一的时候回答我"为什么说形而上学死了"的问题，在读书会上带领我们读文德尔班、康德和费希特，指导我写本科论文，拍着桌子批评我的硕士论文。这些点滴时光汇聚成的美好记忆，转化成了对学术生活的期待和向往，以及我个人追求学术事业的动力。

谢谢我的导师们，他们让我知道，哲学是一项可以投入毕生去从事的事业，也是能使我快乐的生活方式。感谢南开大学哲学院十余年的培养，感谢学院其他老师的指导和教诲。当然也感谢我的家人的支持，感谢我的朋友们，特别是梅岚博士的帮助和陪伴。希望以后能够用我的努力回报各位以及这个世界给予我的善意。谢谢！

毛林林
二〇一七年十月